2022

COORDENADORES

João Alexandre Silva
Alves Guimarães

Rodrigo Vitorino
Souza Alves

Direitos Humanos

CONTEXTOS E PERSPECTIVAS

PREFÁCIO DE
Mafalda
**Miranda
Barbosa**

AUTORES

Alexandre
Pereira Bonna

Alexandre
Walmott Borges

Ana Júlia
Silva Alves Guimarães

Arthur
Pinheiro Basan

Beatriz Caroline
Trindade

Bento José
Lima Neto

Catharina
Lopes Scodro

Daniel
Urias Pereira Feitoza

Erick Hitoshi
Guimarães Makiya

Felipe
Socha Cordeiro

Fernando
Rodrigues Martins

Janaína
Alves de Araújo

João Alexandre
Silva Alves Guimarães

José Luiz
de Moura Faleiros Júnior

Laura Cristina
Freitas

Letícia
Preti Faccio

Luís Fernando
Rosa

Marcela
Nogueira Martins

Marinella Geronimo
da Silva Quinzeiro

Marrielle
Maia Alves Ferreira

Pedro
Lucchetti Silva

Renata Aparecida
Pimenta

Rodrigo
Vitorino Souza Alves

Samuel
Nunes Furtado

Tatiana
Cardoso Squeff

Thamara
Freitas da Cunha

Thobias
Prado Moura

Vitor
Sardagna Poeta

EDITORA FOCO

2022 © Editora Foco

Coordenadores: João Alexandre Silva Alves Guimarães e Rodrigo Vitorino Souza Alves
Autores: Alexandre Pereira Bonna, Alexandre Walmott Borges, Ana Júlia Silva Alves Guimarães, Arthur Pinheiro Basan, Beatriz Caroline Trindade, Bento José Lima Neto, Catharina Lopes Scodro, Daniel Urias Pereira Feitoza, Erick Hitoshi Guimarães Makiya, Felipe Socha Cordeiro, Fernando Rodrigues Martins, Janaína Alves de Araújo, João Alexandre Silva Alves Guimarães, José Luiz de Moura Faleiros Júnior, Laura Cristina Freitas, Letícia Preti Faccio, Luís Fernando Rosa, Marcela Nogueira Martins, Marinella Geronimo da Silva Quinzeiro, Marrielle Maia Alves Ferreira, Pedro Lucchetti Silva, Renata Aparecida Pimenta, Rodrigo Vitorino Souza Alves, Samuel Nunes Furtado, Tatiana Cardoso Squeff, Thamara Freitas da Cunha, Thobias Prado Moura e Vitor Sardagna Poeta

Diretor Acadêmico: Leonardo Pereira
Editor: Roberta Densa
Assistente Editorial: Paula Morishita
Revisora Sênior: Georgia Renata Dias
Revisora: Simone Dias
Capa Criação: Leonardo Hermano
Diagramação: Ladislau Lima e Aparecida Lima
Impressão miolo e capa: FORMA CERTA

Dados Internacionais de Catalogação na Publicação (CIP) de acordo com ISBD

D598

Direitos Humanos: contextos e perspectivas / Alexandre Pereira Bonna ... [et al.] ; coordenado por João Alexandre Silva Alves Guimarães, Rodrigo Vitorino Souza Alves. - Indaiatuba, SP : Editora Foco, 2022.

296 p. ; 17cm x 24cm..

Inclui bibliografia e índice.

ISBN: 978-65-5515-479-5

1. Direito. 2. Direitos Humanos. I. Bonna, Alexandre Pereira. II. Borges, Alexandre Walmott. III. Guimarães, Ana Júlia Silva Alves. IV. Basan, Arthur Pinheiro. V. Trindade, Beatriz Caroline. VI. Lima Neto, Bento José. VII. Scodro, Catharina Lopes. VIII. Feitoza, Daniel Urias Pereira. IX. Makiya, Erick Hitoshi Guimarães. X. Cordeiro, Felipe Socha. XI. Martins, Fernando Rodrigues. XII. Araújo, Janaína Alves de. XIII. Guimarães, João Alexandre Silva Alves. XIV. Faleiros Júnior, José Luiz de Moura. XV. Freitas, Laura Cristina. XVI. Faccio, Letícia Preti. XVII. Rosa, Luís Fernando. XVIII. Martins, Marcela Nogueira. XIX. Quinzeiro, Marinella Geronimo da Silva. XX. Ferreira, Marrielle Maia Alves. XXI. Silva, Pedro Lucchetti. XXII. Pimenta, Renata Aparecida. XIII. Alves, Rodrigo Vitorino Souza. XVI. Furtado, Samuel Nunes. XVII. Squeff, Tatiana Cardoso. XVIII. Cunha, Thamara Freitas da. XIX. Moura, Thobias Prado. XX. Poeta, Vitor Sardagna. XXI. Título.

2022-501   CDD 341.4   CDU 341.4

Elaborado por Vagner Rodolfo da Silva - CRB-8/9410
Índices para Catálogo Sistemático:
1. Direitos Humanos 341.4   2. Direitos Humanos 341.4

DIREITOS AUTORAIS: É proibida a reprodução parcial ou total desta publicação, por qualquer forma ou meio, sem a prévia autorização da Editora FOCO, com exceção do teor das questões de concursos públicos que, por serem atos oficiais, não são protegidas como Direitos Autorais, na forma do Artigo 8º, IV, da Lei 9.610/1998. Referida vedação se estende às características gráficas da obra e sua editoração. A punição para a violação dos Direitos Autorais é crime previsto no Artigo 184 do Código Penal e as sanções civis às violações dos Direitos Autorais estão previstas nos Artigos 101 a 110 da Lei 9.610/1998. Os comentários das questões são de responsabilidade dos autores.

NOTAS DA EDITORA:

Atualizações e erratas: A presente obra é vendida como está, atualizada até a data do seu fechamento, informação que consta na página II do livro. Havendo a publicação de legislação de suma relevância, a editora, de forma discricionária, se empenhará em disponibilizar atualização futura.

Erratas: A Editora se compromete a disponibilizar no site www.editorafoco.com.br, na seção Atualizações, eventuais erratas por razões de erros técnicos ou de conteúdo. Solicitamos, outrossim, que o leitor faça a gentileza de colaborar com a perfeição da obra, comunicando eventual erro encontrado por meio de mensagem para contato@editorafoco.com.br. O acesso será disponibilizado durante a vigência da edição da obra.

Impresso no Brasil (02.2022) – Data de Fechamento (02.2022)

2022
Todos os direitos reservados à
Editora Foco Jurídico Ltda.
Avenida Itororó, 348 – Sala 05 – Cidade Nova
CEP 13334-050 – Indaiatuba – SP

E-mail: contato@editorafoco.com.br
www.editorafoco.com.br

PREFÁCIO

Se na Idade Média o homem se compreendia por referência a Deus, paulatinamente, o sujeito é absolutizado como indivíduo. A Guerra dos 30 anos, pondo fim à cristandade como organização político-teológica unificada, herdeira do império romano, dá origem à Europa moderna. A religião de cada região passa a ser a religião do príncipe, transferindo-se o poder para a pessoa do rei, e a soberania passa a ser reivindicada, primeiro, pelo soberano, depois pelo Estado e pelo povo, como fontes últimas da autoridade política.[1] Do ponto de vista jurídico, numa viagem diacrónica muito rápida (talvez demasiado rápida), o direito natural deixa de fazer apelo a Deus, para se centrar na reta razão do homem. A partir das características essenciais do ser humano, deduzir-se-iam as regras jurídicas, formando sistemas completos e acabados de direitos naturais. Estava-se no período do jusracionalismo, que desembocaria nas primeiras grandes codificações e constituiria um dos fatores de emergência do positivismo. De facto, com o jusracionalismo, o direito converte-se num texto; e, embora este tivesse um sentido declarativo e não constitutivo, como na fase posterior, a ideia de que a juridicidade poderia ser capturada num corpo normativo definitivo e completo serviu, do ponto de vista cultural, como fator propulsor do período subsequente. O ambiente científico determinaria, concomitantemente, a procura da cientificidade, que seria aproveitada pelo contexto político advindo. Deixando de se pressupor um direito natural, o jurídico é convertido num acervo de normas postas e impostas pelo legislador; e, no quadro do conceptualismo germânico, o formalismo kantiano haveria de fazer com que um pensamento que na sua génese era histórico se transformasse em a-histórico, convergindo com a conceção exegética francesa no método subsuntivo que protagonizavam. Com o triunfo do positivismo, a lei deixou de encontrar um limite na ideia de justiça; e o mundo iria assistir ao eclodir de ordens de direito, nas quais o direito estaria ausente. Na verdade, o positivismo acabou por degenerar em formas de autoritarismo despótico contrárias ao mais elementar sentido do justo.

Se o positivismo esteve na base das diversas formas de totalitarismo que o século XX viveu, o pós-guerra impunha que se ultrapassassem as falácias de uma conceção meramente formal de direito.[2] À absoluta primazia da sociedade sobre as pessoas, típica dos sistemas nazi e soviético, contrapõe-se a primazia absoluta dos indivíduos sobre a sociedade, o que não deixa de comportar riscos, uma vez que pode conduzir ao excesso oposto do individualismo, recusando a existência de uma noção de bem comum, conduzindo "a uma dissolução da identidade social e ao abandono dos va-

---

1. Grégor Puppinck, *Os direitos do homem desnaturado*, Princípia, Cascais, 2019, 21 s., que aqui seguimos de perto.
2. Grégor Puppinck, *Os direitos do homem desnaturado*, 25.

lores comuns, em prol do pluralismo e do relativismo". A síntese seria encontrada na ideia de personalismo.[3]

A dignidade da pessoa humana assume-se como pilar fundacional dos ordenamentos jurídicos, questionando-se, afinal, em que é que se traduz. Como Puppinck alerta, "o amplo consenso de que é alvo a noção de dignidade esconde uma discordância de fundo quanto ao significado desta noção". A categoria alimentou debates, fruto da imprecisão da sua definição e justificação. De acordo com o diagnóstico do autor, "a ambiguidade quanto ao seu significado resulta de uma discordância profunda quanto ao que é o homem e aquilo que lhe dá valor".[4] Opondo-se uma perspetiva materialista, desencarnada, que condena o homem ao autismo solipsita, a uma visão influenciada pelo lastro cultural oferecido pela herança judaico-cristã[5], a problematização acerca dos direitos de personalidade e dos direitos fundamentais está ainda hoje imbuída por esta tensão.

Ora, num momento histórico em que o jurista é chamado, uma vez mais, a lidar com problemas complexos, torna-se mister refletir sobre o sentido da dignidade da pessoa humana que serve de pilar para todo o ordenamento jurídico e permite fundar os direitos de personalidade e os direitos fundamentais. E se, antecipadamente, sabemos que o sentido da dignidade que se procura não pode ser outro senão a da pessoa encarnada e enraizada, unida aos outros por laços de solidariedade que se traduzem numa relação de cuidado, o campo jurídico não pode deixar de abrir as portas a uma reflexão mais ou menos aprofundada que nos leva a confrontar com o problema da (im)possível emergência de direitos que, afinal, não o são.

Por outro lado, os desafios que a realidade coloca – sejam eles comunicados pelos novos papéis que o ser humano vai assumindo, sejam eles comunicados pelos desenvolvimentos em sede de inteligência artificiam, sejam eles comunicados pelos problemas suscitados pelo crescente potencial intromissivo na privacidade e nos dados pessoais alheios – tornam urgente a reflexão em matéria de direitos da pessoa.

A obra que se prefacia assume, assim, uma importância vital. Mesmo podendo não nos identificar com todas as conclusões a que os autores individualmente cheguem nos seus estudos, as salutares divergências doutrinais não nos impedem de reconhecer a relevância do que se publica e de convidar todos para atentar na centralidade dos temas que a mesma trata.

Mafalda Miranda Barbosa
5 de julho de 2021

---

3. Grégor Puppinck, *Os direitos do homem desnaturado*, 27
4. Grégor Puppinck, *Os direitos do homem desnaturado*, 27 s.
5. Grégor Puppinck, *Os direitos do homem desnaturado*, 38 s.

APRESENTAÇÃO

A presente obra coletiva é resultante de convocatória realizada pelo Laboratório de Direitos Humanos (LabDH), com o objetivo de promover investigação em temas atinentes às suas linhas de pesquisa. Estabelecido em 2012 na Faculdade de Direito da Universidade Federal de Uberlândia, o LabDH tem suas ações de pesquisa estruturadas por meio de três linhas, a saber: "Direitos Humanos, Empresa e Sustentabilidade"; "Direitos Humanos, Tecnologia e Inovação"; e, "Direitos Humanos, Cidadania e Desenvolvimento".

Voltando-se aos novos desafios impostos aos direitos humanos, essa obra é palco para discussões e aprofundamentos sobre variados temas importantes, incluindo-se direito à privacidade, trabalho análogo a escravo, suicídio e trabalho em empresas transnacionais, eficácia horizontal dos direitos fundamentais, dano moral e direitos humanos, proteção do consumidor frente às *fake news*, trabalho infantil, direitos da mulher, acesso à justiça, sistema prisional, tributação e desigualdade de gênero, deveres dos fornecedores de consumo, direito ao apagamento e esquecimento, proteção de dados pessoais.

Com a participação de pesquisadores de referência em suas áreas de investigação, esta rica coletânea oferece ao leitor a oportunidade de se atualizar em algumas das mais relevantes discussões a respeito dos direitos humanos na contemporaneidade, com abordagens que se desenvolvem a partir do direito brasileiro, do direito estrangeiro e comparado, e do direito internacional dos direitos humanos.

Desejamos uma boa leitura!

Os coordenadores.

João Alexandre Silva Alves Guimarães
Doutorando em Direito pela Universidade de Coimbra; Pesquisador do Laboratório de Direitos Humanos (LabDH).

Rodrigo Vitorino Souza Alves
Professor Adjunto da Faculdade de Direito da Universidade Federal de Uberlândia; Pesquisador Líder do Laboratório de Direitos Humanos (LabDH).

SUMÁRIO

APRESENTAÇÃO
João Alexandre Silva Alves Guimarães e Rodrigo Vitorino Souza Alves V

PARTE 1
DIREITOS HUMANOS GERAL

EFEITO DOS DIREITOS FUNDAMENTAIS EM RELAÇÃO A TERCEIROS
Janaína Alves de Araújo e Bento José Lima Neto 3

DANO MORAL E DIREITOS HUMANOS: UM DIÁLOGO NECESSÁRIO
Alexandre Pereira Bonna 19

ANÁLISE DO DIREITO AO ACESSO À JUSTIÇA À LUZ DAS ONDAS RENOVATÓRIAS PROPOSTAS POR CAPPELLETTI E GARTH
Marinella Geronimo da Silva Quinzeiro 47

O ESTADO DE COISAS INCONSTITUCIONAL É A SOLUÇÃO PARA AS NOTÓRIAS VIOLAÇÕES DE DIREITOS HUMANOS NO SISTEMA PRISIONAL BRASILEIRO?
Vitor Sardagna Poeta e Felipe Socha Cordeiro 69

PARTE 2
DIREITOS HUMANOS E GÊNERO

TRIBUTAÇÃO E DESIGUALDADE DE GÊNERO: A SELETIVIDADE TRIBUTÁRIA COMO DESAFIO PARA A EFETIVA PROMOÇÃO DO DIREITO HUMANO À ISONOMIA DE GÊNERO
Erick Hitoshi Guimarães Makiya e Letícia Preti Faccio 85

O PERFIL DOS CASOS DE VIOLAÇÃO DOS DIREITOS DA MULHER NO SISTEMA INTERAMERICANO E O PADRÃO DAS DECISÕES JUDICIAIS EM CASOS DE VIOLÊNCIA SEXUAL
Laura Cristina Freitas e Marrielle Maia Alves Ferreira 103

O IMPACTO DA CLÁUSULA DE RESERVA NA CONVENÇÃO SOBRE A ELIMINAÇÃO DE TODAS AS FORMAS DE DISCRIMINAÇÃO CONTRA A MULHER PELO ESTADO BRASILEIRO NO TRABALHO FEMININO EM CONDIÇÕES ANÁLOGAS À ESCRAVIDÃO À LUZ DO PRINCÍPIO DA DIGNIDADE DA PESSOA HUMANA

Renata Aparecida Pimenta e Beatriz Caroline Trindade... 127

PARTE 3
DIREITOS HUMANOS E EMPRESAS

SUICÍDIO E TRABALHO EM EMPRESAS TRANSNACIONAIS: REFLEXÕES EM PROL DA TEORIA DA TRANSNORMATIVIDADE DESDE O CASO 'FOXCONN'

Daniel Urias Pereira Feitoza, Pedro Lucchetti Silva e Tatiana Cardoso Squeff.......... 147

TRABALHO INFANTIL E A "INDÚSTRIA DO CHOCOLATE": COMBATE E ESTRATÉGIAS NO ÂMBITO DAS EMPRESAS

Catharina Lopes Scodro, Marcela Nogueira Martins e Thamara Freitas da Cunha 165

PARTE 4
DIREITO E TECNOLOGIA

A CONCRETIZAÇÃO DA PROTEÇÃO DE DADOS PESSOAIS: O DEVER FUNDAMENTAL DE RESPEITO PELOS FORNECEDORES DE CONSUMO

Arthur Pinheiro Basan e Luís Fernando Rosa... 189

A APLICAÇÃO DO DIREITO AO APAGAMENTO E AO ESQUECIMENTO NO *PROFILING*

João Alexandre Silva Alves Guimarães e Ana Júlia Silva Alves Guimarães................ 217

A PROTEÇÃO AOS DIREITOS HUMANOS COMO FUNDAMENTO DA LEI GERAL DE PROTEÇÃO DE DADOS PESSOAIS BRASILEIRA: BREVES REFLEXÕES

José Luiz de Moura Faleiros Júnior 239

PRIVACIDADE E VIGILÂNCIA EM TEMPOS DE COVID-19: GEOLOCALIZAÇÃO E TRATAMENTO DE DADOS PELOS ESTADOS BRASILEIROS

Alexandre Walmott Borges e Thobias Prado Moura.. 251

DIREITOS FUNDAMENTAIS E O BLOQUEIO DE PERFIS: ENTRE O DEVER DE PROTEÇÃO DO CONSUMIDOR E A LIBERDADE DE EXPRESSÃO DIANTE DA PROPAGAÇÃO DE *FAKE NEWS*

Fernando Rodrigues Martins e Samuel Nunes Furtado 269

Parte 1
DIREITOS HUMANOS GERAL

EFEITO DOS DIREITOS FUNDAMENTAIS EM RELAÇÃO A TERCEIROS

Janaína Alves de Araújo

Mestranda em Direitos Fundamentais e Alteridade pela Universidade Católica do Salvador (UCSAL). E-mail: janaina.araujo@ucsal.edu.br.

Bento José Lima Neto

Mestre em Propriedade Intelectual e Transferência de Tecnologia para Inovação pela Universidade Estadual de Santa Cruz (UESC). E-mail: bentolima07@gmail.com

SUMÁRIO: Introdução – 1. Evolução histórica e conceitual dos direitos fundamentais – 2. As gerações dos direitos fundamentais – 3. Direitos fundamentais em relação a terceiros; 3.1 A doutrina do *state action*; 3.2 Eficácia mediata ou indireta dos direitos fundamentais; 3.3 Teoria dos deveres de proteção; 3.4 Eficácia imediata ou direta dos direitos fundamentais – 4. Considerações finais – Referências.

RESUMO: A Teoria dos Direitos Fundamentais configura-se mais que uma teoria interpretativa do ordenamento jurídico. Essa teoria serve também como fundamento para o conceito de normas de direitos fundamentais, direitos esses que possuem um caráter duplo de suma importância como regras e como princípios. Na evolução histórico-positiva das normas de direitos fundamentais é possível observar que estas podem ser englobadas em gerações ou dimensões. Não apenas o Estado está sob o jugo dos preceitos dos direitos fundamentais, mas também os particulares em suas relações, não devem cometer arbitrariedades em relação a terceiros sem que haja consequências jurídicas. Relevantes inovações constitucionais foram propiciadas pelo entendimento e reconhecimento da dimensão objetiva dos direitos fundamentais, permitindo que sua aplicabilidade irradiasse por toda a esfera do direito, aumentando assim sua eficácia. Não obstante, mesmo que seja consagrado o reconhecimento da eficácia horizontal dos direitos fundamentais, sua aplicabilidade nas relações entre terceiros não ocorre do mesmo modo que relações entre indivíduo e o Estado. O objetivo do presente estudo é discorrer sobre o surgimento dos direitos fundamentais e seus efeitos em relação a terceiros. Para atender ao objetivo proposto, este estudo caracteriza-se por ser de natureza qualitativa, descritiva e explicativa. O tema em questão mostra-se de singular relevância em razão da complexidade que circunda a aplicação dos direitos fundamentais.

INTRODUÇÃO

Com o intuito de despertar a sociedade para o cumprimento das regras estruturais que a regem, a doutrina tem dado especial atenção e enfoque nas várias vertentes que circundam sobre o tema de Direitos Fundamentais.

Analisada pelo prisma da evolução histórico-positiva, a Teoria dos Direitos Fundamentais se configura mais que uma teoria interpretativa do ordenamento jurídico.

Essa teoria serve também como fundamento para o conceito de normas de direitos fundamentais, direitos esses que possuem um caráter duplo de suma importância como regras e como princípios.

Mormente, os direitos fundamentais apresentam uma forte carga axiológica quando analisada sua evolução histórico-positiva. O princípio da dignidade da pessoa humana lastreia o conteúdo ético normativo de todas as normas de direitos fundamentais. Por essa razão, Vieira (2015) adverte que as normas de direitos fundamentais são, não raras vezes, confundidas com princípios.

Em seus trabalhos, Alexy (2008) considera o duplo caráter normativo das normas de direitos fundamentais. Segundo o autor, essa dubiedade faz com que as normas sejam entendidas tão somente como princípios, negando seu nível de regra. Desta forma, é de suma importância diferenciar os princípios e as regras das normas de direitos fundamentais.

Por muito tempo na história esses direitos foram concebidos como forma de salvaguardar o indivíduo em suas relações com o Estado. Todavia, debates mais recentes possibilitam a aplicabilidade dos direitos fundamentais também em relações com terceiros. A Constituição Federal de 1988 trouxe grandes inovações no que se refere aos direitos fundamentais. O neoconstitucionalismo permitiu uma nova interpretação, expansão da jurisdição e força normativa da Constituição.

O Código Civil de 2002, promulgado nesse novo cenário de transição hermenêutica, permitiu inovações no contexto jurídico brasileiro, proporcionando a codificação do texto de acordo com evolução da sociedade.

Os direitos fundamentais podem ser então compreendidos como uma ferramenta de proteção ao indivíduo face a atos do poder público. Entretanto, decisões valorativas que reconhecem a natureza jurídico-objetiva da Constituição apontam para a eficácia de tais direitos em todo o ordenamento jurídico, inclusive sua aplicabilidade nas relações privadas.

O famoso caso *Luth* é um exemplo histórico de como os direitos fundamentais emanam sua influência sobre terceiros. Nesse caso, o presidente do Clube de Impressa de Hamburg foi julgado por estimular boicote ao filme de Veit Harlan, por ter forte conteúdo do regime nazista. A empresa responsável pela produção do filme recebeu decisão favorável ao fundamentar-se no art. 826 do Código Civil Alemão, o qual afirma que quem infligisse dano a outrem estaria obrigado a reparar os danos ocasionados.

Entretanto, houve recurso ao Tribunal Constitucional Federal, o qual reformou a decisão em nome do direito fundamental à liberdade de expressão, que deveria nortear a interpretação do Código Civil. O argumento sustentou-se na prerrogativa de que toda interpretação das cláusulas gerais de direitos civis deveria ser analisada com base nos valores protegidos pela constituição.

A partir desse julgamento houve uma renovação ideológica na defesa de que os direitos fundamentais possuem uma dupla dimensão e irradiante eficácia.

Devido a sua complexidade, o pressuposto da horizontalidade dos direitos fundamentais emanou no grande número de teorias no direito constitucional internacional.

Frente a essa atual polêmica é possível indagar: Qual a relevância dos direitos fundamentais e sua aplicabilidade nas relações entre terceiros?

O objetivo do presente estudo é discorrer sobre o surgimento dos direitos fundamentais e seus efeitos em relação a terceiros. Para atender ao objetivo proposto, este estudo caracteriza-se por ser de natureza qualitativa, buscando compreender a história e conceito dos direitos fundamentais. Para obter os resultados esperados concernentes à problematização apresentada, será utilizado o método de pesquisa descritiva explicativa. A metodologia de pesquisa utilizada será a revisão bibliográfica através de fontes primárias e secundárias.

No atual contexto mundial, faz-se necessário elevar à posição de destaque as premissas dos direitos fundamentais como um meio de construir um regime político democrático que vá ao encontro dos anseios e anelos de todas as camadas sociais que integram e compõem a Nação. O tema em questão mostra-se de singular relevância em razão da complexidade que circunda a aplicação dos direitos fundamentais.

1. EVOLUÇÃO HISTÓRICA E CONCEITUAL DOS DIREITOS FUNDAMENTAIS

A superação histórica do jusnaturalismo e o fracasso político do positivismo culminaram no surgimento do pós-positivismo, denominado de neoconstitucionalismo. Essa nova fase abre um caminho para amplas e inacabadas reflexões sobre o Direito, sua interpretação e função social. Nesse diapasão, os direitos fundamentais são definidos como uma construção histórica e cultural, com fundamento em axiomas expressos por princípios implícitos na Constituição. O presente tópico visa construir uma análise acerca da evolução histórica e conceitual dos direitos fundamentais, ressaltando suas diversas gerações.

Ainda que não pese muito sobre as doutrinas latino-americana e brasileira, a Declaração dos Direitos Fundamentais foi um dos temas mais polêmicos da década de 1990 discutido no âmbito do direito público inglês. Registros de periódicos como *Public Law* e *Oxford Journal of Legal Studies* confirmam a exacerbada busca pelo tema.

De acordo com Delgado (2007), a Inglaterra é considerada um dos países pioneiros na concepção da ideia de direitos fundamentais, entretanto, até o ano de 1998 não havia nenhuma declaração inglesa no formato adequadamente reconhecido por outras civilizações democráticas contemporâneas.

Em 1990 na Inglaterra, o livro intitulado *A Bill of Rights for Britain* do autor Ronald Dworkin, foi o precursor da defesa e reivindicação de uma declaração de direitos que vinculasse também o parlamento inglês. Entretanto, houve resistência à adoção, uma vez que a centralidade do direito constitucional inglês baseava-se, sobretudo, na supremacia do parlamento (VIEIRA, 2015).

No meio político, a presunção de uma declaração que vinculasse até mesmo sobre o parlamento representava uma espécie de controle e submissão constitucional. Nesse contexto, contrário às ideias defendidas por Dworkin, Jeremy Waldron defendeu a tese de que seria antidemocrática qualquer declaração de direito que vinculasse o parlamento.

O debate sobre o tema na época, teve seu apogeu no ano de 1998, que culminou na aprovação da medida pelo *Human Rights Acts*, delegando que esta deveria entrar em vigor no ano de 2000 (ALEXY, 2008).

A despeito de ser o país berço dos direitos fundamentais, duas são as razões principais da Inglaterra não possuir até o ano de 1998 uma verdadeira declaração que versasse sobre tais direitos. Segundo Silva (2005), a primeira razão diz respeito a documentos como a Magna carta de 1215, o *Petition of Rights* de 1629 e, principalmente, o *Bill of Rights* de 1689. De acordo com o autor, essas declarações destinavam privilégios e prerrogativas à classe da nobreza e ao Parlamento. Além desses documentos, as atuais declarações de direitos vinculam todos os poderes, incluindo o legislativo, o que só foi possível na Inglaterra após o advento do *Human Rights Act* no ano de 1998 (SILVA, 2005).

Entretanto, apesar de não haver na Inglaterra uma declaração de direitos fundamentais até o ano de 1998, não significa dizer que não existiam ideias que consagrassem os direitos conhecidos como naturais, inalienáveis e imprescritíveis dos seres humanos.

Canotilho traz a natureza erga omnes dos direitos fundamentais, desta forma:

> A declaração dos direitos do homem de 1789 não afirmava apenas o valor dos direitos fundamentais perante o Estado; dirigia-se também contra os privilégios da nobreza e do clero, contra posições desigualitárias em virtude da classe social e poder econômico, no âmbito do direito privado [...]. O Estado deveria, nessa perspectiva, assegurar também a liberdade no âmbito do direito privado. Só mais tarde, com a radicação da teoria liberal individualista, se alicerçaram duas ideias: (1) a função dos direitos fundamentais é a da defesa dos indivíduos perante o Estado (direitos de defesa); (2) o direito privado tem o seu próprio direito (sobretudo os códigos) separado do direito constitucional. (CANOTILHO Apud VECCHI, 2009, p. 164).

É recente o conceito de direitos fundamentais, entretanto, suas primeiras manifestações documentais datam do fim do século XVIII, no ensejo das revoluções políticas, especificamente a Revolução Americana de 1776 e a Revolução Francesa de 1789 (Miranda 1998). Tais documentos traziam em seu texto ideais políticos de filósofos iluministas como Voltaire, Montesquieu e Benjamin Franklin.

Marmelstein defende que o fim da Segunda Guerra Mundial e a queda do regime nazista são eventos marcantes no surgimento da Teoria dos direitos Fundamentais. Segundo o autor:

> O nazismo foi como um banho de água fria para o positivismo kelseniano, que até então era aceito pelos juristas de maior prestígio. (...) Foi diante desse "desencantamento" em torno da teoria pura que os juristas desenvolveram uma nova corrente jusfilosófica que está sendo chamada de pós-positivismo, que poderia muito bem ser chamada de positivismo ético, já que seu propósito

principal é inserir na ciência jurídica os valores éticos indispensáveis para a proteção da dignidade humana (MARMELSTEINS, 2008, p. 10).

Em sua análise, Marmelstein (2008) enfatiza que os direitos fundamentais são normas jurídicas não apenas de forte conteúdo ético, como também voltados para a proteção da dignidade humana, sendo esta, a base axiológica desses direitos.

Devido ao seu percurso histórico, os direitos fundamentais não permitem uma definição em termos absolutos, abrindo margem, portanto, para a formação das mais variadas teorias. Dentre essas teorias, Alexy apresenta:

> Teorias históricas, que explicam o desenvolvimento dos direitos fundamentais, teorias filosóficas, que se empenham em esclarecer seus fundamentos, e teorias sociológicas, sobre a função dos direitos fundamentais no sistema social, são apenas três exemplos (ALEXY, 2008, p. 31).

É importante frisar que os direitos fundamentais apresentam duas dimensões, sendo uma delas material e a outra formal. Miranda (1998) conceitua-os como os direitos ou posições jurídicas subjetivas das pessoas enquanto tais

> individuais ou institucionalmente consideradas, assentes na Constituição, seja na Constituição formal, seja na Constituição material - donde direitos fundamentais em sentido formal e direitos fundamentais em sentido material (MIRANDA, 1998, p. 7).

Antes mesmo de serem denominados como direitos fundamentais, seu início deriva da continuidade de longa tradição anglo-saxônica de restrições políticas e institucionais dos poderes do monarca (VIEIRA, 2015). Desta forma, as declarações tinham por objetivo efetivar liberdades essencialmente individuais, tais como: livre pensamento, manifestações, livre exercício de atividade profissional, política e civil (BOBBIO, 1992).

Concernente os primeiros momentos da história dos direitos fundamentais, Delgado (2007) ressalta que:

> a relevância, consciência e prestígio cultural dos direitos fundamentais deu-se com o advento da inovadora incorporação, em sua matriz, dos vastos seguimentos socioeconômicos destituídos de riqueza que, pela primeira vez na História, passaram a ser sujeitos de importantes prerrogativas e vantagens jurídicas no plano da vida em sociedade. Esse fato decisivo e inédito somente iria ocorrer a partir da segunda metade do século XIX, na experiência principalmente europeia. Não por coincidência, ele se confunde com o advento do Direito do Trabalho" (DELGADO, 2007, p. 12).

Esse prestígio cultural e jurídico moderno atribuído aos direitos fundamentais, deve-se sobretudo às conquistas da classe burguesa europeia do século XVIII que lutou para garantir os direitos sociais do homem operário, direcionando os direitos para as liberdades civis e políticas do homem proprietário (DELGADO, 2007).

No plano filosófico, a história dos direitos fundamentais perpassa pelos conhecidos direitos humanos, como direitos de liberdade. Além disso, é possível verificar a evolução das concepções jusnaturalistas para a concepção positivista, culminando no neoconstitucionalismo, também conhecido como pós-positivismo (VIEIRA, 2015).

O surgimento dos novos direitos no plano jurídico se faz devido às modificações na sociedade. Analisando o curso da história, documentos e declarações acerca dos direitos fundamentais, é possível observar uma transição dos direitos clássicos fundamentais de liberdade e poder que reclamavam a mínima atuação do Estado na vida do cidadão, para os direitos sociais, que exigem uma atuação positiva do Estado.

2. AS GERAÇÕES DOS DIREITOS FUNDAMENTAIS

O presente tópico tem a pretensão de apresentar um intercurso histórico do processo evolutivo dos direitos fundamentais, desde as declarações que visavam conter o poder político dos Estados absolutistas à efetivação das normas dos direitos positivos eficazes.

Na evolução histórico-positiva das normas de direitos fundamentais é possível observar que estas podem ser englobadas em gerações ou dimensões. Entretanto, de acordo com Vieira (2015), Alexy (2008) e Sarlet (2009), não existe uma relação de imposição, exclusão ou superação de uma geração por outra.

Segundo Bonavides (2009), o significado universal inerente ao direito é comprovado pela evolução histórica dos direitos fundamentais, estreitamente relacionados à liberdade e à dignidade da pessoa humana. A doutrina clássica, por sua vez, baseado na evolução histórica dos direitos fundamentais, os classifica como direitos de primeira, segunda e terceira geração, de acordo com o período histórico que foram reconhecidos e positivados (BONAVIDES, 2009).

É importante ressaltar que há uma crítica acadêmica em torno da terminologia "gerações" quando aplicada aos direitos fundamentais. Sarlet apresenta sua preferência pela terminologia "dimensões", uma vez que, segundo o autor:

> Com efeito, não há como negar que reconhecimento progressivo de novos direitos fundamentais tem o caráter de um processo cumulativo, de complementaridade, e não de alternância, de tal sorte que o uso da expressão "gerações" pode ensejar a falsa impressão da substituição gradativa de uma geração por outra, razão pela qual há quem prefira o termo 'dimensões' dos direitos fundamentais na esteira da mais moderna doutrina (SARLET, 2008, p. 64)

No entanto, baseado em trabalhos de Vieira (2015), Bonavides (2009) e Fachin (2012), no presente trabalho será empregado o termo "gerações", ressaltando que não existe relação de subordinação ou exclusão de uma geração à outra.

A primeira geração dos direitos fundamentais tem como elemento basilar as declarações do século XVIII, sendo a primeira a do Estado da Virgínia de 1776 nos Estados Unidos da América. Entretanto esta não foi a declaração que marcou o surgimento dos direitos fundamentais da primeira geração. De acordo com Vieira (2015), a Declaração dos Direitos do Homem e do Cidadão que compilou os anseios filosóficos e políticos da Revolução Francesa de 1789 tornou-se a mais importante para firmar as ideias desse período.

Bonavides explicita que a primeira geração dos direitos fundamentais foi, sobretudo, marcada pelos direitos de liberdade, expressamente os civis e políticos. Como enseja o autor, esses direitos têm por titular o indivíduo e são por consequência oponíveis ao Estado. Repletos de elementos de subjetividade, faculdades e atributos da pessoa, os direitos da primeira geração tinham como traço mais característico a resistência e oposição ao Estado. Em outras linhas, a primeira geração dos direitos fundamentais é marcada pela exigência de prestação negativa por parte do Estado e defesa da valorização da liberdade individual (BONAVIDES, 2009).

Como exemplos de direitos fundamentais da primeira geração tem-se: liberdade de consciência, de reunião, de culto, e a inviolabilidade do domicílio. Todos esses direitos possuem como titular o ser humano em sua individualidade e aclamam que o Estado deve abster-se de interferir na esfera íntima e individual do cidadão (BONAVIDES, 2009).

Vieira (2015) alerta que os ideais defendidos na primeira geração devem-se ao movimento iniciado pela burguesia do século XVIII e XIX. O crescimento do poder econômico da burguesia permitiu à esta reclamar por direitos de influenciar a política e assegurar a separação dos poderes, exigindo um documento constitucional que garantisse os direitos individuais de liberdade. As insurgências tinham como intuito, portanto, limitar o poder absolutista dos monarcas.

Nesse cenário, os direitos fundamentais impunham sobre o Estado a não intervenção, principalmente no campo econômico, como propriedade privada e relações mercantis, espaço este onde a burguesia era ascendente.

Entretanto, segundo Vieira (2015), Sarlet (2009) e Fachin (2012), a industrialização trouxe consigo grandes impactos e graves problemas sociais e econômicos. As doutrinas socialistas, juntamente com o prático entendimento de que apenas uma declaração não garantiria o pleno exercício da liberdade e igualdade, geraram grandes movimentos reivindicatórios no século XIX, exigindo do Estado um comportamento ativo na concretização da justiça social.

Desse anseio surgem os direitos fundamentais da segunda geração, pretendendo não mais evitar a intervenção do Estado na esfera individual, mas exigem do Estado uma dimensão positiva de forma a propiciar e garantir o direito de bem-estar social (FACHIN, 2012).

Como bem ressalta Sarlet (2009), ademais de requerer do Estado prestações positivas, os direitos fundamentais da segunda geração também defendiam as denominadas "liberdades sociais", nelas englobadas as liberdades de sindicalização, positivação por meio de constituição dos direitos fundamentais do trabalhador, como descanso semanal remunerado, remuneração mínima, direito a férias e greves, entre outras exigências.

Apesar dos direitos da segunda geração serem marcados pela luta e conquista dos trabalhadores, eles são reconhecidos como sociais por estarem estreitamente relacionados aos movimentos de reivindicação social do século XIX e primeira metade do século XX (VIEIRA, 2015).

Sobre os direitos fundamentais de segunda geração, Bonavides pontua:

> São os direitos sociais, culturais e econômicos bem como os direitos coletivos ou de coletividades, introduzidos no constitucionalismo das distintas formas de Estado Social, depois que germinaram por obra da ideologia e da reflexão antiliberal do século XX (BONAVIDES, 2009, p. 347).

É importante ressaltar que, a despeito da defesa dos direitos dos trabalhadores, segundo Vieira (2015), direitos enfrentam questionamentos quanto a sua juridicidade, de tal maneira que foram relegados a status de simples "normas programáticas, meros conselhos, enfrentando uma crise de observância e execução, cujo fim foi marcado pelo fato das recentes Constituições brasileiras que adotaram o princípio da aplicabilidade imediata dos direitos fundamentais" (VIEIRA, 2015, p. 81).

No final do século XX surgem os direitos fundamentais da terceira geração, alicerçados no princípio da solidariedade ou fraternidade. Esses direitos não repousam sobre o homem em sua individualidade, mas possui titularidade difusa ou coletiva, emanando sobre os grupos sociais (DELGADO, 2007). Como exemplos de direitos fundamentais da terceira geração têm-se: a proteção ao patrimônio histórico e cultural da humanidade; o direito ao meio ambiente e a paz; entre outros direitos igualmente difusos.

A Declaração Universal dos Direitos do Homem de 1948 deu início à terceira geração dos direitos fundamentais. Referindo-se à essa declaração, Bobbio afirma que o documento defende que os "direitos do homem deverão ser não mais apenas proclamados ou apenas idealmente reconhecidos, porém efetivamente protegidos até mesmo contra o próprio Estado que os tenha violado" (BOBBIO, 1992, p. 30).

No mesmo tom declara Sarlet que o que difere os direitos fundamentais de terceira geração para os demais é sua titularidade coletiva, indefinida e indeterminável.

> Com efeito, um novo polo jurídico de alforria do homem se acrescenta historicamente aos da liberdade e da igualdade. Dotados de altíssimo teor de humanismo e universalidade, os direitos da terceira geração tendem a cristalizar-se no fim do século XX enquanto direitos que não se destinam especificamente à proteção dos interesses de um indivíduo, de um grupo ou de um determinado Estado. Tem primeiro por destinatário o gênero humano mesmo, num momento expressivo de sua afirmação como valor supremo em termos de existencialidade concreta (SARLET, 2009, p. 49).

Destarte, os direitos fundamentais de terceira geração se alinham ao lema da Revolução Francesa de 1789 que proclamava a liberdade, igualdade e fraternidade. Nesse sentido, Lafer leciona que:

> Enquanto dos direitos de primeira geração (direitos civis e políticos) – que compreendem as liberdades clássicas, negativas ou formais – realçam o princípio da liberdade e os direitos de segunda geração (direitos econômicos, sociais e culturais) – que se identificam com as liberdades positivas, reais ou concretas – acentuam o princípio da igualdade, os direitos de terceira geração, que materializam poderes de titularidade coletiva atribuídos genericamente a todas as formações sociais,

consagram o princípio da solidariedade e constituem um momento importante no processo de desenvolvimento, expansão e reconhecimento dos direitos humanos, caracterizados, enquanto valores fundamentais indisponíveis, pela nota de uma essencial inexauribilidade (LAFER, 1995, p. 239).

Ainda há autores que defendem a existência de direitos fundamentais de quarta e até mesmo quinta geração. Segundo Bonavides, a "globalização política na esfera da normatividade jurídica introduz os direitos de quarta geração, que, aliás, corresponde à derradeira fase de institucionalização do Estado social" (BONAVIDES, 2009, p. 571). Ainda segundo o autor, o direito à paz se configura como direito fundamental da quinta geração.

O constitucionalista Fachin (2012) defende que o direito à água potável constitui-se um direito, nomeado pelo autor, de sexta geração. Segundo ele, direito fundamental à água potável significa um acréscimo ao "acervo de direitos fundamentais'. Esse direito fundamental, necessário à existência humana e a outras formas de vida, necessita de tratamento prioritário das instituições sociais e estatais, bem como por parte de cada pessoa humana" (FACHIN, 2012, p. 229).

Apesar de haver diferentes gerações dos direitos fundamentais no decorrer da história, é importante salientar que esses direitos não se sobrepõem um ao outro ou se excluem, contudo, se complementam. "Os direitos de liberdade complementam os direitos econômicos e sociais que, juntos, complementam os direitos de terceira geração, quais sejam, os fundamentados no princípio da fraternidade ou solidariedade" (VIEIRA, 2015, p. 83).

3. DIREITOS FUNDAMENTAIS EM RELAÇÃO A TERCEIROS

Como visto anteriormente, a primeira função dos direitos fundamentais foi a de limitar os poderes do Estado perante o cidadão, no entanto, debates doutrinários e jurisprudenciais defendem que haja uma eficácia horizontal desses direitos.

Rothemburg defende que, assim como é constatada a eficácia vertical dos direitos fundamentais que exige o respeito ao Poder Público, há, portanto, eficácia horizontal ou privada, que defende o cumprimento dos direitos em relação à terceiros.

Não apenas o Estado está sob o jugo dos preceitos dos direitos fundamentais, mas também os particulares em suas relações, não devem cometer arbitrariedades em relação a terceiros sem que haja consequências jurídicas. De acordo com Rothemburg, "a eficácia horizontal dos direitos fundamentais trata da aplicação dos princípios norteadores da Constituição Federal às relações entre os particulares, funcionando como limitadores da ampla autonomia privada" (ROTHEMBURG, 1999, p. 63).

Vieira adverte que a Constituição Federal de 1988 e outros documentos internacionais, não expressam claramente a aplicabilidade dos direitos fundamentais nas relações privadas, sendo necessário para análise da temática no campo dogmático, a interpretação da Carta Magna.

Mesmo em países onde a constituição versa sobre o tema, há dissensões e controvérsias de pensamentos tanto sobre a forma quanto a respeito do alcance da vinculação dos direitos fundamentais em relação a terceiros.

Steinmetz ressalta a necessidade de apresentação dos principais fundamentos constitucionais embasados tanto pela jurisprudência quanto pela dogmática jurídica para melhor análise da eficácia horizontal dos direitos fundamentais. Segundo o autor, os principais fundamentos são:

> O princípio da supremacia da Constituição, o postulado da unidade material do ordenamento jurídico, os direitos fundamentais como princípios objetivos, o princípio da dignidade da pessoa, o princípio constitucional da solidariedade e, por fim, o princípio da aplicação imediata dos direitos fundamentais (STEINMETZ, 2004, p, 100).

A eficácia dos direitos fundamentais está baseada no conjunto de fundamentos constitucionais, não havendo margem para eleição de apenas um fundamento. Ainda segundo Steinmetz (2004), a dimensão objetiva dos direitos fundamentais é o principal argumento.

A despeito de sua relevância, poucos autores abordam com profundidade sobre a dupla dimensão dos direitos fundamentais. Sarlet sustenta em seu argumento que o titular de um direito fundamental sustenta, em sentido subjetivo, a possibilidade de impor judicialmente os seus interesses perante o destinatário, estando ainda juridicamente tutelado.

Por outro lado, analisado sob a ótica objetiva, os direitos fundamentais não apenas oferecem proteção ao indivíduo face ao poder público, mas transpassam a esta função e apresentam-se também como decisões valorativas de natureza jurídico-objetiva da Constituição, emanando sobre todo o ordenamento jurídico, servindo como elemento basilar das diretrizes dos poderes executivo, legislativo e judiciário (BARROSO, 2005).

Relevantes inovações constitucionais foram propiciadas pelo entendimento e reconhecimento da dimensão objetiva dos direitos fundamentais, permitindo que sua aplicabilidade irradiasse por toda a esfera do direito, aumentando assim sua eficácia. Não obstante, mesmo que seja consagrado o reconhecimento da eficácia horizontal dos direitos fundamentais, sua aplicabilidade nas relações entre terceiros não ocorre do mesmo modo que as relações entre indivíduo e o Estado.

Sarmento (2008) defende que as peculiaridades devem ser respeitadas e as teorias devem explicar como os direitos fundamentais podem proteger tanto o indivíduo perante ao Estado quanto nas relações com terceiros.

3.1 A doutrina do *state action*

Essa teoria oriunda do direito norte-americano proclama que os particulares não estão salvaguardados pelos direitos fundamentais apregoados na Constituição dos Estados Unidos da América. Apenas o poder público estaria sob o jugo de observar tais direitos em suas relações com particulares, exceto no que diz respeito à escravidão, proibido pela 13ª Emenda.

Sarmento (2008) ressalta que essa teoria encontrou amparo nos Estados Unidos devido a liberalidade do país, onde não há grande interesse em tratar das relações sociais. Aspecto que se difere da Constituição Federal Brasileira de 1988 que regula a relação entre o Estado e o cidadão e deste com os seus pares.

A doutrina *State Action* toma como fundamento a proteção da autonomia privada, que segundo sua norma, seria prejudicada caso os direitos fundamentais fossem aplicados nas relações entre terceiros.

Os *Civil Rights Cases* julgados pela Suprema Corte norte-americana no ano de 1883 deram início ao *State Action*. Logo após o fim da escravidão, o Congresso norte-americano sancionou várias medidas contra aqueles que discriminassem um cidadão por razão de sua raça. Entretanto, de acordo com Sarmento (2008) em digressão histórica afirma que:

> No entanto, a Suprema Corte, apreciando cinco casos de pessoas indiciadas por terem cerceado o acesso de negros em hotéis, teatros e trens, afirmou a inconstitucionalidade da norma, sob o argumento de que a União tinha recebido da Constituição apenas a competência para editar normas impedindo as discriminações praticadas pelos próprios Estados, mas não aquelas cometidas por indivíduos e empresas privadas (SARMENTO, 2008, p. 190).

Destarte, o julgamento firmou que as teses e restrições impostas pelos direitos fundamentais aplicavam-se somente ao poder público. No entanto, a Suprema Corte norte-americana, em meados de 1940, começou a mitigar a teoria do *State Action*, atribuindo maior relevância ao *Public Function Theory*, que estabelece que os particulares estariam sujeitos à eficácia horizontal dos direitos fundamentais, nos casos onde estes exercessem atividades típicas do poder público (SARMENTO, 2008).

Steinmetz explica que a relativização da *State Action* por meio de uma simples e inteligente estratagema judicial na qual:

> amplia-se o campo de abrangência do conceito do *state action* operando eficácia de direitos fundamentais nas hipóteses em que um particular demanda contra outro particular alegando violação de direito fundamental individual, e ao mesmo tempo, preserva-se a tese segundo a qual os direitos fundamentais vinculam somente os poderes públicos (STEINMETZ 2004, p. 179).

A Suprema Corte norte-americana ainda tem por bastante prestigiada a doutrina *State Action*, mesmo após sua relativização. Entretanto, é defendido que o Estado não deve encorajar o desrespeito aos direitos fundamentais nas relações entre terceiros.

3.2 Eficácia mediata ou indireta dos direitos fundamentais

Essa teoria, formulada por Gunter Durig em meados da década de cinquenta e dominante na doutrina germânica, foi utilizada pelo Tribunal Constitucional

Alemão no caso Luth. Essa teoria nega a aplicação direta dos direitos fundamentais nas relações privadas sobre a prerrogativa de que "o direito privado restaria descaracterizado pelo excessivo cerceamento da autonomia da vontade (SARMENTO, 2008).

Quatro são as principais ideias que resumem a eficácia mediata dos direitos fundamentais. A primeira repousa sobre a defesa de que as normas de direitos fundamentais são eficazes nas relações entre terceiro apenas quando os parâmetros utilizados forem os de direito privado. A segunda afirma que a teoria da eficácia horizontal dos direitos fundamentais apenas pode ser concretizada pelo legislador e posteriormente, caso seja necessário, seja aplicada pelo juiz. A terceira afirma que o legislador tem poder de regular os direitos fundamentais, de forma a delimitar o seu conteúdo e alcance nas relações entre terceiros. A quarta, por fim, ressalta que em casos que não houver regulamentação legislativa, cabe ao juiz a interpretação e aplicação, conferindo a eficácia horizontal dos direitos fundamentais (MENDES, 2004).

3.3 Teoria dos deveres de proteção

Nessa teoria, é defendida que apenas o Estado estaria vinculado aos direitos fundamentais e cabe somente a este defender e proteger os direitos fundamentais dos particulares em suas relações privadas. Sarmento expõe que nessa teoria o Estado tem a obrigação de não infringir os direitos fundamentais e além disso, proteger potenciais lesões e ameaças no seio social advindas de particulares (SARMENTO, 2008).

Autores defendem que a teoria dos deveres de proteção varia da teoria da eficácia indireta e exige do legislador ordinário a proteção dos direitos fundamentais nas relações privadas.

3.4 Eficácia imediata ou direta dos direitos fundamentais

Formulada na Alemanha, esta teoria possui crescente influência no meio jurídico, principalmente na Itália, Portugal e Espanha. A respeito dessa teoria, Steinmetz relata:

> Essa doutrina atribui aos direitos fundamentais uma dimensão objetiva e outra subjetiva, bem como defende que possuem eficácia em todo o ordenamento jurídico. Todavia, a diferença básica está no fato de que a teoria da eficácia imediata ampara a tese de aplicação direta dos direitos fundamentais nas relações privadas, sendo que essa aplicação não está condicionada à mediação dos poderes públicos (STEINMETZ, 2004, p. 167).

Destarte, os que defendem essa teoria comprovam que ela possui eficácia no âmbito privado, entretanto, os interesses entre o direito fundamental e a autonomia privada devem ser analisados e ponderados. De acordo com Vieira, "a liberdade individual deve ser respeitada, bem como as particularidades das relações privadas devem ser levadas em consideração na resolução de um conflito, sendo que os direitos fundamentais devem ser observados também nesses casos" (VIEIRA, 2015, p. 67).

4. CONSIDERAÇÕES FINAIS

Analisado pelo prisma histórico, é possível observar o aprimoramento dos ideais jusnaturalistas, passando das leis naturais para leis positivas. Em outras palavras, o jusnaturalismo deu espaço para o positivismo no que concerne aos direitos fundamentais.

Por outro lado, a superação histórica do jusnaturalismo e o fracasso político do positivismo, fez com que o próprio positivismo fosse superado pelo pós-positivismo, denominado de neoconstitucionalismo. Essa nova fase abre um caminho para amplas e inacabadas reflexões sobre o Direito, sua interpretação e função social. No pós-positivismo há a inclusão de definições das relações entre valores, princípios e regras, construindo, portanto, uma nova hermenêutica relativa aos direitos fundamentais.

Esse novo entendimento jurídico permitiu que o Direito se entrelaçasse com os valores que antes não eram permitidos pela lógica puramente positivista, a qual pregava a separação da ciência jurídica com a axiológica.

Nesse diapasão, os direitos fundamentais são definidos como uma construção histórica e cultural, com fundamento em axiomas expressos por princípios implícitos na Constituição.

Os direitos fundamentais são normas de valor que devem reger toda a ordem jurídica incluindo o direito privado. A dignidade humana continua a ser o ponto crucial, mas não como liberdade do indivíduo isolado e, sim, como livre desenvolvimento da personalidade de homens inseridos numa sociedade e responsáveis por ela.

Entende-se também que o Estado que apreende o poder, no entanto este também está nas mãos de particulares. A relação inter-privada se tornou dessemelhante e em razão disso os direitos fundamentais, principalmente em razão do império da dignidade humana, devem regular e equilibrar também as relações privadas, afim de que os princípios de dignidade da pessoa humana sejam respeitados.

Os direitos fundamentais encontram-se inerentes à condição humana, à proteção do Princípios da Dignidade da Pessoa Humana. Estes, elencados na Constituição Federal de 1988, têm a mesma função dos Direitos Humanos, com a seguinte diferença: os direitos declaram e as garantias fundamentais asseguram.

As teorias da Eficácia indireta e Eficácia direta referem-se à aplicabilidade dos direitos fundamentais nas relações privadas (eficácia horizontal). Ao longo da história do surgimento e desenvolvimento dos direitos fundamentais, vale ressaltar sua importância para a sociedade atual. Diante deste feito, o surgimento do Estado Social é oriundo da evolução dos direitos fundamentais que por sua vez, apoia-se na evolução da sociedade. Estado Social e Estado Liberal são distintos e para esta diferenciação, deve-se observar as mudanças nas configurações sociais.

Conclui-se então, que os direitos fundamentais nasceram com o objetivo de proteger o indivíduo em face da atuação do Estado. Entretanto, confere-se que não apenas o Estado precisaria ser respeitado como sujeito passivo dos direitos fundamentais, mas também os particulares. Desta forma, diversas teorias defendem que mesmo nas relações privadas deve haver a proteção dos direitos fundamentais dos indivíduos, conforme se verifica inclusive pela análise da jurisprudência.

REFERÊNCIAS

ALEXY, Robert. *Teoria dos Direitos Fundamentais*. São Paulo: Malheiros, 2008.

AMERICAN PREGNANCY ASSOCIATION. *Zygote Intrafallopian Transfer*: ZIFT. 2015. Disponível em: http://americanpregnancy.org/infertility/zygote-intrafallopian-transfer/. Acesso em: 10 jan. 2021.

BARROSO, Luís Roberto. *Neoconstitucionalismo e constitucionalização do Direito. O triunfo tardio do Direito Constitucional no Brasil. Jus Navigandi*, Teresina, ano 9, n. 851, 1º nov. 2005. Disponível em: http://jus2.uol.com.br/doutrina/texto.asp?id=7547. Acesso em: 1º dez. 2020.

BELTRÃO, Silvio Romero. Reprodução Humana Assistida: *conflitos éticos e legais. Legislar é necessário*. 2010, 244 f. Tese (Doutorado em Direito) – Programa de Pós-Graduação em Direito, Centro de Ciências Jurídicas. Universidade Federal de Pernambuco, Recife. 2010.

BITTAR, Carlos Alberto. *Os direitos da personalidade*. 7. ed. Rio de Janeiro: Forense Universitária, 2008.

BOBBIO, Norberto. *A Era dos Direitos*. Rio de Janeiro: Campos, 1992.

BONAVIDES, Paulo. *Curso de Direito Constitucional*. São Paulo: Malheiros, 2009.

BORGES, Roxana Cardoso Brasileiro. *Disponibilidade dos Direitos de Personalidade e Autonomia Privada*. São Paulo: Saraiva, 2005.

BRITO, Ronaldo Figueiredo. Direito da personalidade: pessoa e indivíduo. *Revista Justiça do Direito*. v. 1. p. 136-151. 2011.

DELGADO, Mauricio Godinho. Direitos Fundamentais na Relação de Trabalho. *Revista de Direitos e Garantias Fundamentais*, n. 2, 2007.

DIAS, Felipe da Veiga; REIS, Jorge Renato dos. Os direitos de personalidade e a hermenêutica constitucional: uma abordagem (a partir do giro linguístico ontológico) acerca dos limites comunicativos na sociedade da informação. *Revista Eletrônica Direito e Política*, Itajaí, v. 7, n. 2. 2012. Disponível em: www.univali.br/direitoepolitica. Acesso em: 20 fev. 2021.

DIMOULIS, Dimitri. Elementos e problemas da dogmática dos direitos fundamentais. *Revista da AJURIS*, Porto Alegre, v. 33, n. 102, p. 99-126, jun. 2006.

DIMOULIS, Dimitri; MARTINS, Leonardo. Teoria geral dos direitos fundamentais. 2. ed. São Paulo: Revista dos Tribunais, 2009.

DINIZ, Maria Helena. *Curso de direito civil brasileiro*: a teoria geral do direito civil. 29. ed. São Paulo: Saraiva, 2012.

FACHIN, Zulmar. *Curso de Direito Constitucional*. Rio de Janeiro: Forense, 2012.

FERRAZ, Ana Claudia B. de Barros Correia. *Reprodução humana assistida e suas consequências nas relações de família*: a filiação e a origem genética sob a perspectiva da repersonalização. Curitiba: Juruá, 2011.

FRANÇA, Rubens Limongi. *Manual de direito civil*. 2. ed. São Paulo: Ed. RT, 1971.

FRASER, Nancy. Reconhecimento sem ética? Lua Nova: *Revista de Cultura e Política*, São Paulo, n. 70, p. 101-138, 2007. Disponível em: https://goo.gl/Tr3VFm. Acesso em: 10 jan. 2021.

GAMA, Guilherme Calmon Nogueira da. *A Nova filiação* – O biodireito e as relações parentais: o estabelecimento da parentalidade-filiação e os efeitos jurídicos da reprodução assistida heteróloga. Rio de Janeiro: Renovar, 2003. v. 1.

GONÇALVES, Carlos Roberto. *Direito Civil brasileiro*. 12. ed. São Paulo: Saraiva, 2014.

HABERMAS, Jürgen. *O futuro da natureza humana*. Trad. Karina Jannini. 2. ed. São Paulo: Martins Fontes, 2010.

HAMMERSCHMIDT, Denise; OLIVEIRA, José Sebastião de. Direito à intimidade genética: um contributo ao estudo dos direitos da personalidade. *Revista Jurídica Cesumar*, v. 6, n. 1, p. 449. Disponível em: http://periodicos.unicesumar.edu.br/index.php/revjuridica/article/viewFile/320/179. Acesso em: 03 jan. 2021.

KONDER, Carlos Nelson de Paula. O alcance do direito à identidade pessoal no direito civil brasileiro. *Pensar Revista de Ciências Jurídicas*. v. 23. n. 1. p. 1-11. jan./mar. 2018.

KUNRATH, Yasmine Coelho. Os direitos da personalidade enquanto direitos fundamentais. *Revista Justiça do Direito*. v. 30, n. 3, p. 503-522, set./dez. 2016.

LAFER, Celso. *Desafios*: ética e política. São Paulo: Siciliano, 1995.

LIMA, João Franzen de. *Curso de direito civil brasileiro*. Rio de Janeiro: Forense, 1984.

MARMELSTEIN, George. *Curso de Direitos Fundamentais*. São Paulo: Atlas, 2008.

MARTÍNEZ, Gregorio Peces-Barba. *Curso de derechos fundamentales*: teoria general. Madrid: Universidad Carlos III, 1999.

MELLO, Cláudio Ari. Contribuição para uma teoria híbrida dos direitos de personalidade. In: SARLET, Ingo Wolfgang (Org.). *O novo Código Civil e a Constituição*. Porto Alegre: Livraria do Advogado, 2006.

MENDES, Gilmar Ferreira. *Direitos fundamentais e controle de constitucionalidade*. São Paulo: Saraiva, 2004.

MIRANDA, Francisco Cavalcanti Pontes de. *Tratado de Direito Privado*. Rio de Janeiro: Borsoi, 1955. t. VII.

MIRANDA, Jorge. *Manual de Direito Constitucional*. Coimbra: Coimbra, 1998.

MORATO, Antônio Carlos. Quadro geral dos direitos da personalidade. *Revista da Faculdade de Direito da Universidade de São Paulo*. v. 106. p. 121-158. jan. 2012.

PEREIRA, Caio Mário da Silva. *Instituições de direito civil*. Rio de Janeiro: Forense, 2003.

REALE, Miguel. *História do novo Código Civil*. São Paulo: Ed. RT, 2005.

REIS, Simone Pinto. *Psicologia da personalidade*. SUESC – Sociedade Unificada de Ensino Superior e Cultura, Rio de Janeiro, 2009.

ROTHEMBURG, Walter Claudius. *Cadernos de Direito Constitucional e Ciência Política*. São Paulo: Ed. RT, 1999.

SANTOS, Washington. *Dicionário jurídico brasileiro*. Belo Horizonte: Editora Del Rey, 2001.

SARLET, Ingo Wolfgang. *A Eficácia dos Direitos Fundamentais*. Porto Alegre: Livraria do Advogado, 2009.

SARLET, Ingo Wolfgang. *A eficácia dos direitos fundamentais na perspectiva constitucional*. 11. ed. Porto Alegre: Livraria do Advogado, 2012.

SARMENTO, Daniel. *Direitos fundamentais e relações privadas*. 2. ed. Rio de Janeiro: Lumen Juris, 2008.

SESSAREGO, Carlos Fernández. *Derecho a la identidad personal*. Buenos Aires: Astrea, 1992.

SILVA, José Afonso. *Curso de Direito Constitucional Positivo*. São Paulo: Malheiros, 2012.

STEINMETZ, Wilson. *A vinculação dos particulares a direitos fundamentais*. São Paulo: Malheiros, 2004.

TAYLOR, Charles. La política del reconocimiento. *Multiculturalismo y la política del reconocimiento*. Madrid: Fondo económico de Cultura, 1993.

VELASQUEZ, Tomlyta Luz. O conhecimento da ascendência genética como um direito de personalidade. *Revista da Sorbi*. 2016.

DANO MORAL E DIREITOS HUMANOS: UM DIÁLOGO NECESSÁRIO

Alexandre Pereira Bonna

Doutor em Direitos Humanos pela Universidade Federal do Pará, com sanduíche na University of Edinburgh. Mestre em Direitos Humanos pela Universidade Federal do Pará. Professor de graduação e pós-graduação do Cesupa e da Faci-Wyden. Advogado. E-mail: alexandrebonna@yahoo.com.br.

SUMÁRIO: Introdução – 1. O conteúdo de alguns interesses relacionados ao dano moral; 1.1 Imagem; 1.2 Honra; 1.3 Igualdade; 1.4 Privacidade; 1.5 Morte de familiar próximo; 1.6 Vida; 1.7 Integridade física; 1.8 Integridade psíquica; 1.9 Liberdade; 1.10 Abandono afetivo – 2. A relação dos direitos humanos com o dano moral (bens extrapatrimoniais protegidos juridicamente) – 3. Conclusão – Referências.

RESUMO: Reflete sobre o conteúdo de alguns bens extrapatrimoniais juridicamente protegidos, discorrendo sobre a racionalidade por trás desses bens no tocante à identificação do dano indenizável, no que no Brasil se denominou dano moral. Em seguida, investiga internacionais de direitos humanos e alguns casos concretos analisados pela Comissão Interamericana de Direitos Humanos ou julgados pela Corte Interamericana de Direitos Humanos, de modo a analisar se existe diferença substancial entre o que é considerado violação de bens extrapatrimoniais protegidos no âmbito interno (dano moral) e o que é visto como violação de direitos humanos.

INTRODUÇÃO

A responsabilidade civil trata da prevenção ou reparação/compensação de danos, sejam eles morais ou materiais. Enquanto o dano material é a violação a um interesse patrimonial digno de tutela, o dano moral é a violação a um interesse existencial merecedor de proteção jurídica. E, neste cenário um sem número de valores existenciais protegidos pelo direito surgem para embasar o chamado dano moral, como por exemplo a dignidade humana (art. 1º, III, CF/88); vida, liberdade, igualdade, intimidade, vida privada, honra, imagem (art. 5º, *caput* e incisos V e X, CF/88); fraternidade e solidariedade (preâmbulo e art. 3, I, CF/88); saúde física e mental (art. 196, CF/88); os direitos da personalidade, como o corpo, a vida, o nome e a vida privada (arts. 11 a 21 do CC/2002) dentre outros que são corolários dos mesmos, como o interesse ao projeto de vida – que advém como consequência direta da liberdade porque por ato injustificado de outra pessoa, a vítima deve refazer o curso de sua vida que já estava bem delineado por sua autodeterminação e escolhas visando a um fim - e o direito à paz, sossego e tranquilidade – que se extrai a partir do valor da saúde mental.

A presente pesquisa identifica um paradoxo na tarefa dos agentes do direito em quantificar o dano moral, pois, embora a Constituição Federal de 1988 seja uma rica fonte normativa de interesses existenciais dignos de proteção pelo dano moral (imagem, honra, dignidade, saúde, vida, igualdade, liberdade), enfrenta-se cotidianamente um grande desafio, considerando o fato de que a cláusula geral de tutela da pessoa humana é aberta e não passível de exaustão.

Contudo, em se tratando do dano moral, tal reflexão se mostra pífia se os únicos parâmetros que o julgador tiver forem os valores abstratos da ordem jurídica interna e seus correlatos julgamentos nos tribunais pátrios, sendo imperioso o conhecimento de bases presentes na ordem jurídica internacional de direitos humanos para conferir maior grau de justiça da responsabilidade civil quanto à função de eliminar perdas injustas no campo existencial por meio do que se convencionou chamar de compensação do dano moral.

Desta feita, há uma verdadeira cláusula geral de reconhecimento de danos a partir dos arts. 186 e 927 do CC/2002 e art. 5º, incisos V e X, da CF/88, que asseveram que aquele que causa dano a outrem comete ato ilícito e fica obrigado a reparar o dano, sem especificar como identificar o dano merecedor de tutela (dano indenizável). Contudo, o fio condutor e elemento nuclear por trás dessa proteção a esfera existencial do ser humano é a dignidade da pessoa humana, que também se revela como pilar dos direitos humanos. Por esta razão, a presente pesquisa tem como problema investigar se as condenações dos Estados por violações de direitos humanos na atuação da Corte Interamericana de Direitos Humanos se assemelham substancialmente com condenações do Estado ou de agentes privados no plano interno em casos envolvendo dano moral.

A relevância de tal investigação, além de viabilizar o diálogo entre tribunais domésticos e internacionais, pode alargar e lapidar a compreensão do dano moral, reconhecer novas hipóteses de dano indenizável e fomentar uma cultura de produzir sentenças/acórdãos no Brasil tendo em vista a produção jurisprudencial da Corte Interamericana de Direitos Humanos.

1. O CONTEÚDO DE ALGUNS INTERESSES RELACIONADOS AO DANO MORAL

Inúmeros interesses existenciais juridicamente protegidos estão permeados pelo ordenamento jurídico brasileiro, tornando-se imperioso que o jurista da responsabilidade civil conheça o conteúdo mínimo (o ponto de partida) ou aspectos centrais e basilares de cada um desses interesses. A seguir, serão apresentados sucintamente os interesses mais comuns de serem violados no bojo das práticas sociais, sob a visão deste autor, considerando que as hipóteses de cabimento do dano moral estão envolvidas em uma cláusula aberta, não passível de taxatividade.

Assevera-se que o estudo do dano moral não é afeito a bens jurídicos alocados em compartimentos, porque é muito comum que diversos bens jurídicos existenciais sejam atingidos em um único acontecimento. Ofensas cotidianas a alguém como "desonesto" atingem o bem jurídico honra subjetiva e integridade psíquica;

a tortura de alguém fulmina o bem jurídico da integridade física e da integridade psíquica; longas esperas em banco, companhia aérea ou ao telefone para cancelar serviço ou obter informação viola o bem jurídico relacionado ao tempo, mas também a integridade psíquica; uma criança que é eletrocutada em uma cerca elétrica que despenca sofre defeito físico, mas também perturbação psíquica, revelada pela dor, traumas, sofrimentos.

1.1 Imagem

Cada ser humano tem uma aparência física, de voz e de trejeitos distinta da dos restantes. Ao contrário do que sucede com outros animais, onde se torna possível encontrar indivíduos idênticos, entre os seres humanos prevalece sempre a variabilidade de genes e a unicidade, de modo que a imagem materializada de uma pessoa é um bem personalíssimo fortemente objetivado pois o destino que se dê à imagem é, de certo modo, um tratamento dado à própria pessoa que acaba surgindo no palco dos bens de personalidade (CORDEIRO, 2004, p. 193).

Todas as pessoas possuem o espaço protegido para dispor de sua aparência física, social ou sonora (voz) autorizando a captura, reprodução ou difusão dos mesmos. O direito à compensação por danos morais pelo uso indevido da imagem está estampado no art. 5º, X, da CF/88: "são invioláveis a intimidade, a vida privada, a honra e a imagem das pessoas, assegurado o direito a indenização pelo dano material ou moral decorrente de sua violação", bem jurídico este também esculpido nos artigos 20 e 21 do CC/2002. Ambos os diplomas visam a proteção da forma plástica da pessoa e de todos os seus "respectivos componentes identificadores (rosto, olhos, perfil, busto, voz, características fisionômicas etc.) que a individualizam na coletividade" (FARIAS; BRAGA NETTO; ROSENVALD, 2015, p. 398).

A imagem é um bem jurídico que diz respeito àquilo que nos diferencia e nos particulariza em relação aos outros, pois "a imagem está sempre vinculada a qualquer tipo de representação gráfica da figura humana, em que a própria pessoa se reconhece e é reconhecida por outras pessoas" (SANTOS, 2015, p. 382). A esse respeito, alude-se a uma tridimensionalidade do direito de imagem, formado por imagem-retrato, imagem-atributo e imagem-voz (FARIAS, BRAGA NETTO, ROSENVALD, 2015, p. 398), no sentido de que estão sob o campo de proteção da imagem as características fisionômicas atreladas à pessoa – como o perfil, o rosto e o corpo – as características pessoais que estão vinculadas à pessoa – como o jeito de dançar, de falar, de utilizar jargões, hábitos – assim como o próprio timbre sonoro peculiar de cada ser humano sob à luz do sol.

Vale sublinhar que a violação do direito de imagem gera dano moral indenizável independentemente de ter como consequência o gravame à honra ou à intimidade, como já sedimentado na súmula 403 do STJ: "independe de prova do prejuízo a indenização pela publicação não autorizada de imagem de pessoa com fins econômicos ou comerciais", gozando o interesse jurídico da imagem de autonomia: "a imagem obtida sem consentimento do retratado, mesmo que não atente contra a honra e a intimidade, é passível de proteção" (SANTOS, 2015, p. 385). No mesmo sentido: "pode configurar-se um fato antijurídico, ainda que não exista atentado à honra, ou à identidade dinâmica, ou à privacidade, mas em forma autônoma não autorizada da imagem" (LORENZETTI; FRADERA, 1998, p. 488).

Como exemplos: a) reprodução da imagem original ou de similar de modo a se apropriar daquela para fins artísticos, comerciais ou fotográficos sem autorização da vítima; b) uso de imagem verdadeira com autorização, mas deturpando ou modificando a imagem do ofendido; c) uso da imagem para além do permitido em contrato; d) pintura representando o rosto de alguém em estampa de blusa sem autorização; e) utilização da voz da pessoa em comerciais ou filmes; f) abordar em filme, programa de televisão ou comercial trejeitos que remetem a alguém famoso, como o jeito de falar, se vestir, se portar; g) construção de busto de alguém para enfeitar uma loja, sem a devida autorização; h) divulgar fotografia de pessoa famosa em local público que mostre os seios ou outras partes íntimas[1]; i) divulgação de imagem de menor envolvido em ato infracional, mesmo que com provas cabais[2]; j) a simples reprodução da pessoa, pela pintura, pela fotografia ou pelo filme, é suficiente para configurar a violação do direito à imagem (CORDEIRO, 2004, p. 193).

1.2 Honra

O direito à honra, previsto no art. 5º, inciso X, da CF/88, está ligado à preservação em nível social e individual dos aspectos que dizem respeito à reputação que a pessoa tem de si e perante os outros, motivo pelo qual o direito à honra pode ser transgredido de duas formas distintas: a) pode ferir a auto valoração que cada um tem de si mesmo enquanto ser humano no tocante à sua autoestima e consciência (PIZARRO, 1996, p. 493), no Brasil conhecido por injúria ou honra subjetiva, sendo o "apreço próprio, do juízo que cada um tem de si" (SILVA, 2005, p. 188); b) pode atingir a reputação que a vítima construiu perante terceiros em nível social, momento este que se verifica que o vilipêndio a esse interesse, ao prejudicar a relação do ofendido com terceiros, acaba por obstruir chances de êxito, confiança, crédito e oportunidades (PIZARRO, 1996, p. 493-494), no Brasil chamado de calúnia, quando imputar ilícito penal indevida-

---

1. Assim já decidiu o Superior Tribunal de Justiça: "No tocante às pessoas notórias, apesar de o grau de resguardo e de tutela da imagem não ter a mesma extensão daquela conferida aos particulares, já que comprometidos com a publicidade, restará configurado o abuso do direito de uso da imagem quando se constatar a vulneração da intimidade, da vida privada ou de qualquer contexto minimamente tolerável" (julgamento do Recurso Especial 1594865/RJ, de Relatoria do Ministro Luís Felipe Salomão, com acórdão publicado dia 18.08.2017).
2. "A preservação da imagem e da intimidade dos menores, em tenra idade ou prestes a alcançar a maturidade, é reflexo do comando constitucional da sua proteção integral, com absoluta prioridade em assegurar seus direitos fundamentais (arts. 227, da CF/88, 4º do ECA). Independente do grau da reprovabilidade da conduta do menor, o Ordenamento Jurídico veda a divulgação de imagem de adolescentes a quem se atribui autoria de ato infracional, de modo a preservar a sensível e peculiar condição de pessoa em desenvolvimento" (trecho do voto da Relatora Ministra Nancy Andrighi, no julgamento do Recurso Especial n. 1442083/ES, julgado pelo Superior Tribunal de Justiça, com acórdão publicado dia 02.10.2017).

mente à alguém, e de difamação, quando vilipendiar a boa fama da pessoa em nível social, ou seja, a sua honra objetiva, que é "o respeito, a consideração, a reputação, a fama de que gozamos no meio social" (SILVA, 2005, p. 188).

Cabe ressaltar que em se tratando de ofensa ao bem jurídico honra o nosso ordenamento jurídico admite a exceção da verdade, quando o possível transgressor demonstra a veracidade das alegações apurada pelo mínimo de diligência razoável e não necessariamente de uma verdade cabal e absoluta. Aqui, para configurar o dano moral indenizável basta transmitir como fatos verdadeiros "simples rumores, carentes de toda constatação, ou meras invenções ou insinuações insidiosas" (SANTOS, 2015, p. 300).

À guisa de exemplos, imagine-se a) falsa imputação de quaisquer crimes, pois, como assevera Ramon Daniel Pizarro "nadie puede ser tiltado de delincuente, asesino, violador o corrupto hasta tanto así lo que determine la justicia competente" (1996, p. 496); b) imputação falsa de fato desonroso, como o fato de o ofendido viver bêbado ou drogado; c) menosprezo à pessoa por meio de gestos, palavras ou escritos; d) publicações inverídicas, como as constantes em cadastros de restrição de crédito, que aludem a débitos inexistentes ou em valores errados; e) publicações verídicas, mas que desrespeitam os parâmetros legais, como a inscrição em cadastro de restrição de crédito sem a notificação prévia do consumidor[3]; f) acusar cliente de furto em loja; g) informar que pessoa é criminosa após ser absolvida ou ter o inquérito arquivado; h) divulgação de informação inverídica como a que tal pessoa é um estuprador ou responde em ação penal pelo crime de homicídio "quando ela é o resultado de um conceito equivocado que difere da realidade. Tanto em um como em outro caso, a informação não é verdadeira" (SANTOS, 2015, p. 301); i) protesto indevido de título cambial[4]; j) veiculação de matéria jornalística imputando práticas ilícitas a alguém sem o mínimo de indícios[5]; k) em suma, juízos valorativos quanto à integridade, à seriedade e à moralidade do sujeito; a reputação familiar; a reputação profissional; a reputação cívica; a reputação política e assim por diante (CORDEIRO, 2004, p. 143).

---

3. O Superior Tribunal de Justiça tem proferido reiteradas decisões no sentido de reconhecer o dano moral decorrente da própria existência do ato ilícito (seja por inscrever dívida inexistente, seja por desrespeitar os requisitos legais para uma inscrição devida), como no julgamento do Recurso Especial n. 1.369.039/RS, com acórdão publicado dia 10/04/2017, no qual o Ministro Relator Ricardo Villas Bôas Cueva asseverou que "a inscrição ou manutenção indevida do nome do devedor no cadastro de inadimplentes acarreta, conforme jurisprudência reiterada deste Tribunal, o dano moral *in re ipsa*, ou seja, dano vinculado à própria existência do fato ilícito, cujos resultados são presumidos".
4. Nessa linha, o Superior Tribunal de Justiça já se pronunciou, no julgamento do Recurso Especial n. 60033/MG, Relator Ministro Ruy Rosado de Aguiar, acórdão publicado dia 27.11.1995.
5. "A emissora recorrente extrapolou os limites da liberdade de manifestação e de informação, pois induziu os telespectadores a acreditar que o recorrido compactuava com atividade ilícita, sem o cuidado de checar ao menos um indício de plausibilidade dessa declaração" (trecho do voto do Relator Ministro Marco Aurélio Bellizze, no julgamento do Agravo Interno no Agravo no Recurso Especial n. 2016/0247299-5, com acórdão publicado dia 02.08.2017).

1.3 Igualdade

De inúmeras formas a violação do direito de igualdade (art. 5º, caput e inciso I, CF/88) pode gerar dano moral indenizável, visto que a CF/88 repudia qualquer forma de discriminação, estabelece o racismo como crime inafiançável, sendo intolerável qualquer conduta que denote preconceito por origem, raça, posição política, condição social, doenças, sexo, cor, idade e quaisquer outras formas de discriminação. Portanto, no bojo das práticas sociais as pessoas físicas e jurídicas têm direito de realizarem preferências, distinções, exclusões ou restrições, mas não podem estar calcadas em cor, sexo, religião, origem étnica, condição social, idade, dentre outras, desde que devidamente justificadas, como no caso da legislação que determina que a mulher deve carregar menos peso que o homem e a que estipula idade mínima para obter habilitação de motorista. Portanto, o respeito que se exige à igualdade para não ser responsabilizado é aquele que suprime e elimina, de forma radical, qualquer discriminação arbitrária entre as pessoas, ou seja, quando uma pessoa é colocada por outra em situação de inferioridade (SANTOS, 2015, p. 429-430).

Desta feita, fora de hipóteses adequadamente justificadas - como requisitos de idade e teste físico para determinados cargos, de idoneidade financeira para contratos, de especialidade em determinada área – tratamentos desiguais violam frontalmente valor existencial protegido pelo direito, fazendo *jus* a vítima à indenização por danos morais, como nos casos expostos a seguir: a) empregado demitido por ser portador de HIV; b) mulher demitida por ser bonita e atrair homens; c) estagiário não aprovado em seleção por possuir tatuagem; d) consumidor mal atendido por ser negro seja por ser expulso da loja, seja por negarem atendimento ao mesmo[6]; e) pessoa vestida de forma simples ser expulsa de estabelecimento comercial; f) consumidor não ter atendimento adequado por possuir ação judicial contra a empresa; g) brincadeiras que ridicularizam a pessoa por ser de uma cidade pequena do interior ou de outro país[7]; h) mulheres que não recebem atendimento em locais frequentados por homens; i) proibir homossexuais como candidatos de vaga de garçom em restaurante; j) mulher grávida proibida de disputar vaga de emprego; k) criança com síndrome de *down* ou dentro do espectro autista ter negada a matrícula em colégio; l) casal homossexual vítima de insultos e ofensas em restaurante, metrô, cinema e qualquer outro espaço público ou privado; m) mulher grávida que tem seu cargo ou função modificada[8];

---

6. Assim já decidiu o Tribunal de Justiça da Bahia, no julgamento do Recurso Inominado 6714102003, de Relatoria de Baltazar Miranda Saraiva, com acórdão publicado dia 29.07.2005, em caso envolvendo pessoa negra que foi impedido de ingressar em estabelecimento comercial em área nobre.
7. Ganharam destaque dois casos julgados pelo Tribunal Superior do Trabalho que condenaram a empresa a pagar danos morais aos trabalhadores chamados, respectivamente, de baiano preguiçoso e árabe sujo. Trata-se do julgamento dos Recursos de Revista n. 305-63.2012.5.09.0009 (Relator Ministro Cláudio Mascarenhas Brandão, acórdão publicado dia 30/05/2014) e 861-24.2011.5.04.0661 (Relator Ministro Alberto Luiz Bresciani de Fontan Pereira, acórdão publicado dia 09.05.2014).
8. "A gravidez de uma empregada nem sempre é recebida com bons olhos pelo empregador e, no caso em concreto, houve uma prova real de que a Reclamante teve a função alterada após a gravidez. De toda sorte, não pode passar despercebido por esta Justiça Especial que o conjunto da prova oral produzida favorece às

n) chacotas, ofensas e humilhações em razão de o empregado ou colega de turma ser homossexual[9].

1.4 Privacidade

Em suma, o direito à intimidade e à vida privada implicam na proteção de que cada um pode orientar sua vida com bem entender sem prejudicar terceiros, como nas facetas relacionadas à origem e a identidade da pessoa; a sua situação de saúde; a sua situação patrimonial; a sua imagem; os seus escritos pessoais; as suas amizades e relacionamentos sentimentais; as suas preferências estéticas; as suas opções políticas e religiosas, sendo tudo que não seja público, profissional ou social (CORDEIRO, 2004, p. 205). Tanto a intimidade quanto a vida privada estão protegidas pelo art. 5º, X, da CF/88 estão imbrincados, porque a vida privada é mais ampla do que a intimidade. Desta feita, a intimidade se refere à faceta mais interna e sagrada do ser humano, ao passo que a vida privada tem relação com questões que não são íntimas, mas que fazem parte de um conjunto de fatos que não são de conhecimento da sociedade e podem merecer proteção pelo zelo de a pessoa manter reservadas a si ou a um grupo restrito, fora do alcance de conhecimento dos demais (SILVA, 2005, p. 264). Nesse sentido, informações sobre como a pessoa dorme, almoça e janta dentro de seu recinto familiar, se a pessoa frequenta bordeis, se está com novo namorado ou terminou o noivado, se vai todos os dias ao encontro da amante, se tem dois ou mais parceiros sexuais não dizem respeito ao seu íntimo mais intrínseco, mas conectam-se com um campo que o sujeito deseja manter confidencial, motivo pelo qual está protegido pelo bem jurídico da vida privada. De outro lado, deformidades, anomalias, fatos desabonadores do passado e/ou vícios que o ser humano possua se referem mais propriamente à intimidade.

Vale lembrar que não será de tanta relevância estabelecer um termômetro que divida o bem jurídico da vida privada da intimidade, pois ambos são igualmente protegidos pela Carta Magna e, em um sentido amplo, se referem à inviolabilidade de a pessoa ter um espaço mínimo reservado apenas para si e com quem queira di-

---

alegações da Reclamante, inclusive quanto à rescisão indireta do contrato de trabalho. A rescisão indireta decorrente de um tratamento diferenciado que foi dispensado à Reclamante após a sua gravidez é fato objeto de prova nesses autos e autoriza a extinção do contrato, por culpa do empregador, porque é um ato discriminatório, além de ofensivo" (trecho do voto da Desembargadora Relatora Taisa Maria M. de Lima, no julgamento do Recurso Ordinário n. 00476-2008-022-03-00-7, tramitando perante o Tribunal Federal do Trabalho da 3ª Região, com acórdão publicado dia 08.10.2008).

9. "Para efeito de cumprimento das cláusulas do contrato de trabalho é absolutamente irrelevante a orientação sexual adotada pelo empregado, vez que se trata de questão estritamente relacionada à sua intimidade. *In casu*, restou provada a insólita conduta patronal, com a prática reiterada de ofensas de cunho homofóbico por parte de superior hierárquico, que atingiram o patrimônio moral da obreira, resultando a obrigação legal de reparar. ... Independentemente da orientação sexual da autora, que só a ela diz respeito posto que adstrita à esfera da sua liberdade, privacidade ou intimidade, a prática revela retrógrada e repugnante forma de discriminação, qual seja, o preconceito quanto à orientação sexual do ser humano" (trecho do voto do Relator Desembargador do Tribunal Federal do Trabalho da 2ª Região, Ricardo Artur Costa e Trigueiros, no julgamento do Recurso Ordinário 00010612020135020078, com acórdão publicado dia 15.08.2014).

vidir, ou, nos dizeres de Américo Luís Martins da Silva, trata-se da "liberdade de se introverter, de se recolher à vida privada" (2005, p. 263). Diz respeito a um âmbito que o ser humano deseja manter condutas e situações dentro do espectro privado, sem difundir ao conhecimento de terceiros, como questões ligadas a doenças, a tristezas e frustrações, a hábitos circunscritos ao âmbito familiar, a deformidades físicas, ao cotidiano com os ascendentes, descendentes, cônjuge ou companheira, dentre outros. Em todos esses casos, estar-se-á diante de informações que não possuem relevância significativa para mais ninguém, a não ser à própria pessoa e àqueles com quem queira compartilhar.

É importante destacar que o espectro de proteção da intimidade é mais amplo do que possa parecer. De acordo com Ramon Daniel Pizarro, tal direito está vinculado a uma tripla dimensão: a) direito de ser deixado em paz e tranquilidade; b) direito à autonomia em relação as decisões de sua existência; c) direito de controle de informações pessoais (1996, p. 501). De tal modo, também está dentro da proteção da intimidade a violação de correspondência, a divulgação de dados pessoais (CPF, endereço, número do celular etc.) para terceiros, assim como a toda e qualquer difusão de informações do íntimo do ser humano.

Cabe destacar que, diferentemente dos ataques à honra, que admitem a exceção da verdade, para as transgressões à intimidade são irrelevantes que o fato veiculado seja verdadeiro ou não. Em qualquer caso, quando por ato de terceiro aspecto reservado ao íntimo do ofendido for divulgado e revelado, este fará *jus* à indenização por danos morais.

São exemplos de violações aos bens jurídicos intimidade e/ou vida privada: a) divulgação de foto da pessoa agonizando em cirurgia; b) publicação de sentença de divórcio com a identificação do nome das partes; c) divulgação de fotos íntimas da pessoa sozinha ou com seu parceiro; d) violação de correspondência; e) transmissão para terceiros de cadastro de consumidor contento suas informações pessoais; f) vazamento de informações acobertadas pelo sigilo profissional; g) intromissão por fotos ou filmagens no domicílio do ofendido, retratando a intimidade familiar; h) instalação de câmeras dentro de residências ou espaços privados sem a divulgação; i) interceptação telefônica sem autorização judicial, porém observa-se que a gravação de telefonema feita por um dos interlocutores sem autorização do outro não gera dano moral[10]; j) vizinho que tira fotografia da vizinha aos beijos com o novo namorado na saída do elevador e publica para o conhecimento de terceiros; k) divulgação de vídeo capturando momentos do ofendido dentro de sua casa com sua família em diversas situações cotidianas; l) divulgação de doença ou vício que a pessoa desejava manter em sigilo; m) locador que não providencia a reconstrução de muro de casa alugada, deixando a privacidade do locatário exposta pela falta de reparo do muro

---

10. O Supremo Tribunal Federal, no julgamento do Recurso Extraordinário n. 583.937/RJ, de Relatoria do Ministro Cezar Peluso, DJ 19.11.2009, decidiu que não é ilegal a gravação ambiental realizada por um dos interlocutores sem conhecimento do outro.

desabado[11]; n) violação de dados pessoais e familiares em relação aos sentimentos, conduta sexual, saúde, defeitos físicos, fé religiosa, ideias políticas, lembranças, gravação de conversas (LORENZETTI; FRADERA, 1998, p. 492).

1.5 Morte de familiar próximo

No caso de morte de ente querido, na perspectiva do falecido, este é a vítima direta e imediata, contudo, pelo fato de a morte ceifar a aptidão para contrair direitos, é inviável pedido de indenização em benefício do mesmo. De outro lado, os familiares mais próximos, que sofrem demasiadamente a perda de alguém que nutriam enorme afeto, são vítimas indiretas (ricochete), podendo requerer indenização por danos morais em face do causador da morte. Portanto, o bem jurídico vida, caso seja atingido inteiramente, restam aos familiares mais próximos, circunscritos ao seio de convivência mais íntima, o direito de pleitear indenização por danos morais, dano moral este certamente presumido pelo julgador, sendo absolutamente inerente às práticas sociais o conhecimento de que a perda de um ente querido gera dor aguda desmedida em decorrência dos tempos de convivência e vínculo afetivo com aquele que se fazia presente nos momentos bons e ruins, na calada da noite e no primeiro bom dia, no café da manhã e na jantar, na praia ou na fazenda, na piscina ou na hora do dever de casa. Esta convivência, somada aos vínculos afetivos, potencializam a identificação do dano moral por perda de parente próximo.

Em termos de identificação desse dano moral, legitimidade para pleitear indenização e a própria mensuração do *quantum* indenizatório, nada mais esclarecedor do que mais recentes julgados do Superior Tribunal de Justiça sobre o tema (Agravo Interno no Recurso Especial n. 1165102/RJ, Relator Ministro Raul Araújo, DJ 07.12.2016; Recurso especial n. 1095762/SP, Relator Ministro Luís Felipe Salomão, DJ 11.03.2013; Recurso especial n. 1076160/AM, Relator Ministro Luís Felipe Salomão, DJ 21.06.2012; Recurso Especial n. 1291702/RJ, Relatora Ministra Nancy Andrighi, DJ 30.11.2011), em relação aos quais é possível resumir os seguintes termos: a) em princípio, rechaça-se o direito à indenização daqueles que não fazem parte do núcleo familiar da vítima ou não sejam herdeiros; b) é possível que diante das peculiaridades do caso se conceda o direito a indenização por danos morais a sobrinho, irmão, sogra e tio; c) o valor indenizatório deve observar o grau de parentesco ou de proximidade; d) não obstante a formação de um novo grupo familiar com o casamento e nascimento de filhos, entende-se que o poderoso laço afetivo que une os pais com o filho não se extingue, de modo que o que se observa é a coexistência de dois núcleos familiares, sendo correto afirmar que os ascendentes e sua prole integram um núcleo familiar inextinguível para fins de demanda indenizatória por morte. Nessa linha de intelecção, os ascendentes têm legitimidade para a demanda indenizatória por morte da sua prole ainda quando esta já tenha constituído o seu grupo familiar imediato;

---

11. Conforme decisão do Tribunal de Justiça de São Paulo no julgamento da Apelação n. 483.023, de Relatoria do Desembargador Renato Sartorelli, DJ 10.03.1997.

e) os irmãos podem pleitear indenização por danos morais em razão do falecimento de outro irmão, sendo irrelevante a existência de direito hereditário. A questão não é sucessória, pois a legitimidade ativa está relacionada a todos aqueles atingidos pelo sofrimento da perda do ente querido.

1.6 Vida

O direito à vida fundamenta, em meandros mais específicos, outros bens jurídicos que possibilitam a indenização por dano moral, como a exposição ao perigo, a integridade psíquica, a integridade física e o afeto por parentes próximos, bens estes que decorrem, em maior ou menor grau, do gravame a um bem mais amplo, que é a vida.

O direito à vida "assegura a preservação das funções vitais do organismo biológico humano" (CORDEIRO, 2004, p. 123). Deste modo, a interpretação ampla do direito à vida, previsto expressamente no art. 2º do CC/2002 e art. 5º, *caput*, da CF/88, traz consigo diversas exigências, como o dever negativo, de não violar o direito à vida, utilizando-se de condutas positivas; o dever, também negativo, que obriga a não impedir o pleno desenvolvimento da vida, em quaisquer de suas manifestações, deixando fazer livremente ao titular dela; o dever positivo de manter a vida alheia (por exemplo: satisfazer – por parte do Estado – prestações concretas para proteger a vida, através de medicamentos e tratamentos); o dever de informar (o médico ou estabelecimento hospitalar), ao enfermo, de todas as consequências (positivas e negativas) do tratamento, ou aplicação de medicamentos, tenha caráter experimental ou não (SANTOS, 2015, p. 179).

Infelizmente, em um sentido mais estrito, uma fez ceifada a vida em sua inteireza, nada há que se discutir em termos de direitos da vítima fatal, que padeceu de um dano irrecuperável e definitivo. Destarte, somente interesses que tangenciam a vida mediatamente/indiretamente possuem relevância para fins de dano moral, como o projeto de vida, a integridade física e psíquica e a perda de ente querido, pois "embora a morte seja a maneira mais radical e absoluta do detrimento a este bem superior que é a vida humana, outros bens existem que, apesar de atingirem a pessoa em menor dimensão, também merecem absoluto resguardo" (SANTOS, 2015, p. 203).

Duas exceções podem ser apontadas para o que foi afirmado acima. A primeira diz respeito as ações que pediram indenização por dano moral em razão da falta de pagamento de pensão alimentícia, que é um interesse juridicamente protegido que está umbilicalmente ligado à vida, ou melhor, à necessidade de manutenção da vida a partir do cumprimento de obrigações relativas à prestação de alimentos, que o inadimplemento põe em xeque uma existência digna com o mínimo de apoio material daqueles que têm obrigação para tanto[12]. Analogicamente, tem-se o cabimento da

---

12. Assim já decidiu o Superior Tribunal de Justiça, no bojo do Recurso Especial n. 1.087.561/RS, com acórdão publicado dia 18/08/2017, de Relatoria do Ministro Raul Araújo, que assim asseverou: "a omissão voluntária e injustificada do pai quanto ao amparo material do filho gera danos morais, passíveis de compensação pecuniária. Cinge-se a controvérsia a definir se é possível a condenação em danos morais do pai que deixa

indenização por dano moral que decorre do atraso no pagamento de salários ao empregado[13]. Em ambas as hipóteses, exige-se que o atraso não seja um evento isolado, mas sim se constitua de forma reiterada e ultrajante.

A segunda, está relacionada a afronta à vida sem ceifá-la, na chamada exposição ao perigo, que se caracteriza pela criação de um perigo concreto a outras pessoas, como no caso de motorista sem habilitação que participa de racha; parque de diversões que não realiza as manutenções preventivas; construtora que entrega empreendimento com vazamento de gás; empresa de construção civil que não compra equipamentos de proteção do trabalho para os seus empregados; explosão em boate ou posto de gasolina; empregado contratado para ser motorista, mas que acaba por ser designado para transportar valores altos sem o mínimo de segurança; queda de fio de alta tensão próximo a pedestres; exposição de trabalhadores a condições perigosas de trabalho. Em todos esses exemplos, embora a vida ou integridade física não seja ceifada, todas as pessoas expostas ao perigo farão *jus* ao recebimento de indenização por danos morais por se tratar de situação concretamente lesiva à vida em seu sentido amplo, tratando-se de clara violação de um bem juridicamente tutelado. Como se não bastasse, inúmeros diplomas legais corroboram para tal interpretação:

> Código de Defesa do Consumidor (Lei n. 8.078/1990)
>
> Art. 6º São direitos básicos do consumidor:
>
> I – a proteção da vida, saúde e segurança contra os riscos provocados por práticas no fornecimento de produtos e serviços considerados perigosos ou nocivos;
>
> Art. 8º Os produtos e serviços colocados no mercado de consumo não acarretarão riscos à saúde ou segurança dos consumidores, exceto os considerados normais e previsíveis em decorrência de sua natureza e fruição, obrigando-se os fornecedores, em qualquer hipótese, a dar as informações necessárias e adequadas a seu respeito.
>
> Art. 12 (...)
>
> § 1º O produto é defeituoso quando não oferece a segurança que dele legitimamente se espera.

---

de prestar assistência material ao filho. Inicialmente, cabe frisar que o dever de convivência familiar, compreendendo a obrigação dos pais de prestar auxílio afetivo, moral e psíquico aos filhos, além de assistência material, é direito fundamental da criança e do adolescente, consoante se extrai da legislação civil, de matriz constitucional (Constituição Federal, art. 227). Da análise dos artigos 186, 1.566, 1.568, 1.579 do CC/02 e 4º, 18-A e 18-B, 19 e 22 do ECA, extrai-se os pressupostos legais inerentes à responsabilidade civil e ao dever de cuidado para com o menor, necessários à caracterização da conduta comissiva ou omissiva ensejadora do ato ilícito indenizável. Com efeito, o descumprimento voluntário do dever de prestar assistência material, direito fundamental da criança e do adolescente, afeta a integridade física, moral, intelectual e psicológica do filho, em prejuízo do desenvolvimento sadio de sua personalidade e atenta contra a sua dignidade, configurando ilícito civil e, portanto, os danos morais e materiais causados são passíveis de compensação pecuniária".

13. Nesse sentido, o Tribunal Superior do Trabalho, no julgamento do Agravo Interno em Recurso de Revista, com acórdão publicado dia 30.11.2011, de Relatoria do Ministro Maurício Godinho Delgado, asseverou "Embora a jurisprudência, regra geral, considere incabível a indenização por danos morais em face de esporádicos atrasos nos pagamentos salariais do obreiro, essa tendência não é absoluta. Evidenciado nos autos que a lesão se tornou grave, por ser reiterada, atingindo a estabilidade emocional da pessoa humana trabalhadora e afetando seu prestígio e imagem na comunidade, emerge a regra constitucional e legal reparadora do malefício, consistente na indenização pela afronta ao patrimônio moral e psicológico do obreiro".

Código Penal (Decreto n. 2.848/1940)

Perigo de contágio venéreo

Art. 130. Expor alguém, por meio de relações sexuais ou qualquer ato libidinoso, a contágio de moléstia venérea, de que sabe ou deve saber que está contaminado:

Perigo de contágio de moléstia grave

Art. 131. Praticar, com o fim de transmitir a outrem moléstia grave de que está contaminado, ato capaz de produzir o contágio:

Perigo para a vida ou saúde de outrem

Art. 132. Expor a vida ou a saúde de outrem a perigo direto e iminente:

Consolidação das Leis do Trabalho (Decreto n. 5.452/1993).

Art. 189. Serão consideradas atividades ou operações insalubres aquelas que, por sua natureza, condições ou métodos de trabalho, exponham os empregados a agentes nocivos à saúde, acima dos limites de tolerância fixados em razão da natureza e da intensidade do agente e do tempo de exposição aos seus efeitos

Art. 193. São consideradas atividades ou operações perigosas, na forma da regulamentação aprovada pelo Ministério do Trabalho e Emprego, aquelas que, por sua natureza ou métodos de trabalho, impliquem risco acentuado em virtude de exposição permanente do trabalhador a:

I – inflamáveis, explosivos ou energia elétrica;

II – roubos ou outras espécies de violência física nas atividades profissionais de segurança pessoal ou patrimonial.

Clarividente está o acolhimento da não exposição ao perigo como um interesse existencial protegido pelo Direito. Nessa linha, assim como ocorre com o uso de imagem não autorizada ou com a intromissão na privacidade da vítima, que a violação do direito não necessita de nenhuma outra consequência lesiva, aqui também em relação a vida, bem inclusive hierarquicamente superior aos demais, não precisa a mesma ser vilipendiada, o leite ser derramado, para surgir o direito de indenização. O atentado concreto contra a vida, por si só, revela o dano-evento e o dano-prejuízo, tese esta que está em consonância com posicionamentos consolidados do Superior Tribunal de Justiça (de agora em diante STJ), conforme visto em tópico anterior.

1.7 Integridade física

O interesse de ter a saúde (normal funcionamento do corpo) ou integridade corporal (composição anatômica do corpo) invioláveis por ato de outrem (PIZARRO, 1996, p. 490), normalmente chamado de dano estético pelos tribunais brasileiros, se caracteriza como alteração ou diminuição da integridade física da pessoa de forma permanente ou duradoura (BITTAR, 2015, p. 271), possuindo como sustentáculo o art. 5º, *caput* (direito à vida) e o art. 196 (direito à saúde), ambos da CF/88.

Cabe salientar que o dano moral decorrente da violação do interesse relacionado a saúde ou integridade corporal pode se manifestar tanto quando ocorre transmissão de doenças e negligência médica que agrava o estado do paciente quanto quando a vítima perde alguma parte interna ou externa de seu corpo por ocasião de acidente, agressões ou falha de profissionais da saúde.

Logo, são exemplos de violações a esse interesse: a) lesões físicas experimentadas por empregados no ambiente de trabalho, como perda de dedos, audição, olfato ou visão; b) perda de membro ou fixação de cicatriz em acidente de consumo, causada por explosões ou outros acidentes de consumo; c) acidente de trânsito que provoque tetraplegia; d) briga física que promova perfuração de órgãos; e) perda de baço ou rim por erro médico em cirurgia; f) remédio errado ou em dosagem errada que piorou situação do paciente; g) agressões físicas sofridas por uma mulher por pessoa desconhecida ou por namorado/companheiro/cônjuge; h) preso em situação degradante[14]; i) excesso de ruído, trepidação, mal cheiro e degradação do meio ambiente (CORDEIRO, 2004, p. 134).

1.8 Integridade psíquica

Como corolário do direito à uma vida plena (art. 5°, *caput*, CF/88) e à saúde (art. 196, CF/88) vem o direito à inviolabilidade da integridade psíquica do ser humano, compreendido como o direito de não sofrer, por ato de outrem, diminuição de seu bem-estar e equilíbrio mental, manifestado por uma alteração anormal dos padrões de humor, estresse, aborrecimentos, enfurecimentos, descontentamentos, frustrações, irritações, agonias, sossego e paz por ato de outrem e não por infortúnios e contingências da vida, anormalidade essa que transcenda a proporção dos dissabores do cotidiano.

Cabe destacar que embora não exista na CF/88 expressamente a palavra integridade psíquica, é possível vislumbrar tal pretensão não apenas do direito à vida e à saúde, mas de outras leis que protegem a higidez e incolumidade mental da pessoa humana, como por exemplo: art. 128, II, do decreto-lei n. 2848/1940 (Código Penal): não se pune o aborto praticado por médico se a gravidez resulta de estupro e o aborto é precedido de consentimento da gestante; art. 7°, I, da lei n. 11.340/2006 (Lei Maria da Penha): são formas de violência doméstica e familiar contra a mulher, entre outras: a violência psicológica, entendida como qualquer conduta que lhe cause dano emocional e diminuição da autoestima ou que lhe prejudique e perturbe o pleno desenvolvimento ou que vise degradar ou controlar suas ações, comportamentos, crenças e decisões,

---

14. No julgamento do Rext n. 580.252/MS, com acordão publicado dia 08.09.2017, de Relatoria do Ministro Alexandre de Moraes, STF fixou a tese de que é cabível indenização por dano moral a ser paga pelo Estado quando este não cumpre condições legais do encarceramento (prisão em situação degradante); por outro lado, reacendeu a preocupação dos juristas da responsabilidade civil sobre se a capacidade econômica do ofensor dever ser levada em conta na quantificação da indenização, na medida em que diversos votos justificaram a indenização no valor de R$ 2.000,00 sob o argumento de que o Estado não teria condições de arcar com patamar maior considerando os milhares de presos em situação degradante, considerando que a população carcerária brasileira é a 3ª maior do mundo, com 726 mil pessoas. Em outras palavras, é preciso refletir se o foco da indenização compensatória é apenas a vítima e a magnitude de seu dano ou o ofensor também deve ter sua capacidade econômica sopesada.

mediante ameaça, insulto, chantagem, ridicularização, exploração e limitação do direito de ir e vir ou qualquer outro meio que lhe cause prejuízo à saúde psicológica e à autodeterminação; art. 7°, da lei 8.069/1990 (Estatuto da Criança e do Adolescente): a criança e o adolescente têm direito à vida e à saúde, mediante a efetivação de políticas sociais públicas que permitam o nascimento e o desenvolvimento sadio e harmonioso, em condições dignas de existência; art. 71, da lei 8.078/1990 (Código de Defesa do Consumidor), na parte das infrações penais: utilizar, na cobrança de dívidas, de ameaça, coação, constrangimento físico ou moral, afirmações falsas incorretas ou enganosas ou de qualquer outro procedimento que exponha o consumidor, injustificadamente a ridículo ou interfira com seu trabalho, descanso ou lazer; art. 2°, da lei 10.741/2003 (Estatuto do Idoso): o idoso goza de todos os direitos fundamentais inerentes à pessoa humana, sem prejuízo da proteção integral de que trata esta lei, assegurando-se, por lei ou por outros meios, todas as oportunidades e facilidades, para preservação de sua saúde física e mental e seu aperfeiçoamento moral, intelectual, espiritual e social, em condições de liberdade e dignidade.

Logo, uma vez que por ato de outrem o ser humano seja colocado em situação que em condições normais da vida em sociedade acarretem um agigantamento desmedido de estresse, aborrecimentos, enfurecimentos, descontentamentos, frustrações, irritações, agonias e falta de paz, mesmo que inexista violação à integridade física, estar-se-á diante de um menoscabo de cunho psíquico, que ocasiona danos à pessoa humana passíveis de compensação por danos morais.

Como exemplos de situações ensejadoras de dano moral por violação à integridade psíquica, segue: a) espera por mais de quatro horas em fila de banco; b) falha no serviço que demandou diversas idas do consumidor ao fornecedor para resolver o vício; c) dezenas de ligações para obter cancelamento de serviço ou informação; d) festas corriqueiras com música alta da casa do vizinho[15]; e) constantes ameaças de colega de trabalho, empregador ou namorado (a); f) ofensas cotidianas perpetradas pelos colegas de turma do colégio ou da faculdade em face de um dos alunos; g) atraso de voo sem a consequente assistência da companhia aérea em fornecer hotel e transporte a uma família; h) extravio de bagagem em aeroporto; i) recebimento de inúmeras mensagens de texto pela operadora de telefonia[16]; j) recebimento de ligações reiteradas realizadas por bando no intuito de cobrar dívidas inexistentes[17]; k) atraso demasiado em voo, de aproximadamente 30 horas[18]; l) a neurose ou medo ao sinistro, a demência pós-traumática, o stress ou esgotamento do trabalho (LORENZETTI; FRADERA, 1998, p. 456).

---

15. Nesse sentido decidiu o Tribunal de Justiça de São Paulo, no julgamento da Apelação n. 992050163832, de Relatoria do Desembargador Emanuel Oliveira, com acórdão publicado dia 08.04.2010.
16. Assim já decidiu o Tribunal de Justiça do Rio Grande do Sul, no julgamento da Apelação n. 71007031032, de Relatoria da Desembargadora Glaucia Dipp Dreher, com acórdão publicado dia 15.09.2017.
17. Nessa linha decidiu o Tribunal de Justiça do Rio Grande do Sul, no julgamento da Apelação n. 71007069073, de Relatoria do Desembargador Roberto Carvalho Fraga, com acórdão publicado dia 08.09.2017.
18. Nesse sentido, decidiu o Superior Tribunal de Justiça, no julgamento do Agravo Regimental no Agravo no Recurso Especial n. 144558, de Relatoria do Ministro Paulo de Tarso Sanseverino, com acórdão publicado dia 04.02.2014.

1.9 Liberdade

A proteção do bem jurídico liberdade se encontra espalhada por todo o texto constitucional (art. 5, caput, incisos VI, IX e XV), estando protegida expressamente a liberdade artística, científica, intelectual, de comunicação, de locomoção, de consciência e crença, de modo qualquer violação destas facetas da liberdade poderá ensejar dano moral indenizável, a depender do caso, porque quando a liberdade é afetada a dignidade também é fulminada na medida em a liberdade está ligada ao "direito que todo sujeito tem de regular juridicamente os seus interesses, de poder definir o que reputa melhor ou mais adequado para a sua existência; o direito de regular a própria existência, de construir o próprio caminho e de fazer escolhas" (DIDIER JR, 2015, p. 132).

Caso a liberdade em qualquer dimensão seja violada, é possível o reconhecimento do dano moral indenizável por afetar a faceta existencial do ser humano, devendo a fixação do valor indenizatório avaliar a intensidade, duração e magnitude do dano, dentre outros. Como exemplos de violações à liberdade: a) rigor excessivo no exercício da autoridade parental; b) a restrição à manifestação de pensamento e de crítica; c) a prisão ilegal[19]; d) o cárcere privado; e) fechamento arbitrário de exposições de arte ou de shows artísticos; f) proibição de empregado ir ao banheiro[20]; g) trancamento da empresa para que empregado saia apenas quando o gerente abrir o cadeado, obrigando o funcionário a ficar enclausurado no ambiente de trabalho[21].

1.10 Abandono afetivo

Outro interesse digno de proteção é o das crianças e adolescentes de terem as fases da vida, escolhas, conhecimentos e afetos com participação significativa dos pais, por força dos deveres inerentes ao poder familiar, que exigem que os pais dirijam a criação e educação e os tenham em sua companhia. Deste modo, trata-se de um interesse que não é monetário, mas é digno de tutela jurídica, no sentido de que não podem ser jogados de escanteio por força das pretensões individuais de seus pais, que decidirem comportar-se de forma insensível e asséptica para com o desen-

---

19. Assim já se manifestou o Superior Tribunal de Justiça, no julgamento do Recurso Especial n. 220982/RS, de Relatoria do Ministro José Delgado, com acórdão publicado dia 03/04/2000, o qual asseverou: "o Estado está obrigado a indenizar o particular quando, por atuação de seus agentes, pratica contra o mesmo, prisão ilegal. Em caso de prisão indevida, o fundamento indenizatório da responsabilidade do Estado deve ser enfocado sobre o prisma de que a entidade estatal assume o dever de respeitar, integralmente, os direitos subjetivos constitucionais assegurados ao cidadão, especialmente, o de ir e vir. O Estado, ao prender indevidamente o indivíduo, atenta contra os *direitos humanos* e provoca dano moral ao paciente, com reflexos em suas atividades profissionais e sociais".
20. Nessa linha, já se manifestou o Tribunal Superior do Trabalho, no julgamento do Agravo Interno em Recurso de Revista n. 3429-68.2015.5.10.0802, de Relatoria do Ministro José Roberto Freire Pimenta, com acórdão publicado dia 27.10.2017.
21. Nesse sentido já decidiu o Tribunal Superior do Trabalho, no julgamento do Recurso de Revista n. 9635720145120034, de Relatoria do Ministro Antônio José de Barros Levenhagen, com acórdão publicado dia 10.03.2017.

volvimento da personalidade e construção de projetos dessas pessoas (crianças e adolescentes), cabendo destacar que o mesmo dever de cuidado é exigido dos filhos em relação aos pais idosos.

Acerca desse interesse protegido das crianças e dos adolescentes, na decisão do Recurso Especial n. 1159242, publicado dia 10/05/2012, a partir da análise do dever de cuidado como dever legal (art. 227 da CF/88), a Ministra Relatora Nancy Andrighi fixou o entendimento de que havendo descumprimento desse dever se manifesta uma conduta ilícita, e, portanto, surge o dever de indenizar os prejuízos sofridos. Nesse sentido, o julgado estabeleceu que uma vez comprovado o descumprimento da imposição legal de cuidar da prole trata-se de claro ilícito civil, sob a forma de omissão (*non facere*), que atinge um bem juridicamente tutelado (criação, educação e companhia), surgindo a possibilidade de se pleitear compensação por danos morais por abandono afetivo.

Destaca-se que também é um interesse juridicamente protegido o dos pais idosos ou em situações de saúde delicadas serem assistidos pelos filhos, se aplicando analogicamente o mesmo raciocínio para condenar filhos insensíveis e ausentes da vida dos pais quando estes mais precisam. Por esse motivo, diz-se que a responsabilidade civil por abandono afetivo (pais em relação aos filhos e filhos em relação aos pais) tem como fundamento também o princípio da solidariedade social, que não deve ser visto apenas como parâmetro para políticas públicas e produção de leis, mas também para a interpretação e aplicação do Direito:

> [...] a tutela da personalidade não é orientada apenas aos direitos individuais pertencentes ao sujeito no seu precípuo e exclusivo interesse, mas, sim, aos direitos individuais sociais, que têm uma forte carga de solidariedade, que constitui o seu pressuposto e também o seu fundamento (PERLINGIERI, 2009, p. 38).

Como exemplos, é possível sublinhar a) pai que não se faz presente em datas comemorativas; b) pai que decide morar em outro país sem continuar mantendo contato; c) pai que nunca se faz presente em consultas médicas, reuniões de colégio e atividades esportivas; d) pai que não exerce o direito de visitação; e) pai que nunca realizou momentos de lazer e descontração; f) filhos que menosprezam os pais em asilo ou em hospital; g) filhos que negam assistência moral ou material para os pais em momentos de necessidade.

2. A RELAÇÃO DOS DIREITOS HUMANOS COM O DANO MORAL (BENS EXTRAPATRIMONIAIS PROTEGIDOS JURIDICAMENTE)

Há um liame entre os direitos humanos no plano internacional e os bens existenciais no plano interno, pelo que deve ser perquerida uma ruptura da dicotomia clássica entre direito interno e direito internacional, para reconhecer que ontologicamente os danos perpetrados no bojo de relações privadas são muitas vezes idênticos ou até mais graves que aqueles cometidos pelo Estado. Além disso, a evolução histórica dos direitos fundamentais na experiência europeia e latina demonstra que a dogmática das Constituições incorporou a proteção de bens jurídicos essenciais e supremos para uma vida plena do ser humano previstos em documentos internacionais, bens estes dignos de inviolabilidade por outras pessoas ou pelo Estado, os quais devem nortear todo o conjunto normativo constitucional e infraconstitucional. Sendo assim, fica claro que a proteção da pessoa humana no plano internacional ou no plano interno revela que esse é o valor da mais alta hierarquia em qualquer ordenamento jurídico.

Por esse motivo, John Finnis sustenta que as declarações de direitos humanos representam tentativa de concretização dos contornos do bem comum e dos bens humanos básicos, manifestando preocupação com diversos aspectos do bem individual em suas dimensões básicas, motivo pelo qual a responsabilidade moral de respeitar os bens humanos básicos se convolou em responsabilidade jurídica e, graças ao arcabouço jurídico, tal ideal se tornou possível e potencializado tendo em vista a faceta coercitiva do Direito, que para além de promover tais bens, delibera em pormenores e detalhes, mergulhando nas mais diversas peculiaridades para uma plena realização humana e construção de uma comunidade que atenda ao bem comum (2007, p. 195-213).

Desta feita, na tradição do direito natural, embora Tomás de Aquino nunca tenha utilizado a expressão "direitos humanos", é cristalino que ele tinha a concepção teórica, pois conclui que os preceitos de justiça estão centrados naquilo que todos têm em comum e em semelhança como membros da espécie humana, de maneira que todos estão aptos a pleitear que "não sejam mortos, não tenham sua propriedade vilipendiada, não sejam danificados em seu corpo e sua mente, não sejam falsamente acusados ou difamados" (FINNIS, 2008, p. 136). Todos esses direitos, que decorrem dos primeiros princípios, são alocados para as pessoas pelo simples fato de pertencerem à espécie humana. Assim, embora nem todo direito seja comum aos seres humanos em razão de cada particularidade dos sistemas jurídicos, há aqueles que cada membro da humanidade está apto a desfrutar pelo simples fato de sua condição humana, merecendo a sua inerente dignidade, não sendo um "status a ser conferido, mas sim uma realidade a ser reconhecida e protegida, pois tais bens são desejáveis por mim e por todos aqueles que compartilham comigo a experiência humana, devendo ser esta a tese essencial da moralidade e da política" (FINNIS, 2008, p. 176).

Não é à toa que uma investigação profunda e comprometida da experiência ocidental no trato com o que se chama no Brasil e no mundo latino de dano moral e nos países anglo-saxões de "non-pecuniary damages" a partir de obras de juristas do Brasil, Espanha, México, Estados Unidos, Canadá, Grã-Betânia e da Europa em geral permitirá inferir que bens como a honra, vida, saúde, liberdade, igualdade, integridade psíquica, integridade física, privacidade e sentimentos ligados a perda de entes queridos são comuns a todos os sistemas jurídicos ocidentais em matéria de compensação de danos.

Assim, o valor da dignidade da pessoa humana pode nortear os direitos fundamentais (dentre eles a indenização por dano moral prevista nos incisos V e X da CF/88), assim como todo o emaranhado normativo no campo do direito internacional dos direitos humanos, servindo de apoio para a investigação dos interesses existenciais dignos de tutela, especialmente porque os principais tratados e pactos foram devidamente ratificados pelo Brasil, como no caso dos exemplos abaixo, os quais possuem diversos interesses extrapatrimoniais protegidos:

Convenção Internacional sobre os direitos das pessoas com deficiência

Artigo 1°

O propósito da presente Convenção é promover, proteger e assegurar o exercício pleno e equitativo de todos os direitos humanos e liberdades fundamentais por todas as pessoas com deficiência e promover o respeito pela sua dignidade inerente.

Pessoas com deficiência são aquelas que têm impedimentos de longo prazo de natureza física, mental, intelectual ou sensorial, os quais, em interação com diversas barreiras, podem obstruir sua participação plena e efetiva na sociedade em igualdades de condições com as demais pessoas.

Os princípios da presente Convenção são:

a) O respeito pela dignidade inerente, a autonomia individual, inclusive a liberdade de fazer as próprias escolhas, e a independência das pessoas;

b) A não discriminação;

c) A plena e efetiva participação e inclusão na sociedade;

d) O respeito pela diferença e pela aceitação das pessoas com deficiência como parte da diversidade humana e da humanidade;

e) A igualdade de oportunidades;

f) A acessibilidade;

g) A igualdade entre o homem e a mulher;

h) O respeito pelo desenvolvimento das capacidades das crianças com deficiência e pelo direito das crianças com deficiência de preservar sua identidade.

Convenção contra a tortura e outros tratamentos ou penas cruéis, desumanos ou degradantes

Artigo 1°

1. Para os fins da presente Convenção, o termo "tortura" designa qualquer ato pelo qual dores ou sofrimentos agudos, físicos ou mentais, são infligidos intencionalmente a uma pessoa a fim de obter, dela ou de uma terceira pessoa, informações ou confissões; de castigá-la por ato que ela ou uma terceira pessoa tenha cometido ou seja suspeita de ter cometido; de intimidar ou coagir esta pessoa ou outras pessoas; ou por qualquer motivo baseado em discriminação de qualquer natureza; quando tais dores ou sofrimentos são infligidos por um funcionário público ou outra pessoa no exercício de funções públicas, ou por sua instigação, ou com o seu consentimento ou aquiescência. Não se considerará como tortura as dores ou sofrimentos que sejam consequência unicamente de sanções legítimas, ou que sejam inerentes a tais sanções ou delas decorram.

Convenção sobre os direitos da criança

Artigo 1°

Para efeitos da presente Convenção considera-se como criança todo ser humano com menos de dezoito anos de idade, a não ser que, em conformidade com a lei aplicável à criança, a maioridade seja alcançada antes.

Artigo 2º

1. Os Estados Partes respeitarão os direitos enunciados na presente Convenção e assegurarão sua aplicação a cada criança sujeita à sua jurisdição, sem distinção alguma, independentemente de raça, cor, sexo, idioma, crença, opinião política ou de outra índole, origem nacional, étnica ou social, posição econômica, deficiências físicas, nascimento ou qualquer outra condição da criança, de seus pais ou de seus representantes legais.

2. Os Estados Partes tomarão todas as medidas apropriadas para assegurar a proteção da criança contra toda forma de discriminação ou castigo por causa da condição, das atividades, das opiniões manifestadas ou das crenças de seus pais, representantes legais ou familiares.

Convenção sobre a eliminação de todas as formas de discriminação contra a mulher

Artigo 1º

Para os fins da presente Convenção, a expressão "discriminação contra a mulher" significará toda a distinção, exclusão ou restrição baseada no sexo e que tenha por objeto ou resultado prejudicar ou anular o reconhecimento, gozo ou exercício pela mulher, independentemente de seu estado civil, com base na igualdade do homem e da mulher, dos direitos humanos e liberdades fundamentais nos campos político, econômico, social, cultural e civil ou em qualquer outro campo.

Convenção sobre a eliminação da discriminação racial

Artigo I

1. Nesta Convenção, a expressão "discriminação racial" significará qualquer distinção, exclusão restrição ou preferência baseadas em raça, cor, descendência ou origem nacional ou étnica que tem por objetivo ou efeito anular ou restringir o reconhecimento, gozo ou exercício num mesmo plano, (em igualdade de condição), de direitos humanos e liberdades fundamentais no domínio político econômico, social, cultural ou em qualquer outro domínio de vida pública.

Pacto internacional sobre direitos econômicos, sociais e culturais

Artigo 15

1. Os Estados Partes do presente Pacto reconhecem a cada indivíduo o direito de:

a) Participar da vida cultural;

b) Desfrutar o processo cientifico e suas aplicações;

c) Beneficiar-se da proteção dos interesses morais e materiais decorrentes de toda a produção cientifica, literária ou artística de que seja autor.

Pactos de direitos civis e políticos

Artigo 6

1. O direito à vida é inerente à pessoa humana. Esse direito deverá ser protegido pela lei. Ninguém poderá ser arbitrariamente privado de sua vida.

Artigo 7

Ninguém poderá ser submetido à tortura, nem a penas ou tratamento cruéis, desumanos ou degradantes. Será proibido sobretudo, submeter uma pessoa, sem seu livre consentimento, a experiências médias ou cientificas.

Artigo 9

1. Toda pessoa tem direito à liberdade e à segurança pessoal. Ninguém poderá ser preso ou encarcerado arbitrariamente. Ninguém poderá ser privado de liberdade, salvo pelos motivos previstos em lei e em conformidade com os procedimentos nela estabelecidos.

Artigo 10

1. Toda pessoa privada de sua liberdade deverá ser tratada com humanidade e respeito à dignidade inerente à pessoa humana.

Artigo 17

1. Ninguém poderá ser objetivo de ingerências arbitrárias ou ilegais em sua vida privada, em sua família, em seu domicílio ou em sua correspondência, nem de ofensas ilegais às suas honra e reputação.

2. Toda pessoa terá direito à proteção da lei contra essas ingerências ou ofensas.

Artigo 19

1. ninguém poderá ser molestado por suas opiniões.

2. Toda pessoa terá direito à liberdade de expressão; esse direito incluirá a liberdade de procurar, receber e difundir informações e ideias de qualquer natureza, independentemente de considerações de fronteiras, verbalmente ou por escrito, em forma impressa ou artística, ou por qualquer outro meio de sua escolha.

Artigo 26

Todas as pessoas são iguais perante a lei e têm direito, sem discriminação alguma, a igual proteção da Lei. A este respeito, a lei deverá proibir qualquer forma de discriminação e garantir a todas as pessoas proteção igual e eficaz contra qualquer discriminação por motivo de raça, cor, sexo, língua, religião, opinião política ou de outra natureza, origem nacional ou social, situação econômica, nascimento ou qualquer outra situação.

Artigo 27

Nos Estados em que haja minorias étnicas, religiosas ou linguísticas, as pessoas pertencentes a essas minorias não poderão ser privadas do direito de ter, conjuntamente com outros membros de seu grupo, sua própria vida cultural, de professar e praticar sua própria religião e usar sua própria língua.

Sobre o diálogo entre a responsabilidade civil no plano interno e o direito internacional dos direitos humanos, este autor e Pastora do Socorro Teixeira Leal (2016, p. 95-115) explicaram que pensar na interface entre direitos humanos e a responsabilidade civil no plano interno pode parecer confuso uma vez que tradicionalmente os direitos humanos são vistos como instrumento que insere pessoas de diversos países na categoria de sujeito de direito perante a ordem jurídica internacional, possibilitando a responsabilização de Estados (e não de pessoas físicas ou jurídicas de direito privado) por danos causados omissiva ou comissivamente a pessoas a partir da violação de direitos que os respectivos Estados se comprometeram a respeitar. Feita essa digressão, discorrem na mesma pesquisa sobre a necessidade de pensar os direitos humanos para além do plano formal calcado nos Tratados Internacionais, visto que de nada vale um arcabouço "impecável" de direitos a serem respeitados pelos Estados no plano internacional se persistirem problemas graves de violações entre agentes privados no âmbito interno, conflitos que por sua natureza não podem ser solucionados no plano internacional.

Baseando-se nessas premissas, o referido trabalho (LEAL; BONNA, 2016, p. 95-115) acentua a imperiosidade de aplicar os direitos humanos em uma perspectiva multinível, que envolva a atuação dos tribunais pátrios e a efetividade de tais normas no bojo de relações intersubjetivas que não envolvam o Estado. Ou seja, é preciso que os Estados se comprometam a promover os direitos humanos em diversos níveis, tendo por base a "complementariedad: principio rector que rige las relaciones entre sistemas normativos y jueces nacionales e internacionales" (ZUNIGA, 2013, p. 70), assim como a atuação forte dos tribunais pátrios de modo a "invocar a legitimidade e a autoridade normativa do direito internacional para apoiar suas decisões" (URUEÑA, 2014, p. 27). Nessa linha, rompe-se com a dicotomia clássica entre Direito Interno e Direito Internacional, reconhecendo que ontologicamente os danos perpetrados no bojo de relações privadas são muitas vezes idênticos ou até mais graves que aqueles cometidos pelo Estado, não havendo razão para não utilizar normas de proteção do ser humano previstas no plano internacional, gerando expansão dos interesses existenciais dignos de proteção para fins de caracterização do dano moral.

Assim, tanto os direitos civis – como a vida, igualdade, integridade psíquica e integridade física – quanto os direitos econômicos, sociais e culturais – como a alimentação, moradia, educação, saúde – que servem de base para as Cortes Internacionais condenarem Estados ratificadores dos tratados, estão infiltrados na legislação interna do Brasil e de algum modo é possível vislumbrar que os bens extrapatrimoniais são especificações de normas de conteúdo de direitos humanos, e, portanto a responsabilidade civil é uma categoria que promove os direitos humanos em casos concretos de violação, como por exemplo no dano moral por não pagamento de pensão – direito à alimentação –, por violação à integridade física e/ou mental ocasionada por acidentes de consumo ou trabalho – são direitos civis –, por destruição da casa ou não entrega de imóvel no prazo prometido – direito à moradia –, por negativas de cobertura de planos de saúde – direito à saúde –, por discriminações em geral – direito à igualdade, dentre outros. Com a diferença de que o Estado não só responde perante a ordem jurídica internacional por causar diretamente a violação desses bens, mas também por não implementá-los progressivamente por meio de políticas públicas e leis, dentro do escopo do artigo 26 da Convenção Interamericana de Direitos Humanos, progressividade essas inerente aos direitos econômicos, sociais e culturais.

Diante desse imbróglio normativo, tanto a Comissão Interamericana de Direitos Humanos quanto a Corte Interamericana de Direitos Humanos e o Comitê vêm estabelecendo diversas técnicas interpretativas que potencializam a eficácia dos direitos econômicos, sociais e culturais, partindo do pressuposto de que se veda o retrocesso e se garante um progresso contínuo e gradual dos mesmos (SALMÓN; BREGAGLIO, 2010), conforme abaixo explanado, os quais, repisa-se, são representações de bens jurídicos que também são protegidos no campo da responsabilidade civil.

Ao analisar o caso Yakye Axa vs. Paraguai (sentença proferida dia 17/06/2005), a Corte entendeu por imbricar uma visão integrada dos direitos humanos, partindo da interpretação do direito à vida (art. 4º da Convenção) – que é considerado um direito civil – para trazer contornos sociais a esse direito. Nesse sentido, considerou que o direito à vida foi violado pelo Estado do Paraguai na medida em que não garantiu condições satisfatórias sanitárias, habitacionais e alimentares da comunidade indígena, dentro do raciocínio da ordem de um desenvolvimento progressivo contida no art. 26 da Convenção. Por esse motivo, levando em conta o nível do sofrimento e de violência em suas terras, que possuem um valor inestimável para o patrimônio e identidade cultural dos povos indígenas, a Corte fixou a indenização no patamar de US$ 950.000,00 a ser gerido por um fundo.

Mais um exemplo da chamada interpretação social dos direitos civis e políticos está no conceito de vida digna, ou seja, a proteção das condições para que a pessoa conduza sua vida e alcance o destino que traçou para si, de modo que a frustração dos projetos de vida caracteriza violação de direitos humanos, como asseverado no caso Loayza Tamayo vs. Peru (julgado pela Corte Interamericana de Direitos Humanos no dia 17 de setembro de 1997), condenando o Estado do Peru a pagar uma justa indenização, sem fixar qual seja esse valor, haja vista a *"privación ilegal de la libertad, tortura, tratos crueles, inhumanos y degradantes, violación a las garantías judiciales y doble enjuiciamiento con base en los mismos hechos"* (capítulo I).

A Corte também vem asseverando que o direito a uma vida digna implica na obrigação positiva de criar condições de vida mínimas compatíveis com a dignidade da pessoa humana, não apenas no dever negativo de não obstaculizar a vida boa. Tal avanço é digno de nota, na medida em que na concepção clássica dos direitos civis, estes implicariam na prestação meramente negativa do Estado no sentido de não ceifar a vida, mas na interpretação social desses direitos, eles adquirem nova conotação. Em outras palavras, implicam em "uma série de outros direitos como o direito à saúde, educação, identidade cultural, entre outros, sem os quais não é possível usufruir de uma vida harmoniosa com o princípio de dignidade inerente ao ser humano" (SALMÓN; BREGAGLIO, 2010, p. 400).

Em se tratando do direito à vida de crianças privadas de liberdade, no julgamento do caso Instituto de Reeducação do Menor vs. Paraguai (sentença proferida dia 02/09/2004) a Corte sedimentou que o Estado tem obrigação de garantir que a detenção não destrua os projetos de vida das mesmas, por meio de medidas de assistência psicológica, física, material, mental, espiritual, moral e social. Nesse sentido, o Estado foi considerado responsável por não concretizar uma vida digna às crianças e aos adolescentes detidos, fixando de indenização por danos morais que variam de US$ 22.000,00 a US$ 65.000,00 a ser entregue à própria vítima que sobreviveu e aos familiares de cada um dos 12 adolescentes que faleceram, considerando que as circunstâncias do caso demonstraram sofrimento das vítimas que eram detentos e aos familiares dos 12 adolescentes mortos. Acrescentou ainda que o dano moral é evidente porque é próprio da natureza humana que "toda pessoa submetida a tratamentos contrários à integridade pessoal e ao direito a uma vida digna experimente um profundo sofrimento, angústia, medo e insegurança, razão pela qual este dano não requer provas" (parágrafo 300).

A amplitude do direito à vida digna, adentrando em direitos sociais, também aparece na análise sobre a situação das pessoas migrantes, em países como Estados Unidos e outros da Europa. Nesse desiderato, na Opinião Consultiva n. 18/03, entendeu-se que o direito à vida digna das pessoas migrantes engloba o direito ao trabalho como condição inarredável de condições de vida digna, sendo elas detentoras de direitos sociais independentemente de sua condição migratória.

No que toca a vida digna dos povos indígenas, a Corte, em sua jurisprudência, caminha no sentido de reconhecer que a pobreza extrema, inexistência de assistência à saúde, falta de alojamento, ausência de condições adequadas de educação, desnutrição, falta de acesso à terra e recursos naturais fulminam seus direitos sociais, como destacado nos julgamentos dos casos Comunidades Afrodescendentes Deslocadas da Bacia do Rio Cacarica vs. Colômbia (sentença proferida dia 20.11.2013) e Massacre de El Mozote e de aldeias vizinhas vs. El Salvador (sentença proferida dia 25.10.2012).

Adicionalmente, em se tratando da vida digna das pessoas com deficiência mental, a Corte compreende que o cuidado à saúde das pessoas com deficiência mental constitui condição para o gozo de uma vida digna, o que envolve o direito a uma assistência médica adequada para garantir serviços básicos. Assim, mesmo diante da falta de estrutura médica e hospitalar, a Corte vem asseverando que isso não exime o Estado de responsabilização, como decidido nos casos Ximenes Lopez vs. Brasil (sentença proferida no dia 04.07.2006) e Víctor Rosario Congo vs. Equador (sentença proferida dia 13.04.1999).

Sobre o elastecimento do direito civil à integridade pessoal, a Corte também caminha no sentido de dar uma conotação social a sua interpretação. Por conseguinte, a Corte vem destacando que a detenção em condições de superlotação, o isolamento numa cela reduzida, com falta de ventilação e de luz natural, sem cama para o repouso ou condições adequadas de higiene, o isolamento ou as restrições indevidas ao sistema de visitas representam uma violação à integridade pessoal, classificando inclusive que alguns tratamentos podem ser equiparados a tortura física ou psicológica, como nos casos Lori Berenson vs. Peru (sentença proferida dia 25.09.2004), De la Cruz Flores vs. Peru, Hernández Lima vs. Guatemala (sentença proferida dia 22.11.2017), García Asto e Ramírez vs. Peru (sentença proferida dia 25.11.2005), Raxcacó Reyes vs. Guatemala (sentença proferida dia 15.09.2005), Fermín Ramírez vs. Guatemala (20.06.2005), Montero Aranguren e outros vs. Venezuela (sentença proferida dia 07.02.2006), Vera Vera e outros vs. Equador (sentença proferida dia 19.05.2011), Fleury e outros vs. Haiti (sentença proferida dia 23.11.2011), Pacheco Teruel e outros vs. Honduras (sentença proferida dia 27.04.2012) e Díaz Peña vs. Venezuela (sentença proferida dia 06.06.2012). Na mesma linha de proteção da integridade pessoal, a Corte considerou que o não fornecimento de alimentos à pessoa presa durante um dia inteiro viola frontalmente o direito à saúde, como esposado no julgamento do caso Tibi vs. Equador (sentença proferida dia 07.09.2014).

O caso Lagos del Campo vs. Perú (sentença proferida dia 31.08.2017) se refere à demissão de Alfredo Lagos del Campo como consequência de manifestações realizadas na condição de presidente do Comitê Eleitoral da Comunidade Industrial da empresa Ceper-Pirelli. As manifestações do empregado demitido foram no sentido de exigir menos ingerência do empregador nas organizações representativas dos empregados, contudo, os tribunais do Perú confirmaram a legalidade da pena mais severa no campo laboral, que compromete frontalmente a vida pessoal e familiar do empresado, ignorando, sob o olhar da Comissão, a liberdade de expressão do empregado e a existência de outros meios menos lesivos de a empresa se defender das acusações.

A Corte, ao apreciar o caso, destacou o direito de o obreiro receber indenização por danos morais e materiais, haja vista que perdeu a possibilidade de continuar atuando a frente dos trabalhadores, não alcançou o número adequado de contribuições para fazer jus a uma aposentadoria, dificilmente conseguirá outro emprego com idade avançada, teve repercussões financeiras e emocionais que afetaram sua vida profissional, pessoal e familiar, pelo que estabeleceu o valor indenizatório de US$ 20.000,00.

Em decisão do Caso Gomez-Palomino vs. Peru (sentença proferida dia 22 de novembro de 2005), por conta do desaparecimento forçado de Gómaz Palomino no contexto de uma prática sistematizada pelo Estado, a Corte determinou que o Estado, a título de reparação, realizasse medidas educativas e concedesse bolsas de estudo aos irmãos da vítima e aos seus filhos e filhas, sustentando que após o falecimento de Gómez Palomino, seus familiares interromperam os estudos, por fatores financeiros e emocionais relacionados à tristeza, depressão e preocupação. E, a título de indenização por dano moral, fixou o patamar de US$ 100.000,00 ao falecido, justificando a expectativa de vida da vítima e o profundo sofrimento e temor que vivenciou, indenização esta que determinou que deveria ser entregue à viúva e à filha, sem prejuízo do valor de indenização devido a elas, no valor de US$ 80.000,00 para cada uma.

No Caso Cantoral-Benavides vs. Peru (sentença proferida dia 18 de agosto de 2000), a Corte condenou o Estado a fornecer bolsa universitária para a vítima Luis Alberto Cantoral Benavides, sob o argumento de que no momento da detenção ilegal da vítima, a mesma tinha 20 anos e cursava Biologia na Universidade Nacional de San Marcos, mais ao pagamento de indenização por dano moral no valor de US$ 60.000,00, haja vista que ficou encarcerado ilegalmente por 4 anos, além do fato de ter sofrido tortura e necessitado de tratamentos psicológicos.

No caso Barrios Altos vs. Peru (sentença proferida dia 14 de março de 2001), a Corte compeliu o Estado a arcar com despesas com educação dos familiares dos 15 mortos no massacre, além de indenização por danos morais no valor de US$ 175.000,00. No mesmo sentido, no julgamento do caso Aloeboetoe vs. Suriname (sentença proferida dia 10 de setembro de 1993), a Corte condenou o Estado a reabrir uma escola – haja vista a necessidade de os filhos das vítimas dos militares receberem um ensino adequado nas aldeias onde residem – e criar uma fundação para ajudar os beneficiários das vítimas, fixando indenização por dano moral pela perda do ente querido no valor de US$ 29.070,00. No caso da indenização devida aos pais pela perda de seus filhos, a Corte destacou que *"se puede admitir la presunción de que los padres* han sufrido moralmente por la muerte cruel de sus hijos, pues es propio de la naturaleza humana que toda persona experimente dolor ante el suplicio de su hijo" (parágrafo 90).

No caso Bácama Velásquez vs. Guatemala (sentença proferida dia 25 de novembro de 2000), a Corte reconheceu que a Guatemala foi responsável pelo desaparecimento tortura e morte de Bácama Velásquez, e, por esse motivo fixou valores de indenização por dano moral para os parentes da falecida na monta de US$ 35.000,00.

No caso Myrna Mack Chang vs. Guatemala (sentença proferida dia 25 de novembro de 2003), referente a inércia do Estado da Guatemala em investigar e sancionar os responsáveis pela execução extrajudicial de Myrna, a Corte declarou a Guatemala responsável, fixando indenizações por danos morais no valor de US$ 350.000,00 dividido entre os familiares da vítima da seguinte forma:

> REPARACIÓN POR CONCEPTO DE DAÑO INMATERIAL
> Víctima y familiares Daño inmaterial
> Myrna Mack Chang US$ 40,000.00
> Lucrecia Hernández Mack (hija) US$ 110,000.00
> Yam Mack Choy (padre) US$ 40,000.00
> Zoila Chang Lau (madre) US$ 40,000.00
> Helen Mack Chang (hermana) US$ 100,000.00
> Marco Mack Chang (hermano) US$ 5,000.00
> Freddy Mack Chang (hermano) US$ 5,000.00
> Vivian Mack Chang (hermana) US$ 5,000.00
> Ronald Chang Apuy (primo) US$ 5,000.00
> TOTAL US$ 350,000.00 (parágrafo 264)

Interessante notar que a principal vítima veio ao óbito, mas mesmo assim para não ficar impune, diante da dor sofrida pela mesma, que levou 27 facadas a mando do próprio Estado, a Corte determinou o pagamento de indenização de US$ 40.000,00 a serem destinados a filha da vítima, sem prejuízo de uma indenização específica para a filha no valor de US$ 110.000,00, a qual tinha 16 anos à época da morte de sua mãe.

No tocante, por exemplo, aos critérios de quantificação para o patamar indenizatório de US$ 110.000,00 para a filha da vítima, a Corte justificou que as aflições sofridas por Myrna Mack Chang se "se extienden a los miembros más cercanos de la familia, particularmente a aquéllos que tenían un contacto afectivo estrecho con ella. No se requiere prueba para llegar a esta conclusión", aprofundando que todos os familiares sofreram ameaças, intimidações e hostilizações, mas que no caso da filha esta "dependía emocional y económicamente de ella, ya que no vivía con su padre. Vivió una situación traumática por la pérdida inesperada de su madre, que le causó un profundo dolor y tristeza que todavía afectan su vida" (parágrafo 264)

A Corte descreveu também, ainda na esteira dos danos morais, que a ausênciada mãe em diversos momentos de sua vida ocasionará a impossibilidade de compartilhar "sus inquietudes y recibir consejos. Por otra parte, en lo que se refiere al proceso penal (...) el hecho de que aún se mantienen en impunidad los responsables, le provoca gran inseguridad" (parágrafo 264).

O outro caso é o Massacre de Plan de Sánchez vs. Guatemala (sentença proferida dia 29 de abril de 2004), que se refere a responsabilidade internacional do Estado pelo massacre de 268 pessoas em Plan de Sánchez sem a correlata investigação e sanção dos responsáveis. Para tanto, a Corte condenou o Estado da Guatemala ao pagamento de US$ 20.000,00 a título de dano moral aos familiares das vítimas e aos sobreviventes:

> Con base en lo anterior, la Corte fija en equidad la cantidad de US$ 20.000,00 (veinte mil dólares de los Estados Unidos de América) o su equivalente en moneda nacional del Estado, para cada una de las víctimas que se indican en los literales a y b del presente párrafo, por concepto de daño inmaterial, de conformidad con los párrafos 64 y 65 de esta Sentencia. La compensación de los daños inmateriales ocasionados por las violaciones declaradas en el presente caso, a favor de las víctimas identificadas (parágrafo 89).

3. CONCLUSÃO

Desta feita, é latente a similitude entre os casos envolvendo dano moral praticados por pessoas privadas e aqueles perpetrados pelo Estado. Como visto, não garantir condições satisfatórias sanitárias, habitacionais e alimentares em presídios se equipara a não garantir essas mesmas condições em ambientes de trabalho; negar assistência psicológica, física, material, mental, espiritual, moral e social aos jovens detentos é ontologicamente similar ao abandono afetivo; contribuir para o desaparecimento e morte de alguém causa dor e sofrimento aos familiares tanto quanto a morte em acidentes de consumo ou trabalho; não garantir condições de dignidade da saúde da pessoa com deficiência se equipara à negativa de cobertura por planos de saúde; e o não fornecimento de alimentos à pessoa presa causa dano similar à criança/adolescente que não recebe pensão de seus pais e ao trabalhador que não recebe seu salário; a agressão de uma mulher pelo marido é ontologicamente similar a agressão de pessoas em geral por policiais que ensejem a condenação do Brasil em cortes internacionais. Portanto, deve ser fomentado e estimulado cada vez mais o conhecimento dos direitos humanos, das decisões da Corte Interamericana de Direitos Humanos e da Comissão, de modo a conferir uma interpretação do dano moral no plano interno que potencialize a sua essência humanista, inserida no bojo dos patamares éticos mais elevados, que foram objeto de consenso de centenas de países.

REFERÊNCIAS

CORDEIRO, António Menezes. *Tratado de Direito Civil Português*. Coimbra: Almedina, 2004. v. I. Parte Geral. t. III.

DIDIER JR, Fredie. *Curso de Direito Processual*. 17. ed. Salvador: Juspodidvm, 2015. v. 1.

FARIAS, Cristiano Chaves de; BRAGA NETTO, Felipe Peixoto; ROSENVALD, Nelson. *Novo Tratado de responsabilidade civil*. São Paulo: Atlas, 2015.

FINNIS, John. *Lei natural e direitos naturais*. Trad. Leila Mendes. São Leopoldo: Unisinos, 2007.

FINNIS, John. *Aquinas: moral, political, and legal theory*. Londres: Oxford University Press, 2008.

LEAL, Pastora do Socorro Teixeira; BONNA, Alexandre Pereira. Proteção multinível de direitos humanos nas relações privadas por meio do reconhecimento dos novos danos. *V Encontro Internacional do Conpedi Montevidéu –Uruguai. Instituciones y desarrollo en la hora actual de América Latina*. Montevidéu: Conselho Nacional de Pesquisa e Pós-Graduação em Direito, 2016. v. 1.

LORENZETTI, Ricardo Luis; FRADERA, Vera Maria Jacob. *Fundamentos do direito privado*. São Paulo:Ed. RT, 1998.

PERLINGIERE, Pietro. *Perfis do direito civil. Introdução ao direito civil constitucional*. 3. ed. Trad. Maria Cristina De Cicco. Rio de Janeiro: Renovar, 1997.

PIZARRO, Ramon Daniel. *Daño moral: el daño moral en las diversas ramas del Derecho*. Hammurabi: Buenos Aires, 1996.

SALMÓN, Elizabeth; BREGAGLIO LAZARTE, Renata. Modelos jurisprudenciais de direitos econômicos, sociais e culturais no sistema interamericano. In: BURGORGUE-LARSEN, Laurence; MAUÉS, Antonio; SÁNCHEZ MOJICA, Beatriz Eugenia (Coord.). Direitos humanos e políticas públicas. Barcelona: Rede DHES, 2014.

SANTOS, Antônio Jeová. *Dano moral indenizável*. 5. ed. Salvador: JusPodivm, 2015.

SILVA, Américo Luís Martins da. *O dano moral e a sua reparação civil*. 3. ed. São Paulo: Ed. RT, 2005.

URUEÑA, René. Protéccion multinivel de los derechos humanos en america latina: oportunidades, desafíos y riesgos. protección multinivel de derechos humanos. Proteção Multinível de Direitos Humanos. Manual – DHES. Redde Derechos Humanos y Educación, 2014.

ZUÑIGA, Natalia Torres. Control de convencionalidad y protección multinivel de los derechos humanos em el Sistema Interamericano de Derechos Humanos. *DerechoPU*, n. 70, 2013.

ANÁLISE DO DIREITO AO ACESSO À JUSTIÇA À LUZ DAS ONDAS RENOVATÓRIAS PROPOSTAS POR CAPPELLETTI E GARTH

Marinella Geronimo da Silva Quinzeiro

Pós-graduada em Direito Constitucional pela Universidade Cândido Mendes (UCAM) e mestranda em Direitos Humanos pela Universidade Federal de Pernambuco (UFPE). Graduada em Direito pela Universidade Federal do Maranhão (UFMA). Bolsita da FACEPE.). Advogada. Endereço eletrônico marinella.quinzeiro@ufpe.br.

SUMÁRIO: Introdução – 1. Análise da obra "acesso à justiça" de autoria de Cappelletti e Garth – 2. Ondas renovatórias de acesso à justiça e a construção histórica desse direito; 2.1 A primeira onda e a assistência judiciária gratuita aos hipossuficientes; 2.2 A segunda onda e a representação de interesses difusos, coletivos e grupais; 2.3 A terceira onda, mudanças procedimentais, e novo enfoque ao acesso à justiça – 3. Considerações finais – Referências.

RESUMO: Analisa o direito humano fundamental ao acesso à justiça à luz das ondas renovatórias de acesso à justiça pensadas pelos autores Mauro Cappelletti e Bryant Garth na obra "Acesso à justiça". Tratam-se de reformas de amplo alcance e de nova criatividade, propostas de acordo com alterações e demandas da sociedade, que culminaram no maior alcance dos cidadãos aos instrumentos jurisdicionais. Reconhece-se óbices a efetivação de tal direito, considerado o mais básico dos direitos humanos, essencial a satisfação do postulado da dignidade da pessoa humana, que visa garantir o mínimo para uma existência digna. Nesse sentido, traça aparato acerca da construção histórica desse direito, no âmbito nacional e internacional, com acepções doutrinárias e legais. Em seguida, aborda a assistência judiciária gratuita aos hipossuficientes, a representação dos interesses difusos, coletivos e grupais, mudanças procedimentais em instituições, e mecanismos para gerência e prevenção de disputas na sociedade moderna, nas searas judicial e extrajudicial. Com abordagem qualitativa, utiliza procedimento bibliográfico e documental. Compreende que não basta a previsão formal do direito ao acesso à justiça se não houver meios de efetivação do mesmo, e ressalta o papel do Estado em garantir a produção de resultados individuais e socialmente justos, respeitando-se prerrogativas constitucionais e processuais.

INTRODUÇÃO

O direito ao acesso à justiça está disposto no artigo 5º, inciso XXXV, da Constituição Federal, ao preceituar que "a lei não excluirá da apreciação do Poder Judiciário lesão ou ameaça a direito". Esse dispositivo está no rol dos direitos individuais e coletivos da Carta Magna, e é posto enquanto direito humano fundamental.

É previsto, também, em ordenamentos do Direito Internacional dos Direitos Humanos, como na Declaração Universal dos Direitos Humanos (1948), e na Convenção Americana de Direitos Humanos, denominada Pacto de San José da Costa

Rica (1969), ratificada pelo Brasil em dezembro de 1988. Consiste no direito de todo cidadão a ter acesso à prestação jurisdicional do Estado, figurando o Poder Judiciário como 0 responsável por assegurar a efetivação de garantias no Estado Democrático de Direito.

Neste sentido, enquanto questão problematizante, considerando-se que existem diversos óbices a efetivação de tal postulado, a exemplo da morosidade processual, pois quanto maior o tempo de litigância, maiores são os custos, e aumenta-se a chance dos mais fracos abandonarem suas ações ou aceitarem acordos desfavoráveis, bem como a alta custa judicial, principalmente quanto às pequenas causas, analisa-se a obra "Acesso à Justiça" (1988), elaborada por Mauro Cappelletti e Bryant Garth.

Os autores citados previram as chamadas ondas renovatórias de acesso à justiça, em que, por conta da quebra da confiança nas instituições jurídicas e a fim de que os direitos dos cidadãos se tornassem de fato efetivos, foram traçadas reformas de amplo alcance e de nova criatividade, conforme transformações e demandas sociais.

Na primeira onda, tem-se a assistência judiciária aos hipossuficientes, na segunda, a representação dos interesses difusos, coletivos e grupais, e, na terceira, um novo enfoque ao acesso à justiça, prevendo-se mudanças procedimentais no processamento e prevenção de disputas na sociedade moderna. Tratando-se de pesquisa qualitativa, fundada em revisão bibliográfica e documental, objetiva-se apresentar cada onda sob o prisma de desenvolvimento e fortalecimento do direito estudado, vez que tal obra influenciou mudanças na compreensão do direito estudado.

Portanto, sua análise se justifica por tratar de direito de cunho fundamental e garantista, estimado como o mais básico dos direitos humanos, intimamente relacionado a dignidade da pessoa humana, que visa garantir o mínimo para uma existência digna.

Entende-se que de nada vale um acesso formal à justiça, se não houver meios de concretização e viabilização que o torne efetivo, e, por isso, é mister a atuação positiva do Estado para garantir a produção de resultados individuais e socialmente justos, respeitando-se prerrogativas constitucionais e processuais, como a do devido processo legal, direito à ampla defesa e ao contraditório.

1. ANÁLISE DA OBRA "ACESSO À JUSTIÇA" DE AUTORIA DE CAPPELLETTI E GARTH

A obra Acesso à Justiça[1], de autoria de Mauro Cappelletti e Bryant Garth foi escrita em 1978, sob o título "*Acess to Justice: The Worldwide Movement to Make Rights Effective. A general Report*", que, traduzido, significa "Acesso à Justiça: O Movimento Mundial para Tornar os Direitos Efetivos. Um relatório Geral".

---

1. CAPPELLETTI, M.; GARTH, B. *Acesso à justiça*. Trad. Ellen Gracie Northfleet. Porto Alegre: Sergio Antonio Fabris, 1988.

O referido livro foi publicado pela editora Dott. A. Giuffrè Editore S.P.A, fundada em Milão, na Itália, em 1931. Contudo, fora traduzido[2] para o português apenas em 1988, por Ellen Gracie Northfleet, jurista e magistrada brasileira, a qual foi a primeira mulher a integrar o quadro de Ministros do Supremo Tribunal Federal (STF), onde permaneceu de 2000 a 2011.

Cabe pontuar, em relação aos autores, que Mauro Cappelletti (1927-2004), jurista italiano, foi Doutor em Direito pela Universidade de Florença, Itália, além de Professor da Universidade de Stanford, nos Estados Unidos; e Chefe do Departamento de Ciências Jurídicas do Instituto Universitário Europeu, em Florença.

Defensor das garantias fundamentais e da dimensão social do processo, manifestou-se pela proteção dos direitos difusos, meios alternativos de tutela e pela justiça de coexistência, a exemplo da conciliação. Ademais, atinou para o papel do juiz, e sua consequente responsabilidade.

Outrossim, Bryant Garth[3] é Doutor em Direito pela Universidade de Stanford, nos Estados Unidos; Pós Doutor pelo Instituto Universitário Europeu, em Florença, e, atualmente, professor de Direito na Universidade da Califórnia – Irvine. Entre suas áreas de atuação, dedica-se ao estudo de Contencioso Complexo (resolução de disputas), Direitos Humanos Internacionais e Direito e Globalização.

A obra em análise constitui referência no estudo do direito ao acesso à justiça, vez que traça as chamadas ondas de acesso à justiça, fases que culminaram no maior alcance dos cidadãos aos instrumentos jurisdicionais, tratando do ingresso dos hipossuficientes aos tribunais, da representação dos interesses difusos, coletivos e grupais, e do encorajamento a reformas processuais, procedimentais e estruturais com previsão de utilização de mecanismos privados ou informais de solução de conflitos.

2. ONDAS RENOVATÓRIAS DE ACESSO À JUSTIÇA E A CONSTRUÇÃO HISTÓRICA DESSE DIREITO

Com a finalidade de solucionar entraves ligados a efetividade do acesso à justiça, constatados pelo Projeto de Florença (1965), Garth e Cappelletti, na obra "Acesso à Justiça"[4], trataram, enquanto tarefa, o delineamento do surgimento e desenvolvimento de uma abordagem nova e compreensiva dos problemas que esse acesso apresenta nas sociedades contemporâneas.

Acerca da relação do Projeto de Florença com a obra em destaque, Vitovsky[5] observa o que segue:

---

2. A obra foi publicada pela editora Sergio Antonio Fabris, em 1988.
3. Curriculum vitae disponível em: https://www.law.uci.edu/faculty/full-time/garth/garthCV.pdf. Acesso em: 04 mar. 2021.
4. CAPPELLETTI, M.; GARTH, B. *Acesso à justiça*. Trad. Ellen Gracie Northfleet. Porto Alegre: Sergio Antonio Fabris, 1988.
5. VITOVSKY, Vladimir Santos. O acesso à Justiça em Boaventura de Souza Santos. *Revista Interdisciplinar de Direito* [S.I], v. 13, n. 1, p.184, ago. 2017.

Esta releitura do Projeto Florença permite resgatar três aspectos essenciais: o primeiro é que é nele onde encontramos a origem da articulação entre o Welfare State (e sua crise) com o acesso à justiça. O segundo aspecto, derivado deste primeiro, é a relação do acesso aos direitos e à justiça com os conflitos que envolvem a própria administração pública (que é a marca do perfil de litigiosidade da Justiça Federal). Por fim, é no Projeto Florença que a educação para os direitos já ocupava um lugar privilegiado nas discussões sobre o acesso à justiça. [...] Deste modo, o Projeto de Florença sobre o Acesso à Justiça vem como um terceiro passo para dar respostas à qualidade da justiça, a seus destinatários, às garantias dos direitos fundamentais, tentando, enfim, dar uma resposta multifacetada e multidisciplinar a questão. A base é um problema ou uma necessidade social fundamental, que é fazer a justiça tornar-se mais acessível a todos e a todos os novos direitos. Primeiro fez-se um diagnóstico de quais seriam os principais obstáculos para o acesso à justiça, e, em seguida, parte-se para as soluções (e suas críticas) apresentadas por diversos países. Finalmente, tais soluções são analisadas em suas principais tendências partilhadas por tais culturas.

Previram as chamadas ondas renovatórias, em que, por conta da quebra da confiança nas instituições jurídicas e a fim de que os direitos dos cidadãos se tornassem de fato efetivos, foram articuladas reformas de amplo alcance e de nova criatividade, conforme transformações e demandas sociais.

Salientaram, ainda, na introdução da obra em discussão, que não se pode aceitar como não passíveis de mudanças os procedimentos e instituições que compõem o sistema de justiça, e que as realizações dos reformadores, ideias e propostas básicas, assim como os riscos e limitações desse método de reforma, seriam discutidos na composição.

Acerca da expressão "Acesso à Justiça", consideraram a seguinte concepção:

A expressão "acesso à Justiça" é reconhecidamente de difícil definição, mas serve para determinar duas finalidades básicas do sistema jurídico — o sistema pelo qual as pessoas podem reivindicar seus direitos e/ou resolver seus litígios sob os auspícios do Estado que, primeiro deve ser realmente acessível a todos; segundo, ele deve produzir resultados que sejam individual e socialmente justos. Nosso enfoque, aqui, será primordialmente sobre o primeiro aspecto, mas não poderemos perder de vista o segundo. Sem dúvida, uma premissa básica será a de que a justiça social, tal como desejada por nossas sociedades modernas, pressupõe o acesso efetivo[6].

Por se tratar de direito garantidor de outros direitos, pois em torno dele estão as demais garantias destinadas a promover a efetiva tutela dos direitos fundamentais, é necessário que seja possibilitado acesso a uma ordem jurídica justa. Assim, não basta previsão formal, se concretamente não existirem caminhos que tornem esse postulado alcançável a todos, com produção de resultados justos e pacificação social, que constituem o fim da jurisdição.

Para melhor compreender as nuances de tal direito considerado fundamental, pois indispensável aos cidadãos, é premente discorrer acerca de sua construção histórica, influenciada pelos aspectos culturais e históricos de cada época.

---

6. CAPPELLETTI, M.; GARTH, B. *Acesso à justiça*. Trad. Ellen Gracie Northfleet. Porto Alegre: Sergio Antonio Fabris, 1988.

Na antiguidade clássica, preocupava-se em ampliar o acesso à justiça aos cidadãos, em consonância com suas limitações. Em Atenas e na Grécia, com o intento de oferecerem assistência aos pobres, por ano, nomeavam-se 10 (dez) defensores em juízo aos hipossuficientes.

Outrossim, sobre a Idade Média, conforme pensam Santos e Portela[7], a Idade Média foi cenário de iniciativas com o fim de assegurar a assistência jurídica aos pobres, mas em caráter relacionado a caridade e ao cristianismo.

Extrai-se, então, que o acesso à justiça aos pobres, no período medieval, era imbuído do viés de caridade, e ligado ao cristianismo – a interferência da Igreja.

Nos séculos XVIII e XIX, nos estados liberais burgueses, a solução dos litígios civis envolviam a filosofia individualista dos direitos. Assim, a proteção judicial se limitava ao direito formal de o sujeito ofendido oferecer ou contestar uma ação. Pensava-se que os direitos naturais não precisariam de tutela do Estado, pois que eram anteriores a esse, bastando que o ente soberano assegurasse a não violação dos mesmos por outras garantias.

Conforme se aduz, o Estado não possuía postura ativa para que houvesse reconhecimento, pelas pessoas, e defesa adequada dos direitos dessas, na prática, em caráter material. Ademais, regido pelo ideal do "laissez faire" – deixai fazer – só poderia acessar a justiça e as suas instituições quem possuísse condições de arcar com as custas para tanto. Logo, embora se pregasse a igualdade, tendo em vista o ideal da Revolução Francesa de igualdade, liberdade e fraternidade, esta era apenas formal.

Nesse sentido, Cappelletti e Garth[8] inferiram que:

> O estudo era tipicamente formalista, dogmático e indiferente aos problemas reais do foro cível. Sua preocupação era frequentemente de mera exegese ou construção abstrata de sistemas e mesmo, quando ia além dela, seu método consistia em julgar as normas de procedimento à base de sua validade histórica e de sua operacionalidade em situações hipotéticas. As reformas eram sugeridas com base nessa teoria do procedimento, mas não na experiência da realidade. Os estudiosos do direito, como o próprio sistema judiciário, encontravam-se afastados das preocupações reais da maioria da população.

Consoante se observa, pouco importavam as percepções práticas, embasadas na realidade da maioria da população. O sistema de justiça obedecia a lógica meramente formal, indiferente aos obstáculos que afastavam os pobres da resolução dos conflitos por intermédio estatal. Eram, portanto, lançados a própria sorte. Ademais, as alterações suscitadas tinham como fulcro essa teoria do procedimento, mas não da experiência fática.

---

7. SANTOS, Layane Dias; PORTELA, Guilherme Vieira. A evolução histórica do Acesso à Justiça. *Revista Jus Navigandi* [S.I]. Jul. 2015. Disponível em: https://jus.com.br/artigos/41399/a-evolucao-historica-do-acesso-a-justica. Acesso em: 06 mar. 2021.
8. CAPPELLETTI, M.; GARTH, B. *Acesso à justiça*. Trad. Ellen Gracie Northfleet. Porto Alegre: Sergio Antonio Fabris, 1988.

No entanto, com o crescimento da sociedade, modificou-se gradativamente a concepção de direitos humanos. As relações passaram a ter mais o caráter coletivo ao particular, deixando-se, aos poucos, de enfatizar o espectro individualista dos direitos, como era próprio dos séculos antes citados.

Começou-se a reconhecer que os governos possuíam direitos e deveres sociais, bem como as comunidades, associações, e os próprios indivíduos. Nesse sentido, a Carta Constitucional francesa de 1946 trouxe, no bojo de seu preâmbulo, esses direitos humanos, tais quais ao trabalho, educação, segurança e saúde. Enfatizou-se a premência de torná-los, enquanto direitos sociais básicos, de fato acessíveis a todos, e, portanto, efetivos.

Nessa linha é que se destacou o direito ao acesso à justiça como fundamental, considerado o mais básico dos direitos humanos, a fim de tornar possível a concretização de todos os outros. Em vista disso, Peleja Júnior[9] declara que "Pode-se, assim, considerá-lo como um direito humano em prol da efetivação dos direitos humanos, uma vez que a as técnicas processuais servem às funções sociais".

Destarte, o "Welfare State" (Estado de bem-estar social) buscou proporcionar novos direitos substantivos aos indivíduos, em seus postos enquanto cidadãos, empregados, locatários etc., mas, para tanto, considerou-se ser necessários mecanismos para garanti-los, e evitar apenas a previsão formal.

Sobre o tema, Pedroso[10] obtempera acerca da relação entre reformas e o desenvolvimento dos sistemas de acesso ao direito e à justiça, e afirma que ambos possuem íntima relação com a consolidação do "Welfare State", pela defesa da efetividade dos direitos fundamentais e sociais, e com o desenvolvimento de uma democracia e uma cidadania de alta intensidade, posto que a produção legislativa em prol dos necessitados se trata de uma característica do Estado-Providência.

Em continuidade, como decorrência da evolução histórica e social mundial, e com a quebra da bolsa de valores de Nova York, após a Primeira Guerra Mundial, em 1929, manifestações de classes e de categorias menosprezadas fizeram com que o Estado interviesse em prol da efetivação de direitos dos trabalhadores.

Em vista disso, enquanto medida para tornar efetivo o direito ao acesso à justiça, ganhou relevância na América e na Europa a necessidade de se garantir aos pobres a assistência judiciária sem ônus, contudo, não foi exitoso o sistema, vez que ocorria em caráter de atos de caridade, na medida em que advogados prestavam o serviço gratuitamente.

Ademais, vale esclarecer, confundia-se o direito ao acesso à justiça ao de recorrer a tribunais, a fim de solucionar conflitos pessoais, pela subsunção dos fatos às normas existentes.

---

9. PELEJA JÚNIOR, Antônio Veloso. *Conselho Nacional de Justiça e a Magistratura Brasileira*. 2. ed. rev. e atual. Paraná: Juruá, 2009, p. 28.
10. PEDROSO, J. A. F. (2002), "Percurso(s) da(s) reforma(s) da administração da justiça: uma nova relação entre o judicial e o não judicial", *Oficina do CES*, 171, p. 131.

A inovação ocorreu na Alemanha, no ano de 1919, em que o Estado remunerava os advogados que prestassem assistência jurídica aos necessitados, embora apenas em 1939 o direito a obter recebimento de honorários pelo erário foi reconhecido.

De modo similar, em 1949, na Inglaterra, o *"Legal Aid and Advice Scheme"*, propagou que o indivíduo hipossuficiente poderia optar por ser assistido por algum advogado constante em lista de habilitados para tal, que prestaria serviços ligados ao judiciário.

Nos Estados Unidos, em 1965, instituíram-se ações do *"Office of Economic Opportunity"* e os sistemas estatais "judicare" e "salaried staff lawyers" foram aplicados, englobando advogados privados e públicos que eram pagos pelo Estado para oferecer assistência jurídica, por meio de seus escritórios de advocacia, conforme a proximidade ao jurisdicionado. Tal tutela abarcava também os direitos coletivos, e não somente os individuais.

Importante salientar que, em relação a defesa dos interesses difusos, semelhante ao que compreende Mendonça[11], entende-se que a defesa dos interesses coletivos colocou-se próximo da garantia da assistência jurídica como mecanismo de concretização do acesso efetivo ao direito e à justiça.

Tal modelo foi utilizado, igualmente, por países como Alemanha, França e Holanda. Com essa sistemática, melhorou a qualidade da assistência prestada, pois o hipossuficiente podia ter acesso a advogados mais conceituados e assíduos em seus compromissos.

Outrossim, discutiu-se a instituição da carreira de advocacia pública, focada exclusivamente na defesa de causas dos pobres, o que tornou possível maior engajamento desses profissionais e do patrocínio de interesses difusos. Tal pretensão, para ser eficaz, contudo, demandaria suficiente estrutura judicial, com advogados públicos em quantidade satisfatória, e qualificados, investindo-se, também, em outros métodos, de caráter informal, como a conciliação, para que o processo fosse célere, seguro e resolutivo.

Acerca do exposto, até a hodiernidade, tanto países que utilizam o sistema *"common law"*, quanto o *"civil law"*, a exemplo do Brasil, enfrentam dificuldades para promover o modelo pensado de advocacia pública de modo eficaz. Elenca-se, enquanto obstáculos, a quantidade de servidores, estrutura física escassa etc.

Nesse âmbito de construção do direito ao acesso à justiça, a obra em estudo, de autoria de Cappelletti e Garth, influenciou juristas de diversos países, e impulsionou a implantação de soluções práticas para resolver problemas de alcance ao sistema de justiça em escala mundial.

---

11. MENDONÇA, José Júnior Florentino dos Santos. *Acesso Equitativo ao Direito e à Justiça*. 2013. Dissertação (Doutoramento em Direito Público) – Faculdade de Direito da Universidade Nova de Lisboa, Universidade Nova de Lisboa, Lisboa.

É importante não olvidar do processo que ocorreu no Brasil, e trazer à baila a Constituição monárquica de 1824[12], a qual não continha previsão expressa do direito ao acesso à justiça. Contudo, há que se citar a ratificação das Ordenações Filipinas, posta em 1603, que objetivavam oferecer assistência jurídica aos pobres, de forma gratuita, por intermédio de advogados.

Posteriormente, houve manifestação do então Instituto da Ordem dos Advogados Brasileiros, pela disponibilização de profissionais para patrocinar hipossuficientes. Não obstante ao exposto, tais medidas restaram apenas no âmbito infraconstitucional, vez que não foram efetivadas, por não haver previsão no texto constitucional da época para tanto.

A Constituição de 1891[13] não representou avanços significativos em referência ao direito em discussão, trazendo, no entanto, ainda que de forma superficial e não explicativa, a previsão do direito à ampla defesa.

Foi em 1934[14] que a Carta Magna reconheceu a assistência jurídica enquanto direito constitucional, tratando da competência legislativa concorrente entre a União e os Estados, e asseverando o caráter obrigacional do Estado em prestar assistência jurídica gratuita aos necessitados.

Em prosseguimento, às demais constituições brasileiras continuaram a postular esse direito, com exceção da de 1937[15], que possuía viés ditatorial, com o Estado Novo. Porém, a Constituição de 1946[16] tornou a prever tal garantia, desta vez como direito fundamental, no artigo 141, § 4°, cujo texto era o seguinte:

> Art. 141. A Constituição assegura aos brasileiros e aos estrangeiros residentes no País a inviolabilidade dos direitos concernentes à vida, à liberdade, a segurança individual e à propriedade, nos termos seguintes:
>
> § 4° - A lei não poderá excluir da apreciação do Poder Judiciário qualquer lesão de direito individual.

Acerca do texto constitucional de 1946, e da previsão de direitos sociais, especificamente do da ampla defesa, Seixas e Souza[17] dispõem que:

---

12. BRASIL. Constituição Política do Imperio do Brazil de 25 de março de 1824. Manda observar a Constituição Politica do Imperio, offerecida e jurada por Sua Magestade o Imperador. Rio de Janeiro, RJ, 1824. Disponível em: http://www.planalto.gov.br/ccivil_03/constituicao/constituicao24.htm. Acesso em: 04 mar. 2021.
13. BRASIL. Constituição da República dos Estados Unidos do Brasil de 24 de fevereiro de 1891. Assembleia Constituinte. Rio de Janeiro, RJ. Rio de Janeiro, RJ, 1891. Disponível em: http://www.planalto.gov.br/ccivil_03/constituicao/constituicao91.htm. Acesso em: 05 mar. 2021.
14. BRASIL. Constituição da República dos Estados Unidos do Brasil. Assembleia Constituinte. Rio de Janeiro, RJ, 1934. Disponível em: http://www.planalto.gov.br/ccivil_03/constituicao/constituicao34.htm. Acesso em 04 mar. 2021.
15. BRASIL. Constituição dos Estados Unidos do Brasil. Assembleia Constituinte. Rio de Janeiro, RJ, 1937. Disponível em: http://www.planalto.gov.br/ccivil_03/constituicao/constituicao37.htm. Acesso em: 04 mar. 2021.
16. BRASIL. Constituição dos Estados Unidos do Brasil. Assembleia Constituinte. Rio de Janeiro, RJ, 1946. Disponível em: http://www.planalto.gov.br/ccivil_03/constituicao/constituicao46.htm. Acesso em: 04 mar. 2021.
17. SEIXAS, Bernado Silva de; SOUZA, Roberta Kelly. Evolução histórica do acesso à justiça nas constituições brasileiras. *Direito e Democracia*, v.14, n.1, jan./jun. 2013, p. 11.

No mesmo artigo 141, o texto constitucional previa novamente a ampla defesa em seu parágrafo 25 e a assistência jurídica no parágrafo 35, esquecidas no período ditatorial da Constituição de 1937. Posteriormente, foi editada a Lei 1.060/1950 [...] a qual prevê as normas gerais infraconstitucionais a respeito da assistência jurídica aos necessitados.

Pontua-se que, apesar desse preceito ter sido posto na Constituição de 1946[18], de fato não se efetivou para a população, de forma que os políticos da época buscavam evitar a prática do populismo. Ademais, em 1964 eclodiu o período militar, e em 1965 entrou em vigor o Ato Institucional (AI) n. 02[19], que mitigou a função jurisdicional, retirando da apreciação do Poder Judiciário as ações do Comando da Revolução e do Governo Federal.

Cabe também discorrer que em 1967 uma nova Constituição[20] foi outorgada, em meio a ditadura militar, e previu de forma expressa o direito ao acesso à justiça, em seu artigo 150, § 4º, assegurando, inclusive, o direito à ampla defesa, ao juiz natural, e a assistência judiciária gratuita aos hipossuficientes.

Não obstante, em 1968, com o AI 05[21], houve retrocesso, e excluiu-se da análise do Poder Judiciário os atos praticados por força desse Ato Institucional, bem como em decorrência de seus atos complementares, e seus efeitos.

Outrossim, em 1969, com a Emenda Constitucional 01, que materialmente tinha espectro de Constituição, modificou-se o texto constitucional de 1967, trazendo rol de direitos e garantias individuais, os quais não foram levados a cabo, tendo em vista a vigência do AI 05.

Sobre os anos seguintes, a exemplo do que apontam Seixas e Souza[22], a contar dos anos 70 (setenta), o Brasil se volta a movimentos sociais que fitavam na busca pela igualdade, considerando-se a realidade social. Mas foi na década de 80 (oitenta) que esses movimentos tiverem mais destaque, com alterações legislativa, a exemplo da Lei 7.019/82, que tratou sobre a divisão de bens em partilha consensual.

Após o período ditatorial, em 1988, promulgou-se a Constituição da República Federativa do Brasil[23], chamada, pelo presidente da constituinte – Ulysses Guimarães, de "Constituição Cidadã".

---

18. BRASIL. Constituição dos Estados Unidos do Brasil. Assembleia Constituinte. Rio de Janeiro, RJ, 1946. Disponível em: http://www.planalto.gov.br/ccivil_03/constituicao/constituicao46.htm. Acesso em: 04 mar. 2021.
19. BRASIL. Ato Institucional 2, de 27 de outubro de 1965. Brasília, BR, 1965. Disponível em: http://www.planalto.gov.br/ccivil_03/AIT/ait-02-65.htm. Acesso em: 04 mar. 2021.
20. BRASIL. *Constituição da República Federativa do Brasil de 1967*. Assembleia Constituinte. Rio de Janeiro, RJ, 1967. Disponível em http://www.planalto.gov.br/ccivil_03/constituicao/constituicao67.htm. Acesso em 04 mar. 2021.
21. BRASIL. Ato Institucional 5, de 13 de dezembro de 1968. Brasília, BR, 1965. Disponível em: http://www.planalto.gov.br/ccivil_03/AIT/ait-05-68.htm. Acesso em: 04 mar. 2021.
22. SEIXAS, Bernado Silva de; SOUZA, Roberta Kelly. Evolução histórica do acesso à justiça nas constituições brasileiras. *Direito e Democracia*, v.14, n.1, jan./jun. 2013.
23. BRASIL. Constituição (1988). Presidência da República. Casa Civil. Subchefia para Assuntos Jurídicos. *Constituição da República Federativa do Brasil de 1988*. Disponível em: http://www.planalto.gov.br/ccivil_03/constituicao/constituicao.htm. Acesso em: 04 mar. 2021.

A referida Carta Magna preocupou-se em restabelecer a democracia e em edificar uma ordem jurídica justa, exaltando a cidadania enquanto elemento limitador ao Estado, considerando-se a vontade do povo, posto como fonte de poder no Art. 1º, parágrafo único, da mesma. Estabeleceu-se, enquanto fundamentos da República, a soberania, a cidadania, a dignidade da pessoa humana, os valores sociais do trabalho e da livre iniciativa, e o pluralismo político.

Em acréscimo, o art. 5º do ordenamento em análise, que trata dos direitos e garantias fundamentais, especificamente no capítulo I, sobre os direitos e deveres individuais e coletivos, em seu inciso XXXV, apregoa expressamente que "a lei não excluirá da apreciação do Poder Judiciário lesão ou ameaça a direito".

Ou seja, consiste no direito de todo cidadão a ter acesso à justiça, figurando o Poder Judiciário como o responsável por garantir a efetivação de direitos em um Estado Democrático de Direito. Lembra-se que é importante agir em tempo razoável, para que não pereça o que é pleiteado, e a fim de evitar custos processuais excessivos.

Contudo, existem vários óbices que dificultam esse acesso, como a alta custa judicial, principalmente quanto às pequenas causas; e a morosidade do Poder Judiciário – que faz as demandas se prolongarem pelo tempo, o que é intensificado pela quantidade de recursos cabíveis.

Portanto, ao cidadão deve ser facilitado o conhecimento de seus direitos, e modos viáveis de os exercer.

Frisa-se que, para tanto, é mister a atuação positiva do Estado para garantir direitos, afinal, um acesso formal à justiça de nada vale se não houver meios de concretização e viabilização que o torne efetivo. Por isso, tal direito é considerado como o mais básico dos direitos humanos, um direito fundamental e garantista.

Pontua-se que quanto mais tempo, maiores são os custos, e aumenta a chance dos mais fracos abandonarem suas ações ou aceitarem acordos desfavoráveis, por isso, a prestação jurisdicional precisa ocorrer em tempo razoável (e ser segura), e ao cidadão devem ser facilitados o conhecimento de seus direitos. Necessita, ainda, produzir resultados individuais e socialmente justos, além de respeitar o devido processo legal, o direito ao contraditório, e outras prerrogativas constitucionais e processuais.

Compreende-se, assim, que o acesso à justiça não se identifica com a mera admissão ao processo ou com a possibilidade de se ingressar em juízo. Deve-se buscar uma solução justa e capaz de eliminar qualquer resquício de insatisfação.

A esse respeito, com estrita relação a construção histórica desse direito, Cappelletti e Garth, na obra "Acesso à Justiça" [24], falam das ondas de acesso à justiça, que,

---

24. CAPPELLETTI, M.; GARTH, B. *Acesso à justiça*. Trad. Ellen Gracie Northfleet. Porto Alegre: Sergio Antonio Fabris, 1988.

para Peleja Júnior[25], são um misto de modelo-padrão a ser seguido e solução para um maior e efetivo "acesso à justiça".

2.1 A primeira onda e a assistência judiciária gratuita aos hipossuficientes

A primeira delas é a que fala sobre a assistência judiciária aos pobres. Ressalta-se que são dispendiosas as custas judiciais, e que em boa parte dos casos, o auxílio de um advogado é essencial, inclusive para decifrar as nuances das demandas.

Acerca desse marco, discorre Boaventura de Souza Santos[26] o que segue:

> Com início em meados da década de 1960, a primeira carga é caracterizada pela defesa e promoção de mecanismos de apoio judiciário aos cidadãos carenciados. Assim, o apoio judiciário deixa de ser entendido como filantropia e passa a ser incluído como medida de combate à pobreza nos programas estatais.

Em vista disso, percebeu-se necessário disponibilizar serviços de assistência judiciária aos hipossuficientes. Isso ocorreu com o fortalecimento da Defensoria Pública, que conquistou autonomia funcional e administrativa essencial a função jurisdicional, via Emenda Constitucional 45 de 2004 (EC 45/04)[27]; e com o desenvolvimento dos escritórios escolas das faculdades de Direito.

Acerca do exposto, Cappelletti e Garth[28], na obra "Acesso à Justiça", apontam:

> Medidas muito importantes foram adotadas nos últimos anos para melhorar os sistemas de assistência judiciária. Como consequências, as barreiras ao acesso à justiça começaram a ceder. Os pobres estão obtendo assistência judiciária em números cada vez maiores, não apenas para causas de família ou defesa criminal, mas também para reivindicar seus direitos novos, não tradicionais, seja como autores ou como réus. É de esperar que as atuais experiências sirvam para eliminar essas barreiras.

Logo, aumentaram as demandas dos pobres, os quais, em outrora, evitavam pleitear direitos, vistos às dificuldades enfrentadas, como a falta de assistência jurídica e as altas custas processuais – que por vezes tornavam-se mais onerosas do que o prêmio pretendido. Reforça-se que os escritórios escolas e a Defensoria Pública, órgão essencial ao funcionamento da Justiça, possuem papel fundamental nessa mudança de realidade, por proporcionarem o efetivo acesso à justiça aos mais necessitados, suas funções precípuas.

---

25. PELEJA JÚNIOR, Antônio Veloso. *Conselho Nacional de Justiça e a Magistratura Brasileira*. 2. ed. rev. e atual. Paraná: Juruá, 2009, p. 29.
26. SANTOS, Boaventura de Souza. *Para uma revolução democrática da Justiça*. 3. ed. rev. São Paulo: Cortez, 2011, p. 31.
27. BRASIL. Emenda Constitucional 45, de 30 de dezembro de 2004. Brasília, 2004. Disponível em: http://www.planalto.gov.br/ccivil_03/constituicao/emendas/emc/emc45.htm. Acesso em: 05 mar. 2021.
28. CAPPELLETTI, M.; GARTH, B. *Acesso à justiça*. Trad. Ellen Gracie Northfleet. Porto Alegre: Sergio Antonio Fabris, 1988, p. 17.

Peleja Júnior[29] salienta que a primeira onda ocasionou uma avalanche de processos, possibilitando o acesso à justiça aos menos favorecidos. Explica que aprimoraram-se os sistemas de assistência judiciária, em escala mundial, e em relação ao impacto no Brasil, aponta o seguinte:

> [...] exemplifica-se com a Justiça do Estado de Mato Grosso/BR, que no ano de 2006, 75% (setenta e cinco) por cento das causas foram gratuitas, ou seja, um quarto do total, o que não é o suficiente, mas traduz uma forte trilha rumo ao ideal que se aproxima, mormente com o fortalecimento da Defensoria Pública dos Estados e da União, via Emenda Complementar 45/04 – que concedeu a elas autonomia administrativa e funcional – arts. 134/135 – e, por que não citar? Com o crescimento e aperfeiçoamento dos escritórios-modelo das faculdades de direito, que prestam um serviço para a concretização da *primeira onda*.

Conforme se observa, o ponto nevrálgico abordado na primeira onda diz respeito à assistência judiciária aos pobres, reconhecendo-se como requisito essencial à concretização ao direito ao acesso à justiça.

Considerou-se esforços dos países ocidentais em reconhecer tal garantia, e medidas adotadas, como a prestação de serviços por advogados, no entanto, sem percepção de honorários, o que contribuía para a ineficiência de tais sistemas, vez que insertos em economia de mercado, os defensores, em suma, optavam por dar mais atenção aos casos remunerados, carecendo as demandas gratuitas de diligência e adequada atenção. Ademais, fixavam-se rígidos critérios que limitavam a prestação, a fim de se evitar caridade excessiva.

Em vistas a tais falhas, a Alemanha, entre 1919 a 1923, iniciou sistema de remuneração, em que o Estado pagava os serviços dos advogados que defendiam os pobres. Também a Inglaterra se destacou nesse ponto, em 1949, com o "Legal Aid and Advice Scherne", sob responsabilidade da associação nacional de advogados do país, denominada "Law Society", que remunerava os patrocinadores pela consulta jurídica, e também pelo acompanhamento processual.

Cappelletti e Garth[30] dispõem que apenas na década de 60 (sessenta) é que a consciência social em torno de necessidade de reforma judiciária de fato ascendeu. Sobre isso, insta citar o seguinte excerto:

> A reforma começou em 1965 nos Estados Unidos, com o *Office of Economic Opportunity* (OEO) e continuou através do mundo no início da década de 70. Em janeiro de 1962, a França substituiu seu esquema de assistência judiciária do século dezenove, baseado em serviço gratuito prestado pelos advogados, por um enfoque moderno de *"securité çociale"*, no qual o custo dos honorários é suportado pelo Estado. Em maio de 1972, o novo e inovador programa da Suécia tornou-se lei. Dois meses mais tarde, a Lei de Aconselhamento e Assistência Judiciária da Inglaterra aumentou grandemente o alcance do sistema implantado em 1949, especialmente na área de aconselha-

---

29. PELEJA JÚNIOR, Antônio Veloso. *Conselho Nacional de Justiça e a Magistratura Brasileira*. 2. ed. rev. e atual. Paraná: Juruá, 2009, p. 10.
30. CAPPELLETTI, M.; GARTH, B. *Acesso à justiça*. Trad. Ellen Gracie Northfleet. Porto Alegre: Sergio Antonio Fabris, 1988.

mento jurídico, e a Província Canadense de Quebeque estabeleceu seu primeiro programa de assistência judiciária financeado pelo governo. Em outubro de 1972, a República Federal da Alemanha aperfeiçoou seu sistema, aumentando a remuneração paga aos advogados particulares por serviços jurídicos prestados aos pobres. E em julho de 1974, foi estabelecida nos Estados Unidos a longamente esperada *Legal Services Corporation* - um esforço para preservar e ampliar os progressos do programa do OEO, já agora dissolvido. Também durante esse período, tanto a Áustria quanto a Holanda reviram seus programas de assistência judiciária, de modo a remunerar os advogados mais adequadamente. Houve várias reformas na Austrália; e a Itália quase chegou a mudar seu sistema anacrônico, que era semelhante ao esquema francês anterior a 1972.[31]

Logo, muitos avanços ocorreram no período descrito, o que possibilitou maior efetividade na prestação jurisdicional aos hipossuficientes em parte considerável do mundo moderno.

Nesse contexto, as principais realizações e limites da primeira grande onda, consoante os autores supracitados, giram em torno do "Sistema Judicare", "O advogado Remunerado Pelos Cofres Públicos", "Modelos Combinados", e "Assistência Judiciária: Possibilidades e Limitações".

O "Sistema Judicare" é definido como sistema pelo qual a assistência judiciária é posta como um direito para todas as pessoas que se enquadrem nos ditames legais, sendo os advogados remunerados pelo Estado. Tratou-se de resultado de reformas, principalmente na Áustria, Inglaterra, Holanda, França e Alemanha Ocidental, em prol da efetivação do acesso à justiça aos pobres. Nesse sistema, os honorários eram pagos pelo Estado, e não pelo cliente.

No modelo inglês, preocupou-se em oferecer aos hipossuficientes recursos suficientes para obter um advogado, o que, com a reforma de 1972, possibilitava ao requerente até 25 (vinte e cinco) libras esterlinas para utilização em consultas jurídicas, sem prescindir autorização formal. Poderiam, então, receber encaminhamento à assistência judiciária. No entanto, as exigências limitavam em demasia, e não era dado acesso, por esse sistema, a diversos tribunais especiais.

Em acréscimo, avanços também foram detectados em outras localidades, como na França, em que o sistema que havia sido estabelecido em 1972 foi alterado por decretos datados de 1974 e 1975, de forma que pessoas que eram classificadas acima do nível de pobreza podiam ter acesso, e se o caso fosse tido como importante, seria deferida a assistência judiciária gratuita, independente da remuneração do requerente. Mas limitações foram observadas, como o percentual pago aos advogados, considerado inadequado e não incentivador.

Além do exposto, vale ressaltar que apesar dos esforços do sistema apresentado, um relevante empecilho consistiu na tentativa de conferir o tratamento de clientes comuns aos hipossuficientes. Assim, não houve enfrentamento de outras dificuldades vivenciadas por essa classe, que não o relativo às custas judiciais.

---

31. CAPPELLETTI, M.; GARTH, B. *Acesso à justiça*. Trad. Ellen Gracie Northfleet. Porto Alegre: Sergio Antonio Fabris, 1988, p. 13.

Os pobres deviam, então, identificar as causas e buscar assistência, ainda que não tivessem formação suficiente para compreender a dimensão de seus direitos, e as áreas em que estavam inseridos, como a cível, criminal, dentre outras.

Há que se falar ainda na barreira de comunicação que pode existir entre o advogado e o assistido, capaz de intimidar a este, pela ideia de comparecer em escritório de advocacia e discutir uma demanda. Reconhece-se, ademais, o distanciamento (cultural, educacional, territorial ...) entre abastados e sem recursos.

> Sobre o discutido, faz-se mister apresentar as considerações de Cappelletti e Garth[32], quais sejam: [...] o próprio sistema de assistência judiciária tem enfrentado muitas críticas. Tem-se tornado lugar comum observar que a tentativa de tratar as pessoas pobres como clientes regulares cria dificuldades. O judicare desfaz a barreira de custo, mas faz pouco para atacar barreiras causadas por outros problemas encontrados pelos pobres. Isso porque ele confia aos pobres a tarefa de reconhecer as causas e procurar auxílio; não encoraja, nem permite que o profissional individual auxilie os pobres a compreender seus direitos e identificar as áreas em que se podem valer de remédios jurídicos. É, sem dúvida, altamente sugestivo que os pobres tendam a utilizar o sistema judicare principalmente para problemas que lhes são familiares – matéria criminal ou de família – em vez de reivindicar seus novos direitos como consumidores, inquilinos etc. Ademais, mesmo que reconheçam sua pretensão, as pessoas pobres podem sentir-se intimidadas em reivindicá-la pela perspectiva de comparecerem a um escritório de advocacia e discuti-la com um advogado particular. Sem dúvida, em sociedades em que os ricos e pobres vivem separados, pode haver barreiras tanto geográficas quanto culturais entre os pobres e o advogado.

Dentre as críticas exaradas pelos autores em análise, pincela-se a que asseverou que o judicare tratava os pobres como indivíduos, negligenciando a situação desses enquanto classe, e, também por isso, restringia-se às pretensões individuais.

Assim, constatou-se que, na primeira onda de acesso à justiça, tratou-se sobre a assistência judiciária aos pobres, e discorreu-se acerca de ações implantadas a nível mundial para tanto. Falou-se, ainda, de fatores que constituíam limites aos atos realizados pelo Estado, no que se cita a remuneração dos advogados que atendiam aos hipossuficientes, e mesmo o distanciamento entre o requerente e seu defensor, por questões geográficas, culturais, educacionais etc.

Logo, mesmo com todos os esforços envidados, nesta fase percebeu-se que o direito ao acesso à justiça precisaria permanecer em constante aprimoramento, posto que muitos óbices ainda haveriam de ser mitigados, ou mesmo superados.

2.2 A segunda onda e a representação de interesses difusos, coletivos e grupais

A segunda onda tratada por Cappelletti e Garth versa sobre a representação dos interesses difusos – coletivos e grupais, que se dá por meio de ações coletivas e civis públicas, cujos legitimados são o Ministério Público, a Defensoria Pública e

---

32. CAPPELLETTI, M.; GARTH, B. *Acesso à justiça*. Trad. Ellen Gracie Northfleet. Porto Alegre: Sergio Antonio Fabris, 1988, p. 14.

associações. Forçou a reflexão a respeito do papel dos tribunais e de noções básicas tradicionais do processo civil, que não deixavam espaço para a proteção dos direitos difusos.

Peleja Júnior[33] analisa a segunda onda da seguinte forma, qual seja:

> A segunda onda, pela técnica da representação dos interesses difusos, coletivos e metaindividuais (ações coletivas e civis públicas, cujos legitimados são o Ministério Público, a Defensoria Pública e associações), possibilita a substituição em um só ente legitimado ativo e em uma só demanda, de centenas ou milhares de pessoas, com proveito para todos: para o Judiciário, pela redução considerável de demandas, e para os jurisdicionados-clientes, evitando o desgaste da ação individual e aproveitando os resultados da demanda coletiva.

Consiste, então, em tornar possível uma só demanda para várias pessoas, tendo o benefício de redução das lides para o Poder Judiciário, vez que uma única decisão pode satisfazer os interesses de uma coletividade; e, para os jurisdicionados, evita-se o desgaste da ação individual, e aproveita-se o resultado da ação coletiva.

Lecionam os autores em destaque que:

> A concepção tradicional do processo civil não deixava espaço para a proteção dos direitos difusos. O processo era visto apenas como um assunto entre duas partes, que se destinava à solução de uma controvérsia entre essas mesmas partes a respeito de seus próprios interesses individuais. Direitos que pertencessem a um grupo, ao público em geral ou a um segmento do público não se enquadravam bem nesse esquema. As regras determinantes da legitimidade, as normas de procedimento e a atuação dos juízes não eram destinadas a facilitar as demandas por interesses difusos intentadas por particulares.[34]

Conforme se aduz, o foco do processo civil era as demandas individuais. Porém, ganhou atenção o movimento que se preocupava com litígios que envolvessem considerável quantidade de pessoas, de modo que reformas legislativas e decisões de tribunais permitiram a atuação de grupos em interesses difusos.

Percebeu-se necessária uma transformação no próprio papel do juiz, e na conceituação de elementos como a citação, e o direito a ser ouvido, vez que haveria de ter um representante para postular em prol de dada coletividade, por isso, nem todos os interessados seriam citados e ouvidos. No entanto, a decisão teria de abarcar ao grupo.

Sobre o tema, os autores em destaque discorrem acerca da "Ação Governamental", "A Técnica do Procurador-Geral Privado" e "A Técnica do Advogado Particular do Interesse Público", consoante se explanará a seguir.

Em relação a "Ação Governamental", observou-se que em países de ambos os sistemas ("*common law*" e "*civil law*") havia incapacidade em proteger, como deveria-se, o interesse público.

---

33. PELEJA JÚNIOR, Antônio Veloso. *Conselho Nacional de Justiça e a Magistratura Brasileira*. 2. ed. rev. e atual. Paraná: Juruá, 2009, p. 31.
34. CAPPELLETTI, M.; GARTH, B. *Acesso à justiça*. Trad. Ellen Gracie Northfleet. Porto Alegre: Sergio Antonio Fabris, 1988, p. 19.

Pontuou-se pela vinculação das instituições governamentais a pressões políticas, o que impedia a defesa dos interesses difusos. Ademais, salientou-se que o Ministério Público e suas instituições correspondentes não dispunham todo o tempo de treinamento e experiência a contento para serem eficientes. E que, no "*common law*", os procuradores eram insuficientes para isoladamente desempenharem a tarefa.

Reconheceu-se, também, que outras soluções governamentais, como a criação de agências públicas regulamentadoras especializadas, a fim de assegurar direitos do público ou demais interesses difusos, eram importantes, mas limitadas. Sobre esse ponto, comentam Cappelletti e Garth[35] o seguinte:

> Os departamentos oficiais inclinam-se a atender mais facilmente a interesses organizados, com ênfase nos resultados das suas decisões, e esses interesses tendem a ser predominantemente os mesmos interesses das entidades que o órgão deveria controlar. Por outro lado, os interesses difusos, tais como os dos consumidores e preservacionistas, tendem, por motivos já mencionados, a não ser organizados em grupos de pressão capazes de influenciar essas agências.

Assim, verifica-se que fatores internos, como tendências políticas não condizentes aos interesses que deveriam ser defendidos constituem óbices ao acesso à justiça em termos de metas difusas e coletivas.

Não obstante a isso, a busca de soluções governamentais para tanto seguiram, no que insta citar a instituição do "advogado público" nos Estados Unidos, com início em 1974, pelo Departamento do Advogado Público de Nova Jersei, que possuía o objetivo de representar o interesse público de forma mais adequada que se conseguisse. Buscou-se, então, criar um setor com foco na defesa do interesse público, até então descuidado.

Em prosseguimento, cabe falar da experiência da Suécia, que foi inaugurada em 1970, com o "Ombudsman" do Consumidor, o qual se ateve a representar os interesses coletivos e fragmentados dos consumidores, de modo que outras localidades, posteriormente, também aderiram a ideia. Desempenhava-se atividade ligada a impedir práticas lesivas aos adquirentes de produtos, como publicidade e propaganda enganosa. Vale esclarecer que, individualmente, bons resultados eram difíceis, vez que não se tinha poder econômico e de barganha suficiente para tanto.

Por derradeiro, sobre as limitações desse ponto, observa-se que a burocracia do aparelho governamental torna esse sistema lento, e até inflexível quando da execução de suas finalidades.

No que atina à "A Técnica do Procurador-Geral Privado", ressalta que se trata de reforma de elevada proporção a própria possibilidade de propositura de ação em defesa de interesse público ou coletivo por indivíduos.

Nesse sentido, aduz-se:

---

35. CAPPELLETTI, M.; GARTH, B. *Acesso à justiça*. Trad. Ellen Gracie Northfleet. Porto Alegre: Sergio Antonio Fabris, 1988, p. 20.

Permitir a propositura, por indivíduos, de ações em defesa de interesses públicos ou coletivos é, por si só, uma grande reforma. Mesmo que subsistam, por uma ou outra razão, as barreiras à legitimação de grupos ou classes, trata-se de um importante primeiro passo permitir que um "procurador-geral privado" ou "demandantes ideológicos" suplementem a ação do governo.[36]

Trata-se, enquanto decorrência do exposto, da admissão de ações propostas por indivíduos com o fulcro de fazer cessar alguma ação do governo, a exemplo do "*Clean Air Act*" (Lei Antipoluição Atmosférica), nos Estados Unidos e da Lei italiana de 1967, que possibilitava aos cidadãos o acionamento de autoridades municipais em vista de concessões irregulares de autorizações para construções.

Não menos importante, versa acerca da "A Técnica do Advogado Particular do Interesse Público" quando dispõe do reconhecimento de grupos. Assim, tem-se o Procurador-Geral Organizacional Privado, que analisa a necessidade de permitir ações coletivas de interesse público. Consonante a isso, aponta-se a criação de mecanismos de controle governamental, em face de os grupos de defesa desses ideais poderem ser instrumentos de controle governamental, e mesmo de abusos.

Exemplo desse pensamento foi a Lei Royer, de 1973, aplicada na França, que concedeu legitimidade às associações de consumidores frente a fatos prejudiciais a essa classe. Contudo, estabeleceu mecanismos para que apenas associações habilitadas representassem de modo adequado os interesses daqueles.

É válido citar, ainda, a "*relator action*" (ação delegada), utilizada especialmente na Grã-Bretanha e Austrália, países de modelo "*common law*", que era manejada por uma parte que em tese não seria legítima (indivíduos ou grupos), mas que assim poderia proceder, tendo a permissão do Procurador-Geral. Assim, reduzia-se custos, e os grupos poderiam pleitear interesses difusos.

Essas reformas, embora muito tenham contribuído no reconhecimento do papel de grupos privados na defesa dos ideais expostos, não voltaram atenção para o fortalecimento desses agrupamentos. Urgia, então, a necessidade de tornar os Procuradores-Gerais organizacionais eficientes.

Ora, constata-se que ações de classe implicavam redução de custas, vez que um litigante poderia representar pelos interesses de uma coletividade. Por esse motivo, formaram-se diversas associações de advogados particulares do interesse público, com ampla gama de especialidades de atendimento.

Com o êxito dessa atividade, instituições mantidas pelo governo em prol do interesse público se disseminaram, de modo que nos Estados Unidos, destacou-se a "Assessoria Pública", que funcionava com recursos estatais, mas os serviços eram prestados por advogados particulares.

Ademais, defendeu-se ainda a adoção de solução mista e pluralista acerca da representação dos interesses difusos, conforme se extrai do trecho a seguir:

---

36. CAPPELLETTI, M.; GARTH, B. *Acesso à justiça*. Trad. Ellen Gracie Northfleet. Porto Alegre: Sergio Antonio Fabris, 1988, p. 21.

É preciso que haja uma solução mística ou pluralista para o problema de representação dos interesses difusos. Tal solução, naturalmente, não precisa ser incorporada numa única proposta de reforma. O importante é reconhecer e enfrentar o problema básico nessa área: resumindo, esses interesses exigem uma eficiente ação de grupos particulares, sempre que possível; mas grupos particulares nem sempre estão disponíveis e costumam ser difíceis de organizar.[37]

Reconhece-se a importância de juntar esforços entre grupos particulares e governo, com adoção de meios como as assessorias públicas, as sociedades de advogados de interesse público e o advogado público, com o fim de alargamento do direito ao acesso à justiça, pela transposição da barreira das causas somente individuais, abrindo-se espaço paras as demandas coletivas e difusas.

2.3 A terceira onda, mudanças procedimentais, e novo enfoque ao acesso à justiça

A terceira onda discorre do acesso à representação em juízo a uma concepção mais ampla de acesso à justiça, sob um novo enfoque. Verificou-se que a representação judicial, de interesses individuais e difusos, não resultou suficiente para proporcionar prestação jurisdicional aos cidadãos.

Por isso, entendeu-se pela necessidade de mudanças procedimentais, e no próprio conceito de justiça, como não impreterivelmente associada à jurisdição, mas à pacificação social e produção de resultados justos.

Sobre esse terceiro enfoque, Cappelletti e Garth[38] pontuam que:

> Essa "terceira onda" de reforma inclui a advocacia, judicial ou extrajudicial, seja por meio de advogados particulares ou públicos, mas vai além. Ela centra sua atenção no conjunto geral de instituições e mecanismos, pessoas e procedimentos utilizados para processar e mesmo prevenir disputas nas sociedades modernas. Nós o denominamos "o enfoque do acesso à Justiça" por sua abrangência. Seu método não consiste em abandonar as técnicas das duas primeiras ondas de reforma, mas em tratá-las como apenas algumas de uma série de possibilidades para melhorar o acesso.

Essa onda encoraja reformas processuais, procedimentais e estruturais – mudança na estrutura dos tribunais, ou criação de novos, além do uso de pessoas leigas ou paraprofissionais (como juízes e defensores) para atuarem neles; modificações no direito substantivo, a fim de evitar conflitos; prevê ainda a utilização de mecanismos privados ou informais de solução de litígios.

Assim, reconhece a importância de se relacionar e adequar o processo civil ao tipo de lide, inclusive pela identificação de ser demanda individual ou coletiva, pois, a depender disso, a forma de atuação deve se amoldar.

---

37. CAPPELLETTI, M.; GARTH, B. *Acesso à justiça*. Trad. Ellen Gracie Northfleet. Porto Alegre: Sergio Antonio Fabris, 1988, p. 25.
38. CAPPELLETTI, M.; GARTH, B. *Acesso à justiça*. Trad. Ellen Gracie Northfleet. Porto Alegre: Sergio Antonio Fabris, 1988, p. 25.

Sobre o processo, observa Carnelutti[39], que:

> [...] a necessidade do processo se deve à incapacidade de alguém para julgar, por si só, sobre o que deve e o que não deve ser feito. [...] e se os litigantes soubessem julgar por si mesmos reconheceriam a razão e a falta dela. O processo serve, pois em uma palavra, para estabelecer que entrem em juízo aqueles que não o tem.

Assim, procuram o juízo aqueles que se veem impossibilitados ou não preparados para resolverem as próprias demandas, mas é importante que esse de fato funcione. Para tanto, percebe-se também, como mister, a verificação de fatores que constituem barreiras para o desenvolvimento das instituições que visam garantir o acesso à justiça, a fim de melhor enfrentá-los.

Nesta última onda se encaixam os métodos consensuais de solução de conflitos, que fogem à necessária interferência jurisdicional, no que se cita a arbitragem, conciliação e mediação, temas que serão posteriormente abordados neste trabalho monográfico, de forma direcionada.

Os autores falam ainda dos incentivos econômicos, enquanto mecanismos de incentivadores de acordos. Nisso se incluem as custas judiciais, a forma como os recursos empregados são alocados, a inflação e o dispêndio de tempo. Apontam que os litigantes individuais são mais suscetíveis a esses riscos, porque não podem dividi-los entre variadas causas.

Tratam-se de meios compositivos usados para dirimir lides, sem a necessidade de intervenção decisiva de um terceiro – autocomposição (como ocorre na mediação e conciliação), ou por escolha das partes de um especialista para julgar certo litígio – heterocomposição (o que se dá na arbitragem).

Frisa-se que, apesar da previsão de métodos outros de solucionar lides, que não a jurisdição, é indispensável a atuação positiva do Estado para garantir direitos, afinal, um acesso formal à justiça de nada vale se não houver meios de concretização e viabilização que o torne efetivo, por isso é considerado como o mais básico dos direitos humanos, de caráter fundamental e garantista.

Pontua-se que, quanto mais tempo, maiores são os custos, e aumenta a chance dos mais fracos abandonarem suas ações ou aceitarem acordos desfavoráveis, por isso, a prestação jurisdicional deve ocorrer em tempo razoável (e ser segura), e ao cidadão devem ser facilitados o conhecimento de seus direitos.

Deve ainda produzir resultados individuais e socialmente justos, pois, conforme apontou Calamandrei[40], a injustiça envenena, mesmo em doses homeopáticas. Além disso, deve respeitar o devido processo legal, o direito ao contraditório, e outras prerrogativas constitucionais e processuais,

---

39. CARNELUTTI, Francesco. *Como se faz um processo*. São Paulo: CL Edjur, 2018, p. 33.
40. CALAMANDREI, Piero. *Eles, os juízes, vistos por nós, os advogados*. Trad. Ivo de Paula São Paulo: Editora Pilares, 2013, p. 140.

A respeito do exposto, comenta Fabiana Rodrigues Silveira[41]:

> A importância do tempo na relação processual passou a ser tão grande que hoje a tutela jurisdicional prestada a destempo em um litígio é inefetiva, é uma não tutela. Ou seja, o decurso do tempo aplaca a finalidade da prestação jurisdicional, que é a verdadeira solução da controvérsia.

Depreende-se, em síntese, acerca do defendido na terceira onda de acesso à justiça, que se tem como grande desafio fazer com que o processo seja um instrumento de concretização de direitos, mas, como bem pontuou Carnelutti[42], "não somente para fazer o direito, mas para fazê-lo bem, ou seja, não apenas para fazer qualquer direito, mas para fazer direito justo". Desta feita, a tutela jurisdicional tempestiva, a razoável duração do processo e a celeridade processual são elementos indispensáveis para atingir tal intuito.

Ademais, a busca por métodos alternativos e informais, principalmente em demandas individuais, figura como importante para a alcançar resultados justos, e de verdadeira pacificação social, sem se olvidar do papel indispensável do Estado, pelo sistema judiciário, na defesa dos interesses dos cidadãos – incumbência que não pode deixar de observar.

3. CONSIDERAÇÕES FINAIS

Tratou-se do direito ao acesso à justiça, previsto, em âmbito nacional, no art. 5º, inciso XXXV, da Constituição Federal, o qual aduz que pode ser submetido à apreciação do Poder Judiciário lesão ao ameaça a direito.

Verificou-se que a referida garantia é considerada direito humano fundamental, e que, pelo direito de ação, consubstanciado no mesmo dispositivo citado, pode-se acionar o Estado, a fim de que outros direitos sejam assegurados.

Assim, analisou-se a obra "Acesso à Justiça", de autoria de Cappelletti e Garth, com ênfase nas chamadas ondas renovatórias de acesso à justiça, as quais foram ensejadas pela quebra da confiança nas instituições jurídicas, e com o fito de que se tornassem realmente efetivos os direitos dos cidadãos. Portanto, reformas de largo alcance e de nova criatividade foram traçadas, consoante transformações e demandas sociais.

Observou-se que a primeira onda tratou da assistência judiciária aos pobres, em vista dos gastos com custas judiciais e honorários advocatícios, usuais no contexto processual. Destarte, versou-se sobre a necessidade de disponibilização de assistência judiciária gratuita aos hipossuficientes. Citou-se, então, a instituição e o propósito da

---

41. SILVEIRA, Fabiana Rodrigues. *A morosidade no Poder Judiciário e seus reflexos econômicos*. Porto Alegre: Sergio Antonio Fabris, 2007, p. 146.
42. CARNELUTTI, Francesco. *Como nasce o Direito*. Trad. Roger Vinícius da Silva Costa. São Paulo: Editora Pillares, 2015, p. 110.

Defensoria Pública; o papel de advogados dativos, e o fortalecimento dos escritórios escolas das faculdades de Direito.

Na segunda onda, abordou-se a representação dos interesses difusos, coletivos e grupais, que ocorre por ações coletivas e civis públicas. Refletiu-se acerca do papel dos tribunais e de noções básicas do processo civil, bem como sobre a possibilidade de, por uma só demanda, prestigiar o interesse de várias pessoas, reduzindo-se a quantidade de carga processual apresentada ao Poder Judiciário, de forma a se obter resultados com maior celeridade.

Em prosseguimento, aduziu-se que a terceira onda cuidou da representação em juízo a uma maneira mais ampla de acesso à justiça. Destarte, encorajou reformas processuais e procedimentais, prevendo-se mudanças na estrutura dos tribunais, bem como a criação de novos e a utilização de mecanismos privados ou informais de solução de conflitos, como a mediação, conciliação, arbitragem e justiça restaurativa.

Tem-se que tais ondas renovatórias, propostas por Cappelletti e Garth, influenciaram a concepção de acesso à justiça, introduzindo o entendimento de que não é suficiente a previsão formal, se mecanismos adequados, ajustados conforme a realidade social, não forem empregados. Assim, privilegia-se a materialidade do direito, e ressalta-se o papel do Estado na perseguição de resultados justos, que respeitem garantias constitucionais e processuais.

REFERÊNCIAS

BRASIL. Ato Institucional 5, de 13 de dezembro de 1968. Brasília, BR, 1965. Disponível em: http://www.planalto.gov.br/ccivil_03/AIT/ait-05-68.htm. Acesso em: 04 mar. 2021.

BRASIL. Ato Institucional 2, de 27 de outubro de 1965. Brasília, BR, 1965. Disponível em: http://www.planalto.gov.br/ccivil_03/AIT/ait-02-65.htm. Acesso em: 04 mar. 2021.

BRASIL. Constituição (1988). Presidência da República. Casa Civil. Subchefia para Assuntos Jurídicos. Constituição da República Federativa do Brasil de 1988. Disponível em: http://www.planalto.gov.br/ccivil_03/constituicao/constituicao.htm. Acesso em: 04 mar. 2021.

BRASIL. Constituição (1967). Emenda Constitucional 01, de 17 de outubro de 1969. Edita o novo texto da Constituição Federal de 24 de janeiro de 1967. Disponível em: http://www.planalto.gov.br/ccivil_03/Constituicao/Emendas/Emc_anterior1988/emc01-69.htm. Acesso em: 04 mar. 2021.

BRASIL. Constituição da República dos Estados Unidos do Brasil. Assembleia Constituinte. Rio de Janeiro, RJ, 1934. Disponível em: http://www.planalto.gov.br/ccivil_03/constituicao/constituicao34.htm. Acesso em: 04 mar. 2021.

BRASIL. Constituição da República Federativa do Brasil de 1967. Assembleia Constituinte. Rio de Janeiro, RJ, 1967. Disponível em: http://www.planalto.gov.br/ccivil_03/constituicao/constituicao67.htm. Acesso em: 04 mar. 2021.

BRASIL. Constituição dos Estados Unidos do Brasil. Assembleia Constituinte. Rio de Janeiro, RJ, 1937. Disponível em: http://www.planalto.gov.br/ccivil_03/constituicao/constituicao37.htm. Acesso em: 04 mar. 2021.

BRASIL. Constituição dos Estados Unidos do Brasil. Assembleia Constituinte. Rio de Janeiro, RJ, 1946. Disponível em: http://www.planalto.gov.br/ccivil_03/constituicao/constituicao46.htm. Acesso em: 04 mar. 2021.

BRASIL. Constituição Politica do Imperio do Brazil de 25 de março de 1824. Manda observar a Constituição Politica do Imperio, offerecida e jurada por Sua Magestade o Imperador. Rio de Janeiro, RJ, 1824. Disponível em: http://www.planalto.gov.br/ccivil_03/constituicao/constituicao24.htm. Acesso em: 04 mar. 2021.

BRASIL. Constituição da República dos Estados Unidos do Brasil de 24 de fevereiro de 1891. Assembleia Constituinte. Rio de Janeiro, RJ. Rio de Janeiro, RJ, 1891. Disponível em: http://www.planalto.gov.br/ccivil_03/constituicao/constituicao91.htm. Acesso em: 05 mar. 2021.

BRASIL. Decreto-Lei 3.689, de 03 de outubro de 1941. Código de Processo Penal. Rio de Janeiro, RJ: [s.n.], 2015. Disponível em: http://www.planalto.gov.br/ccivil_03/Decreto-Lei/Del3689.htm. Acesso em: 05 mar. 2021.

BRASIL. Decreto-Lei 4.657, de 4 de setembro de 1942. Lei de Introdução às normas do Direito Brasileiro. Brasília, DF: [s.n.], 1942. Disponível em: http://www.planalto.gov.br/ccivil_03/decreto-lei/Del4657compilado.htm. Acesso em: 05 mar. 2021.

BRASIL. Emenda Constitucional 45, de 30 de dezembro de 2004. Brasília, 2004. Disponível em: http://www.planalto.gov.br/ccivil_03/constituicao/emendas/emc/emc45.htm. Acesso em: 05 mar. 2021.

CALAMANDREI, Piero. *Eles, os juízes, vistos por nós, os advogados.* Trad. Ivo de Paula São Paulo: Editora Pilares, 2013.

CAPPELLETTI, M.; GARTH, B. *Acesso à justiça.* Trad. Ellen Gracie Northfleet. Porto Alegre: Sergio Antonio Fabris, 1988.

CARNELUTTI, Francesco. *Como nasce o Direito.* Trad. Roger Vinícius da Silva Costa. São Paulo: Editora Pillares, 2015.

CARNELUTTI, Francesco. *Como se faz um processo.* São Paulo: CL Edjur, 2018.

MENDONÇA, José Júnior Florentino dos Santos. *Acesso Equitativo ao Direito e à Justiça.* 2013. Dissertação (Doutoramento em Direito Público) – Faculdade de Direito da Universidade Nova de Lisboa, Universidade Nova de Lisboa, Lisboa.

PEDROSO, J. A. F. (2002), "Percurso(s) da(s) reforma(s) da administração da justiça: uma nova relação entre o judicial e o não judicial", *Oficina do CES,* 171.

PELEJA JÚNIOR, Antônio Veloso. Conselho Nacional de Justiça e a Magistratura Brasileira. 2. ed. rev. e atual. Paraná: Juruá, 2009.

SANTOS, Boaventura de Souza. *Para uma revolução democrática da Justiça.* 3. ed. rev. São Paulo: Cortez, 2011.

SANTOS, Layane Dias; PORTELA, Guilherme Vieira. A evolução histórica do Acesso à Justiça. *Revista Jus Navigandi* [S.I]. Jul. 2015. Disponível em: https://jus.com.br/artigos/41399/a-evolucao-historica-do-acesso-a-justica. Acesso em: 06 mar. 2021.

SEIXAS, Bernado Silva de; SOUZA, Roberta Kelly. Evolução histórica do acesso à justiça nas constituições brasileiras. *Direito e Democracia,* v. 14, n. 1, jan./jun. 2013.

SILVEIRA, Fabiana Rodrigues. *A morosidade no Poder Judiciário e seus reflexos econômicos.* Porto Alegre: Sergio Antonio Fabris, 2007.

VITOVSKY, Vladimir Santos. O acesso à Justiça em Boaventura de Souza Santos. *Revista Interdisciplinar de Direito* [S.I], v. 13, n. 1, ago. 2017.

O ESTADO DE COISAS INCONSTITUCIONAL É A SOLUÇÃO PARA AS NOTÓRIAS VIOLAÇÕES DE DIREITOS HUMANOS NO SISTEMA PRISIONAL BRASILEIRO?

Vitor Sardagna Poeta

Mestrando em Direito da União Europeia pela Universidade do Minho (Portugal) e em Ciências Jurídicas pela Universidade do Vale do Itajaí – Campus Itajaí. Especialista em Direito Penal e Processo Penal, Ciências Criminais e Advocacia Criminal. Pesquisador na Área do Direito Penal, Processo Penal e Criminologia. E-mail: vitorpoeta@live.com.

Felipe Socha Cordeiro

Felipe Socha Cordeiro. Acadêmico do curso de Direito da Universidade do Vale do Itajaí – Campus Itajaí e pesquisador na Área do Direito Penal, Processo Penal e Criminologia. E-mail: felipesochacordeiro@hotmail.com.

SUMÁRIO: 1. Violações de direitos humanos dentro do sistema prisional brasileiro – 2. Declaração do estado de coisas inconstitucional – 3. Da audiência de custódia, sua implementação e resultados – 4. Considerações finais – Referências.

RESUMO: Diante do atual estado do sistema prisional brasileiro e suas constantes violações aos Direitos Humanos, o Supremo Tribunal Federal entendeu por declarar o Estado de Coisas Inconstitucional, no intuito de resolver tal problemática. Em decorrência dessa política, a Suprema Corte tomou e determinou certas medidas buscando melhorar o sistema prisional, contudo, a priori, os resultados almejados não foram alcançados. Nesse sentido, o presente estudo tem como objetivo verificar, por meio de uma perspectiva dogmático-teórica, se a declaração do Estado de Coisas Inconstitucional foi uma solução para as notórias violações de Direitos Humanos no sistema prisional brasileiro. Para que tal objetivo seja alcançado, far-se-á uma análise das violações de Direitos Humanos dentro do Sistema Prisional Brasileiro, estudar-se-á o que é o Estado de Coisas Inconstitucional, bem como suas origens, relatar-se-á quais foram os motivos e objetivos da Suprema Corte ao Declarar o Estado de Coisas Inconstitucional, descrever-se-á as mudanças práticas trazidas e, por fim, constatar-se-á se, de fato, as mudanças almejadas foram alcançadas através da aplicação do referido Instituto Jurídico. Para isso utilizar-se-á do método dedutivo, aliado à pesquisa doutrinária e jurisprudencial. Com relação aos resultados da presente pesquisa, existem duas hipóteses. A primeira de que, sim, a medida adotada pela Suprema Corte trouxe resultados práticos, ou então, foi ineficaz perante o sistema prisional caótico.

1. VIOLAÇÕES DE DIREITOS HUMANOS DENTRO DO SISTEMA PRISIONAL BRASILEIRO

Sabe-se que todo ser humano, independente do que tenha feito, possui aqueles Direitos que são inerentes a sua pessoa, denominados de Direitos Humanos. Esses, reconhecidos nacionalmente desde a Constituição do Império, em seu artigo 179, que, por sua vez, já previa diversos princípios fundados em Direitos Humanos que ainda estão presentes nos dias atuais, quais sejam:

> Princípio da Igualdade, Princípio da Legalidade, Princípio da Reserva Legal, Princípio da Anterioridade da Lei Penal, Livre Manifestação de Pensamento, Impossibilidade de Censura Prévia, Liberdade Religiosa, Liberdade de Locomoção, Inviolabilidade de Domicílio, Possibilidade de prisão somente em flagrante delito ou por ordem de autoridade competente, fiança, independência judicial, Princípio do Juiz Natural, Livre acesso aos Cargos Públicos, Abolição dos Açoites, da tortura, da marca de fero quente e todas as mais penas cruéis, Individualização da Pena, Direito de Invenção, Inviolabilidade Das Correspondências, Responsabilidade Civil do Estado por ato dos funcionários públicos, Direito de petição, Gratuidade do Ensino Público Primário. [1]

Tais Direitos seguem sendo observados no decorrer das diversas Constituições Brasileiras – sabe-se que atualmente estamos na sétima Constituição – e não podia ser diferente perante a constituição promulgada em 1988. Conhecida por "Constituição Cidadã" que "tem como um de seus fundamentos dar maior liberdade e direitos ao cidadão"[2] decorrente, principalmente, das violações ocorridas durante o regime militar. Conforme afirma Barreato[3] "(A constituição brasileira) é tida como a maior Carta de Direitos e Garantias Fundamentais do mundo".

Nesse sentido, conforme afirmado, sabe-se que nossa Carta Magna trouxe em seu texto diversos Direitos Fundamentais, que conforme o próprio nome já diz é um direito sem o qual a pessoa não tem um livre e completo desenvolvimento e, portanto, fundamental a todos os seres humanos. Ainda, sabe-se que são inerentes aos seres humanos e, portanto, inalienáveis, irrenunciáveis, irrevogáveis, intransferíveis, vitalícios e absolutos. Nesse sentido, Kloch [4] afirma que:

> "esses – os Direitos Fundamentais – nasceram com a instituição das organizações internacionais dos direitos humanos. Também houve uma preocupação como relação à dignidade dos apenados, onde foram estabelecidas regras mínimas para tratamento dos reclusos."

Percebe-se, então, que mesmo aqueles que cometeram ilícitos e estão cumprindo pena, por óbvio, possuem Direitos Fundamentais, os quais devem ser observados pelo Estado. Nesse sentido, não é novidade que diversos tratados internacionais se preocuparam em definir e estabelecer direitos para os apendas.

---

1. BARREATO, Marcelo. *Direitos Humanos do Preso*. Disponível em: https://www.oabgo.org.br/arquivos/downloads/direitos-humanos-do-preso-artigo-para-publicacao-161917100.pdf. Acesso em: 07 mar. 2021.
2. SENADO FEDERAL. Constituições Brasileiras. Disponível em: https://www12.senado.leg.br/noticias/glossario-legislativo/constituicoes-brasileiras. Acesso em: 07.03.21.
3. BARREATO, Marcelo. Direitos Humanos do Preso. Disponível em: https://www.oabgo.org.br/arquivos/downloads/direitos-humanos-do-preso-artigo-para-publicacao-161917100.pdf. Acesso em: 07 mar. 2021
4. KLOCH, Henrique; MOTTA. Ivan Dias da. O sistema prisional e os direitos da personalidade do apenado com fins de res(socialização). Porto Alegre: Verbo Jurídico, 2008.

A título de exemplo cita-se a Convenção de Genebra[5] e a Declaração dos Direitos Humanos[6].

A Constituição Federal de 1988 não poderia ser diferente e, dentre outras disposições, prevê aos apenados os seguintes direitos fundamentais resguardados: Direito à vida; Direito à integridade física, psíquica e motora; Direito à liberdade de convicção religiosa; Direito à assistência jurídica; esses previstos pelo artigo 5º e seus respectivos incisos. Já o Direito à Instrução está regulamentado pelo art. 208 do mesmo diploma legal.

Nesse passo, a Lei 7.210, conhecida como Lei de Execução Penal, já previa em 1984, ainda que antes da constituição, os seguintes direitos aos apenados: Direito ao uso do nome; Direito à alimentação, alojamento e vestuário; Direito à comunicar-se reservadamente com o Advogado; Direito à previdência social; Direito à proteção contra qualquer forma de sensacionalismo; Direito de igualdade de tratamento; Direito de visita do cônjuge, da companheira, de parentes e amigos; Direito de Contato com o mundo exterior; todos determinados pelo artigo 41 da referida Lei; Direito à tratamento médico, farmacêutico e odontológico (art. 14 da LEP) e Direito ao trabalho remunerado (Arts. 28 a 37 da LEP).

Ainda, o artigo 38 do Código Penal assim determina: "Art. 38. O preso conserva todos os direitos não atingidos pela perda da liberdade, impondo-se a todas as autoridades o respeito à sua integridade física e moral".

Percebe-se, então, notoriamente o respeito do legislador, bem como sua preocupação, para que aqueles que se encontram com sua liberdade restringida, diante de um ato ilícito, tenham seus direitos e garantias fundamentais observadas e respeitadas. O entendimento de Barretado[7] não destoa, conforme verifica-se: "vemos a preocupação do legislador em garantir e propiciar ao preso direitos que lhe permitam a noção das faculdades que lhe faltavam para o convívio social, quando da prática criminosa".

Tais preocupações legislativas tem como objetivo, basicamente, fazer com que a Execução da pena se torne humanizada e possibilite, então, a reinserção daquele que cometeu infração penal na sociedade. Contudo, sabe-se do real estado do sistema prisional brasileiro que, muitas das vezes, contrariamente ao sistema legal e constitucional, acaba cerceando diversos daqueles direitos acima citados.

Conforme afirma Kloch[8]:

---

5. CONVENÇÃO DE GENEBRA. Disponível em: http://www.mpsp.mp.br/portal/page/portal/cao_civel/normativa_internacional/Sistema_ONU/DH.pdf. Acesso em: 07 mar. 2021.
6. DECLARAÇÃO DOS DIREITOS HUMANOS. Disponível em: https://declaracao1948.com.br/declaracao--universal/declaracao-direitos-humanos/?gclid=Cj0KCQiA7YyCBhD_ARIsALkj54oT3aukhJVNcZXPE-34j4oWndmhGwmE8UY4KWZaqoKJFImkmBPYS9iMaArScEALw_wcB. Acesso em: 07 mar. 2021.
7. BARREATO, Marcelo. *Direitos Humanos do Preso*. Disponível em: https://www.oabgo.org.br/arquivos/downloads/direitos-humanos-do-preso-artigo-para-publicacao-161917100.pdf. Acesso em: 07 mar. 2021.
8. KLOCH, Henrique; MOTTA. Ivan Dias da. *O sistema prisional e os direitos da personalidade do apenado com fins de res(socialização)*. Porto Alegre: Verbo Jurídico, 2008. p. 97.

o Estado enfrenta dificuldades em estabelecer mecanismos de punição que conduzam à ressocialização, sobretudo diante do excessivo crescimento da população prisional e do despreparo de seus agentes, falta de estrutura, investimentos, fiscalização e da clareza das normas de gestão quanto à administração das unidades do sistema prisional.

Ainda, o referido doutrinador afirma que: "a política penitenciária brasileira pode estar desordenada, mas ainda não se perdeu a possibilidade de (res)socializar o apenado, pois os conceitos de pena-vingança estão perdendo espaço e sentido".[9]

É evidente que se admitido que o Estado é incapaz de socializar e reintegrar o apenado na sociedade, estar-se-á admitindo a falência do sistema prisional. Nesse sentido "volta-se à brutalidade do poder sobre o mais fraco, onde não se fala em respeito aos direitos inerentes à pessoa do preso, sob a custódia do Estado".[10]

Conforme afirmado anteriormente, um dos Direitos que o apenado possui é o Direito à Educação, positivado pelo art. 11, IV, da Lei de Execuções Penais, contudo, conforme informações divulgadas pelo INFOPEN em 2016[11] a população carcerária seria de 726.712 pessoas, das quais 75% não chegou ao ensino médio e menos de 1% dos presos possui graduação. A educação, pois, é um importante meio de diminuição da criminalidade, sendo de grande relevância o questionamento feito por Kloch "até quando os menos afortunados e os infelizes pela própria ignorância vão ser castigados pelo Estado, por falho do sistema".

Ademais, frisa-se que os números só aumentam. Atualmente a população carcerária brasileira perfaz o montante de 702.069 pessoas[12] aumentando, ainda mais, a grave situação de violações de Direitos. Conforme afirma o renomado jurista Evandro Lins e Silva "a prisão, ao contrário do que desejaram e pensaram nossos avós, avilta degrada e corrompe. Não recupera, nem readapta a vida social".[13] Em 2007 o então Diretor-geral do Departamento Penitenciário Nacional (DEPEN), Maurício Kuehne, já afirmava que a situação do sistema prisional estava insuportável.[14] Atualmente, segundo notícia divulgada na data de 19.10.2020, há um déficit de 305 mil vagas no sistema penitenciário brasileiro.[15]

---

9. Ibidem.
10. Idem.
11. BRASIL, Ministério de Justiça e Segurança Pública. Levantamento Nacional de Informações Penitenciárias, o Infopen, traz dados consolidados. Disponível em: https://www.justica.gov.br/news/ha-726-712-pessoas-presas-no-brasil. Acesso em: 07 mar. 2021.
12. CNJ. Estatística BNMP Nacional. Disponível em: https://portalbnmp.cnj.jus.br/#/estatisticas. Acesso em: 07 mar. 2021.
13. LINS E SILVA, Evandro. *A defesa tem a palavra*. Rio de Janeiro: AIDE, 1984, p. 205.
14. KLOCH, Henrique; MOTTA. Ivan Dias da. *O sistema prisional e os direitos da personalidade do apenado com fins de res(socialização)*. Porto Alegre: Verbo Jurídico, 2008. p. 101.
15. KADANUNS, Kelli. Faltam mais de 305 mil vagas no sistema penitenciário brasileiro. *Gazeta do Povo*. Publicado em 19.10.20. Disponível em: https://www.gazetadopovo.com.br/republica/breves/sistema-penitenciario-deficit/#:~:text=Faltam%20mais%20de%20305%20mil%20vagas%20no%20sistema%20penitenci%C3%A1rio%20brasileiro&text=O%20Anu%C3%A1rio%20Brasileiro%20de%20Seguran%-C3%A7a,2019%20foi%20de%201%2C7. Acesso em: 07 mar. 2021.

Diante desse cenário, é impossível acreditar que o Estado estaria observando os Direitos Fundamentais positivados dos apenados. É isso que levou o Partido Socialismo e Liberdade (PSOL) a ajuizar a Arguição de Descumprimento de Preceito Fundamental de número 347 perante o Supremo Tribunal Federal, pleiteando a declaração do Estado de Coisas Inconstitucional, que será abordada no próximo tópico.

2. DECLARAÇÃO DO ESTADO DE COISAS INCONSTITUCIONAL

Conforme assinalado, a declaração do Estado de Coisas Inconstitucional foi pleiteada ao Supremo Tribunal Federal diante da ADPF 347 ajuizada pelo PSOL, de relatoria foi do ministro Marco Aurélio em sessão presidida pelo Ministro Ricardo Lewandowski.

Diante do voto do relator[16], conclui-se que houve pedido de medida liminar no intuito de que fosse reconhecida a figura do Estado de Coisas Inconstitucional "relativamente ao sistema penitenciário brasileiro e a adoção de providências estruturais em face de lesões e preceitos fundamentais dos presos, que alega decorrerem de ações e omissões dos Poderes Públicos da União, dos Estados e do Distrito Federal".[17] Ainda, o referido Ministro afirma que o Partido:

> Assevera que a superlotação e as condições degradantes do sistema prisional configuram cenário fático incompatível com a Constituição Federal, presente a ofensa de diversos preceitos fundamentais consideraras a dignidade da pessoa humana, a vedação de tortura e de tratamento desumano, o direito de acesso à Justiça e os direitos sociais à saúde, educação, trabalho e segurança dos presos.

Percebe-se, diante da inicial confeccionada pelo PSOL, que tal pedido se dá diante das:

> celas superlotadas, imundas e insalubres, proliferação de doenças infectocontagiosas, comida intragável, temperaturas extremas, falta de água potável e de produtos higiênicos básicos, homicídios frequentes, espancamentos, tortura e violência sexual contra os presos, praticadas tanto por outros detentos quanto por agentes do Estado, ausência de assistência judiciária adequada, bem como de acesso à educação, à saúde e ao trabalho.[18]

Sabe-se que as Sentenças que buscam mudanças estruturais não são novidades, principalmente diante da ocorrência de violações sistemáticas em diversos países, tendo alcançado sucesso, por exemplo, nos Estados Unidos, Canadá, Índia, África do Sul e Argentina, sendo utilizadas como uma forma de "escapar-se de repetições de demandas individuais sobre o mesmo assunto e dessa forma evitando a propositura de várias ações judiciais individuais sobre o mesmo tema[19]" sendo a sentença não só

---

16. SUPREMO TRIBUNAL FEDERAL. ADPF 374. Disponível em: http://portal.stf.jus.br/processos/detalhe.asp?incidente=4783560. Acesso em: 07 mar. 2021.
17. Ibidem.
18. Ibidem.
19. LIMA, George Marmelstein. *O Estado de Coisas Inconstitucional* – ECI: apenas uma nova onda do verão constitucional? Disponível em: https://direitosfundamentais.net/2015/10/02/o-estado-de-coisas-inconstitucional-eci-enas-uma-nova-onda-do-verao-constitucional/. Acesso em: 07 mar. 2021.

aplicada a aqueles que propuseram a demanda, como buscando a solução sistêmica do problema.

Nessa perspectiva, o Estado de Coisas Inconstitucional tem como supedâneo, conforme afirma Souza[20]:

> a doutrina da ECI foi desenvolvida originalmente pela Corte Constitucional da Colômbia (CCC) a fim de justificar "decisões estruturais" por meio das quais o Poder Judiciário, ao enfrentar situações de graves e massivas violações de direitos fundamentais, decorrente da omissão inconstitucional generalizada das autoridades públicas, interfere de forma ampla nas funções executiva e legislativa dos demais poderes.

Consoante afirmado, verifica-se que esse instituto jurídico surgiu no sistema Constitucional Colombiano quando o Tribunal Constitucional Colombiano, através da *Sentencia de Unificacion* 559/1997[21]. Tal caso tratava de 45 professores das cidades de Zambrano e Maria La Baja que tiveram seus direitos previdenciários violados. Foi a primeira vez em que houve o reconhecimento do Estado de Coisas Inconstitucional. Posteriormente, a mesma corte reconheceu o Estado de Coisas Inconstitucional, no que diz respeito ao Sistema Carcerário Colombiano, através da Sentença de Tutela 153/1998.[22] Com relação a essa, Machado[23] afirma que: "é possível dizer, portanto, que a primeira decisão que declara o estado de coisas inconstitucional das prisões colombianas restringe-se a exigir a elaboração de um plano para a construção e reforma dos presídios, com vistas a resolver a questão do déficit de vagas".

Nesse sentido, a relatoria da Sentença Colombiana[24] afirma que:

> A Corte Constitucional tem o dever de colaborar de maneira harmônica com os outros órgãos do Estado para a realização de seus fins. Do mesmo modo que deve comunicar a autoridade competente a notícia relativa ao cometimento de um crime, não há porque deva se omitir da notificação de um determinado estado de coisas que resulta em violação da Constituição Política.

Diante disso, faz-se necessário aprofundar o estudo conceitual do referido Instituto Jurídico, bem como entender em quais casos seria possível a decretação do Estado de Coisas Inconstitucional.

Primeiramente, insta afirmar que tal decretação não ocorrerá diante de simples e quaisquer violações de Direitos Humanos, sendo necessário que, de forma objetiva, haja a violação sistêmica e generalizada diante da inércia estatal e incapacidade

---

20. SOUZA. Marcio Scarpim de. Estado de coisas inconstitucional: da experiência colombiana à aplicação pelo STF na ADPF 347. *Revista de Direito Constitucional e Internacional* n. 111. São Paulo: Ed. RT.
21. CORTE CONSTITUCIONAL COLOMBIANA. Sentencia SU.559/97. Disponível em: https://www.corteconstitucional.gov.co/relatoria/1997/SU559-97.htm. Acesso em: 07 mar. 2021.
22. CORTE CONSTITUCIONAL COLOMBIANA. Sentencia T-153/98. Disponível em: https://www.corteconstitucional.gov.co/relatoria/1998/t-153-98.htm. Acesso em: 07 mar. 2021.
23. MACHADO, Maira Rocha. Quando o estado de coisas é inconstitucional: sobre o lugar do Poder Judiciário no problema carcerário. *Revista de Investigações Constitucionais*, Curitiba, vol. 7, n. 2, p. 631-664, maio/ago. 2020. DOI: 10.5380/rinc.v7i2.60692.
24. CORTE CONSTITUCIONAL COLOMBIANA. Sentencia SU.559/97. Disponível em: https://www.corteconstitucional.gov.co/relatoria/1997/SU559-97.htm. Acesso em: 07 mar. 2021.

institucional[25]. É necessário, portanto, a adoção de medidas por uma pluralidade de órgãos para que tais vícios sejam sanados.

Esse é entendimento de Lima a respeito da Declaração de Estado de Coisas Inconstitucional, conforme verifica-se:

> Declarar que um determinado cenário se trata de um estado de Coisa Inconstitucional é dizer que o caso está tão caótico e fora do controle que depende do abraçamento de todos os poderes, bem como, que todos os envolvidos assumam um compromisso real de resolver a questão de uma forma efetiva.[26]

Nesse sentido Campos afirma que a Suprema Corte, ao declarar o Estado de Coisas Inconstitucionais:

> Afirma existir quadro insuportável de violação massiva de direitos fundamentais, decorrente de atos comissivos e omissivos praticados por diferentes autoridades públicas, agravado pela inércia continuada dessas mesmas autoridades, de modo que apenas transformações estruturais da atuação do Poder Público podem modificar a situação inconstitucional.[27]

A declaração tem como objetivo "permitir o desenvolvimento de soluções estruturais para situações de graves e contínuas inconstitucionalidades praticadas contra populações vulneráveis em face de falhas do poder público e suas instituições[28]".

Segundo Ravazzano "O Estado de Coisas Inconstitucional refere-se à possibilidade de a Corte Constitucional do país condenar o próprio estado a implantar políticas públicas em caso de extrema gravidade estrutural[29]".

Percebe-se, diante de uma breve leitura das decisões da Corte Constitucional Colombiana que tal medida poder ser adotada quando identificados entraves institucionais para a garantia de Direito, exigindo, assim, um papel ativo e atípico por parte das Cortes Constitucionais, por um ativismo judicial, ao determinar o movimento do Poder Executivo e Legislativo, para que o problema da Inconstitucionalidade seja sanado.

---

25. CAMPOS, Carlos Alexandre de Azevedo. Estado de Coisas Inconstitucional e litígio estrutural. Conjur, 01 set. 2015. Disponível em: https://www.conjur.com.br/2015-set-01/carlos-campos-estado-coisas-inconstitucional-litigio-estrutural. Acesso em: 07 mar. 2021.
26. LIMA, George Marmelstein. *O Estado de Coisas Inconstitucional* – ECI: apenas uma nova onda do verão constitucional? Disponível em: https://direitosfundamentais.net/2015/10/02/o-estado-de-coisas-inconstitucional-eci-enas-uma-nova-onda-do-verao-constitucional/. Acesso em: 07 mar. 2021.
27. CAMPOS, Carlos Alexandre de Azevedo. Estado de Coisas Inconstitucional e litígio estrutural. *Conjur*, 01 set. 2015. Disponível em: https://www.conjur.com.br/2015-set-01/carlos-campos-estado-coisas-inconstitucional-litigio-estrutural. Acesso em: 07 mar. 2021.
28. LIMA, George Marmelstein. *O Estado de Coisas Inconstitucional* – ECI: apenas uma nova onda do verão constitucional? Disponível em: https://direitosfundamentais.net/2015/10/02/o-estado-de-coisas-inconstitucional-eci-enas-uma-nova-onda-do-verao-constitucional/. Acesso em: 07 mar. 2021.
29. RAVAZZANO, Fernanda. *O Estado de Coisas Inconstitucional e a incoerência do STF*. Disponível em: https://canalcienciascriminais.com.br/o-estado-de-coisas-inconstitucional-e-a-incoerencia-do-stf/. Acesso em: 07 mar. 2021.

Urge entender, pois, quais seriam os requisitos para que seja possível tal decretação por parte da Corte Constitucional. Conforme afirma Campos[30] faz-se necessário a ocorrência das seguintes problemáticas:

> no plano dos fatos, viger uma realidade manifesta de violação massiva e sistemática de diferentes direitos fundamentais; no plano dos fatores, a situação inconstitucional decorrer de ações e omissões estatais sistêmicas (falhas estruturais, máxime de políticas públicas), e se perpetuar ou mesmo agravar-se em razão de bloqueios políticos e institucionais persistentes e, aparentemente, insuperáveis; no plano dos remédios, ante as causas estruturais, a superação do quadro exigir medidas não apenas de um órgão, e sim de uma pluralidade desses (remédios ou sentenças estruturais).

Ainda que essa técnica Constitucional não esteja, expressamente, prevista no Ordenamento Constitucional Brasileiro, tendo em vista que sua origem é decorrente de Construção Jurisprudencial, permite que o poder judiciário, presentes os requisitos retro citados, imponha aos outros poderes do Estado a adoção de medidas, a fim de que as graves e massivas violações constitucionais sejam interrompidas.

Já no que diz respeito ao caso brasileiro, verifica-se que dos oito pedidos pleiteados na Arguição de Preceito Fundamental[31], seis desses foram de atitudes e medidas a serem realizadas pelo poder judiciário, quais sejam: que seja terminando a todos os juízes e tribunais que, ao ser decretada ou mantida a prisão provisória, motivem expressamente as razões que impossibilitam a aplicação de medidas cautelares; que seja determinado a todos os juízes e tribunais que passem a realizar audiência de custódia de modo a viabilizar o comparecimento do preso perante a autoridade judiciária em até 24 horas contadas do momento da prisão; que seja determinado aos juízes e tribunais brasileiros que passem a considerar fundamentadamente a situação do sistema carcerário no momento de concessão de medidas cautelares penais, na aplicação da pena e durante o processo de execução penal; que seja reconhecida, diante do fato de que a pena é cumprida em condições mais severas do que aquelas admitidas pela ordem jurídica, a aplicação de medidas alternativas à prisão; que seja concedido ao juízo da Execução Penal o poder-dever de abrandar os requisitos temporais para a fruição de benefícios e direitos quando evidente que as condições de cumprimento da pena são significativamente mais severas do que as previstas no Ordenamento Jurídico; que seja dado ao juízo da Execução Penal o poder-dever de abater tempo da prisão da pena a ser cumprida quando evidente que as condições de cumprimento da pena foi significativamente mais severas daquelas determinadas pelo Ordenamento Jurídico; que seja determinado ao CNJ (Conselho Nacional de Justiça) que coordene mutirões carcerários afim de que seja viabilizada a revisão dos processos de Execução Penal; que seja imposto o descontingenciamento das verbas existentes no Fundo Penitenciário Nacional (FUNPEN) e seja vedados novos contingenciamentos.

---

30. Ibidem.
31. SUPREMO TRIBUNAL FEDERAL. ADPF 374. Disponível em: http://portal.stf.jus.br/processos/detalhe.asp?incidente=4783560. Acesso em: 07 mar. 2021.

O tribunal entendeu, ao realizar a apreciação da matéria, por maioria dos votos, deferir a cautelar pleiteada com relação à determinação de que seja realizada a audiência de custódia, devendo ser viabilizada no prazo de até 90 dias. Ainda, foi deferida a cautelar no que tange à liberação do saldo acumulado no Fundo Penitenciário Nacional, bem como determinando que essa se abstenha de realizar novos contingenciamentos. Com relação aos pedidos que restaram indeferidos, a Suprema Corte proferiu tal entendimento, visto que entendeu ser desnecessário determinar que os juízes e tribunais simplesmente cumprissem obrigações já impostas pela Constituição e pela Lei, conforme verifica-se de trecho da fala da Ministra Rosa Weber: "Tenho por prejudicado o item 'g'. O mutirão carcerário já é uma realidade, a partir de programa promovido pelo CNJ, funcionando a contento".

Conforme verifica-se, a declaração do Estado de Coisas Inconstitucional foi diferente da jurisprudência criada pela Corte Constitucional Colombiana, visto que esta determinava aos diversos órgãos públicos a adoção de medidas a fim de que seja encontrada a melhoria no sistema prisional criando, de fato, uma política criminal, ao passo que na decisão proferida pelo Supremo Tribunal Federal, foi determinada, somente, a realização de audiência de custódia e utilização do fundo destinado para a manutenção das unidades penitenciárias, alterando muito pouco do que diz respeito à política criminal. De todas as formas foi um importante passo, visto que: "reconheceu expressamente a existência do Estado de Coisas Inconstitucional no sistema penitenciário brasileiro, ante as graves, generalizadas e sistemáticas violações de direitos fundamentais da população carcerária"[32].

Ainda, verifica-se que o PSOL, em sede meritória, requereu que seja determinado[33] "ao Governo Federal que elabore e encaminhe ao STF, no prazo máximo de 3 meses, um plano nacional visando a superação do estado de coisas inconstitucional do sistema carcerário brasileiro. Ainda, pleiteou que fosse determinando aos estados, incluindo o Distrito Federal, que formulem plano estadual ou distrital harmônico com o Plano Nacional, dentre outras medidas.

Verifica-se que, caso já tivesse sido deferido o meritório da referida Ação de Arguição de Descumprimento de Preceito Fundamental, teria sido instituída uma política nacional no intuito de superar o Estado de Coisas Inconstitucional e suas constantes violações aos Direitos Fundamentais, conforme disposto na primeira parte desse artigo, daqueles que se encontram encarcerados.

Agora, far-se-á uma análise acerca das medidas determinadas pela Suprema Corte Federal, bem como quais foram os resultados obtidos e se, de fato, resultou em melhorias e/ou soluções no que diz respeito às violações ocorridas no Sistema Prisional Brasileiro.

---

32. JÚNIOR, Dirley da Cunha. *Estado de Coisas Inconstitucional*. Disponível em: http://dirleydacunhajunior.jusbrasil.com.br/artigos/264042160/estado-de-coisasinconstitucioal. Acesso em: 07 mar. 2021.
33. SUPREMO TRIBUNAL FEDERAL. ADPF 374. Disponível em: http://portal.stf.jus.br/processos/detalhe.asp?incidente=4783560. Acesso em: 07 mar. 2021.

3. DA AUDIÊNCIA DE CUSTÓDIA, SUA IMPLEMENTAÇÃO E RESULTADOS

Conforme visto anteriormente, a audiência de custódia tornou-se obrigatória, a partir da decisão do Supremo Tribunal Federal que entendeu pela Declaração do Estado de Coisas Inconstitucional que, em sede de liminar, determinou a implementação da audiência de custódia no prazo de 90 dias, contados do dia da publicação da decisão.

Um dos motivos que levou ao pedido de Decretação do Estado de Coisas Inconstitucional foi a enorme quantidade de presos provisórios. Ao ser ajuizada a Ação de Descumprimento de Preceito Fundamental, o sistema prisional brasileiro contava com mais de "563.000 presos – sem contar os mais de 147.000 em regime de prisão domiciliar" [34] e desses 41% sequer tinham sido condenados. Ademais, desses presos provisoriamente, 37% sequer seria condenado à pena privativa de liberdade.

Ainda, percebe-se que o Sistema Carcerário, em contrassenso aos sistemas de outros países, vem aumentando sua taxa de encarceramento, o que pode representar um grave problema, conforme afirma NETO:

> A situação é ainda mais inquietante quando se constata que entre os países com maior população carcerária – Estados Unidos, China e Rússia – houve uma diminuição no número de presos em 8%, 9% e 24%, respectivamente, entre 2008 e 2014, enquanto a taxa de encarceramento brasileira subiu 33% no mesmo período.[35]

É nesse cenário que surge a necessidade e a determinação da audiência de custódia visando, justamente, a contenção da crise instaurada no sistema carcerário brasileiro.

Conforme alegado na ADPF 374: "Existe, no Brasil, uma banalização na decretação das prisões processuais, o que, além de violar os direitos à liberdade e à presunção de inocência, agrava significativamente o quadro de superlotação do nosso sistema carcerário." Nesse sentido a audiência de custódia é vista como um mecanismo que pode auxiliar e trazer bons resultados. Essa, conforme afirma Neto:

> Consiste na pronta apresentação do preso ao juiz, para que este decida sobre a juridicidade da prisão. Além de aprimorar o controle sobre a legalidade da prisão, evitando constrições desnecessárias ou abusivas à liberdade, ela permite que se detectem eventuais maus-tratos praticados contra o preso, o que se afigura fundamental especialmente em um país que a tortura ainda é pratica corriqueira.[36]

O referido Instituto Jurídico tem como seus principais fundamentos dois tratados internacionais, quais sejam, o Pacto dos Direitos Civis e Políticos, introduzido

---

34. SUPREMO TRIBUNAL FEDERAL. ADPF 374. Disponível em: http://portal.stf.jus.br/processos/detalhe.asp?incidente=4783560. Acesso em: 07 mar. 2021.
35. MONTEIRO NETO, Figueiredo. A audiência de custódia e sua incapacidade de contenção do poder punitivo. *Revista Brasileira de Ciências Criminais* n. 152. São Paulo: Ed. RT.
36. Ibidem.

na legislação brasileira através do Decreto 592/92 que determina, em seu artigo 9º[37], que: "qualquer pessoa presa ou encarcerada em virtude de infração penal deverá ser conduzida, sem demora, à presença do juiz". Ainda, a Convenção Americana sobre Direitos Humanos, também conhecida por Pacto de São José da Costa Rica, presente no Ordenamento Jurídico brasileiro por meio do Decreto 678/92, em seu art. 7º determina que:

> Toda pessoa detida ou retida deve ser conduzida, sem demora, à presença de um juiz ou outra autoridade autorizada pela lei a exercer funções judiciais e tem direito a ser julgada dentro de um prazo razoável ou a ser posta em liberdade, sem prejuízo de que prossiga o processo. Sua liberdade pode ser condiciona a garantias que assegurem o seu comparecimento em juízo.

Ademais, sabe-se que pelo fato de terem sido internalizados no Ordenamento Jurídico brasileiro e versarem sobre questões referentes a Direitos Humanos, com base no RE 466.343/SP passam a ter o *status* normativo supralegal, conforme verifica-se:

> Em conclusão, entendo que, desde a ratificação, pelo Brasil, sem qualquer reserva, do Pacto Internacional dos Direitos Civis e Políticos (art. 11) e da Convenção Americana sobre Direitos Humanos – Pacto de San José da Costa Rica (art. 7º, 7), ambos no ano de 1992, não há mais base legal para prisão civil do depositário infiel, pois o caráter especial desses diplomas internacionais sobre direitos humanos lhes reserva lugar específico no ordenamento jurídico, estando abaixo da Constituição, porém acima da legislação interna. O status normativo supralegal dos tratados internacionais de direitos humanos subscritos pelo Brasil, dessa forma, torna inaplicável a legislação infraconstitucional com ele conflitante, seja ela anterior ou posterior ao ato de ratificação[38].

Inclusive, esse é o entendimento retirado do acordão proferido no bojo da ADPF 347, conforme verifica-se:

> Embora louvável e pertinente a ação do Conselho Nacional de Justiça, o Pacto de São José da Costa Rica possui status supralegal, conforme entendimento firmado por esta Corte, e, nos termos do art. 5º, § 1º, da Constituição Federal, suas normas têm aplicação imediata e, portanto, não pode ter sua implementação diferida ao fim da assinatura dos respectivos convênios de cooperação técnica.

Ainda, faz-se necessário ressaltar um ponto que é destacado pelo pleito realizado à corte Suprema através da ADPF 347, qual seja: "a audiência de custódia constitui

---

37. "Artigo 9º 1. Toda pessoa tem direito à liberdade e à segurança pessoais. Ninguém poderá ser preso ou encarcerado arbitrariamente. Ninguém poderá ser privado de liberdade, salvo pelos motivos previstos em lei e em conformidade com os procedimentos nela estabelecidos. 2. Qualquer pessoa, ao ser presa, deverá ser informada das razões da prisão e notificada, sem demora, das acusações formuladas contra ela. 3. Qualquer pessoa presa ou encarcerada em virtude de infração penal deverá ser conduzida, sem demora, à presença do juiz ou de outra autoridade habilitada por lei a exercer funções judiciais e terá o direito de ser julgada em prazo razoável ou de ser posta em liberdade. A prisão preventiva de pessoas que aguardam julgamento não deverá constituir a regra geral, mas a soltura poderá estar condicionada a garantias que assegurem o comparecimento da pessoa em questão à audiência, a todos os atos do processo e, se necessário for, para a execução da sentença. 4. Qualquer pessoa que seja privada de sua liberdade por prisão ou encarceramento terá o direito de recorrer a um tribunal para que este decida sobre a legislação de seu encarceramento e ordene sua soltura, caso a prisão tenha sido ilegal. 5. Qualquer pessoa vítima de prisão ou encarceramento ilegais terá direito à repartição."
38. STF, Recurso Extraordinário 466.343/SP. Rel. Min. Cezar Peluso.

uma garantia de direito fundamental. Portanto, ela desfruta de aplicabilidade imediata, nos termos inequívocos do art. 5º, § 1º, da Constituição, não dependendo de edição de lei para a produção de efeitos.[39]".

Observa-se que as disposições internacionais são claras ao determinar que a pessoa conduzida ou detida deve ser conduzida à presença do juízo, logo, a mera comunicação da ocorrência da prisão ao juiz não é suficiente para que haja a satisfação do direito à audiência de custódia, sendo necessário, então, o comparecimento pessoal garantido, assim, a oportunidade de tratamento pessoal com o magistrado.

Conforme trecho retirado do acordão proferido na ADPF 347: "A providência – audiência de custódia – conduzirá, de início, à redução da superlotação carcerária, além de implicar diminuição considerável dos gastos com a custódia cautelar – o custo médio mensal individual seria, aproximadamente, de R$ 2.000,00".[40]

A decisão proferida é clara ao afirmar que a realização da audiência de custódia pode ser um mecanismo para solução do problema do sistema carcerário brasileiro, conforme verifica-se: "a observância – da audiência de custódia - poderia contribuir para redução da superlotação das prisões e para evitar restrições injustificadas à liberdade de acusados ainda não condenados definitivamente".[41]

Nesse sentido, segundo ensinamentos de ROSA: "a audiência de custódia "[...] ganhou caráter obrigatório e vinculante após as decisões proferidas pelo Supremo Tribunal Federal (Adin 5240 e ADPF 347), nas quais se reconheceu a eficácia normativa da determinação em território brasileiro [...]"[42]

Segundo NETO, a implementação da audiência de custódia possui quatro finalidades, sendo elas: Adequar o ordenamento jurídico ao determinado pelos tratados internacionais; possibilitar que o magistrado analise a prisão e tome a decisão no sentido de manter ou não o agente preso, ou então conceder medidas cautelares; evitar abusos por parte dos agentes públicos, visto que, caso haja agressão, haverá tanto o membro do Ministério Público, como um Advogado ou Defensor Público e um Magistrado para averiguar tal situação; e, por fim, reduzir o encarceramento e buscar uma melhoria no sistema carcerário, segundo entendimento, inclusive, presente da ADPF 347.

Ainda, o Ministro Ricardo Levandowski que era o presidente do Conselho Nacional de Justiça (CNJ) e foi o responsável pela confecção da Resolução 213/2015 – que implicou na implementação da audiência de custódia, afirmou que tal aplicabilidade "poderia viabilizar cerca de 50% de liberdade dos presos que fossem apresentados

---

39. SUPREMO TRIBUNAL FEDERAL. ADPF 374. Disponível em: http://portal.stf.jus.br/processos/detalhe.asp?incidente=4783560. Acesso em: 07 mar. 2021.
40. Ibidem.
41. Ibidem.
42. ROSA, A. M. da. *Guia compacto do processo penal conforme a teoria dos jogos*. 3. ed. rev., atual. e ampl. Florianópolis: Empório do Direito, 2016.

imediatamente perante um juiz logo após a prisão, com uma economia aos cofres públicos de mais de R$4 bilhões de reais apenas no primeiro ano após a vigência".[43]

Segundo dados do CNJ[44], atualmente foram realizadas 748.411 audiências de custódia, dessas foram concedidas 898 prisões domiciliares, 300.583 liberdades provisórias e, ainda, foram relatados 44.024 casos de relatos de maus tratos/torturas. Se levado em consideração trecho do voto do acordão proferido na ADPF 347 que afirma que cada preso custa, em média, R$ 2.000,00 por mês, só com a audiência de custódia tem-se uma economia de milhões de reais mensais.

Ademais, conforme informação obtidas através do Sistema de Informações do Departamento Penitenciário Nacional – SISDEPEN[45], existem 702.069 pessoas presas em unidades prisionais no brasil. Dessa forma, percebe-se, também, que a audiência de custódia auxilia na diminuição da população carcerária brasileira e, como consequência, ajuda remediar violações aos Direitos Fundamentais dos presos.

4. CONSIDERAÇÕES FINAIS

Diante do presente artigo, verifica-se que a Declaração do Estado de Coisas Inconstitucional, tendo sido a liminar da Arguição de Descumprimento de Fundamental 347 concedida, determinando-se a implementação da Audiência de Custódia, trouxe grandes benefícios ao sistema carcerário brasileiro, ainda que não tenha sido suficiente para a resolução de tal situação precária, tendo em vista que essa somente será solucionada caso elaborado um plano nacional para o Sistema Prisional. Em sede meritória tal pleito foi realizado, contudo ainda pendente de julgamento.

REFERÊNCIAS

BAREATO, Marcelo. *Direitos Humanos do Preso*. Disponível em: https://www.oabgo.org.br/arquivos/downloads/direitos-humanos-do-preso-artigo-para-publicacao-161917100.pdf. Acesso em: 07 mar. 2021.

BRASIL, Ministério de Justiça e Segurança Pública. Levantamento Nacional de Informações Penitenciárias, o Infopen, traz dados consolidados. Disponível em: https://www.justica.gov.br/news/ha-726-712-pessoas-presas-no-brasil. Acesso em: 07 mar. 2021.

BRASIL. Levantamento nacional de Informações Penitenciárias. Departamento penitenciário nacional. janeiro a junho de 2020. Disponível em: https://www.gov.br/depen/pt-br/sisdepen. Acesso em: 13 mar. 2021.

BRASIL. Supremo Tribunal Federal. Arguição de Descumprimento de Preceito Fundamental 374. Relator: Min. Marco Aurélio. Brasília, 8 de junho de 2021. Disponível em: http://portal.stf.jus.br/processos/detalhe.asp?incidente=4783560.

---

43. LEWANDOWSKI, Ricardo. Audiência de custódia e o direito de defesa. *Revista Magister de Direito Penal e Processual Penal*, Porto Alegre, v. 12, n. 67, p. 114-115, ago.-set. 2015.
44. CONSELHO NACIONAL DE JUSTIÇA. *Estatísticas sobre Audiências de Custódia Nacional*. Disponível em: https://paineisanalytics.cnj.jus.br/single/?appid=be50c488=-480e40-ef-a6fa46-7a89074abd&sheet-ed897a66-bae0-4183-bf52-571e7de97ac1&lang=pt-BR&opt=currsel. Acesso em: 13 mar. 2021.
45. BRASIL. Levantamento nacional de Informações Penitenciárias. Disponível em: https://www.gov.br/depen/pt-br/sisdepen. Acesso em: 13 mar. 2021.

CAMPOS, Carlos Alexandre de Azevedo. Estado de Coisas Inconstitucional e litígio estrutural. *Conjur*, 01 set. 2015. Disponível em: https://www.conjur.com.br/2015-set-01/carlos-campos-estado-coisas-inconstitucional-litigio-estrutural. Acesso em 07 mar. 2021.

CONSELHO NACIONAL DE JUSTIÇA. Estatística BNMP Nacional. Disponível em: https://portalbnmp.cnj.jus.br/#/estatisticas. Acesso em: 07 mar. 2021.

CONSELHO NACIONAL DE JUSTIÇA. Estatísticas sobre Audiências de Custódia Nacional. Disponível em: https://paineisanalytics.cnj.jus.br/single/?appid=be50c488=-480e40-ef-a6fa46-7a89074abd&sheet-ed897a66-bae0-4183-bf52-571e7de97ac1&lang=pt-BR&opt=currsel. Acesso em: 13 mar. 2021.

CONVENÇÃO DE GENEBRA. Disponível em: http://www.mpsp.mp.br/portal/page/portal/cao_civel/normativa_internacional/Sistema_ONU/DH.pdf. Acesso em: 07 mar. 2021.

CORTE CONSTITUCIONAL COLOMBIANA. Sentencia SU.559/97. Disponível em: https://www.corteconstitucional.gov.co/relatoria/1997/SU559-97.htm. Acesso em: 07 mar. 2021.

CORTE CONSTITUCIONAL COLOMBIANA. Sentencia T-153/98. Disponível em: https://www.corteconstitucional.gov.co/relatoria/1998/t-153-98.htm. Acesso em: 07 mar. 2021.

CUNHA JÚNIOR, Dirley da. *Estado de Coisas Inconstitucional*. Disponível em: http://dirleydacunhajunior.jusbrasil.com.br/artigos/264042160/estado-de-coisasinconstitucioal. Acesso em: 07 mar. 2021.

DECLARAÇÃO UNIVERSAL DOS DIREITOS HUMANOS. (1948). Disponível em: https://declaracao1948.com.br/declaracao-universal/declaracao-direitos-humanos/?gclid=Cj0KCQiA7YyCBhD_ARIsALkj54oT3aukhJVNcZXPE34j4oWndmhGwmE8UY4KWZaqoKJFImkmBPYS9iMaArScE-ALw_wcB Acesso em: 07 mar. 2021.

KADANUS, Kelli. *Faltam mais de 305 mil vagas no sistema penitenciário brasileiro*. Brasília. Gazeta do Povo. Publicado em 19.10.20. Disponível em: https://www.gazetadopovo.com.br/republica/breves/sistema-penitenciario-deficit/#:~:text=Faltam%20mais%20de%20305%20mil%20vagas%20no%20sistema%20penitenci%C3%A1rio%20brasileiro&text=O%20Anu%C3%A1rio%20Brasileiro%20de%20Seguran%C3%A7a,2019%20foi%20de%201%2C7. Acesso em: 07 mar. 2021.

KLOCH, Henrique; MOTTA. Ivan Dias da. *O sistema prisional e os direitos da personalidade do apenado com fins de res(socialização)*. Porto Alegre: Verbo Jurídico, 2008.

LEWANDOWSKI, Ricardo. Audiência de custódia e o direito de defesa. *Revista Magister de Direito Penal e Processual Penal*. v. 12, n. 67, p. 114-115, Porto Alegre, ago.-set. 2015.

LIMA, George Marmelstein. *O Estado de Coisas Inconstitucional* – ECI: apenas uma nova onda do verão constitucional? 2015. Disponível em: https://direitosfundamentais.net/2015/10/02/o-estado-de-coisas-inconstitucional-eci-enas-uma-nova-onda-do-verao-constitucional/. Acesso em: 07 mar. 2021.

LINS E SILVA, Evandro. *A defesa tem a palavra*. Rio de Janeiro: AIDE, 1984.

MACHADO, Maíra Rocha. Quando o estado de coisas é inconstitucional: sobre o lugar do Poder Judiciário no problema carcerário. *Revista de Investigações Constitucionais*, Curitiba, vol. 7, n. 2, p. 631-664, maio/ago. 2020. DOI: 10.5380/rinc.v7i2.60692.

MONTEIRO NETO, Figueiredo. A audiência de custódia e sua incapacidade de contenção do poder punitivo. *Revista Brasileira de Ciências Criminais* n. 152. São Paulo: Ed. RT.

RAVAZZANO, Fernanda. *O Estado de Coisas Inconstitucional e a incoerência do STF*. Disponível em: https://canalcienciascriminais.com.br/o-estado-de-coisas-inconstitucional-e-a-incoerencia-do-stf/. Acesso em: 07 mar. 2021.

ROSA, A. M. da. *Guia compacto do processo penal conforme a teoria dos jogos*. 3. ed. rev., atual. e ampl. Florianópolis: Empório do Direito, 2016.

SENADO FEDERAL. Constituições Brasileiras. Disponível em: https://www12.senado.leg.br/noticias/glossario-legislativo/constituicoes-brasileiras. Acesso em: 07 mar. 2021.

SOUZA. Marcio Scarpim de. Estado de coisas inconstitucional: da experiência colombiana à aplicação pelo STF na ADPF 347. *Revista de Direito Constitucional e Internacional*. v. 111. São Paulo: Ed. RT.

PARTE 2
DIREITOS HUMANOS E GÊNERO

TRIBUTAÇÃO E DESIGUALDADE DE GÊNERO: A SELETIVIDADE TRIBUTÁRIA COMO DESAFIO PARA A EFETIVA PROMOÇÃO DO DIREITO HUMANO À ISONOMIA DE GÊNERO

Erick Hitoshi Guimarães Makiya

Mestrando em Direito pela Universidade Federal de Uberlândia (UFU). Pós-Graduando LL.M. em Direito Civil pela Universidade de São Paulo (USP). Pós-Graduado MBA em Contabilidade e Gestão Tributária pela Universidade Federal de Uberlândia (UFU). Bacharel em Direito pela Universidade Federal de Uberlândia (UFU). Pesquisador do Grupo de Estudos em Sociologia Fiscal – GESF da Universidade Federal de Goiás (UFG). Advogado. e-mail: erickhitoshi@live.com.

Letícia Preti Faccio

Mestranda em Direito pela Universidade de São Paulo (FDRP/USP). Pesquisadora e Membro do Comitê Executivo do Laboratório de Direitos Humanos (LabDH), da Universidade Federal de Uberlândia. Advogada. E-mail: leticiapfaccio@gmail.com

SUMÁRIO: Introdução – 1. Direito humano à isonomia – 2. O princípio da capacidade contributiva: um desdobramento da isonomia – 3. A seletividade tributária enquanto técnica de tributação e a essencialidade como parâmetro de sua aplicação – 4. A seletividade tributária e a desigualdade de gênero – 5. Considerações finais – Referências.

RESUMO: O presente artigo trata da seletividade tributária como um instrumento para a promoção dos direitos humanos, com foco na isonomia de gênero, e busca demonstrar como a tributação agravar a desigualdade de gênero. Assim, o artigo inicia tratando do princípio basilar da isonomia, ou igualdade, diferenciando a isonomia formal da isonomia material para elencar as diferenças, indicando o motivo pelo qual o respeito a esse princípio, principalmente em sua forma material, é necessário para a efetiva promoção dos direitos humanos, explorando também a questão do princípio da capacidade contributiva como um desdobramento da isonomia. Acrescentam-se dados concretos e mundialmente relevantes, como o relatório Mundial sobre a Desigualdade de Gênero de 2020 do Programa das Nações Unidas para o Desenvolvimento, documentos da ONU Mulheres, o coeficiente de Gini, entre outros, objetivando demonstrar e ressaltar a importância da discussão em questão para o sucesso e garantia dos Estados e suas respectivas sociedades. Após, explana o contexto tributário brasileiro, explicando a questão da seletividade tributária como um desafio para a promoção do Direito Humano à isonomia de gênero. Nesse sentido, expõe a seletividade tributária enquanto técnica de tributação e traz o princípio da essencialidade como parâmetro de aplicação. Por fim, explica que a essencialidade é fundamento norteador para que seletividade seja utilizada de forma a reduzir as desigualdades de gênero, e que anão observância de tal princípio agravaria ainda mais um quadro de desigualdade, contrariando os objetivos da república e violando o direito humano à isonomia.

INTRODUÇÃO

A isonomia, garantida não apenas no texto constitucional, mas em diversos dispositivos internacionais de Direitos Humanos, é direito essencial em todas as suas nuances e merece a devida atenção, principalmente no contexto de estado democrático de direito, que preza pela igualdade dos cidadãos. Mas esse dever do Estado de proteger e incentivar a isonomia não deve ser observado tão somente em um discurso político de inclusão e igualdade, mas principalmente, através de instituição e promoção de políticas públicas que de fato surtam efeitos na sociedade e no próprio Estado.

Ainda nesse contexto, é possível visualizar diversas formas de violações veladas, incentivadas ou mantidas pelo próprio Estado, que por sua vez são agravadas pela desigualdade de gênero presente na sociedade. Dessa forma, o presente trabalho chama atenção para a forma com a qual a política tributária brasileira, principalmente quando se trata da aplicação do princípio da essencialidade e da seletividade enquanto técnica de tributação, violam o direito humano à isonomia de gênero.

Não é preciso muito esforço para notar que as prateleiras dos supermercados estão repletas de produtos que diferenciam os gêneros, tais como aparelhos de barbear, xampus, cremes para cabelo, sabonetes, desodorantes etc. Todavia, o que mais chama atenção é como os preços variam entre produtos da mesma natureza. Produtos que possuem como única diferença o uso de determinada cor para a identificação do gênero, custam mais do que outro identificado por uma cor comumente usada para identificar outro gênero.

Todavia, o objeto do presente trabalho não é chamar atenção para a visível prática comercial que viola a igualdade de gênero, e sim, em como o Estado, através de uma política tributária, viola um direito que deveria ser por ele resguardado. Essa política, como veremos adiante, torna-se perceptível ao observarmos que um absorvente,[1] por exemplo, é considerado como um produto supérfluo, chegando ao elevado percentual de 34,48% de tributação.[2]

Em "O Contrato Social", Rousseau explicita que a lei deve possuir dois objetivos principais: "A liberdade, porque toda dependência particular é outro tanto de força tirada ao corpo do Estado; a igualdade, porque a liberdade não pode existir sem ela".[3] Dentro do contexto onde se encontra uma política tributária nociva às mulheres, essa ideia de liberdade e igualdade fica ainda mais evidente, já que o Estado, ao não garantir a igualdade através de uma tributação materialmente igualitária, acaba por impedir também que as mulheres tenham liberdade econômica para escolher utilizar ou não um produto essencial, mas cuja polícia tributária o reconhece como supérfluo.

---

1. Produto usado pelas mulheres no período menstrual.
2. IMPOSTÔMETRO. Relação de produtos. 2021. Disponível em: https://impostometro.com.br/home/relacaoprodutos. Acesso em: 12 mar. 2021.
3. ROSSEAU, Jean-Jacques. *O Contrato Social*. 2002. p. 67.

Dessa forma, exploraremos no presente artigo o princípio basilar da isonomia[4] e dividiremos em formal e material para elencarmos as diferenças, indicando o motivo pelo qual o respeito a esse princípio é necessário para a efetiva promoção dos direitos humanos. Além disso, será explorado como a seletividade, enquanto técnica de tributação, serve como instrumento para a garantia ou violação da isonomia.

1. DIREITO HUMANO À ISONOMIA

Em um primeiro plano a diferenciação entre a isonomia formal e material é necessária. O princípio da isonomia, ou igualdade, é basilar, presente no preâmbulo[5] da Constituição da República Federativa do Brasil (CRFB) e propõe um tratamento jurídico igualitário, como elenca o art. 5º da mesma Carta Magna:

> Art. 5º Todos são iguais perante a lei, sem distinção de qualquer natureza, garantindo-se aos brasileiros e aos estrangeiros residentes no País a inviolabilidade do direito à vida, à liberdade, à igualdade, à segurança e à propriedade [...]

Assim, o princípio da isonomia formal não direciona e estrutura apenas normas que objetivam a garantia desse princípio, mas também a efetivação diante das desigualdades contextuais. Já o princípio da isonomia material pressupõe diferentes contextos, mas preza pela aplicação igualitária das normas àqueles que preencham iguais condições, indicando uma aplicação desigual de normas conforme existam desiguais condições.[6] Dessa forma, apesar de terem o mesmo objetivo, a isonomia formal tem uma aplicação mais concreta, enquanto a isonomia material, mais abstrata.

Rangel defende que a real concretização do princípio da isonomia, ou igualdade, somente será possível diante de atitudes positivas instituídas pelo Estado, pois a mera igualdade formal tem o poder de atuação limitado, visto que a realidade é posta de maneira diametralmente oposta ao plano abstrato, que é influenciado e alterado de acordo com mudanças do meio que o indivíduo está inserido.[7]

---

4. Ou igualdade.
5. "Nós, representantes do povo brasileiro, reunidos em Assembleia Nacional Constituinte para instituir um Estado Democrático, destinado a assegurar o exercício dos direitos sociais e individuais, a liberdade, a segurança, o bem-estar, o desenvolvimento, a igualdade e a justiça como valores supremos de uma sociedade fraterna, pluralista e sem preconceitos, fundada na harmonia social e comprometida, na ordem interna e internacional, com a solução pacífica das controvérsias, promulgamos, sob a proteção de Deus, a seguinte Constituição da República Federativa do Brasil.". Brasil, Constituição (1988), Capítulo I Dos Direitos e deveres individuais e coletivos, Art. 5º. Disponível em: http://www.planalto.gov.br/ccivil_03/constituicao/constituicao.htm. Acesso em: 21 jun. 2021.
6. BASTOS, Athena. *Isonomia e igualdade: o papel do Direito em uma sociedade mais justa*. Disponível em: https://blog.sajadv.com.br/isonomia-e-igualdade-no-direito/. Acesso em: 21 jun. 2021.
7. RANGEL, Tauã Lima Verdan. *O princípio da isonomia: a igualdade consagrada como estandarte pela Carta de Outubro*. Disponível em: https://ambitojuridico.com.br/cadernos/direito-constitucional/o-principio-da-isonomia-a-igualdade-consagrada-como-estandarte-pela-carta-de-outubro/amp/. Acesso em: 21 jun. 2021.

Acrescenta-se a ideia de Girão[8] de que o foco deve ser a eliminação das desigualdades que, em um primeiro momento, desencadeará o direito à igualdade através das ações positivas:

> O que se deve atentar não é à igualdade perante a lei, mas o direito à igualdade mediante a eliminação das desigualdades, o que impõe que se estabeleçam diferenciações específicas como única forma de dar efetividade ao preceito isonômico consagrado na Constituição. Na perspectiva de uma equalização substancial, as ações positivas podem realizar significativos avanços. Em primeiro lugar, é possível que sirvam para reduzir a discriminação, pois a sub-representação de algumas categorias induz àquela ideia.

Com isso, é possível concluir o princípio da isonomia, ou igualdade, é basilar no nosso ordenamento jurídico, e o alcance a esse princípio e a sua aplicabilidade do âmbito material no contexto social desencadeia a efetiva promoção dos direitos humanos no *Status quo*.

Vale ressaltar que o Brasil, apesar de manter tendência de desenvolvimento humano, continua assolado por grandes desigualdades, incluindo e destacando a desigualdade de gênero:[9]

> Em relação ao Coeficiente de Gini[10] (2010-2017) – instrumento que mede o grau de concentração de renda em determinado grupo e aponta a diferença entre os rendimentos dos mais pobres e dos mais ricos – o Brasil possui o 9° pior valor do mundo (51,3).
>
> No Brasil, o IDH dos homens fica em 0,761 e o das mulheres em 0,755. Apesar de as mulheres terem melhor desempenho na dimensão educação e longevidade que os homens, a renda das mulheres (em RNB per capita) é 42,7% menor que a dos homens: 17,566 para os homens contra 10,073 para as mulheres.

Além disso, de acordo com o Relatório Mundial sobre a Desigualdade de Gênero de 2020, o tempo para eliminar a desigualdade de gênero é de 99,5 anos, significando

---

8. GIRÃO, Ana Jouse Tomaz Fonseca. *Ações afirmativas: à luz da isonomia e proteção de direitos humanos*. Disponível em: http://revistathemis.tjce.jus.br/index.php/THEMIS/article/viewFile/167/158. Acesso em: 21 jun. 2021.
9. "A conclusão tem como base o estudo Indicadores e Índices de Desenvolvimento Humano: Atualização Estatística 2018, lançado mundialmente nesta sexta-feira (14/9) pelo Programa das Nações Unidas para o Desenvolvimento (PNUD)." *Brasil mantém tendência de avanço no desenvolvimento humano, mas desigualdades persistem*. PNUD Brasil, 2018. Disponível em: https://www.br.undp.org/content/brazil/pt/home/presscenter/articles/2018/brasil-mantem-tendencia-de-avanco-no-desenvolvimento-humano--mas.html. Acesso em: 21 jun. 2021.
10. "O Índice de Gini, criado pelo matemático italiano Conrado Gini, é um instrumento para medir o grau de concentração de renda em determinado grupo. Ele aponta a diferença entre os rendimentos dos mais pobres e dos mais ricos. Numericamente, varia de zero a um (alguns apresentam de zero a cem). O valor zero representa a situação de igualdade, ou seja, todos têm a mesma renda. O valor um (ou cem) está no extremo oposto, isto é, uma só pessoa detém toda a riqueza. Na prática, o Índice de Gini costuma comparar os 20% mais pobres com os 20% mais ricos. No Relatório de Desenvolvimento Humano 2004, elaborado pelo Pnud, o Brasil aparece com Índice de 0,591, quase no final da lista de 127 países. Apenas sete nações apresentam maior concentração de renda." Wolffenbuttel, Andréa. *O que é? Índice GINI*. Desafios do Desenvolvimento, IPEA. 2004. Disponível em: https://www.ipea.gov.br/desafios/index.php?option=com_content&id=2048:-catid=28. Acesso em: 21 jun. 2021.

que conseguir paridade entre homens e mulheres na saúde, educação, no trabalho e na política demorará mais do que uma vida. Além disso, o relatório reforça:[11]

> A paridade de gênero tem uma influência fundamental sobre o sucesso ou não das economias e sociedades. O desenvolvimento e a implantação de metade dos talentos disponíveis no mundo têm uma grande influência no crescimento, na competitividade e na preparação para o futuro das economias e negócios em todo o mundo. (tradução nossa)

Nesse sentido, Luís Roberto Barroso diferencia dois conceitos inter-relacionados, a pobreza e a desigualdade de gênero:[12]

> Pobreza e desigualdade são conceitos inter-relacionados, mas não se confundem. Pobreza identifica uma situação individual de privação material, de falta de acesso a condições mínimas de bem-estar. Ela é geralmente medida em função da renda ou da capacidade de consumo. Já a desigualdade é um conceito relacional, que identifica disparidade na distribuição de bem-estar, riqueza e poder em uma sociedade. Ela se manifesta em múltiplas dimensões, que incluem as desigualdades de renda, de gênero, racial, regional e entre países, em meio a outras. Acabar com a pobreza em todos os lugares, até 2030, é o primeiro dos Objetivos do Desenvolvimento Sustentável do Milênio aprovados pela ONU em 2015. Já a desigualdade deixou de ser vista apenas como um problema dos pobres, por representar um freio ao crescimento econômico, afetando as condições de vida de todos.
>
> A desigualdade é medida pelo chamado índice ou Coeficiente de Gini, que calcula a distribuição da riqueza em uma sociedade, e é um conceito complexo. Se uma escritora vende milhões de livros ou um atleta extraordinário ganha uma fortuna, eles se tornam desiguais. Mas a desigualdade que merece estigma não é a que privilegia o talento, o conhecimento ou o trabalho aplicado. A distorção começa quando se nega igualdade de oportunidade às pessoas, gerando incluídos e excluídos, e impedindo o acesso equiparado aos bens da vida, dentre os quais educação, saúde e condições existenciais mínimas. É esse tipo de desigualdade que reforça e reproduz as situações de pobreza, como, por exemplo, sistemas tributários que concentram renda, negligência em relação à educação básica e políticas públicas que favorecem os extratos dominantes.

Tratando especificamente do contexto tributário brasileiro, a isonomia é prevista na CRFB no artigo 145, *in verbis*:

> Art. 145. A União, os Estados, o Distrito Federal e os Municípios poderão instituir os seguintes tributos:
>
> impostos;
>
> taxas, em razão do exercício do poder de polícia ou pela utilização, efetiva ou potencial, de serviços públicos específicos e divisíveis, prestados ao contribuinte ou postos a sua disposição;
>
> contribuição de melhoria, decorrente de obras públicas.

---

11. "Gender parity has a fundamental bearing on whether or not economies and societies thrive. Developing and deploying one-half of the world's available talent has a huge bearing on the growth, competitiveness and future-readiness of economies and businesses worldwide." Global Gender Gap Report. World Economic Forum, 2019. Disponível em: https://www.weforum.org/reports/gender-gap-2020-report-100-years-pay--equality. Acesso em: 21 jun. 2021.
12. BARROSO, Luís Roberto. *Sem data venia*: um olhar sobre o brasil e o mundo. Rio de Janeiro: História Real, 2020. p. 124.

§ 1° Sempre que possível, os impostos terão caráter pessoal e serão graduados segundo a capacidade econômica do contribuinte, facultado à administração tributária, especialmente para conferir efetividade a esses objetivos, identificar, respeitados os direitos individuais e nos termos da lei, o patrimônio, os rendimentos e as atividades econômicas do contribuinte.

§ 2° As taxas não poderão ter base de cálculo própria de impostos.

Dessa forma, o § 1° do art. 145 da CRFB traz que a condição pessoal e capacidade econômica dos indivíduos devem ser consideradas sempre que possível em face a cobrança tributária. Com isso, identifica-se a aplicação do princípio da isonomia no recorte do Direito Tributário, no qual a legislação brasileira busca equilibrar as condições desiguais para efetivar a igualdade pretendida pelo ordenamento jurídico brasileiro e, consequentemente, evitar a violação dos direitos humanos.

Assim, em contextos com evidentes condições de desigualdade material, a discussão sobre a isonomia é pertinente, como ocorre no direito tributário brasileiro, onde na teoria indivíduos com maior capacidade econômica e indivíduos inseridos em situação de vulnerabilidade econômica, não poderiam contribuir da mesma forma, gerando uma forte discussão sobre a eficácia do princípio da isonomia no âmbito tributário brasileiro.

Unindo o recorte tributário à situação de desigualdade no Brasil, especificamente de gênero, é possível verificar a importância da busca por uma sociedade isonômica. Fato decorrente, dentre outras causas, da política fiscal brasileira, que contribui para aumentar ainda mais as diferenças sociais, sendo de grande relevância o debate sobre a capacidade contributiva, a seletividade tributária e as desigualdades, sobretudo de gênero.

2. O PRINCÍPIO DA CAPACIDADE CONTRIBUTIVA: UM DESDOBRAMENTO DA ISONOMIA

Antes de se discutir o que de fato é a seletividade tributária, se faz necessário entender o que é a capacidade contributiva. Previsto no art. 145, § 1°, da Constituição Federal, o referido princípio dispõe que, sempre que possível, os impostos terão caráter pessoal e serão graduados segundo a capacidade econômica do contribuinte, sendo facultado à administração tributária, identificar o patrimônio, os rendimentos e as atividades do contribuinte para conferir efetividade a esse princípio, respeitados os direitos individuais e os limites legais.

Já o princípio da isonomia tributária está previsto no art. 150, inciso II, da Constituição Federal, que dispõe:

Art. 150. Sem prejuízo de outras garantias asseguradas ao contribuinte, é vedado à União, aos Estados, ao Distrito Federal e os Municípios: [...]

II – Instituir tratamento desigual entre contribuintes que se encontrem em situação equivalente, proibida qualquer distinção em razão da ocupação profissional ou função por eles exercida, independente da denominação jurídica dos rendimentos, títulos ou direitos;

Nota-se que a disposição contida no texto constitucional para a capacidade contributiva não é apenas um discurso do legislador que apela para a justiça fiscal, mas evidencia-se como um princípio orientador para a criação e aplicação de toda a legislação tributária, de modo que seja utilizado como um instrumento de promoção e não de violação da isonomia.

Com relação ao que venha ser capacidade contributiva, a doutrina a subdivide em capacidade contributiva objetiva (absoluta) e capacidade contributiva subjetiva (relativa). Para o primeiro caso, o legislador deve observar situações de fato que demonstrem a existência de capacidade econômica de um indivíduo, como ocorre com o Imposto Predial Territorial Urbano (IPTU) e como Imposto sobre Propriedade de Veículo Automotor (IPVA), em que se constata, através do próprio fato gerador – ser proprietário de imóvel urbano ou de veículo automotor –, a capacidade econômica do contribuinte. Já no que diz respeito à capacidade contributiva subjetiva (relativa), o objetivo do legislador é estabelecer parâmetros de intensidade da tributação.[13]

Ademais, ainda que o legislador constituinte tenha se limitado a dizer que o princípio da capacidade contributiva se aplica tão somente aos impostos, é certo dizer que é um princípio fundamental que deve ser aplicado a todas as espécies tributárias, ainda que de modo distinto, dada as peculiaridades de cada uma.[14] Isso porque, o referido dispositivo deixa evidente que o Estado, enquanto responsável pela tributação e pela aplicação do proveito da arrecadação, deve exigir que aqueles que ganham mais devem, progressivamente, contribuir mais do que aqueles que recebem menos.[15]

Nesse sentido, é importante ter em mente que a capacidade contributiva não deve ser analisada sob o prisma Estado x Cidadão, mas sim, sob a ótica Cidadão x Estado, ao se questionar como o contribuinte mais abastado pode fazer para a sociedade e para o próprio Estado.

Essa harmonização do princípio da capacidade contributiva com o Estado Social, demonstra que o constituinte se preocupou em orientar o legislador infraconstitucional à busca pela igualdade entre contribuintes, ao permitir a tributação desigual para aqueles que estão em situações desiguais.

Todavia, para que tal princípio seja devidamente aplicado, se faz necessário que sua aplicação se dê no âmbito de incidência de tributos em que seja possível identificar situação efetivamente reveladora da capacidade de contribuir. Ou seja, sua aplicação plena ocorreria tão somente em impostos, empréstimos compulsórios e contribuições, não sendo aplicável, por exemplo, às taxas, já que essa espécie tri-

---

13. PONTALTI, Mateus Benato. *Direito tributário*: sob o enfoque da doutrina e da jurisprudência dominantes. Salvador: Juspodivm, 2020. p. 200.
14. PAULSEN, Leandro. *Curso de Direito Tributário Completo*. 11. ed. São Paulo: Saraiva Educação, 2020. p. 99.
15. BERLIRI, Antonio. *Principio Di Diritto Tributario*. 2. ed. Milão: Giuffrè, 1967, v. I. p. 264.

butária é vista como um ressarcimento do custo da atividade estatal, já idealizando, em sua própria natureza, a ideia de justiça fiscal.[16]

Mas as taxas e demais tributos vinculados estariam isentos de aplicação do princípio da capacidade contributiva? Não! Todos os tributos, sejam eles vinculados ou não, devem observar a capacidade de contribuição do indivíduo. Por óbvio, torna-se difícil uma tributação proporcional incidente sobre tributos vinculados, mas não impossível. Um exemplo bastante comum em nosso ordenamento jurídico é a previsão de isenção de taxas judiciais para os beneficiários da justiça gratuita, que por sua vez, em um verdadeiro exemplo de justiça fiscal, permite o acesso à justiça daqueles que não revelam capacidade para contribuir.

3. A SELETIVIDADE TRIBUTÁRIA ENQUANTO TÉCNICA DE TRIBUTAÇÃO E A ESSENCIALIDADE COMO PARÂMETRO DE SUA APLICAÇÃO

Dentre as mais variadas técnicas de tributação existentes, a seletividade é uma das que mais se adequa ao princípio da capacidade contributiva. Isso porque, em tal técnica, existe a variação de alíquotas conforme a natureza ou finalidade de bens, produtos ou mercadorias, implicando em um tratamento tributário adequado para cada objeto.[17]

Tal qual a capacidade contributiva, a seletividade é prevista no texto constitucional e determina, em vários dispositivos, que seja devidamente aplicada, e em outros, tão somente autoriza sua aplicação, como é o caso do Imposto sobre a Circulação de Mercadorias e Prestação de Serviços de Transporte Interestadual e Intermunicipal e de Comunicação (ICMS).

No art. 153, § 3º, inciso I, da Constituição Federal, há a previsão de que o Imposto sobre Produtos Industrializados (IPI) seja, necessariamente, seletivo. Note-se que a Constituição Federal foi impositiva quanto à utilização da seletividade enquanto técnica de tributação do referido imposto, não dando margem para faculdade do legislador infraconstitucional. Em razão dessa previsão, o Decreto 8.950/16, conhecido popularmente como Tabela do IPI (TIPI), estabeleceu inúmeras alíquotas que variam conforme o produto industrializado ao qual será aplicada.

Não obstante, vale também mencionar as lições de Alberto Xavier acerca da seletividade do IPI:[18]

> O grau de essencialidade do produto (único critério de graduação permitido em matéria de IPI) não guarda qualquer relação com o respectivo preço; antes obedece a outros critérios adotados pelo legislador, tais como critérios éticos, sanitários, estéticos, humanitários ou em função de considerações de política econômica. Pode um produto de preço muito elevado (como um medicamento) ser taxado a zero pelo seu grau de essencialidade para a saúde, como pode um produto extremamente barato (como uma aguardente) ter uma tributação muito elevada por razões simétricas.

---

16. PAULSEN, Leandro. Op. cit., p. 100-101.
17. PAULSEN, Leandro. Op. cit., p. 224.
18. XAVIER, Alberto. A tributação do IPI sobre cigarros. *RDDT* 118/9, jul. 2005.

Noutro norte – e aí talvez um dos pontos mais polêmicos quando se fala em seletividade da tributação – está o ICMS. Diferente do que foi expressamente previsto para o IPI, dispõe o art. 155, § 2º, III, da Constituição Federal que tal imposto "poderá ser seletivo, em função da essencialidade das mercadorias e dos serviços".

Ocorre que mesmo o texto constitucional se valendo do vocábulo "poderá", Antônio Roque Carrazza defende que a norma seria cogente, ou seja, de observância obrigatória pelos Estados, de modo que o "poderá", equivale juridicamente ao "deverá",[19] devendo o ICMS ser seletivo em função da essencialidade das mercadorias e dos serviços.[20]

Esse raciocínio também é acompanhando por Celso Antônio Bandeira de Mello, que defende que, ainda que o texto constitucional utilize o vocábulo "poderá", sua intenção, na verdade, é de estabelecer deveres,[21] assim como por José dos Santos Carvalho Filho que afirma que:[22]

> Quando um poder jurídico é conferido a alguém, pode ele ser exercitado ou não, já que se trata de mera faculdade de agir. Essa, a regra geral. Seu fundamento está na circunstância de que o exercício ou não do poder acarreta reflexos na esfera jurídica do próprio titular.
>
> O mesmo não se passa no âmbito do direito público. Os poderes administrativos são outorgados aos agentes do Poder Público para lhes permitir atuação voltada aos interesses da coletividade. Sendo assim, deles emanam duas ordens de consequência: 1a) são eles irrenunciáveis; e 2a) devem ser obrigatoriamente exercidos pelos titulares.
>
> Desse modo, as prerrogativas públicas, ao mesmo tempo em que constituem poderes para o administrador público, impõem-lhe o seu exercício e lhe vedam a inércia, porque o reflexo desta atinge, em última instância, a coletividade, está a real destinatária de tais poderes.

Em contrapartida a esse entendimento, Sacha Calmon Navarro Coêlho defende que a seletividade o ICMS é facultativa, de modo que caberá aos Estados optar em utilizá-la como técnica de tributação.[23] Entretanto, Hugo de Brito Machado Segundo baliza tal entendimento e afirma que, caso seja feita a opção pela seletividade do ICMS em determinado Estado, tal tributo deverá necessariamente observar a essencialidade do objeto a ser tributado.[24]

Nota-se que em ambos os casos, a seletividade do IPI ou do ICMS se encontra vinculada à premissa da essencialidade do objeto a ser tributado. Como a Constituição Federal não esclarece tal conceito, a doutrina encontra entendimento de que a essencialidade é quando um tributo recai sobre bens ou serviços na razão inversa de

---

19. CARRAZZA, Roque Antônio. *ICMS*. 17. ed. São Paulo: Malheiros, 2015, p. 537.
20. CARRAZZA, Roque Antônio. Op. cit., p. 538.
21. MELLO, Celso Antônio Bandeira de. *Curso de direito administrativo*. 9. ed. São Paulo: Malheiros, 1997, p. 31-32.
22. CARVALHO FILHO, José dos Santos. *Manual de Direito Administrativo*. 33. ed. São Paulo: Atlas, 2019. p. 144-145.
23. COÊLHO, Sacha Calmon Navarro. *Curso de direito tributário brasileiro*. 14. ed. Rio de Janeiro: Forense, 2015, p. 326.
24. MACHADO SEGUNDO, Hugo de Brito. A tributação da energia elétrica e a seletividade do ICMS. *Revista Dialética de Direito Tributário* n. 62. p. 72. São Paulo: Dialética, 2000.

sua necessidade para consumo da população e em razão da sua superficialidade.[25] Ou seja, há uma relação entre sua incidência e o mínimo existencial, de modo que o produto que seja considerado um item de luxo, deva sofrer maior tributação do que um produto considerado básico para a subsistência humana.

Nesse sentido, é interessante mencionar o julgamento do AgRg no RE 634.457/RJ que tratava da aplicação da seletividade do ICMS sobre o fornecimento de energia elétrica e serviços de comunicação. Em seu voto, o Relator Min. Ricardo Lewandowski, chama atenção para o fato de que a "capacidade tributária do contribuinte impõe a observância princípio da seletividade como medida obrigatória", de modo que não haja a incidência de alíquotas exorbitantes sobre produtos considerados essenciais, e por isso, assistiria razão o parecer formulado pela Procuradoria Geral da República no AgR. 607.253/RJ, que defende que o ICMS sobre energia elétrica e telecomunicações não pode ser equivalente às alíquotas incidentes sobre refrigerantes, cigarros, charutos e similares, já que os primeiros itens são essenciais para a digna idade humana, tornando a seletividade obrigatória.[26]

Em consonância a esse entendimento, Ruy Barbosa Nogueira leciona:[27]

> Quando a Constituição diz que esse imposto será seletivo em função da essencialidade dos produtos está traçando uma regra para que esse tributo exerça não só a função de arrecadação mas também de política fiscal, isto é, que as suas alíquotas sejam diferenciadas, de modo que os produtos de primeira necessidade não sejam tributados ou o sejam por alíquotas menores.

Desse modo, percebe-se que a essencialidade tem relação direta com a natureza de um determinado objeto, de forma que a considerar-se-á essencial aquele produto ou serviço que as pessoas menos abastadas não podem prescindir,[28] o que evidencia que a essencialidade, apesar de não focar no contribuinte e sim no objeto, afeta diretamente o consumidor.

4. A SELETIVIDADE TRIBUTÁRIA E A DESIGUALDADE DE GÊNERO

No que concerne a seletividade tributária, percebe-se que a essencialidade do produto ou serviço a ser tributado é que definirá os parâmetros da incidência de determinado tributo, seja por meio de alíquotas ou base de cálculo variáveis, seja por meio de benefícios fiscais ou isenções. Não obstante tal princípio ser um verdadeiro instrumento de concretização da isonomia tributária, o que se nota no cotidiano é a sua não observância, o que gera ainda mais regressividade tributária e consequentemente maior desigualdade.

---

25. TORRES, Ricardo Lobo. *Tratado de direito constitucional financeiro e tributário*. Rio de Janeiro: Renovar, 1999, v. 3: Os direitos humanos e a tributação: imunidades e isonomia. p. 441-442.
26. BRASIL. Supremo Tribunal Federal, 2ª Turma, AgRg no RE 634.457-RJ, rel. Min. Ricardo Lewandowski, j. 05.08.2015, publicado 15.08.2014.
27. NOGUEIRA, Ruy Barbosa. *Direito Financeiro: curso de Direito Tributário*. 3. ed. rev. e atual. São Paulo: José Bushatsky, 1971, p. 90.
28. SCHOUERI, Luís Eduardo. *Direito Tributário*. 9. ed. São Paulo: Saraiva Educação, 2019., p. 427-428.

Essa regressividade, por sua vez, é percebida quando o percentual de renda destinado ao consumo é inversamente proporcional à riqueza do contribuinte. É caso, por exemplo, de uma pessoa menos abastada cuja renda será inteiramente destinada ao consumo, e por óbvio, terá toda a sua renda alcançada pela tributação sobre o consumo, enquanto uma pessoa mais abastada destinará apenas parte de sua renda ao consumo e o restante poderá utilizar como investimento, inclusive isentos de tributação.[29]

Nesse sentido, bem leciona Schoueri:[30]

> Fica evidente, primeiramente, que a tributação do consumo tem efeito regressivo. Posto que a regressividade possa ser mitigada, se considerada renda efetiva, ainda assim não há como negar aquele efeito. Daí a importância de se reavaliar o emprego do Princípio da Seletividade. É da aplicação consistente deste que depende a redução da regressividade da tributação do consumo.

Esse cenário se agrava ainda mais quando se observa a relação tributação e gênero. Isso porque, apesar de não ser explicita, existem inúmeras diferenças entre o tratamento fiscal dado às mulheres em comparação aos homens.

Um exemplo disso é a tributação dos cosméticos pela União, onde se constata, na Tabela do Imposto sobre Produtos Industrializados (TIPI), que as alíquotas aplicadas aos cosméticos variam entre 12% e 22% a depender do bem, e com uma alíquota de 25% de ICMS no Estado de Minas Gerais e de 27% no Rio Grande do Norte,[31] por exemplo, sob a justificativa de que tais itens são considerados supérfluos.

Ainda que a essencialidade de tais produtos seja questionável, é certo que a imposição de um padrão de beleza, principalmente no ambiente do trabalho, é fato comum, e a não utilização de produtos de beleza pode trazer inúmeros prejuízos às mulheres, o que faz nascer o questionamento se de fato tais produtos deveriam ser considerados supérfluos.[32]

Mas essa desigualdade na forma de se tributar fica ainda mais evidente quando olhamos para a tributação sobre absorventes, que inclusive desencadeou o movimento intitulado de *tampontax,* cujo objetivo é evidenciar sobre como a tributação desarrazoada sobre itens básicos para as mulheres agrava a desigualdade de gênero.

Apesar de tal item possuir o benefício de alíquota zero no que tange ao IPI, a carga tributária brasileira ainda possui uma das maiores do mundo, chegando a totalizar cerca de 34,48% do valor total do produto,[33] fazendo com que as mulheres

---

29. SCHOUERI, Luís Eduardo. Op. cit., p. 427.
30. SCHOUERI, Luís Eduardo. Op. cit., p. 431.
31. Mesma alíquota aplicável para bebidas alcoólicas, cigarros, fumos cigarros, fumos e seus derivados, cachimbo, cigarreiras, piteiras e isqueiros e demais artigos de tabacaria; fogos de artifício; gasolina e álcool etílico anidro combustível.
32. PISCITELLI, Thatiane et al. *Tributação e Gênero*. 2021. Disponível em: https://www.jota.info/opiniao-e-analise/artigos/tributacao-e-genero-03052019. Acesso em: 12 mar. 2021.
33. IMPOSTÔMETRO. Relação de produtos. 2021. Disponível em: https://impostometro.com.br/home/relacaoprodutos.

cheguem a pagar cerca de R$ 4.849,00 de imposto sobre absorventes ao longo de sua vida,[34] e que o acesso se torne ainda mais árduo para as mulheres mais vulneráveis economicamente.

Como exemplo disso, podemos citar o estudo alarmante que constatou que estudantes de baixa renda no Estado do Rio de Janeiro se ausentaram, em média, por 45 dias de aulas durante o mesmo ano-letivo em decorrência da falta de acesso aos produtos de contenção do fluxo menstrual,[35] o que evidencia a nocividade de tal política tributária e a escancarada violação a dignidade da pessoa humana.

Outro exemplo pertinente no que diz respeito à tributação excessiva é o do Rio Grande do Norte, no qual o absorvente é tributado com uma alíquota de 18%, enquanto os produtos da cesta básica são tributados à alíquota de 12%.[36]

Essa nocividade da tributação desarrazoada sobre produtos essenciais fica ainda mais evidente em um cenário de crise sanitária como a causada pela pandemia da Covid-19.[37] Em uma pesquisa elaborada pela U-Report[38] no dia da higiene menstrual em 2020, constatou-se que 58% das mulheres estão com menos dinheiro para compra de materiais menstruais, 24% acredita que a pandemia da Covid-19 tornou as menstruações mais difíceis, 50% diz ser difícil obter materiais menstruais, e 37% defendendo que o seu país deveria fornecer materiais menstruais gratuitos. Além disso, a pesquisa evidencia que uma a cada quatro pessoas entre 13 e 35 anos tem mais dificuldade em administrar a menstruação por causa da dificuldade financeira durante a pandemia.[39]

No contexto brasileiro, a busca pela mudança estrutural na forma de tributação de produtos de natureza evidentemente femininos, em especial, os incidentes sobre produtos de higiene, como é o caso dos absorventes, visa mudar o status da mulher no cenário fiscal, já que a tributação incidente sobre produtos essenciais agrava

---

34. ALMEIDA, Rodolfo et al. *O imposto sobre absorvente no Brasil e no mundo*. 2017. Disponível em: https://www.nexojornal.com.br/grafico/2016/12/05/O-imposto-sobre-absorventes-no-Brasil-e-no-mundo. Acesso em: 12 mar. 2021.
35. BRAGA, Nathália. *Falta de dinheiro impede acesso a absorventes* – e o governo ignora o problema. 2020. Disponível em: https://theintercept.com/2020/02/03/falta-dinheiro-menstruacao-acesso-absorventes/. Acesso em: 12 mar. 2021.
36. RIO GRANDE DO NORTE. Decreto Estadual 30.391/2021. Disponível em: http://www.set.rn.gov.br/contentProducao/aplicacao/set_v2/legislacao/enviados/listagem_filtro.asp?assunto=4&assuntoEsp=5.
37. Organização Mundial de Saúde declara pandemia do novo Coronavírus: mudança de classificação obriga países a tomarem atitudes preventivas. Ascom SE/UNASUS. 2020. Disponível em:https://www.unasus.gov.br/noticia/organizacao-mundial-de-saude-declara-pandemia-de-coronavirus. Acesso em: 21 jun. 2021.
38. "O U-Report é uma ferramenta gratuita para a participação da comunidade, projetada para abordar questões com as quais a população se preocupa. Uma vez que o U-Reporter segue o U-Report Global no Facebook, as pesquisas do messenger e os alertas são enviados por mensagem direta e as respostas em tempo real são coletadas e mapeadas neste site. Resultados e ideias são compartilhados com a comunidade. Os problemas pesquisados incluem saúde, educação, água, saneamento e higiene, desemprego juvenil, HIV/AIDS, surtos de doenças e qualquer outra coisa que as pessoas queiram discutir.". U-Report: voice matters. Disponível em: https://ureport.in/about/. Acesso em: 21 jun. 2021.
39. Opinions: Menstrual Hygiene Day. U-Report, 2020. Disponível em: https://ureport.in/opinion/4258/. Acesso em: 21 jun. 2021.

ainda mais a desigualdade, onde se percebe, inclusive, que não há uma tributação correspondente para produtos destinados exclusivamente aos homens.

Ademais, a revisão da política fiscal sobre a produção e comercialização de itens relacionados à menstruação repartiria o ônus, que por enquanto é unicamente feminino, e permitiria que mais mulheres inseridas em comunidades vulneráveis, tivessem acesso a tais itens essenciais para a saúde e dignidade.

Importante mencionar que o tema da desigualdade, além do contexto interno, tem grande espaço na discussão internacional, e que os instrumentos internacionais de direitos humanos que objetivam a promoção de direito das mulheres são bem estabelecidos, mas ainda carecem de um avanço menos lento e desigual:[40]

> Ao ratificar a Convenção sobre a Eliminação de Todas as Formas de Discriminação contra a Mulher (CEDAW, na sigla original em inglês), 189 países se comprometeram a utilizar todas as medidas pertinentes para a efetivação dos direitos humanos das mulheres. No entanto, o avanço na efetivação dos direitos das mulheres vem sendo "lento e desigual", conforme definido pela diretora executiva da ONU Mulheres, PhumzileMlambo-Ngcuka, ao comentar os resultados das avaliações progressivas realizadas para o 20º aniversário da Declaração e Plataforma de Ação de Pequim, um plano internacional para a efetivação dos direitos das mulheres.

Assim, apesar de haver a antiga iniciativa da ratificação da Convenção sobre a Eliminação de Todas as Formas de Discriminação contra a Mulher[41] e comprometimento de 189 países, inclusive do Brasil, que incorporou no ordenamento jurídico nacional na forma do decreto 4.377/2002, verifica-se uma falta de financiamento e apoio na causa até os dias atuais, como previsto pela diretora executiva da Associação para os Direitos da Mulher no Desenvolvimento, Lydia Alpízar, que se manifestou para os Estados membros da Convenção:

> O texto da declaração política é fraco e não vai longe o suficiente para a mudança transformadora necessária para a igualdade de gênero. Nós, mulheres do mundo em toda a nossa diversidade, merecemos muito melhor do que isso. Merecemos que você coloque de lado suas diferenças ideológicas, políticas e religiosas e reconheça e afirme plenamente os direitos humanos das mulheres e meninas e a justiça de gênero. Nada menos."(tradução nossa).[42]

---

40. CAPRARO, Chiara. *Direitos das Mulheres e Justiça Fiscal*. SUR 24 – v. 13 n. 24, p. 17 – 26, 2016. Disponível em: https://sur.conectas.org/wp-content/uploads/2017/02/1-sur-24-por-chiara-capraro.pdf.
41. BRASIL. Decreto n. 4.377, de 13 de setembro de 2002. Promulga a Convenção sobre a Eliminação de Todas as Formas de Discriminação contra a Mulher, de 1979, e revoga o Decreto 89.460, de 20 de março de 1984. *Diário Oficial da União*, Brasília, DF, 13 de setembro de 2002.
42. "The text of the political declaration is weak and does not go far enough towards the transformative change that is needed for gender equality. We, women of the world in all our diversity, deserve much better than this. We deserve that you put aside your ideological, political and religious differences and fully recognise and affirm the human rights of women and girls and gender justice. Nothing less". FORD, Liz. *World leaders pledge to achieve gender equality by 2030*, Washington Post, Londres, 10 de março de 2015. Disponível em: https://www.theguardian.com/global-development/2015/mar/10/world-leaders-pledge-womens-rights-equality-csw-2030. Acesso em: 21 jun. 2021.

Com isso, o tópico do orçamento sensível a gênero[43] é comum no âmbito político e acadêmico, e se trata de um orçamento com perspectiva de gênero que objetiva garantir uma distribuição de recursos com base na igualdade de gênero, contribuindo com oportunidades para todos.[44] De acordo com o Programa Orçamento Sensíveis a Gênero[45] da ONU Mulheres, no qual o Brasil participa, existem algumas organizações e redes brasileiras que trabalham a favor do orçamento sensível a gênero como: CFEMEA,[46] INESC,[47] Coletivo Leila Diniz,[48] SOS Corpo,[49] Fórum Estadual de Reforma Urbana de Pernambuco (FERU-PE)[50] e Fórum Brasil do Orçamento,[51] entretanto o tema ainda é pouco explorado e precisa de especial atenção.

No documento, a ONU Mulheres exalta a real importância de avançar na análise dos sistemas tributários dos países em busca de avaliar as implicações em termos

---

43. Em inglês, *Gender Responsive Budget*.
44. Stephenson, Mary-Ann. *A Guide to Gender-Responsive Budget*. Oxfam, 2018. Disponível em: https://policy-practice.oxfam.org/resources/rough-guide-to-gender-responsive-budgeting-620429/#:~:text=A%20 gender-responsive%20budget%20is,justice%20and%20for%20fiscal%20justice. Acesso em: 21 jun. 2021.
45. "A Entidade das Nações Unidas para a Igualdade de Gênero e o Empoderamento das Mulheres - ONU Mulheres, antes UNIFEM –, por meio do programa Orçamentos Sensíveis a Gênero, vem apoiando iniciativas de orçamentos com perspectiva de gênero em diferentes países do mundo, como uma ferramenta poderosa e inovadora. Ela permite, por um lado, medir o compromisso real dos governos com o tema da desigualdade de gênero, ao relacionar as políticas públicas com suas respectivas dotações orçamentárias. Por outro, possibilita promover um uso mais eficiente dos recursos públicos ao melhorar a gestão, fortalecer a transparência e prestação de contas, além de democratizar a gestão pública. Paralelamente, trabalha-se, também, possibilitando maior empoderamento e maior participação das mulheres nos processos de tomada de decisões, especialmente naqueles vinculados à utilização dos recursos públicos.". JÁCOME, Márcia Laranjeira; VILLELA, Shirley. *Orçamentos Sensíveis à Gêneros*. Brasília, 2012. Disponível em: https://onumulheres.org.br/wp-content/themes/vibecom_onu/pdfs/orcamentos-conceitos.pdf.
46. Centro Feminista de Estudos e Assessoria é uma organização não-governamental brasileira, fundada em 1989 e dedicada a estudos de mulheres, sobre feminismo, direitos humanos, democracia e igualdade racial. CFEMEA. Disponível em: https://www.cfemea.org.br/. Acesso em: 21 jun. 2021.
47. Instituto de Estudos Socioeconômicos que atua no monitoramento do orçamento público sob a ótica dos direitos humanos. INESC. Disponível em: https://www.inesc.org.br/. Acesso em: 21 jun. 2021.
48. Objetivo: "Realizar ação formativa para cerca de 20 lideranças do Movimento de Cidadãs Positivas, de mulheres que vivem com HIV, de forma a oferecer instrumentos para a incidência política junto à administração pública de Natal, Executivo e Legislativo, e ao Judiciário." Fundo Brasil, 2006. Disponível em: https://www.fundobrasil.org.br/projeto/coletivo-leila-diniz-acoes-de-cidadania-e-estudos-feministas/. Acesso em: 21 jun. 2021.
49. "Instituto Feminista para a Democracia é uma organização da sociedade civil, autônoma, sem fins lucrativos, fundada em 1981, com sede na cidade do Recife – Pernambuco, na região Nordeste do Brasil. Visando a emancipação das mulheres, propõe-se a contribuir para a construção de uma sociedade democrática e igualitária com justiça socioambiental". SOS Corpo.
Disponível em: https://soscorpo.org/. Acesso em: 21 jun. 2021.
50. "O Fórum Estadual de Reforma Urbana (FERU-PE) é uma articulação de entidades da sociedade civil pernambucana que luta pela construção de cidades justas, com políticas de inclusão social e participação popular." FERU. Disponível em: https://ferupernambuco.wordpress.com/about/. Acesso em: 21 jun. 2021.
51. "Criado em agosto de 2002 por 27 organizações da sociedade civil (ONGs, conselhos de classe, movimento social e sindicatos), como espaço popular de debate sobre o controle social dos orçamentos públicos, o Fórum Brasil do Orçamento abraça a missão de transmitir para a população, de forma clara, como os governantes gastam o dinheiro arrecadado com os impostos". Op. cit. Disponível em: https://www.cfemea.org.br/plataforma25anos/_anos/2002.php?iframe=forum_brasil_orcamento.

de igualdade de gênero, objetivando o alcance de configurações econômicas mais justas e menos desiguais:[52]

> Não se trata de defender que os homens tributem mais impostos que as mulheres. De fato, isto é o que ocorre na realidade, na medida em que os homens têm maior acesso relativo à riqueza e aos rendimentos, e maior participação econômica nas transações sobre as quais os impostos são cobrados. No que se refere à mudança, é tornar visíveis situações que impliquem tratamentos explicitamente discriminatórios em função de gênero, ou que, implicitamente, castiguem em maior medida a participação econômica das mulheres em relação aos homens. Igualmente, trata-se de avaliar em que medida as estruturas tributárias, com suas distorções implícitas e seu impacto sobre os estímulos ou desestímulos à participação econômica, estão consolidando ou evitando desafiar a estrutura de gênero na qual se sustenta o funcionamento da economia, e que restam possibilidades de igualdade de oportunidades entre homens e mulheres. Além disso, cabe salientar que tais estruturas tributárias restringem a autonomia econômica das mulheres.

Por isso, o documento conclui que o estudo da relação entre a política fiscal em face da desigualdade de gênero pode contribuir para eliminar tanto as discriminações implícitas quanto as explícitas que intensificam a desigualdade de gênero e violam os direitos humanos, especificamente à isonomia. Ademais, o estudo e reflexão podem desencadear o ajustamento de mecanismos que impliquem tratamentos diferenciais, para os diferentes no contexto fático, frente ao fisco, buscando a efetiva isonomia e reflexos positivos para uma sociedade mais igualitária e justa, já que "questões fiscais oferecem uma grande oportunidade de trazer para linha de frente o problema de como efetivar os direitos humanos".[53]

5. CONSIDERAÇÕES FINAIS

Não se pode negar que o sistema constitucional tributário brasileiro tem como objetivo a busca pela eficiência na arrecadação para o cumprimento dos objetivos e programas previstos no texto constitucional. Porém, ao lado de tal função, deve ser observada a busca pela justiça fiscal também almejada dentro de um Estado Democrático de Direito. Ademais, essa justiça fiscal só poderia ser alcançada com a observância da essencialidade dos produtos e serviços a serem tributados, de forma que a busca pela igualdade não decorra unicamente via despesa pública (prestações positivas), mas também através de políticas que não promovam a desigualdade de forma velada.

E à vista do que foi discutido no presente artigo, percebe-se que as políticas fiscais, principalmente no que tange à tributação sobre o consumo, são fontes de incentivo à desigualdade de gênero, já que instituem tratamento tributário desproporcional a produtos destinados às mulheres. Esse tratamento tributário desproporcional decorre da não observância do princípio da essencialidade quando da aplicação da seletividade nos tributos incidentes majoritariamente sobre o consumo, fazendo com

---

52. Orçamentos Sensíveis à Gêneros. Op. cit., p. 230.
53. CAPRARO, op. cit., p. 18.

que produtos essenciais para as mulheres, sejam por meio de imposições sociais, de saúde ou até mesmo econômicas, sejam taxados como supérfluos.

Essa tributação excessiva e desproporcional sobre produtos de natureza essencial para as mulheres fica ainda mais evidente quando se compara a tributação incidente sobre outros produtos de natureza evidentemente supérflua – e inclusive nocivos à saúde –, como por exemplo, cigarros, bebidas alcoólicas e até mesmo armas e munições, conforme demonstrado ao longo do trabalho.

Desse modo, constata-se que a seletividade, enquanto técnica de tributação, e desde que fundada no princípio da essencialidade, pode corrigir distorções sociais e econômicas causadas pela desigualdade de gênero, de forma a buscar a concretização do objetivo da República de redução das desigualdades e do tratamento isonômico, que por sua vez, é garantido não só no texto constitucional, como também em diversos instrumentos de direitos humanos.

REFERÊNCIAS

A Guide to Gender-Responsive Budgeting. Disponível em: https://policy-practice.oxfam.org/resources/rough-guide-to-gender-responsive-budgeting-620429/#:~:text=A%20gender-responsive%20budget%20is,justice%20and%20for%20fiscal%20justice. Acesso em: 13 mar. 2021.

ALMEIDA, Rodolfo et al. *O imposto sobre absorvente no Brasil e no mundo*. 2017. Disponível em: https://www.nexojornal.com.br/grafico/2016/12/05/O-imposto-sobre-absorventes-no-Brasil-e-no-mundo. Acesso em: 12 mar. 2021.

Apresentação. Fórum Estadual de Reforma Urbana. Disponível em: https://ferupernambuco.wordpress.com/about/. Acesso em: 13 mar. 2021.

BARROSO, Luís Roberto. *Sem data venia*: um olhar sobre o brasil e o mundo. Rio de Janeiro: História Real, 2020.

BASTOS, Athena. *Isonomia e igualdade*: o papel do Direito em uma sociedade mais justa. Disponível em: https://blog.sajadv.com.br/isonomia-e-igualdade-no-direito/.

BERLIRI, Antonio. *Princípios de Direito Tributário*. 2. ed. Milão: Giuffrè, 1967. v. I.

BRAGA, Nathália. *Falta de dinheiro impede acesso a absorventes* – e o governo ignora o problema. 2020. Disponível em: https://theintercept.com/2020/02/03/falta-dinheiro-menstruacao-acesso-absorventes/. Acesso em: 12 mar. 2021.

BRASIL. Decreto n. 4.377, de 13 de setembro de 2002. Promulga a Convenção sobre a Eliminação de Todas as Formas de Discriminação contra a Mulher, de 1979, e revoga o Decreto 89.460, de 20 de março de 1984. Diário Oficial da União, Brasília, DF, 13 de setembro de 2002.

BRASIL, Constituição Federal de 1988, Capítulo I dos direitos e deveres individuais e coletivos, Art. 5º. Disponível em: http://www.planalto.gov.br/ccivil_03/constituicao/constituicao.htm. Acesso em: 21 jun. 2021.

BRASIL. Supremo Tribunal Federal, 2ª Turma, AGRG no RE 634.457-RJ, rel. Min. Ricardo Lewandowski, j. 05.08.2015, publicado 15.08.2014.

CAPRARO, Chiara. *Direitos das Mulheres e Justiça Fiscal*. SUR 24 – v. 13 n .24, p. 17 – 26, 2016. Disponível em: https://sur.conectas.org/wp-content/uploads/2017/02/1-sur-24-por-chiara-capraro.pdf.

CARRAZZA, Roque Antônio. *ICMS*. 17. ed. São Paulo: Malheiros, 2015.

CARVALHO FILHO, José dos Santos. *Manual de Direito Administrativo*. 33. ed. São Paulo: Atlas, 2019.

COÊLHO, Sacha Calmon Navarro. *Curso de direito tributário brasileiro*. 14. ed. Rio de Janeiro: Forense, 2015.

FORD, Liz. *World leaders pledge to achieve gender equality by 2030*. Disponível em: https://www.theguardian.com/global-development/2015/mar/10/world-leaders-pledge-womens-rights-equality--csw-2030. Acesso em: 13 mar. 2021.

Fórum Brasil do Orçamento. Disponível em: https://www.cfemea.org.br/plataforma25anos/_anos/2002.php?iframe=forum_brasil_orcamento. Acesso em: 13 mar. 2021.

Global Gender Gap Report 2020. Disponível em: https://www.weforum.org/reports/gender-gap-2020-report-100-years-pay-equality. Acesso em: 09 mar. 2021.

IMPOSTÔMETRO. Relação de produtos. 2021. Disponível em: https://impostometro.com.br/home/relacaoprodutos. Acesso em: 12 mar. 2021.

MACHADO SEGUNDO, Hugo de Brito. A tributação da energia elétrica e a seletividade do ICMS. *Revista Dialética de Direito Tributário*, n. 62. São Paulo: Dialética, 2000.

MELLO, Celso Antônio Bandeira de. *Curso de direito administrativo*. 9. ed. São Paulo: Malheiros, 1997.

NOGUEIRA, Ruy Barbosa. *Direito Financeiro: curso de Direito Tributário*. 3. Ed. revista e atualizada. São Paulo: José Bushatsky, 1971.

Nossa história. Centro Feminista de Estudos e Assessoria. Disponível em: https://www.cfemea.org.br/. Acesso em: 13 mar. 2021.

Objetivos e Público-alvo. Coletivo Leila Diniz – Ações de Cidadania e Estudos Feministas. Fundo Brasil Disponível em: https://www.fundobrasil.org.br/projeto/coletivo-leila-diniz-acoes-de-cidadania-e--estudos-feministas/. Acesso em: 13 mar. 2021.

PAULSEN, Leandro. *Curso de Direito Tributário Completo*. 11. ed. São Paulo: Saraiva Educação, 2020.

PISCITELLI, Thatiane et al. *Tributação e Gênero*. 2021. Disponível em: https://www.jota.info/opiniao-e--analise/artigos/tributacao-e-genero-03052019. Acesso em: 12 mar. 2021.

PONTALTI, Mateus Benato. *Direito tributário*: sob o enfoque da doutrina e da jurisprudência dominantes. Salvador: Juspodivm, 2020.

Programa das Nações Unidas para o Desenvolvimento-Brasil. Brasil mantém tendência de avanço no desenvolvimento humano, mas desigualdades persistem. Disponível em: https://www.br.undp.org/content/brazil/pt/home/presscenter/articles/2018/brasil-mantem-tendencia-de-avanco-no-desenvolvimento-humano--mas.html. Acesso em: 09 mar. 2021.

Quem somos. Instituto de Estudos Socioeconômicos. Disponível em: https://www.inesc.org.br/. Acesso em: 13 mar. 2021.

Quem Somos. SOS Corpo. Disponível em: https://soscorpo.org/. Acesso em: 13 mar. 2021.

RANGEL, Tauã Lima Verdan. *O princípio da isonomia*: a igualdade consagrada como estandarte pela Carta de Outubro. Disponível em: https://ambitojuridico.com.br/cadernos/direito-constitucional/o-principio-da-isonomia-a-igualdade-consagrada-como-estandarte-pela-carta-de-outubro/amp/.

Revista de Informações e debates do Instituto de Pesquisa Econômica Aplicada, IPEA. O que é? Índice de Gini. Disponível em: https://www.ipea.gov.br/desafios/index.php?option=com_content&id=2048:-catid=28. Acesso em: 10 mar. 2021.

RIO GRANDE DO NORTE. Decreto Estadual 30.391/2021. Disponível em: http://www.set.rn.gov.br/contentProducao/aplicacao/set_v2/legislacao/enviados/listagem_filtro.asp?assunto=4&assuntoEsp=5. Acesso em: 14 mar. 2021.

ROUSSEAU, Jean Jacques. *O contrato social: princípios de direito político*. 20. ed. Rio de Janeiro: Ediouro, 2002.

SCHOUERI, Luís Eduardo. *Direito Tributário*. 9. ed. São Paulo: Saraiva Educação, 2019.

TORRES, Ricardo Lobo. *Tratado de direito constitucional financeiro e tributário*. Rio de Janeiro: Renovar, 1999. v. 3: Os direitos humanos e a tributação: imunidades e isonomia.

UNA-SUS. *Organização Mundial de Saúde declara pandemia do novo Coronavírus*. Disponível em: https://www.unasus.gov.br/noticia/organizacao-mundial-de-saude-declara-pandemia-de-coronavirus. Acesso em: 14 mar. 2021.

U-Report. Menstrual Hygiene Day 2020. Disponível em: https://ureport.in/opinion/4258/. Acesso em: 13 mar. 2021.

XAVIER, Alberto. A tributação do IPI sobre cigarros. *RDDT* 118/9, jul. 2005.

O PERFIL DOS CASOS DE VIOLAÇÃO DOS DIREITOS DA MULHER NO SISTEMA INTERAMERICANO E O PADRÃO DAS DECISÕES JUDICIAIS EM CASOS DE VIOLÊNCIA SEXUAL

Laura Cristina Freitas

Discente de graduação em Relações Internacionais pela Universidade Federal de Uberlândia (laurafreitas0901@gmail.com).

Marrielle Maia Alves Ferreira

Professora-Doutora nos cursos de graduação e de pós-graduação em Relações Internacionais no Instituto de Economia e Relações Internacionais da Universidade Federal de Uberlândia (IERI-UFU). Coordenadora da Cátedra Sérgio Vieira de Mello da UFU. Coordenadora do Núcleo de Estudos e Pesquisas em Direitos Humanos do IERI-UFU (marriellemaf@gmail.com).

SUMÁRIO: Introdução – 1. O sistema interamericano de direitos humanos como instrumento de ativismo jurídico internacional – 2. Os direitos humanos das mulheres e o sistema interamericano; 2.1 Definição e caracterização da violência sexual – 3. As denúncias de violência sexual no SIDH e o padrão de decisão dos judiciários na América Latina – 4. Considerações finais – Referências.

RESUMO: A Comissão Interamericana de Direitos Humanos é uma instituição internacional que por meio do seu Sistema de Petição Individual, permite que cidadãos denunciem as violações de forma autônoma, mesmo quando um ordenamento jurídico nacional se esgota. A partir disso, a proposta deste trabalho é analisar os relatórios de admissibilidade e de mérito da Comissão, a fim de localizar casos de denúncias sobre decisões judiciais em detrimento de mulheres vítimas de violência sexual. Os casos sob análise deste trabalho apresentam situações em que a violência ocorreu justamente porque a vítima é do sexo feminino. O objetivo final desta pesquisa, que se utiliza de análise de dados qualitativos, é identificar o padrão de comportamento dos judiciários, e como conduziram os processos judiciais internamente de maneira em que resultou na denúncia no Sistema Interamericano de Direitos Humanos.

INTRODUÇÃO

Na literatura, estudos reconhecidos discutem não só o papel dos direitos humanos para a política internacional, como também a relevância dos mecanismos institucionais de supervisão[1]. Um desses mecanismos é a Comissão Interamericana

---

1. PIOVESAN, Flávia. *Direitos humanos e o direito constitucional internacional*. 14. ed. São Paulo: Saraiva, 2013.; SANTOS, Cecília Macdowell. Ativismo jurídico transnacional e o Estado: reflexões sobre os casos apresentados contra o Brasil na comissão interamericana de direitos humanos. *Sur. Revista Internacional*

de Direitos Humanos. Com característica quase judicial, é um dos órgãos do sistema regional de promoção e proteção dos direitos humanos que atua em questões de violações de direitos humanos no continente.

Um dos aspectos centrais de preocupação das análises sobre a atuação desse tipo de mecanismo é o fato do compromisso dos Estados com suas resoluções ou recomendações não estarem baseados na reciprocidade. Ou seja, é questionada a razão de os Estados cooperarem com instituições judiciais e quase judiciais de direitos humanos[2].

Com efeito, os mecanismos de direitos humanos supervisionam e manifestam sobre a relação entre o Estado e os seus cidadãos. Nessa relação, Estado-cidadãos, são conhecidas as violações de direitos humanos de grupos considerados vulneráveis. Portanto, os tratados internacionais de direitos humanos não objetivam estabelecer o equilíbrio de interesses entre os Estados, mas sim garantir o exercício de direitos e liberdades fundamentais aos indivíduos. Além disso, deve-se levar em consideração o grau de influência que os órgãos têm nos países, não sendo suas ações, em momento algum, desprezíveis[3].

Ainda que pesem os avanços internacionais, regionais e nacionais, referentes à violação dos direitos de grupos vulneráveis, dos quais as mulheres serão o foco central deste trabalho, ainda persistem legislações e decisões jurisprudenciais que ultrajam seus direitos e garantias, sendo assim caraterizados pelo preconceito, pela discriminação contra vítimas de violência, pela impunidade dos agressores e pela incorporação de estereótipos, especialmente nos casos que envolvem violência sexual. Muitos são os dispositivos legais penais, teorias, argumentos jurídicos e sentenças judiciais discriminatórios referentes à violência sexual que constroem um amparo institucional e viabilizam a transgressão das garantias judiciais das vítimas por parte do Estado[4].

As denúncias recorrentes na CIDH de casos em que o judiciário optou pela impunidade dos agressores nos casos de violência sexual contra mulheres, levanta a hipótese a ser trabalhada neste artigo, a qual assume que existe um padrão de decisão judicial que viola os direitos individuais dessa minoria e elucida os dispositivos legais discriminatórios referentes à violência sexual, o que traz à tona a cultura patriarcal

---

de Direitos Humanos, [S.L.], v. 4, n. 7, p. 26-57, 2007. FapUNIFESP (SciELO). http://dx.doi.org/10.1590/s1806-64452007000200003.; TRINDADE, Antônio Augusto Cançado. *Desafios e conquistas do Direito Internacional Dos Direitos Humanos no início do século XXI*. XXXIII Curso De Direito Internacional Organizado Pela Comissão Jurídica Interamericana da OEA, 33., 2006, Rio de Janeiro. Proceedings. Rio de Janeiro: 2006. p. 407 - 490. Disponível em: https://www.oas.org/dil/esp/407-490%20cancado%20trindade%20OEA%20CJI%20%20.def.pdf. Acesso em: 26 ago. 2021.

2. SIMMONS, Beth A. *Mobilizing for Human Rights: International Law in domestic politics*. Cambridge: Cambridge University Press, 2009.
3. Ibidem.
4. PIMENTEL, Silvia; PANDJIARJIAN, Valéria; BELLOQUE, Juliana. "Legítima Defesa da Honra" Ilegítima impunidade de assassinos: Um estudo crítico da legislação e jurisprudência da América Latina. *VIDA em família*: uma perspectiva comparativa sobre "crimes de honra". 2005. Disponível em: http://www.bibliotecadigital.unicamp.br/document/?down=50807. Acesso em: 19 fev. 2021. p. 65-134.

dos judiciários latino americanos. Ademais, este trabalho encarrega-se de mostrar a dupla vitimização da mulher, enquanto vítima da violência estrutural da sociedade e da violência institucional do Estado.

Tendo isso em vista, essa pesquisa, por meio de pesquisa em dados qualitativos, construiu um banco de dados dos casos de violações de direitos humanos das mulheres ocorridos nos Estados da América Latina e denunciados na CIDH. Esse banco de dados reúne casos admitidos pelo órgão da Organização dos Estados Americanos (OEA) em formato de relatórios de admissibilidade, medidas cautelares e mérito desde o início da atividade do Sistema de Petições em 1971. Foram identificados 144 casos recepcionados pela CIDH entre os anos 1985 até 2018. Destes, foram selecionados 29 casos que tratavam especialmente de situações que envolvem violência sexual contra mulheres e meninas, dos quais, serão apresentados 10 destes casos. Os informes da CIDH foram analisados de forma a conhecer o conteúdo das denúncias, o posicionamento das partes e o posicionamento da própria Comissão. A análise dos relatórios, permitiu traçar o padrão desse tipo de violação de responsabilidade do poder judiciário dos Estados, levados ao conhecimento da instância internacional. Parte-se do pressuposto que o ativismo internacional em torno desses casos revela tipos de violações sistemáticas de direitos humanos que estão em desacordo com o direito internacional material e costumeiro.

1. O SISTEMA INTERAMERICANO DE DIREITOS HUMANOS COMO INSTRUMENTO DE ATIVISMO JURÍDICO INTERNACIONAL

Com o avanço da institucionalização das normas de direito internacional dos direitos humanos, um regime global de proteção foi estabelecido, sendo os principais instrumentos que o integra: a Carta da ONU de 1945, a Declaração Universal de 1948, o Pacto Internacional dos Direitos Civis e Políticos, o Pacto Internacional dos Direitos Econômicos, Sociais e Culturais e as chamadas "core conventions", dentre as quais destaca-se a Convenção das Nações Unidas para a Eliminação de Todas as Formas de Discriminação contra a Mulher (CEDAW)[5].

Paralelamente, surgem sistemas regionais de direitos humanos nas regiões Europeia, Americana e Africana. Dentre os maiores objetivos desses sistemas está a internalização das normas e regras internacionais de direitos humanos no plano regional, de forma que ambos os sistemas (global e regional) atuem de forma complementar. Nas palavras Rhona Smith, a configuração de sistemas regionais é facilitada pelos seguintes aspectos:

---

5. GONÇALVES, Tamara Amoroso. *Direitos Humanos das Mulheres e a Comissão Interamericana de Direitos Humanos: uma análise de casos admitidos entre 1970 e 2008*. São Paulo, 2011. Tese (Direito) – UNIVERSIDADE DE SÃO PAULO. Disponível em: https://www.teses.usp.br/teses/disponiveis/2/2140/tde-31052012-162759/publico/TAMARA_texto_integral.pdf. Acesso em: 26 fev. 2021.

Na medida em que um número menor de Estados está envolvido, o consenso político se torna mais facilitado, seja com relação aos textos convencionais, seja quanto aos mecanismos de monitoramento. Muitas regiões são ainda relativamente homogêneas, com respeito à cultura, à língua e às tradições, o que oferece vantagens.[6]

De acordo com a jurista brasileira Flávia Piovesan "[...] os sistemas global e regional não são dicotômicos, mas, ao revés, são complementares. Inspirados pelos valores e princípios da Declaração Universal, compõem o universo instrumental de proteção dos direitos humanos, no plano internacional"[7].

Dadas essas questões, essa seção se concentra em analisar exclusivamente o sistema regional de proteção que reúne todos os Estados membros da Organização dos Estados Americanos. O Sistema Interamericano de Direitos Humanos aos poucos se estabeleceu e se legitimou como um potente instrumento de proteção. O seu surgimento aconteceu diante das evidentes omissões e das falhas das instituições domésticas. Aliado à força social que se comprometeu a promover as próprias garantias e que ao mesmo tempo se dispuseram a articular estratégias de litigância, o SIDH tem o que Flávia Piovesan[8] descreve como "força catalisadora" de promover avanços na agenda de direitos humanos.

Os marcos normativos para o estabelecimento do SIDH foram a Declaração Americana dos Direitos e Deveres do Homem[9] e a Convenção Americana de Direitos Humanos[10]. Esse último tratado, reforçou o sistema regional de proteção ao ampliar o escopo de atuação da Comissão Interamericana de Direitos Humanos (CIDH) e ao criar a Corte Interamericana (Corte IDH)[11].

Para além da criação desses mecanismos de monitoramento, a Convenção assegura uma diversidade de direitos civis e políticos em sinergia com os direitos especificados no Pacto Internacional dos Direitos Civis e Políticos, como: o direito à personalidade jurídica, o direito à vida, o direito a não ser submetido à escravidão, o direito à liberdade, o direito a um julgamento justo, o direito à privacidade, o direito à liberdade de consciência e religião, o direito à liberdade de pensamento e expressão, dentre uma infinidade de outros direitos[12].

Neste trabalho, concentramos a análise dos casos denunciados na CIDH, uma vez que é o órgão que primeiro toma conhecimento e dá tratamento às denúncias dirigidas ao Sistema. É a CIDH que tem a prerrogativa, inclusive, de encaminhar uma denúncia

---

6. PIOVESAN, Flávia. Op. cit., 2013. p. 340.
7. Ibidem.
8. PIOVESAN, Flávia. Sistema Interamericano de Direitos Humanos: impacto transformador, diálogos jurisdicionais e os desafios da reforma. *Revista Direitos Emergentes na Sociedade Global*. 2014. Disponível em: https://periodicos.ufsm.br/REDESG/article/view/16282/pdf#.YEfFEOhKg2z. Acesso em: 08 mar. 2021.
9. Aprovada na 9ª Conferência Internacional Americana, Bogotá, 1948.
10. Assinada na Conferência Especializada Interamericana sobre Direitos Humanos, San José, Costa Rica, em 22 de novembro de 1969.
11. COMISSÃO INTERAMERICANA DE DIREITOS HUMANOS. *O que é a CIDH?* 2011. Disponível em: http://www.oas.org/pt/cidh/mandato/que.asp. Acesso em: 22 fev. 2021.
12. PIOVESAN, Flávia. Op. cit., 2013.

à Corte, o que evidencia a complementaridade entre os dois órgãos[13]. Para cumprir com sua missão e objetivos, a CIDH conta com três ofícios basilares de atuação: o Sistema de Petição Individual (SPI), o monitoramento *in loco* nos Estados membros e a atenção às linhas temáticas prioritárias por meio de suas relatorias. Apoiada nesta estrutura, a Comissão tem o dever de elaborar recomendações e medidas ao governo do Estado-parte, emitir relatórios anuais das atividades da Comissão e submetê-los à Assembleia Geral da OEA[14]:

> O Sistema de Petição Individual é uma das principais atividades da CIDH, em cumprimento ao mandato de "promover o respeito e a defesa dos direitos humanos", consagrado no artigo 106 da Carta da Organização dos Estados Americanos, e compreende os procedimentos criados por meio dos instrumentos interamericanos que facultam à CIDH conhecer de denúncias de violações de direitos humanos. [...] Qualquer pessoa ou grupo de pessoas, ou entidade não governamental legalmente reconhecida em um ou mais Estados membros da Organização, pode apresentar à Comissão petições que contenham denúncias ou queixas de violação desta Convenção por um Estado parte.[15]

O SPI é um espaço privilegiado de análise quando se trata da mobilização em torno de casos de violação de direitos humanos, uma vez que, através dele, é possível vocalizar grupos e indivíduos negligenciados pelos Estados, o que representa um avanço normativo e operacional nas formas de proteção do SIDH. Antônio Augusto Cançado Trindade[16] revela que a prática acumulada do SPI no Sistema Interamericano tem sido extremamente proveitosa – até mais que o Sistema Europeu – quando se trata de promover a justiça em casos finalizados em situações de violação generalizada e também em salvar vidas:

> Sua importância tem sido fundamental, e não poderia jamais ser minimizada. A consagração do direito de petição individual sob o artigo 44 da Convenção Americana sobre Direitos Humanos revestiu-se de significação especial. Não só foi sua importância, para o mecanismo da Convenção como um todo, devidamente enfatizada nos travaux pré paratoires daquela disposição da Convenção 234, como também representou um avanço em relação ao que, até a adoção do Pacto de San José em 1969, se havia logrado a respeito, no âmbito do Direito Internacional dos Direitos Humanos.

Merece atenção o fato de o SPI garantir o exercício do direito de petição individual, no qual os cidadãos – residentes dos países signatários da Convenção – podem denunciar violações de forma autônoma, mesmo quando um ordenamento jurídico

---

13. Artigo 45. Submissão do caso à Corte, por parte da Comissão: 1. Se o Estado de que se trate houver aceito a jurisdição da Corte Interamericana em conformidade com o artigo 62 da Convenção Americana, e se a Comissão considerar que este não deu cumprimento às recomendações contidas no relatório aprovado de acordo com o artigo 50 do citado instrumento, a Comissão submeterá o caso à Corte, salvo por decisão fundamentada da maioria absoluta dos seus membros (CIDH, 2013).
14. COMISSÃO INTERAMERICANA DE DIREITOS HUMANOS. *Sistema de Petições Individuais*. Disponível em: https://www.oas.org/pt/cidh/consulta/1_peticiones.asp. Acesso em: 24 jan. 2021.
15. COMISSÃO INTERAMERICANA DE DIREITOS HUMANOS. Estadísticas de la Comisión. [S/A]. Disponível em: http://www.oas.org/es/cidh/multimedia/estadisticas/estadisticas.html. Acesso em: 29 fev. 2021.
16. TRINDADE. Antônio Augusto Cançado. Op. cit., 2006.

nacional se esgota e impossibilita as garantias judiciais e a promoção da justiça e dos direitos individuais[17].

Mecanismos como o SPI, são facilitadores do ativismo jurídico internacional. Este último, se caracteriza como um ativismo que se utiliza de cortes e instituições internacionais quase judiciais para mobilizar a ação legal, com o objetivo de levar demandas sociais, realizar mudanças legais e implementar novas políticas nacionais, redefinir direitos, e pressionar os Estados a cumprir normas internacionais no âmbito dos direitos humanos[18].

Esse cenário de novas possibilidades de reivindicação de direitos quebra o vínculo entre os atores nacionais e permite a entrada de novos agentes na relação Estado-cidadão. Por consequência, isso vai representar o que Keck e Sikkink[19] chamam de padrão bumerangue, em que a agência das instituições internacionais aliadas à luta das ONGs e atores privados, fortalece os sujeitos mais fracos perante as transgressões do Estado, na intenção de exercer pressão externa sobre o mesmo.

Basicamente, o padrão bumerangue funciona de maneira em que o Estado A bloqueia a reparação de direitos reivindicados pelas organizações e indivíduos domésticos. Esses últimos, por suas vezes, articulam uma alternativa, na qual buscam apoio de organizações da sociedade civil de outros países, e assim ativam uma rede. A partir de então, essa rede passa a pressionar o Estado B e organizações internacionais, que por sua vez demandam um novo posicionamento do Estado A. Assim buscam revelar aquelas violações que são sistemáticas, para mudanças estruturais. Por isso, estudar os casos a partir das decisões e relatórios do SIDH podem ser esclarecedoras sobre os padrões de violações do judiciário dos países da América Latina quando se tratam de julgamentos ou situações de violência sexual[20].

O uso dos instrumentos jurídicos internacionais pelas ONGs locais e transnacionais para o reconhecimento e proteção dos direitos humanos descrito como mobilização/ativismo jurídico internacional por Cecília Santos[21], não é visto apenas para remediar abusos individuais. Suas funções também configuram uma tentativa de politizar e legalizar a política de direitos humanos no momento em que a Corte e a Comissão são acionados. Isso gera a obrigação do Estado de agir nas arenas jurídica e política locais, nacionais e também internacionais.

Nesse contexto, há a formação das redes transnacionais de *advocacy*, definidas no inovador trabalho de Keck e Sikkink[22], são:

---

17. Ibidem.
18. SANTOS, Cecília Macdowell. Op. cit., 2007.
19. SIKKINK, Kathryn; RISSE, Thomas. The socialization of international human rights norms into domestic practices: introduction. In: SIKKINK, Kathryn; RISSE, Thomas; ROP, Stephen C. *The Power of Human Rights*: International Norms and Domestic Change. Cambridge: Cambridge University Press, 1999.
20. Ibidem.
21. SANTOS, Cecília Macdowell. Op. cit., 2007.
22. SIKKINK, Kathryn; RISSE, Thomas. Op. cit., 1999.

[...] formas de organização caracterizadas por modelos voluntários, recíprocos e horizontais de comunicação e troca. Apesar das diferenças entre os âmbitos doméstico e internacional, o conceito de rede transita bem por estas esferas, porque ele enfatiza as relações fluidas e abertas entre atores comprometidos e instruídos trabalhando em áreas específicas.

As redes transnacionais de *advocacy* surgem a partir do momento em que o indivíduo ascende como *player* importante no sistema internacional. No momento em que se passa a reconhecê-lo como sujeito de direito internacional, é possível considerá-lo como unidade de análise nas Relações Internacionais. Enquanto as redes são formadas por indivíduos que lutam em favor de uma causa coletiva, que não se prende às fronteiras de Estados, o indivíduo passa a responder por uma interação mais forte com o sistema internacional, onde o próprio sistema aumenta sua responsabilidade para com esses novos atores[23].

Nesse sentido, pode-se dizer que a atuação da sociedade civil no âmbito internacional se dá de forma globalizada e se organiza por meio do esforço dos atores engajados nas ONGs, nos movimentos de base, nos movimentos sociais tanto locais, quanto internacionais, nos sindicatos e também nas entidades religiosas. Isso formam as redes transnacionais, que atuam enquanto estruturas que articulam diversos atores para o benefício de uma causa comum, ao mesmo tempo que atuam como agentes, no sentido de agir diretamente, inserindo novas agendas de discussão[24].

Sobre a importância dessas redes, Keck e Sikkink[25] comentam que elas são importantes tanto nacional quanto internacionalmente, na medida em que constroem novos vínculos entre atores da sociedade civil, Estados e organizações internacionais, os canais de acesso ao sistema internacional (SI) são ampliados.

Logo, os benefícios maiores são das agendas de direitos humanos, principalmente, porque assim, passam a ser abertos novos recursos para a entrada de novos atores das lutas sociais internas. Além disso, são ofuscadas as fronteiras da relação entre estado-cidadão, e ainda as redes de defesa auxiliam na transformação da prática da soberania nacional, ao mesmo tempo que são aumentadas as formas de acesso ao SI. Ou seja, a formação das redes possibilita a formação e exercício de atores não tradicionais na arena internacional e ainda, de forma estratégica, articular novos debates a fim de exercer influência na tomada de decisão do ator mais forte, o Estado.

2. OS DIREITOS HUMANOS DAS MULHERES E O SISTEMA INTERAMERICANO

As violações dos direitos humanos da mulher refletem o passado histórico de uma sociedade que, no geral, marginaliza e desrespeita o gênero feminino. O reconhe-

---

23. GOMES, Juliana. *As Redes Transnacionais De Advocacy Em Direitos Humanos*: Atuação em torno da "questão palestina". CURITIBA, 2018. Dissertação (Ciência Política) – Universidade Federal do Paraná, 2018. Disponível em: https://acervodigital.ufpr.br/handle/1884/58010. Acesso em: 18 fev. 2021.
24. Ibidem.
25. SIKKINK, Kathryn; RISSE, Thomas. Op. cit., 1999.

cimento da necessidade de uma construção da igualdade de direitos entre homens e mulheres é um processo recente na história e que demanda diversos esforços, tanto dos Estados, da sociedade civil e de organismos internacionais.

Pode-se considerar que, principalmente no final do século XX, buscou-se uma aproximação com a promoção da igualdade de gênero, o que representou um avanço muito importante para as mulheres. Houve a criação, assinatura e implementação de diversos tratados e mecanismos concernentes à promoção e proteção dos direitos da mulher e de combate às formas de opressão e discriminação. Muito se avançou neste campo do incentivo à igualdade entre homens e mulheres e ainda vale ressaltar que essa série de acontecimentos foi, e ainda é, o resultado da intensa luta de movimentos feministas.

Débora Alves Maciel[26] em seu trabalho, discute a importância do uso do direito e dos tribunais como mecanismo estratégico de atuação política. A mobilização do direito fornece, a partir da redemocratização dos Estados latino americanos, um novo espaço em que o judiciário passou a ser palco de negociação política, no qual os grupos sociais passaram a exigir a proteção de seus direitos.

Trazendo essa perspectiva para o plano internacional, a autora mostra que os fóruns mundiais, permitiram que articulações feministas e promotoras dos direitos humanos usassem o espaço para negociar e instigar o debate sobre os direitos da mulher, materializando-os em normas e convenções internacionais que versam sobre o direito da mulher, refletindo futuramente em novos moldes de ativismo[27]. Dessa forma, para a autora "Acumularam, ao longo dos anos de 1990, importantes recursos de mobilização: a *expertise* jurídica no duplo engajamento nas áreas dos direitos da mulher e humanos e o acesso às arenas formais globais e nacionais"[28].

As discussões que envolvem as pautas de gênero, mulheres e direitos humanos se tornaram relevantes a partir do momento em que passaram a considerar tais sujeitos como atores políticos. A luta pela não invisibilidade no espaço público é protagonizada pelos movimentos feministas, que de certa forma, trazem o olhar dos operadores de direito à agenda, na tentativa de influenciar a tomada de decisão. As conquistas pela igualdade não são benesses concedidas, e sim fruto de muita luta de movimentos sociais. O pleito feminista em muito impactou as legislações domésticas e o direito internacional[29].

O litígio estratégico em direitos humanos das mulheres aliado ao ativismo social é peça fundamental para consolidar instrumentos que possam garantir a possibilidade de reversão de injustiças, como também para se atingir o pleno reconhecimento das

---

26. MACIEL, Débora Alves. Ação coletiva, mobilização do direito e instituições políticas: o caso da campanha da lei maria da penha. *Revista Brasileira de Ciências Sociais*, [S.L.], v. 26, n. 77, p. 97-112, out. 2011. FapUNIFESP (SciELO). http://dx.doi.org/10.1590/s0102-69092011000300010.
27. KECK E SIKKING, 1998 apud MACIEL, Op. cit., 2011.
28. MACIEL, Débora Alves, Op. cit., p. 102.
29. GONÇALVES, Tamara Amoroso. Op. cit., 2011.

mulheres enquanto sujeito da vida social dotado de garantias individuais. O pleito em instâncias internacionais se torna uma ferramenta importante ao passo que ela possa atuar de maneira a reparar tanto a violação que foi denunciada, como também se tornar um marco jurídico que demarca e cria espaços de respeito aos direitos humanos das mulheres. Ou seja, como Gonçalves[30] explicita:

> [...] as decisões de instâncias como a CIDH, que ocupam um espaço jurídico-político, vão aos poucos formando um acúmulo, um concentrado de sentidos que vão dando forma aos direitos abstratamente definidos em pactos, convenções e tratados internacionais de direitos humanos. [...] Neste sentido, a proposição de casos paradigmáticos a instâncias internacionais pode ter um relevante papel enquanto propulsor de transformações, forçando o reconhecimento, afirmação e implementação de direitos negados internamente nos Estados, o que poderá contribuir para a superação das barreiras e das resistências estabelecidas, acerca de valores ou bens jurídicos.

É de extrema importância ressaltar que o reconhecimento da mulher como sujeito de direito resultou, em grande medida, da construção da perspectiva de gênero, que trouxe à luz quais são as especificidades dos direitos que são universais e inerentes, e que promove a igualdade por meio do reconhecimento da distância e das diferenças entre homens e mulheres, e assegura os direitos da mulher no âmbito privado, pois é na esfera doméstica que as mulheres sofrem a maior parte das violações de seus direitos, inclusive, agressões.

Até então, a noção tradicional de direitos humanos se preocupava com as violações na esfera pública, o que não contemplava, na totalidade, os direitos humanos das mulheres, visto que o local de onde essas mulheres falam de suas dificuldades e dores, é de dentro das suas próprias casas. Ao longo da história, a ambiência doméstica foi considerada local de não interferência do Estado.[31]

> *Male reality has become human rights principle, or at least the principle governing human rights practice. Men have and take liberties as a function of their social power as men. Men have often needed state force to get away with subjecting other men; slavery, segregation in the United States, and Hitler's persecutions were explicitly legalized. So the model of human rights violation is based on state action. The result is, when men use their liberties socially to deprive women of theirs, it does not look like a human rights violation. But when men are deprived of theirs by governments, it does. The violations of the human rights of men better fit the paradigm of human rights violations because that paradigm has been based on the experiences of men*[32].

Em sua luta, o movimento feminista buscou garantir que mulheres tivessem a garantia do reconhecimento de direitos em documentos oficiais e juridicamente vinculantes. Isso configurou-se como uma luta pela igualdade no tratamento jurídico, quando se trata da diferença entre homens e mulheres, para que assim fosse possível atingir o pleno desenvolvimento feminino no acesso ao mercado de traba-

---

30. Ibidem.
31. GONÇALVES, Tamara Amoroso. Op. cit., 2011.
32. MACKINNON, Catharine A. Crimes of war, crimes of peace. In: SHUTE, Stephen; HURLEY, Susan (Ed.). On Human Rights: *The Oxford Amnesty Lectures 1993*. New York: Basic Books, 1993. p. 92-93.

lho, nas relações familiares, no exercício de sua sexualidade, dentre outras questões importantes[33].

O marco normativo para a proteção dos direitos das mulheres, se deu no sistema global de direitos humanos, no âmbito das Nações Unidas, com a aprovação da Convenção para a Eliminação de Todas as Formas de Discriminação contra a Mulher (CEDAW, sua sigla em inglês)[34]. Esse documento atribuiu garantias por meio de seus 16 artigos, os quais elegeu direitos e garantias de forma diferenciada às mulheres, em decorrência da sua inserção assimétrica nas relações de poder, que assim foram construídas socialmente ao longo da história.

Silvia Pimentel[35] em seu trabalho destaca a importância da criação da Convenção e como a partir dela seria possível e necessário a cooperação de várias esferas para se atingir a igualdade de direitos:

> A Convenção vai além das garantias de igualdade e igual proteção viabilizadas por instrumentos legais vigentes, estipulando medidas para o alcance da igualdade entre homens e mulheres, independentemente de seu estado civil, em todos os aspectos da vida política, econômica, social e cultural. Os Estados-parte têm o dever de eliminar a discriminação contra a mulher através da adoção de medidas legais, políticas e programáticas.
>
> Essas obrigações se aplicam a todas as esferas da vida: a pública e a privada, e incluem o dever de promover todas as medidas apropriadas no sentido de eliminar a discriminação contra a mulher praticada por qualquer pessoa, organização, empresa e pelo próprio Estado.
>
> Entretanto, a simples enunciação formal dos direitos das mulheres não lhes confere automaticamente a efetivação de seu exercício. Este depende de ações dos três poderes: do Legislativo, na adequação da legislação nacional aos parâmetros igualitários internacionais; do Executivo, na elaboração de políticas públicas voltadas para os direitos das mulheres; e, por fim, do Judiciário, na proteção dos direitos das mulheres, valendo-se, inclusive e muito especialmente, dos tratados, pactos e convenções internacionais de proteção aos direitos humanos, para fundamentar suas decisões.[36]

Embora a Convenção não tenha apresentado textualmente a questão da violência contra as mulheres, este tema foi abordado pela Convenção Interamericana para Prevenir, Punir e Erradicar a Violência contra a Mulher (conhecida como Convenção do Belém do Pará) aprovada em 1994. Esta última, se tornou o marco normativo mais importante para esse tema na América, visto que foi o instrumento mais ratificado no SIDH e ainda é o único tratado multilateral no mundo que versa exclusivamente sobre a violência contra a mulher[37].

---

33. GONÇALVES, Tamara Amoroso. Op. cit., 2011.
34. Tratado aprovado em dezembro de 1979 pela Resolução 34/180 da Assembleia Geral da ONU, e entrou em vigor como tratado internacional em 03.09.1981. Disponível em: https://www.ohchr.org/Pages/PageNotFoundError.aspx?requestUrl=https://www.ohchr.org/english/law/cedaw.htm.
35. PIMENTEL, Silvia. *Comitê CEDAW*: experiências e desafios. Brasília: Secretaria Especial de Políticas Públicas para as Mulheres. Brasília, 2008.
36. PIMENTEL, Silvia. Op. cit., 2008.
37. CELORIO, Rosa M. *The Rights Of Women In The Inter-American System Of Human Rights: Current Opportunities And Challenges In Standard-setting*. 65 U. Miami L. Rev. 819 (2011). Disponível em: http://repository.law.miami.edu/umlr/vol65/iss3/5. Acesso em: 22 jan. 2021.

De acordo com a Convenção do Belém do Pará[38]:

> Entende-se que a violência contra a mulher abrange a violência física, sexual e psicológica:
>
> a. ocorrida no âmbito da família ou unidade doméstica ou em qualquer relação interpessoal, quer o agressor compartilhe, tenha compartilhado ou não a sua residência, incluindo-se, entre outras formas, o estupro, maus-tratos e abuso sexual;
>
> b. ocorrida na comunidade e cometida por qualquer pessoa, incluindo, entre outras formas, o estupro, abuso sexual, tortura, tráfico de mulheres, prostituição forçada, sequestro e assédio sexual no local de trabalho, bem como em instituições educacionais, serviços de saúde ou qualquer outro local; e
>
> c. perpetrada ou tolerada pelo Estado ou seus agentes, onde quer que ocorra.

As mulheres são vítimas de diferentes tipos de violência tanto no âmbito público quanto privado. Assim, elas experimentam uma forma particularizada de violência que foi construída socialmente a partir de sua condição biológica. Dessa maneira, a Convenção consagra para além dos direitos das mulheres, deveres aos Estados-membros, de maneira que se mobilizem na implementação de políticas públicas que busquem prevenir, punir e erradicar a violência contra a mulher sem distinção de raça, religião, classe ou idade[39].

Buscou-se então dar maior visibilidade às condições que levavam as mulheres a sofrerem determinados tipos de violação e oferecer mais garantias e dignidade. Ainda Celorio[40] mostra que três julgamentos principais[41] que tramitaram na Corte IDH representaram o começo de um movimento dentro do SIDH que passaram a dar maior importância aos direitos das mulheres. Além disso a autora ressalta:

> [...] consolidam o que a Comissão Interamericana e outros organismos internacionais de monitoramento de direitos humanos vêm declarando há anos sobre os problemas inter-relacionados de discriminação e violência contra as mulheres e o escopo das obrigações do Estado de prevenir, investigar, sancionar e oferecer reparações por esses atos. Por outro lado, eles representam um começo e um ponto crucial de partida, estabelecendo padrões inovadores nos campos da devida diligência, acesso à justiça e reparações às vítimas e seus familiares em casos de violência e discriminação contra as mulheres.

Tais casos representam um marco no tratamento da Comissão em questões de violência, discriminação, acesso à justiça e diligência devida. A CIDH tem a sua relevância junto à luta das mulheres no sentido de que é um órgão que opera de maneira a proteger esses direitos por meio da implementação de medidas cautelares, recomendações, decisões de mérito, sentenças, como órgão consultivo, com visitas de monitoramento *in loco* e uma relatoria específica para a temática. Isso, por con-

---

38. COMISSÃO INTERAMERICANA DE DIREITOS HUMANOS. Convenção Interamericana Para Prevenir, Punir E Erradicar A Violência Contra A Mulher, "Convenção De Belém Do Pará". 1994. Disponível em: http://www.cidh.org/Basicos/Portugues/m.Belem.do.Para.htm. Acesso em: 22 jan. 2021.
39. COMISSÃO INTERAMERICANA DE DIREITOS HUMANOS. Op. cit., 1994.
40. CELORIO, Rosa M. Op. cit., 2011.
41. Fernández Ortega et al. v. México; Rosendo Cantú e outro v. México; Campo Algodoeiro v. México.

sequência, caracteriza o seu único e próprio regimento para lidar com a violência contra a mulher.

Muitos dos avanços e das políticas implementadas nos Estados, se deram graças ao Sistema de Petições Individuais, cujo processamento das denúncias resulta em recomendações que propiciam avanços na proteção dos direitos humanos das mulheres no âmbito dos Estados membros da OEA. Como exemplo, encerrar ciclos de impunidade, implementar medidas reparatórias; realizar campanhas de prevenção e programas de capacitação e sensibilização dos agentes da justiça, dentre outros, fazendo uso da litigância internacional.

É importante levantar essas questões sobre a relação entre as vítimas, os peticionários, a Comissão Interamericana e o Estado, visto que, em muitos país, quando se trata de violência contra a mulher, os agentes de direito e as próprias legislações domésticas tratam a temática com banalização e impunidade. No Brasil, até 2006, não havia nenhuma legislação específica para crimes de violência contra a mulher. Era, portanto, aplicada a Lei 9099/95, que instituiu os Juizados Especiais Criminais para tratar especificamente das infrações penais de menor potencial ofensivo, que são consideradas de menor gravidade e a pena máxima não passava de um ano[42].

Foi graças à articulação dos movimentos feministas e seus apoiadores, que a mobilização em torno da necessidade de conceituação da violência contra a mulher e a criação de tratados e convenções a seu respeito, trouxe à luz as desigualdades de tratamento da sociedade e como o Estado tem o dever de desmontar a hierarquia de gênero por meio de legislações e políticas efetivas. A partir de então, passamos a ver uma nova realidade em que o Estado rompe com a com a barreira do espaço privado, e passa a dar visibilidade a violações que ocorrem neste domínio, e constrói leis e políticas que versam sobre relações abusivas e violentas entre homens e mulheres, porque é no ambiente doméstico que a grande maioria delas ocorrem.

Mesmo que a Convenção de Belém do Pará tenha sido o documento mais ratificado no SIDH por muitos anos, a maioria dos países latino americanos se omitiram diante do tratado e não adotaram medidas necessárias para a garantia direitos que o documento reivindicava. Isso caracteriza a violência para além do ato em si, ela se encontra em certos dispositivos legais penais discriminatórios como teorias, argumentos jurídicos e sentenças judiciais[43].

O panorama levantado por Pimentel, Pandjiarjian e Belloque[44] sobre a legislação na região da América Latina e Caribe, mostram que são muitas as matérias discriminatórias na legislação no que tange ao tratamento dos direitos da mulher,

---

42. PIOVESAN, Flávia; PIMENTEL, Silvia. *A Lei Maria da Penha na perspectiva da responsabilidade internacional do Brasil*. Disponível em: https://assets-compromissoeatitude-ipg.sfo2.digitaloceanspaces.com/2014/02/1_6_responsabilidade-internacional.pdf. Acesso em: 24 jan. 2021.
43. PIMENTEL, Silvia; PANDJIARJIAN, Valéria; BELLOQUE, Juliana. Op. cit., 2006.
44. Ibidem.

especificamente sobre os dispositivos legais penais referentes à violência sexual, sustentando fatores de perpetuação.

Tal estudo realizado em 2006 deixou evidente as barbaridades existentes nas legislações de diversos países em questões de tratamento da violência contra a mulher em geral, em Códigos Penais e decisões jurisprudenciais. Alguns dos Códigos por exemplo, permitiam a extinção de certos delitos ou penas por meio do matrimônio do agressor com a vítima em casos de violação, atentado violento ao pudor, estupro e rapto. Era muito comum certos tipos de conceituação discriminatórias, como "Delitos contra a Honestidade ou Costumes" (que foi substituído por "Delitos contra a Integridade Sexual"), "mulher honesta", além de ser permitido por lei casos em que a vítima poderia chegar a um acordo com o agressor em casos de violência sexual com a possibilidade de extinção ou suspensão do processo penal. A maioria das mudanças dos Códigos em matéria de violência de gênero sofreram alterações no final do século XX, e ainda, o caso emblemático da Lei Maria da Penha (Lei 11.340) veio a tipificar e qualificar ilícitos apenas em 2006 no Brasil.

A maior parte dos primeiros avanços na legislação dos países latino americanos se deve ao cumprimento de normas internacionais e, principalmente, da Convenção Belém do Pará. Dos 32 países que ratificaram, aceitaram e aderiram a Convenção, 30 o fizeram entre 1994 e 1998[45]. De maneira geral, a cronologia dos avanços legislativos seguem esta ordem: Argentina (1994), Bolívia (1995), Colômbia (1996), Costa Rica (1996), Chile (1994), Equador (1995), El Salvador (1996), Guatemala (1996), Honduras (1997), México (1996), Nicarágua (1996), Panamá (1995), Paraguai e Peru (1993), República Dominicana (1997), Uruguai (1995), Venezuela (1998) e Brasil (2006)10[46].

> Além disto, diversos países desta região vêm tipificando, paulatinamente, o crime de feminicídio em suas legislações, merecendo destaque, dentre eles, os seguintes: Argentina, Bolívia, Brasil, Chile, Colômbia, Costa Rica, El Salvador, Equador, Guatemala, Honduras, México, Nicarágua, Panamá, Peru, República Dominicana e Venezuela. Porém, tanto os movimentos feministas e de mulheres da região quanto as autoridades que operam com esta temática nos diversos países, reconhecem que nenhuma dessas leis, por si só, garantem subsídios suficientes para erradicar a violência contra a mulher, sendo necessário a adoção, concomitantemente, de medidas educacionais de conscientização e políticas públicas de prevenção a todas as formas de violência[47]

---

45. COMISSÃO INTERAMERICANA DE DIREITOS HUMANOS. Op. cit., 1994.
46. PASINATO, Wânia. Oito anos de Lei Maria da Penha. Entre avanços, obstáculos e desafios. *Estudos Feministas*, Florianópolis, maio-agosto/2015, p. 533-545. Disponível em http://www.scielo.br/pdf/ref/v23n2/0104-026X--ref-23-02-00533.pdf. Acesso em: 13 fev. 2021; ROMERO, Glorimar Soto. *El Estado como garante de los derechos fundamentales de las mujeres en Venezuela bajo el marco de la nueva Ley Orgánica sobre el Derecho de las Mujeres a una Vida Libre de Violencia*. (Tese de doutorado) Madrid, 2013. Universidad Nacional 17 de Educação a Distância. Facultad de derecho. Departamento de Derecho Político, 2013. 389 p.; URRUTIA, Liliana Aída Beatriz. La violencia contra las mujeres en América Latina. I *Seminário Internacional de Ciência Política* – Universidade Federal do Rio Grande do Sul. Porto Alegre – RS, 2015. Anais eletrônicos... Porto Alegre: UFRGS, 2015. Disponível em: Acesso em: 26 jan. 2021.
47. SARGOT, 2008; PASINATO, 2015 apud SILVA e GONÇALVES, 2016.

2.1 Definição e caracterização da violência sexual

Para a finalidade da discussão aqui proposta, é importante tipificar e caracterizar o que é violência sexual em relação aos crimes de violência física, moral, verbal e psicológica contra mulheres.

De acordo com a Organização Pan-Americana de Saúde:

> A violência sexual é qualquer ato sexual, tentativa de consumar um ato sexual ou outro ato dirigido contra a sexualidade de uma pessoa por meio de coerção, por outra pessoa, independentemente de sua relação com a vítima e em qualquer âmbito.

E para complementar a definição acima, a própria CIDH, define como:

> [..] ações de natureza sexual cometidas contra uma pessoa sem seu consentimento, que além de compreender a invasão física do corpo humano, podem incluir atos que não envolvam penetração ou mesmo qualquer contato físico.

Dessa forma, para esse estudo, se enquadra como crimes de violência sexual: estupro, abuso sexual, prostituição forçada, assédio sexual, exploração sexual, lenocínio, atentado ao pudor e crime sexual contra vulnerável.

3. AS DENÚNCIAS DE VIOLÊNCIA SEXUAL NO SIDH E O PADRÃO DE DECISÃO DOS JUDICIÁRIOS NA AMÉRICA LATINA

Essa seção tem por finalidade explicitar a metodologia de pesquisa utilizada para identificar o padrão das decisões dos judiciários domésticos latino-americanos, e por consequência, apresentar os resultados levantados através da exploração da temática de violência sexual, no uso da ferramenta do Sistema de Petição Individual.

Essa pesquisa tem como uso fontes primárias, que são os Informes Mérito, localizados no sítio oficial[48] da Comissão Interamericana de Direitos Humanos. Esses documentos, são relatórios aprovados pela própria Comissão, os quais atendem todos os requisitos de admissibilidade exigidos pelos artigos 46 e 47 da Convenção Americana e pelos artigos 30 e 36 do Regulamento da Comissão[49]. Ou seja, após uma petição ser efetuada, ela passa pelo crivo das exigências da Comissão em forma de Relatório de Admissibilidade. Quando este último é aprovado, ele se torna um caso, recebe seu próprio número e passa para a fase de decisão de mérito. Já nesta etapa, é decidido se realmente houve as violações de acordo com os artigos 48 e 50 da Convenção Americana e nos artigos 37, 38, 39, 43 e 44 do Regulamento da Comissão. Após a conclusão, é emitido o relatório de mérito que inclui também recomendações ao Estado[50].

---

48. Disponível em: http://www.oas.org/pt/cidh/decisiones/fondo.asp.
49. COMISSÃO INTERAMERICANA DE DIREITOS HUMANOS. Regulamento da Comissão Interamericana de Direitos Humanos. 2013. Disponível em: https://www.oas.org/pt/cidh/mandato/basicos/reglamentocidh.asp. Acesso em: 1º mar. 2021.
50. COMISSÃO INTERAMERICANA DE DIREITOS HUMANOS. Op. cit., [S/A].

Com base nos Relatórios de Mérito e Admissibilidade, aplicou-se determinados filtros para que pudéssemos atingir os objetivos desta pesquisa. A busca começou pelo ano de 1985 e finalizou no ano de 2018. Entretanto, é apenas no ano de 1996 que se tem a primeira publicação de admissão de mérito quanto a violações perpetradas pelo Estado em relação a crimes de violência sexual contra mulheres. Houve também denúncias de violência física e psicológica contra mulheres, caracterizando violência relacionada ao gênero, entretanto o recorte desta pesquisa são apenas os casos de violência sexual. Ao todo, foram registrados 144 casos em que as vítimas foram mulheres, desse total, 29 casos representam petições que denunciaram crimes de violência sexual.

Dessa forma, serão apresentados 10 dos 29 casos encontrados nos registros de Admissibilidade e Mérito da Comissão, de forma a elencar o tema principal da denúncia e qual foi o posicionamento dos Judiciários, e até mesmo executivos, em relação à violação e qual a responsabilidade do Estado, enquanto perpetrador das violações dos direitos e garantias. Os 10 casos representam uma escolha, na qual se levou em conta elencar os 10 países que receberam denúncias no período estabelecido, de forma a dar representatividade, para se ter uma noção mais geral da região latino-americana, bem como buscou-se apresentar mulheres com diferentes realidades.

Dianna Ortiz – Guatemala

Cidadã estadunidense e monja, a Sra. Ortiz foi sequestrada pelas forças do exército, levada a um centro de detenção clandestino, onde foi torturada e estuprada durante dias pelos mesmos agentes de segurança do governo na Guatemala em novembro de 1989. Mesmo com seu processo penal iniciado em 4 de novembro de 1989 ainda, em 1995 ainda não havia uma resolução do caso. Não foi iniciado nenhum processo criminal. Ainda, lhe foi negado o acesso efetivo aos recursos adequados na jurisdição interna e não teve a oportunidade de esgotá-los. O relatório de mérito concluiu que a postura do Estado Guatemalteco violou os direitos da vítima na medida em que: na conduta do processo judicial não garantiu que houvesse qualquer medida para prevenir e punir a tortura; não garantiu a punição de agentes que submeteram a vítima à detenção arbitrária e violaram sua honra e dignidade; não garantiu a liberdade de consciência e religião e liberdade de associação; não se responsabilizou pelas garantias e proteção judiciais, no sentido em que todo cidadão tem direito ao acesso a tribunais, a ser ouvido em processos judiciais com devida garantia; não garantiu nenhum processo investigativo e julgamento imparcial e permitiu a impunidade dos agressores[51].

---

51. COMISSÃO INTERAMERICANA DE DIREITOS HUMANOS. Informe 31/96: Caso 10.526. 1996. Disponível em: http://www.cidh.oas.org/annualrep/96span/Guatemala10526.htm. Acesso em: 06 mar. 2021.

Georgina Gamboa García e familiares – Peru

Na noite de 29 de dezembro de 1980 os "Los Sinchis" – policiais peruanos organizados contra a subversão – invadiram a casa de Georgina, 17, a agrediram na frente de seus irmãos, foi arbitrariamente detida e levada para ser interrogada, onde foi estuprada. Em janeiro de 1982, o Promotor Superior de Ayacucho indicou que, apesar de ter provado o crime de estupro em detrimento da senhora Georgina Gamboa García, não havia mérito para proceder a um julgamento oral contra os responsáveis, uma vez que não foi provado quem foram os autores do crime de estupro. Cinco anos depois, os acusados do crime de estupro foram absolvidos de seu delito, por falta de provas que pudessem servir de base para uma condenação. O Estado peruano perpetrou as violações dos direitos de Georgina Garcia ao passo que não protegeu a integridade física da vítima; não puniu os agentes governamentais que violaram a liberdade pessoal por meio da detenção arbitrária; não garantiu igualdade perante a lei, nem garantias judiciais, por não conduzir o processo de investigação contra agentes do próprio governo, deixando a vítima à margem da lei; não garantiu proteção judicial à vítima enquanto não ofereceu recurso efetivo que a protegesse contra esses atos; não promoveu o direito à uma investigação penal de seus agressores e não a utilizou de devida diligência para punir a tortura e a violência contra a mulher[52].

Samanta Nunes da Silva – Brasil

Em 15 de outubro de 1997, Samanta, 16, e seus familiares apresentaram ao Ministério Público do Brasil uma denúncia contra o médico que cometeu atentado ao pudor mediante fraude com base em ato libidinoso. O tribunal de primeira instância inicialmente condenou o médico a dois anos e seis meses de prisão, pena que foi substituída por multa e prestação de serviços comunitários. O réu apelou a decisão e os juízes da 7ª Turma do Tribunal de Justiça do Estado do Rio Grande do Sul, que absolveram o acusado por unanimidade. O Estado brasileiro transgrediu diversos direitos e garantias da menor, uma vez que a conduta do processo judicial não respeitou a integridade física, psíquica e moral da adolescente; o faltou com a proteção judicial e viabilizou discriminação durante o processo penal em razão de seu sexo, raça e classe social nos momentos em que sua fala foi desacreditada; revitimizou a menor durante o processo; não promoveu igualdade perante a lei e promoveu um processo parcial em detrimento da vítima; e não atuou com a diligência necessária para julgar e punir devidamente os atos de violência contra a mulher, mesmo com a identificação do culpado e o Estado se mostrou incapaz de conduzir um processo de violência sem constranger ainda mais a vítima, e de medir os danos causados em função delito[53].

---

52. COMISSÃO INTERAMERICANA DE DIREITOS HUMANOS. Informe 54/98 Caso 11.756. 1998. Disponível em: https://www.cidh.oas.org/annualrep/98span/Admisibilidad/Peru11.756.htm. Acesso em: 06 mar. 2021.
53. COMISSÃO INTERAMERICANA DE DIREITOS HUMANOS. INFORME 93/09: PETICIÓN 337-03. 2009. Disponível em: http://www.cidh.oas.org/annualrep/2009sp/Brasil337-03.sp.htm. Acesso em: 06 mar. 2021.

Dianora Maleno – Venezuela

No dia 6 de janeiro de 2002, Dianora Maleno, em prisão preventiva na Cadeia Judicial José Antonio Anzoátegui foi ameaçada e estuprada por cinco presidiários armados que haviam invadido a ala feminina da prisão. A vítima foi submetida a todos os tipos de tratamento desumano e tortura. Não havia ninguém responsável nas instalações para recorrer a qualquer tipo de ajuda durante o crime. Horas após o ocorrido, a vítima recebeu atendimento médico de emergência, no entanto, a Sra. Maleno não recebeu os cuidados médicos, físicos e psicológicos necessários em casos de violência sexual, nem foi testada para doenças sexualmente transmissíveis (DST). Após quatro anos o processo ainda continua em fase de investigação, mesmo que os autores do crime tenham sido identificados pela vítima. O Estado venezuelano incorreu em grave demora processual e cinco anos depois, a vítima ainda se encontrava em prisão preventiva. As violações do Estado venezuelano contra a Sra. Maleno são caracterizadas: pelo desrespeito com a integridade física, psíquica e moral, em que agentes do governo negligenciaram a segurança da mulher em locais de alta periculosidade como as penitenciárias, permitindo que houvesse o risco de delitos de natureza sexual; pela violação dos direitos e garantias judiciais, mantendo-a na mesma prisão, podendo ser submetida novamente aos meus maus tratos e também pela falta de investigação efetiva dos fatos; pela falta de tomada de medidas que previnam e punam a tortura, principalmente quando o estupro é utilizado como ferramenta de tortura contra mulheres[54].

Mariana Selvas Gómez e outras – México

Durante uma incursão violenta, em maio de 2006, das Forças de Segurança na cidade de Texcoco, 200 pessoas foram detidas, dentre elas, 47 eram mulheres. Dessas, 11 foram vítimas de abuso, violência sexual, verbal e psicológica e estupro pelos próprios funcionários públicos da segurança. No mesmo mês iniciou-se uma investigação a fim de investigar os supostos abusos cometidos. Em 2010, as investigações ainda continuavam em fase inicial e sem andamento e ainda sem determinar responsabilidades criminais ou punir os responsáveis de forma individual. O Estado Mexicano perpetrou coletivamente a violência contra a mulher, na medida em que: prendeu arbitrariamente e violou o direito de liberdade pessoal; agentes estatais praticaram violência sexual e violaram o direito de integridade pessoal, bem como violência verbal e psicológica infringindo a honra e dignidade das mulheres; não ofereceu nenhum recurso simples, rápido o efetivo para as vítimas, não oferecendo proteção judicial às mulheres, pois estão mais vulneráveis a certos tipos de delitos; não promoveu a igualdade perante a lei e deixou à mercê da impunidade crimes de tortura ao não investigar e julgar os culpados[55].

---

54. COMISSÃO INTERAMERICANA DE DIREITOS HUMANOS. Informes de Admisibilidad. 2011. Disponível em: http://www.oas.org/es/cidh/decisiones/admisibilidades.asp?Year=2011. Acesso em: 07 mar. 2021.
55. Ibidem.

Ester Avigail Fajardo Garcés e Claudio Alfonso Naser Leal – Equador

Durante uma operação policial, em setembro de 1994, policiais invadiram a casa de Ester, equatoriana, e Claudio Leal, chileno, sem ordem judicial, e prenderam-nos arbitrariamente com mais 24 pessoas da região. Espancaram Claudio e abusaram sexualmente de Ester e ainda foram submetidos a tortura e maus tratos. Cumpriram indevidamente as penas de prisão ainda, os documentos de identidade e registros públicos no Equador mantém os antecedentes criminais de ambos, apesar da absolvição em favor das vítimas depois de oito anos. As violações que sustentam a negligência do Estado Equatoriano são: a violação à integridade e liberdade pessoal, no momento em que agentes públicos de segurança prendem arbitrariamente, causam sofrimento físico e ainda abusam sexualmente de cidadãos sob sua custódia; o incumprimento das garantias judiciais ao não processar e não punir os culpados pelos crimes cometidos; e não permite o direito de reputação ao manter imputados os crimes ao nome das vítimas que são inocentes[56].

Marisa Andrea Romero e R.B.L. – Argentina

Em 1997, o pai de R.B.L, 3, submeteu a própria filha a abusos sexuais. Após solicitar a suspensão do regime de visitas inúmeras vezes e recorrer a diversos tribunais, até o ano de 2001, todas as apelações da mãe foram negadas e legitimadas nas cortes argentinas. O Estado argentino perpetrou as violações dos direitos da criança, uma vez que: transgrediu os direitos às medidas de proteção da criança por sua condição de menor; a vítima não teve acesso a juiz ou tribunal competente, independente e imparcial, que decidiram o caso em favor do abusador; não puniu e não evitou violações em relação ao direito à integridade pessoal da criança e ao direito da integridade mental e moral da mãe; não conduziu uma investigação penal diligente[57].

V.R.P. e V.P.C. – NICARÁGUA

V.R.P., de 9 anos de idade, foi abusada sexualmente pelo pai, H.R.A. em 2000. A vítima foi acometida com uma infecção por papilomavírus humano (HPV), e a mãe denunciou o pai pelo crime de estupro, em novembro de 2001, no Tribunal Criminal de Jinotega. Em agosto de 2005, o pai, mesmo na condição de réu, se encontrava em liberdade. O Estado da Nicarágua violou a integridade pessoal da vítima ao obrigá-la a retornar ao local do crime e ainda a obrigaram a se submeter a exames que afetaram seriamente o seu psicológico, revitimizando-a durante o processo; ao transgredir

---

56. COMISSÃO INTERAMERICANA DE DIREITOS HUMANOS. Informes de Admisibilidad. 2012. Disponível em: http://www.oas.org/es/cidh/decisiones/admisibilidades.asp?Year=2012. Acesso em: 07 mar. 2021.
57. COMISSÃO INTERAMERICANA DE DIREITOS HUMANOS. INFORME 54/16: PETICIÓN 223-01. 2016. Disponível em: http://www.oas.org/es/cidh/decisiones/2016/ARAD223-01ES.pdf. Acesso em: 07 mar. 2021.

o direito à proteção da vítima, por meio da impunidade de seu agressor; ao não se comprometer em proteger a criança contra todas as formas de abuso sexual, quando meninas estão sob maior risco[58].

Marcela Alejandra Porco – Bolívia

Marcela Alejandra Porco, cidadã argentina, foi detida em 2 de junho de 1994 de acordo com a Lei de Controle da Cocaína (Lei 1008) pela Força de Combate ao Tráfico de Drogas. Foi libertada em 7 de junho de 1995, e no tempo em que ficou privada de sua liberdade, foi submetida a processo especial regulamentado pela Lei 1008[59]. A sra. Porco sofre de esquizofrenia aguda e crônica e teve seu estado de saúde agravado pelas condições às quais foi submetida no período de detenção. Não lhe foi ofertado tratamento psiquiátrico especializado e ainda foi vítima de estupro no período de reclusão. Os direitos de Marcela Porco foram ultrajados pelo Estado boliviano no momento em que violaram seu direito ao devido processo legal, permitindo com que Marcela esperasse em reclusão por um ano seu julgamento, sendo ainda que a Lei 1008 prevê presunção de culpabilidade, violando suas garantias judiciais; não garantiu os direitos à saúde e integridade pessoal, cobrando pelos tratamentos psiquiátricos (que foram insuficientes devido a condição de saúde mental da vítima), ainda por não acolher a vítima no caso de abuso sexual em um ambiente de alta periculosidade e não punindo seus responsáveis; e violou a proteção de sua honra e dignidade quando não reparou a vítima quanto à sua saúde mental, a submeteu a sofrimento físico e não cumpriu com o dever de investigar, punir e reparar o crime de abuso sexual cometido no regime de reclusão[60].

Jineth Bedoya Lima – Colômbia

Jineth Bedoya Lima trabalhava para o jornal *El Espectador* e no dia 25 de maio de 2000, foi autorizado que a jornalista entrasse no presídio para realizar uma reportagem que incluía fatos do massacre do dia 27 de abril de 200. Ao chegar no presídio, ela foi sequestrada por membros das FARC, que submeteram a jornalista a violência física, psicológica e sexual. A proteção e segurança de Jineth foi negligenciada pelo Estado, mesmo em que se tenha solicitado medidas protetivas em favor da vítima. Ainda, após onze anos do ocorrido, as investigações permanecem em estágio inicial. A conduta do Estado colombiano perpetraram as violações dos direitos humanos da vítima no momento em que não garantiu seu direito de liberdade de expressão, quando não garantiu a segurança devida da jornalista e de seu trabalho; quando não

---

58. COMISSÃO INTERAMERICANA DE DIREITOS HUMANOS. Informe 3/09: PETICIÓN 4408-02. 2009. Disponível em: http://www.cidh.oas.org/annualrep/2009sp/Nicaragua4408-02.sp.htm#_ftn1. Acesso em: 07 mar. 2021.
59. Conhecido por violar diversas garantias judiciais.
60. COMISSÃO INTERAMERICANA DE DIREITOS HUMANOS. Informe 8/08: CASO 11.426. 2008. Disponível em: http://www.cidh.oas.org/annualrep/2008sp/Bolivia11426.sp.htm. Acesso em: 07 mar. 2021.

investigou e não puniu seus agressores; não oferecendo garantias judiciais quanto à investigação inapropriada e demora injustificada do processo; quando não promoveu a reparação do direito à integridade pessoal de uma mulher que foi submetida a tortura, tendo o estupro como sua ferramenta, contribuindo ainda mais para a impunidade de crimes sexuais[61].

4. CONSIDERAÇÕES FINAIS

> "A tolerância estatal à violência contra a mulher perpetua a impunidade, simbolizando uma grave violência institucional, que se soma ao padrão de violência sofrido por mulheres, em total desprezo à ordem internacional e constitucional."[62].

Os casos acima apresentados revelam traços da realidade latino-americana e estão longe de representar a verdadeira magnitude dessa problemática. Entretanto, a exposição dos casos traz ao conhecimento a impunidade sistemática nos judiciários quanto a contexto de violência sexual contra mulheres e crianças. Ou seja, é possível concluir que tradições sociais e culturais, ordenadas pelo patriarcalismo, penetram as instituições jurídicas por meio dos operadores de direito, a fim de tirar o valor da mulher, bem como da sua vida. Não bastando a vulnerabilidade social em que ela se insere, estando mais suscetível a sofrer determinados tipos de violência, o Estado além de permitir que isso aconteça como fenômeno social, se torna perpetrador da violência a partir do momento em que não investiga, não pune e não combate os atos já praticados pelos agressores.

Mesmo que esses Estados façam parte de tratados internacionais em que se comprometem a seguir os princípios e normas de proteção aos direitos humanos estabelecidos pelas Organizações Internacionais, e mais especificamente neste estudo de caso, a OEA, os governos ainda resistem em rejeitar e ferir diversas das recomendações estabelecidas.

É intrigante a inércia dos órgãos investigativos e a conduta de juízes atribuídos, na medida em que não investigam devidamente os fatos, resultando em demoras injustificadas, não se ocupam de garantir a segurança das vítimas, não promovem o acolhimento das vítimas e suas famílias, e na maioria dos casos, mesmo quando o violador é identificado pela vítima, não há a devida punição com a devida penalidade.

Os casos peticionados no CIDH descritos acima conseguem dar a visibilidade do que é o padrão de comportamento e de decisão dos judiciários latino americanos. Quando se trata de processos judiciais que conduzem casos em que mulheres sofreram violência sexual, foi possível perceber a perpetração da violação por parte do Estado, principalmente quando se dá punibilidade do agressor e do acolhimento da vítima e de suas famílias. Ao longo da descrição dos casos, ficou evidente que

---

61. COMISSÃO INTERAMERICANA DE DIREITOS HUMANOS. Informe 50/14: Caso 779-11. 2014. Disponível em: http://www.oas.org/es/cidh/decisiones/2014/COAD779-11ES.pdf. Acesso em: 06 mar. 2021.
62. PIOVESAN, Flávia. Op. cit., 2014. p. 116.

as motivações que levaram as denúncias ao SPI foram a demora injustificada dos processos criminais, onde os casos não avançavam a etapa inicial de investigação, e como agravante, houve casos em que os culpados, na condição de réu, já em juízo de responderem pelo crime, foram absolvidos. Os casos em que foi necessária a identificação dos infratores, não resultaram em nenhum processo investigativo satisfatório.

O estudo também mostrou o despreparo das instituições envolvidas em um processo criminal, quando se trata do acolhimento das vítimas, e é ainda mais complexo quando se trata de crianças e adolescentes. A violência sexual gera grande impacto na saúde física, psíquica, sexual e reprodutiva das vítimas e o atendimento humanizado é imprescindível para redução de danos. Ainda, é mostrado que há casos de revitimização da mulher, e a falta da articulação em estabelecer uma rede de serviços e de apoio às mulheres em situação de violência.

Ainda, é evidente que os Estados violam o direito à honra, dignidade e integridade, no momento em que não promovem a segurança e proteção das vítimas como remediação de um crime e também ao permitir que existam ambientes em que mulheres estejam sob maior risco, como exemplificado nos casos, mulheres em regime de reclusão.

Pimentel[63] evidencia que a efetivação do exercício dos direitos das mulheres depende da atuação tanto do judiciário, do legislativo e do executivo. Portanto, entendimento do SIDH para com o tratamento dos casos peticionados vem de forma a contribuir para essa efetivação, de maneira que além de enunciar formalmente os direitos dessas vítimas invocando a Convenção Americana de Direitos Humanos e demais convenções, em cada relatório são elaboradas recomendações para o Estado, bem como são cobradas a tomada de partido do Estado, no sentido de proteger a vítima, como por exemplo, elaboração e adequação de leis, implementação de políticas públicas de prevenção e de proteção das mulheres e o devido tratamento dos processos judiciais de forma a cumprir com as convenções e pactos internacionais.

Mesmo que as últimas três décadas tenham sido de muitas conquistas, fruto da luta feminista, e que muito se avançou nas legislações domésticas, a sociedade e as instituições ainda refletem padrões estruturais que perpetuam essa violência. As limitações das instituições, representam as limitações da sociedade. Portanto, a responsabilidade do Estado é no sentido de movimentar a estrutura social, tendo como dever assumir a obrigação jurídica de combater a impunidade em contextos de violência contra a mulher, devendo, dessa maneira, implementar instrumentos que possam assegurar e facilitar, para as vítimas, as vias de acesso à justiça. Ainda, cabe ao Estado, garantir o devido esforço em promover formas de prevenir, investigar, processar, punir e reparar as mulheres vítimas de qualquer tipo de violência.

---

63. PIMENTEL, Silvia. Op. cit., 2008.

REFERÊNCIAS

ALVES, José Augusto Lindgren. *Direitos humanos*: o significado político da conferência de Viena. Lua Nova: Revista de Cultura e Política, [s.l.], n. 32, p. 170-180, abr. 1994. FapUNIFESP (SciELO). http://dx.doi.org/10.1590/s0102-64451994000100009. Disponível em: http://www.scielo.br/scielo.php?script=sci_arttext&pid=S0102-64451994000100009. Acesso em: 19 jan. 2021.

CELORIO, Rosa M. *The Rights Of Women In The Inter-American System Of Human Rights*: Current Opportunities And Challenges In Standard-setting. 65 U. Miami L. Rev. 819 (2011). Disponível em: http://repository.law.miami.edu/umlr/vol65/iss3/5. Acesso em: 22 jan. 2021.

COMISSÃO INTERAMERICANA DE DIREITOS HUMANOS. Convenção Interamericana Para Prevenir, Punir E Erradicar A Violência Contra A Mulher, "Convenção De Belém Do Pará". 1994. Disponível em: http://www.cidh.org/Basicos/Portugues/m.Belem.do.Para.htm. Acesso em: 22 jan. 2021.

COMISSÃO INTERAMERICANA DE DIREITOS HUMANOS. Estadísticas de la Comisión. [S/A]. Disponível em: http://www.oas.org/es/cidh/multimedia/estadisticas/estadisticas.html. Acesso em: 29 fev. 2021.

COMISSÃO INTERAMERICANA DE DIREITOS HUMANOS. Informes de Admissibilidad. Disponível em: http://www.oas.org/es/cidh/decisiones/admisibilidades.asp. Acesso em: 20 fev. 2021.

COMISSÃO INTERAMERICANA DE DIREITOS HUMANOS. Informes de Admisibilidad. 2011. Disponível em: http://www.oas.org/es/cidh/decisiones/admisibilidades.asp?Year=2011. Acesso em: 07 mar. 2021.

COMISSÃO INTERAMERICANA DE DIREITOS HUMANOS. Informes de Admisibilidad. 2012. Disponível em: http://www.oas.org/es/cidh/decisiones/admisibilidades.asp?Year=2012. Acesso em: 07 mar. 2021.

COMISSÃO INTERAMERICANA DE DIREITOS HUMANOS. Informes de Fondo. Disponível em: http://www.oas.org/es/cidh/decisiones/fondos.asp. Acesso em: 20 fev. 2021.

COMISSÃO INTERAMERICANA DE DIREITOS HUMANOS. Informe n. 3/09: PETICIÓN 4408-02. 2009. Disponível em: http://www.cidh.oas.org/annualrep/2009sp/Nicaragua4408-02.sp.htm#_ftn1. Acesso em: 07 mar. 2021.

COMISSÃO INTERAMERICANA DE DIREITOS HUMANOS. Informe 8/08: CASO 11.426. 2008. Disponível em: http://www.cidh.oas.org/annualrep/2008sp/Bolivia11426.sp.htm. Acesso em: 07 mar. 2021.

COMISSÃO INTERAMERICANA DE DIREITOS HUMANOS. Informe 31/96: Caso 10.526. 1996. Disponível em: http://www.cidh.oas.org/annualrep/96span/Guatemala10526.htm. Acesso em: 06 mar. 2021.

COMISSÃO INTERAMERICANA DE DIREITOS HUMANOS. Informe 50/14: Caso 779-11. 2014. Disponível em: http://www.oas.org/es/cidh/decisiones/2014/COAD779-11ES.pdf. Acesso em: 06 mar. 2021.

COMISSÃO INTERAMERICANA DE DIREITOS HUMANOS. Informe 54/98 Caso 11.756. 1998. Disponível em: https://www.cidh.oas.org/annualrep/98span/Admisibilidad/Peru11.756.htm. Acesso em: 06 mar. 2021.

COMISSÃO INTERAMERICANA DE DIREITOS HUMANOS. INFORME 54/16: PETICIÓN 223-01. 2016. Disponível em: http://www.oas.org/es/cidh/decisiones/2016/ARAD223-01ES.pdf. Acesso em: 07 mar. 2021.

COMISSÃO INTERAMERICANA DE DIREITOS HUMANOS. INFORME 93/09: PETICIÓN 337-03. 2009. Disponível em: http://www.cidh.oas.org/annualrep/2009sp/Brasil337-03.sp.htm. Acesso em: 06 mar. 2021.

COMISSÃO INTERAMERICANA DE DIREITOS HUMANOS. O que é a CIDH? 2011. Disponível em: http://www.oas.org/pt/cidh/mandato/que.asp. Acesso em: 22 fev. 2021.

COMISSÃO INTERAMERICANA DE DIREITOS HUMANOS. Regulamento da Comissão Interamericana de Direitos Humanos. 2013. Disponível em: https://www.oas.org/pt/cidh/mandato/basicos/reglamentocidh.asp. Acesso em: 1º mar. 2021.

COMISSÃO INTERAMERICANA DE DIREITOS HUMANOS. Sistema de Petições Individuais. 2012. Disponível em: https://www.oas.org/pt/cidh/consulta/1_peticiones.asp. Acesso em: 24 jan. 2021.

GOMES, Juliana. *As Redes Transnacionais De Advocacy Em Direitos Humanos*: Atuação Em Torno Da "Questão Palestina. CURITIBA, 2018. Dissertação (Ciência Política) – UNIVERSIDADE FEDERAL DO PARANÁ, 2018. Disponível em: https://acervodigital.ufpr.br/handle/1884/58010. Acesso em: 18 fev. 2021.

GONÇALVES, Tamara Amoroso. *Direitos Humanos das Mulheres e a Comissão Interamericana de Direitos Humanos*: uma análise de casos admitidos entre 1970 e 2008. São Paulo, 2011. Tese (Direito) – Universidade de São Paulo. Disponível em: https://www.teses.usp.br/teses/disponiveis/2/2140/tde-31052012-162759/publico/TAMARA_texto_integral.pdf. Acesso em: 26 fev. 2021.

MACIEL, Débora Alves. Ação coletiva, mobilização do direito e instituições políticas: o caso da campanha da lei maria da penha. *Revista Brasileira de Ciências Sociais*, [S.L.], v. 26, n. 77, p. 97-112, out. 2011. FapUNIFESP (SciELO). http://dx.doi.org/10.1590/s0102-69092011000300010.

MACKINNON, Catharine A. Crimes of war, crimes of peace. In SHUTE, Stephen; HURLEY, Susan (Ed.). *On Human Rights*: The Oxford Amnesty Lectures 1993. New York: Basic Books, 1993.

PASINATO, Wânia. *Oito anos de Lei Maria da Penha. Entre avanços, obstáculos e desafios*. Estudos Feministas, Florianópolis, maio-agosto/2015, p. 533-545. Disponível em: http://www.scielo.br/pdf/ref/v23n2/0104-026X-ref-23-02-00533.pdf. Acesso em: 13 fev. 2021.

PIMENTEL, Silvia; PANDJIARJIAN, Valéria; BELLOQUE, Juliana. *"Legítima Defesa da Honra" Ilegítima impunidade de assassinos*: Um estudo crítico da legislação e jurisprudência da América Latina. *In*: VIDA em família: uma perspectiva comparativa sobre "crimes de honra". 2005. Disponível em: http://www.bibliotecadigital.unicamp.br/document/?down=50807. Acesso em: 19 fev. 2021.

PIOVESAN, Flávia. *Direitos humanos e o direito constitucional internacional*. 14. ed. São Paulo: Saraiva, 2013.

PIOVESAN, Flávia. Sistema Interamericano de Direitos Humanos: impacto transformador, diálogos jurisdicionais e os desafios da reforma. *Revista Direitos Emergentes na Sociedade Global*. 2014. Disponível em: https://periodicos.ufsm.br/REDESG/article/view/16282/pdf#.YEfFEOhKg2z. Acesso em: 08 mar. 2021.

PIOVESAN, Flávia; PIMENTEL, Silvia. *A Lei Maria da Penha na perspectiva da responsabilidade internacional do Brasil*. 2014. Disponível em: https://assets-compromissoeatitude-ipg.sfo2.digitaloceanspaces.com/2014/02/1_6_responsabilidade-internacional.pdf. Acesso em: 08 mar. 2021.

ROMERO, Glorimar Soto. *El Estado como garante de los derechos fundamentales de las mujeres en Venezuela bajo el marco de la nueva Ley Orgánica sobre el Derecho de las Mujeres a una Vida Libre de Violencia*. (Tese de doutorado) Madrid, 2013. Universidad Nacional 17 de Educación a Distancia. Facultad de derecho. Departamento de Derecho Político, 2013.

SANTOS, Cecília Macdowell. Ativismo jurídico transnacional e o Estado: reflexões sobre os casos apresentados contra o Brasil na comissão interamericana de direitos humanos. *Sur. Revista Internacional de Direitos Humanos*, [S.L.], v. 4, n. 7, p. 26-57, 2007. FapUNIFESP (SciELO). http://dx.doi.org/10.1590/s1806-64452007000200003.

SARGOT, 2008; PASINATO, 2015 apud SILVA e GONÇALVES, 2016.

SIKKINK, Kathryn; RISSE, Thomas. The socialization of international human rights norms into domestic practices: introduction. In: SIKKINK, Kathryn; RISSE, Thomas; ROP, Stephen C. *The Power of Human Rights*: International Norms and Domestic Change. Cambridge: Cambridge University Press, 1999.

SIMMONS, Beth A. *Mobilizing for Human Rights: International Law in domestic politics*. Cambridge: Cambridge University Press, 2009.

TRINDADE, Antônio Augusto Cançado. *Desafios e conquistas do Direito Internacional Dos Direitos Humanos no início do século XXI*. XXXIII Curso de Direito Internacional Organizado pela Comissão Jurídica Interamericana da OEA, 33., 2006, Rio de Janeiro. Proceedings... Rio de Janeiro: 2006. Disponível em: https://www.oas.org/dil/esp/407-490%20cancado%20trindade%20OEA%20CJI%20%20.def.pdf. Acesso em: 26 ago. 2021.

URRUTIA, Liliana Aída Beatriz. La violencia contra las mujeres en América Latina. *I Seminário Internacional de Ciência Política* – Universidade Federal do Rio Grande do Sul. Porto Alegre – RS, 2015. Anais eletrônico. Porto Alegre: UFRGS, 2015.

O IMPACTO DA CLÁUSULA DE RESERVA NA CONVENÇÃO SOBRE A ELIMINAÇÃO DE TODAS AS FORMAS DE DISCRIMINAÇÃO CONTRA A MULHER PELO ESTADO BRASILEIRO NO TRABALHO FEMININO EM CONDIÇÕES ANÁLOGAS À ESCRAVIDÃO À LUZ DO PRINCÍPIO DA DIGNIDADE DA PESSOA HUMANA

Renata Aparecida Pimenta

Mestranda em Direito pela Universidade Federal de Uberlândia. Pós-Graduada em Direito Administrativo pela Universidade Cândido Mendes. Graduada em Direito pela Universidade Federal de Uberlândia. E-mail: renatapimentaudi@hotmail.com.

Beatriz Caroline Trindade

Graduanda em Relações Internacionais pela Universidade Federal de Uberlândia. E-mail: beatrizbiactrindade@gmail.com.

SUMÁRIO: Introdução – 1. Do princípio da dignidade da pessoa humana: conceito e aspectos relacionados – 2. Do trabalho escravo feminino: noções gerais – 3. Da convenção sobre a eliminação de todas as formas de discriminação contra a mulher pelo Estado Brasileiro: características; 3.1 Da cláusula de reserva pelo Estado Brasileiro; – 3.1.1 Do impacto da reserva na garantia dos direitos humanos das mulheres à luz do princípio da dignidade da pessoa humana – 4. Considerações finais – Referências.

RESUMO: O presente artigo visa demonstrar algumas consequências da cláusula de reserva, pelo Estado Brasileiro, à Convenção sobre a Eliminação de Todas as Formas de Discriminação Contra a Mulher, importante instrumento internacional destinado à garantia dos direitos humanos das mulheres. A recorrência extrema de casos de trabalho escravo feminino na contemporaneidade revela as falhas na proteção das vulnerabilidades específicas desse grupo, por várias vezes, explorado, oprimido e tratado com menor valor. Dentre tais ineficácias, destaca-se a adesão de cláusula de reserva, o que contraria o Princípio Democrático de Direito, a dignidade da pessoa humana e a cidadania, comprometendo o escopo de democratização que permeia a Constituição Federal de 1988 e o objetivo da Convenção em estruturar a garantia dos direitos conquistados após intensas lutas. A despeito da Convenção representar a conquista das mulheres no tocante à proteção de suas vulnerabilidades e pelo primado de seus direitos inclusive no cenário internacional, ao adotar a cláusula de reserva em comento, verifica-se o não exercício pleno de suas disposições materiais de proteção pelo Estado Brasileiro. A não fiscalização pela Corte Internacional de Justiça na situação de controvérsia de interpretação pelos Estados representa o tratamento com menor importância atribuído pelo Estado Brasileiro ao tema, o que representa a própria concepção do Estado para com a mulher e o comprometimento da justiça.

INTRODUÇÃO

Segundo Italvar Medina, procurador do Trabalho, quando se pensa em trabalho escravo, as primeiras imagens que vêm à cabeça são imagens que datam da era colonial, com chibatas e senzalas. Porém, é necessário que essa visão seja adequada à contemporaneidade, já que a denominação correta, à luz do atual regramento, é de trabalho em condições análogas à escravidão, trabalhos exaustivos, compulsórios e abusivos. Mesmo com essa mudança de nomenclatura e de perspectiva, não deve, porém, ser considerado como uma violação mais leve ou menos importante de cessar. O modo como as vítimas são afetadas ainda é muito intenso e traumático, com raízes profundas ligadas justamente ao período da escravidão colonial (informação verbal)[1].

Hodiernamente, ainda há essa reincidência do trabalho escravo, agora não mais justificável, e sim, proibida pelo Direito Internacional e também por legislações internas as quais visam à garantia dos Direitos Humanos e Fundamentais. Contudo, muitos são atraídos para essa situação a partir de propostas de trabalho que supostamente ofereceriam maior lucro e uma qualidade de vida melhor. Dentre os ludibriados, é comum migrantes que são ameaçados e têm seus documentos furtados, forçando com que não haja uma maneira de haver denúncias.

Quando se analisa ainda mais minuciosamente esse grupo que realiza trabalho compulsório, verifica-se que as mulheres são mais afetadas que os homens. Das cerca de 12 milhões de pessoas que realizam trabalhos forçados, 56% dos explorados economicamente por meio de coação física ou psicológica são mulheres ou meninas, segundo dados da Organização Internacional do Trabalho (OIT)[2]. Frequentemente com funções de trabalho doméstico; em áreas rurais, como sítios e fazendas, mas principalmente nas indústrias, inclusive em ramos têxteis, é ainda o grupo feminino o mais vulnerável à exploração sexual, figurando 80% das vítimas[3].

Além da condição histórica de preconceito ao gênero feminino, a condição da mulher em nosso Estado Nacional é agravada pela falta de leis e interesse do Estado Brasileiro pela seguinte temática. Por exemplo, a Lei 11.340, de 7 de agosto de 2006 e suas alterações, mais conhecida como "Lei Maria da Penha", apenas foi proposta no ano de 2006 e após diversas pressões do Sistema Internacional Regional, sendo muito atrasada quando comparada com as medidas preventivas e punitivas de outras nações.

Outrossim, nacionalmente, houve uma reserva da renomada Convenção sobre a Eliminação de todas as formas de discriminação contra a mulher, que entrou em vigor no ano de 1984. Esse tratado é pioneiro no âmbito internacional no que se refere à disposição ampla sobre os direitos humanos da mulher, visando promover

---

1. Procurador do Trabalho Italvar Medina no V Colóquio de Direitos Humanos e Justiça Global – Da Dignidade Humana aos Direitos Humanos. Universidade Federal de Uberlândia. 26 ago. 2019.
2. Organização Internacional do Trabalho. *Trabalho Escravo*. Disponível em: https://www.ilo.org/brasilia/temas/trabalho-escravo/lang--pt/index.htm. Acesso em: 14 mar. 2021.
3. Idem.

seus direitos na busca da igualdade de gênero e reprimir quaisquer discriminações na localidade em que está vigente essa legislação.

Todavia, tal reserva faz com que haja inúmeras consequências na proteção, garantia e efetivação dos direitos humanos da mulher, o que contraria a dignidade da pessoa humana, a cidadania, e, portanto, o Princípio Democrático de Direito. Tais consequências comprometem o escopo de democratização que permeia a Constituição Federal de 1988, o objetivo da Convenção em estruturar a garantia dos direitos conquistados após intensas lutas e, principalmente, aponta para o desprestígio que o Estado brasileiro confere à mulher.

1. DO PRINCÍPIO DA DIGNIDADE DA PESSOA HUMANA: CONCEITO E ASPECTOS RELACIONADOS

Para Ingo Sarlet, a dignidade da pessoa humana, na condição de valor e princípio normativo fundamental, exige e pressupõe o reconhecimento e a proteção dos direitos fundamentais e pode ser assim definida:

> (...) a qualidade intrínseca e distintiva reconhecida em cada ser humano que o faz merecedor do mesmo respeito e consideração por parte do Estado e da comunidade, implicando, neste sentido, um complexo de direitos e deveres fundamentais que assegurem a pessoa tanto contra todo e qualquer ato de cunho degradante e desumano, como venham a lhe garantir as condições existenciais mínimas para uma vida saudável, além de propiciar e promover sua participação ativa e corresponsável nos destinos da própria existência e da vida em comunhão com os demais seres humanos, mediante o devido respeito aos demais seres que integram a rede da vida.[4]

Tal postulado é fundamento do Estado Democrático de Direito, nos termos do inciso III do artigo 1º da Constituição Federal e, como tal, deve orientar as relações tanto entre o Estado e particulares, como entre estes, posto que pressuposto da própria constituição estatal[5].

Acerca do Princípio do Estado Democrático de Direito, para Canotilho, a juridicidade, a constitucionalidade e os direitos fundamentais destacam-se como as três dimensões essenciais para a formação[6], em linhas superficiais, podem-se destacar como características dessa concepção:

> (1) [...] tem o seu fundamento na soberania popular; (2) A necessidade de providenciar mecanismos de apuração e de efetivação da vontade do povo nas decisões políticas fundamentais do Estado, conciliando uma democracia representativa, pluralista e livre, com uma democracia participativa efetiva; (3) É também um Estado Constitucional, ou seja, dotado de uma constituição material legítima, rígida, emanada da vontade do povo, dotada de supremacia e que vincule todos os poderes e os atos dela provenientes; (4) A existência de um órgão guardião da Constituição e dos valores

---

4. SARLET, Ingo Wolfang. *Dignidade da Pessoa Humana e Direitos Fundamentais na Constituição Federal de 1988*. Porto Alegre: Livraria do Advogado Editora, 2019, p. 70-71.
5. BRASIL. *Constituição da República Federativa do Brasil*. 1988.
6. CANOTILHO, José Joaquim Gomes. *Direito Constitucional*, 3 ed., p. 357 apud PIOVESAN, Flávia. *Direitos Humanos e o Direito Constitucional Internacional*. p. 104. São Paulo: Saraiva Jur, 2018.

fundamentais da sociedade, que tenha atuação livre e desimpedida, constitucionalmente garantida; (5) A existência de um sistema de garantia dos direitos humanos, em todas as suas expressões; (6) Realização da democracia – além da política – social, econômica e cultural, com a consequente promoção da justiça social; Brasília a. 42 n. 167 jul./set. 2005 229 (7) Observância do princípio da igualdade; (8) A existência de órgãos judiciais, livres e independentes, para a solução dos conflitos entre a sociedade, entre os indivíduos e destes com o Estado; (9) A observância do princípio da legalidade, sendo a lei formada pela legítima vontade popular e informada pelos princípios da justiça; (10) A observância do princípio da segurança jurídica, controlando-se os excessos de produção normativa, propiciando, assim, a previsibilidade jurídica.[7]

Na Constituição Federal brasileira, verifica-se um encontro dos direitos fundamentais e do princípio do Estado Democrático de Direito[8], tendo em vista que além da dignidade da pessoa humana, a cidadania também é tida como fundamento desse Estado[9].

Acerca da cidadania, Marshall entende "o pertencimento pleno a uma comunidade"[10], de modo que visa à promoção "de uma medida maior de igualdade" entre as pessoas e, nesse sentido, mister é a concretização dos direitos fundamentais, os quais são a positivação, no marco constitucional dos Estados, dos direitos devidos universalmente ao indivíduo em face de sua natureza, os quais, no plano moral, são protegidos pelos direitos humanos[11].

Assim, evidencia-se que os direitos fundamentais são compreendidos como um elemento básico para a realização do princípio democrático, tendo em vista que exercem uma função democratizadora[12]. Diz-se isto, pois a Constituição Federal, que institucionalizou a instauração de um regime político democrático no Brasil[13], e que, nos dizeres de José Afonso da Silva:

> É a constituição cidadã, na expressão de Ulysses Guimarães, Presidente da Assembleia Nacional Constituinte que a produziu, porque teve ampla participação popular em sua elaboração e especialmente porque se volta decididamente para a plena realização da cidadania.[14]

Acerca da busca pela democratização, destaca Roberto Mangabeira Unger que aquela não se atém apenas ao modo pelo qual o poder político é exercido, mas envolve também a forma pela qual direitos fundamentais são implementados.[15] Continua:

---

7. SILVA, Enio Moraes da. *O Estado Democrático de Direito*. Brasília a. 42 n. 167 jul./set. 2005.
8. PIOVESAN, Flávia. *Direitos Humanos e o Direito Constitucional Internacional*. São Paulo: Saraiva Jur, 2018, p. 104.
9. BRASIL. *Constituição da República Federativa do Brasil*. 1988.
10. MARSHALL, T. H. Citizenship and Social Class. *Class, Citizenship and Social Development*. Westport, Connecticut: Grenwood Press, 1973, p. 70, Traduzido de HELD, Ciudadanía y autonomia. La Política (Barcelona), n.3, p. 41-67, 1997. Trad. Agnaldo de Souza BARBOSA e Ana Maria de Oliveira Rosa e Silva. *Perspectivas*, São Paulo, 22:201-231, 1999.
11. PULIDO, Carlos Bernal. *O direito dos direitos*: Escritos sobre a aplicação dos direitos fundamentais. São Paulo: Marcial Pons, 2013, p. 310.
12. PIOVESAN, Flávia. *Direitos Humanos e o Direito Constitucional Internacional*. São Paulo: Saraiva Jur, 2018, p. 104.
13. Idem, p. 102.
14. SILVA, José Afonso da. *Curso de Direito Constitucional Positivo*. 6. ed., 1990, p. 80 apud Piovesan, p. 102. Idem.
15. UNGER, Roberto Mangabeira. *What should legal analysis become?* Cambridge: Harvard Law School, 1995, p. 9, apud PIOVESAN, p. 492.

Nós temos de entender a democracia como muito mais do que pluralismo político e accountability eleitoral de um Governo por parte do respectivo eleitorado. Concebido de forma mais ampla, o projeto democrático tem sido o esforço de efetuar o sucesso prático e moral da sociedade, mediante a reconciliação de duas famílias de bens fundamentais: o bem do progresso material, liberando-nos na monotonia e da incapacidade e dando braços e asas para nossos desejos, e o bem da emancipação individual, liberando-nos da opressão sistemática da divisão e hierarquia social que nos impede de lidar um com o outro como plenos indivíduos. [16]

Portanto, verifica-se que a garantia dos direitos humanos, em todas as suas expressões, é uma das consequências do fundamento da dignidade da pessoa humana pelo Estado Democrático de Direito, o qual é "destinado a assegurar o exercício dos direitos sociais e individuais, a liberdade, a segurança, o bem-estar, o desenvolvimento, a igualdade e a justiça, como valores supremos de uma sociedade fraterna, pluralista e sem preconceitos"[17]. Tal unidade no texto constitucional produz efeitos específicos, posto que a Carta Constitucional confere uma unidade de sentido, de significado e de concordância prática ao sistema dos direitos fundamentais[18]. E tal unidade repousa na dignidade da pessoa humana e, portanto, na compreensão da pessoa como fundamento e fim da sociedade e do Estado[19].

Tal qualidade intrínseca ao indivíduo prescinde da positivação pela Carta Constitucional, conforme preleciona o Professor José Afonso da Silva, para quem aquela não é uma criação constitucional, pois é um desses conceitos, a priori, um dado preexistente a toda experiência especulativa, tal como a própria pessoa humana[20].

Não obstante, a consagração do primado do respeito aos direitos humanos como paradigma na Constituição Federal brasileira representou um marco de institucionalização dos direitos humanos e, mormente, de abertura da ordem jurídica brasileira ao sistema internacional de proteção dos direitos humanos[21]. No entender de José Afonso da Silva:

> É a primeira vez que uma Constituição assinala, especificamente, objetivos do Estado brasileiro, não todos, que seria despropositado, mas os fundamentais, e entre eles, uns que valem como base das prestações positivas que venham a concretizar a democracia econômica, social e cultural a fim de efetivar na prática a dignidade da pessoa humana.[22]

Com os tratados internacionais, o conceito de cidadania é ampliado, tendo em vista que além dos direitos garantidos na constituição, os indivíduos passam a ser

---

16. UNGER, Roberto Mangabeira. *What should legal analysis become?* Cambridge: Harvard Law School, 1995, p. 9, apud PIOVESAN, p. 492
17. BRASIL. Constituição da República Federativa do Brasil. 1988.
18. MIRANDA, Jorge. *Manual de Direito Constitucional*, v. 4, p. 166 apud PIOVESAN, 2018, p. 104-105.
19. Idem.
20. SILVA, José Afonso da. A dignidade da pessoa humana como valor supremo da democracia. *Revista de Direito Administrativo*, v. 212, p. 84-94, abr./jun. 1998.
21. PIOVESAN, Flávia. *Direitos Humanos e o Direito Constitucional Internacional*. São Paulo: Saraiva Jur, 2018, p. 104.
22. SILVA, José Afonso da. A dignidade da pessoa humana como valor supremo da democracia. *Revista de Direito Administrativo*, v. 212, p. 84-94, abr./jun. 1998.

titulares também de direitos no âmbito internacional.[23] Verifica-se uma interação entre o direito interno e o Direito Internacional, a qual resulta no compromisso do Brasil, perante a comunidade internacional, de manter e desenvolver o Estado Democrático de Direito e de proteger, mesmo em situações de emergência, um núcleo de direitos inderrogáveis.[24]

2. DO TRABALHO ESCRAVO FEMININO: NOÇÕES GERAIS

O trabalho escravo tem sido identificado ao longo dos séculos. Ainda que frequente no período clássico, revestiu-se de um novo conceito e aplicação durante a Era Colonial, deixando de conflagrar uma escravidão por dívidas, por conflitos, para se relacionar mais com uma questão étnico-racial. Ao longo desse período, inúmeras partes da população africana foram retiradas de suas terras de origem, suas culturas e famílias, e massacradas sob o peso do trabalho pesado e não remunerado, sofrendo diversos abusos psicológicos e físicos nas chamadas "nações mais desenvolvidas" que se motivaram pelo lucro. Tal fato baseou-se no argumento de que o negro era considerado um ser inferior, uma coisa, não uma pessoa, e por isso não tinha nenhum direito e não era evangelizado, educado na fé católica, questões que deviam ser providenciadas imediatamente.

Além disso, essa forma de trabalho era muito rentável, causava lucro desde a comercialização dos negros até o momento em que o respectivo trabalho compulsório permitia o enriquecimento sem precedentes de uma elite agricultora nas colônias e nas metrópoles por meio do comércio. Outrossim, mais tardiamente, foi por conta desse abuso que se propiciou até mesmo o capital de base das indústrias.

Inclusive, por conta dessa industrialização crescente no século XIX, é que o capitalismo ditou a tendência de movimentos, os quais, visando à ampliação de um mercado consumidor aos produtos metropolitanos, sugeriram o fim do período tenebroso reconhecido como escravidão. Apesar de intensa resistência da elite escravista de nações que se beneficiavam desse sistema, como a porção de grandes latifundiários do café brasileiro, mesmo os países mais tardios nesse aspecto, como Cuba, Zanzibar e Etiópia, a escravidão de qualquer tipo, seja econômica, provinda de conflitos ou racial, foi finalmente abolida.

As sequelas, entretanto, ainda podem ser sentidas tanto perante as realidades nacionais, quanto por meio da intensa desigualdade refletida em um desequilíbrio de poder no Sistema Internacional. Em certos países, houve o amparo dessa população recém-liberta por leis, mas em casos como o brasileiro, os ex-escravos foram abandonados à própria sorte, sem acesso à terra e sem qualquer tipo de indenização por tanto tempo de trabalhos forçados, geralmente analfabetos, vítimas de todo tipo de

---

23. PIOVESAN, Flávia. *Direitos Humanos e o Direito Constitucional Internacional*. São Paulo: Saraiva Jur, 2018, p. 412.
24. Idem, p. 413.

preconceito, muitos ex-escravos permaneceram nas fazendas em que trabalhavam, vendendo seu trabalho em troca da sobrevivência. Aos negros que migraram para as cidades, só restaram os subempregos, a economia informal e o artesanato. Com isso, aumentou de modo significativo o número de ambulantes, empregadas domésticas, quitandeiras sem qualquer tipo de assistência e garantia; muitas ex-escravas eram tratadas como prostitutas. O preconceito e a discriminação e a ideia permanente de que o negro só servia para trabalhos duros, ou seja, serviços pesados, deixaram sequelas desde a abolição da escravatura até os dias atuais.

Mais de um século depois, o trabalho forçado é um fenômeno global e dinâmico, que pode assumir diversas formas, incluindo a servidão por dívidas, o tráfico de pessoas e outras formas de escravidão moderna. Ele está presente em todas as regiões do mundo e em todos os tipos de economia, até mesmo nas de países desenvolvidos e em cadeias produtivas de grandes e modernas empresas atuantes no mercado internacional. Acabar com o problema exige não só o comprometimento das autoridades dos governos, como também um engajamento multifacetado de trabalhadores, empregadores, organismos internacionais e sociedade civil.

Portanto, infere-se que para muitos governos ao redor do mundo, a eliminação do trabalho forçado continua a ser um importante desafio, não sendo apenas uma grave violação de um direito humano e fundamental, mas também uma das principais causas da pobreza e um obstáculo para o desenvolvimento econômico. As normas da Organização Internacional do Trabalho (OIT) sobre trabalho forçado e as observações dos de seus órgãos de supervisão, em combinação com sua experiência de assistência e cooperação técnica, constituem uma base importante para os Estados Membros desenvolverem respostas efetivas ao trabalho forçado.

Tais quais, uma das mais importante é a Convenção sobre Trabalho Forçado (nº 29) de 1930, em que define o trabalho forçado como "todo trabalho ou serviço exigido de uma pessoa sob a ameaça de sanção e para o qual ela não se tenha oferecido espontaneamente.", que visa abranger todas as situações de trabalho forçado experimentadas ao redor do mundo. Tem-se também que, em junho de 2014, governos, empregadores e trabalhadores se reuniram em Genebra, na 103ª Sessão da Conferência Internacional do Trabalho, para dar um novo impulso à luta global contra o trabalho forçado, incluindo o tráfico de pessoas e as práticas análogas à escravidão. A conferência adotou de forma unânime um Protocolo e uma Recomendação que complementam a Convenção sobre o Trabalho Forçado (nº 29, de 1930), fornecendo orientações específicas sobre medidas efetivas a serem tomadas pelos Estados Membros para eliminar todas as formas desse mal.

Porém, ainda que com todas essas formas de prevenção, a condição de miséria, risco e vulnerabilidade que alguns viventes tem como sua realidade fazem com que sejam facilmente atraídos para certas "armadilhas" que culminam no trabalho forçoso (submissão de alguém a vontade de outrem, mediante a fraude, ameaça, violência ou privação de direitos individuais ou sociais, ou qualquer outro meio que impossibilite a pessoa de se libertar da situação que se encontra.), assim como a desinformação acerca de seus direitos. Esses dois fatores combinados fazem com que a maioria das vítimas dessa situação hodiernamente sejam migrantes que acreditam que a mudança de país ou região os proporcionará uma melhor condição de vida e acabam subjugados com medo de serem denunciados, penalizados e deportados, podem ter até mesmo seus documentos confiscados pelo "empregador", fazendo com que sejam assim, obrigados a trabalharem inúmeras horas em propriedades rurais isolados ou fábricas ilegais.

Por se encontrarem em uma situação ainda mais vulnerável por conta da desigualdade de gênero característica da sociedade global contemporânea, as mulheres tendem a serem ainda mais exploradas por essa situação do que os homens, dados inclusive afirmam que mais de 40 milhões de pessoas foram vítimas da escravidão moderna em 2016, sendo que 71% eram mulheres e meninas. Desse total de 40 milhões, cerca de 25 milhões de pessoas foram submetidas a trabalho forçado e 15,4 milhões foram forçadas a se casar. Os dados mais chocantes mostram que as mulheres representam 99% das vítimas do trabalho forçado na indústria comercial do sexo e 84% dos casamentos forçados.

O trabalho na indústria é catalogado como trabalho escravo urbano, o qual se configura pela responsabilidade na cadeia produtiva, por meio de princípio da alteridade; subordinação estrutural; ubiquidade e teoria da cegueira deliberada. Provindas do ideal de que homens são mais suscetíveis a trabalhos braçais, as mulheres acabam sendo destinadas às fábricas e indústrias, principalmente no ramo têxtil, onde são mais facilmente escondidas da fiscalização, como se pode verificar por diversos casos renomados, o mais recente deles sendo mundialmente reconhecida como uma cadeia de lojas de vestimenta e acessórios femininos, masculinos e infantis, com sede na Espanha, a ZARA.

Nas indústrias, essa população feminina está exposta a diversas situações degradantes, como o desprezo à dignidade humana, com o descumprimento dos direitos fundamentais do trabalhador, em especial referentes à saúde, higiene, segurança, moradia, repouso, alimentação ou algum outro relacionado com a personalidade, em qualquer situação que torne irrelevante a vontade do que exerce o trabalho.

Quando se observa o caso da 4ª Turma do Tribunal Regional do Trabalho de São Paulo[25] contra a Zara Brasil aqui antes mencionado, pode-se notar que, ao invés de todas as melhores condições de vida sob as quais os aliciadores atraíram diversas mulheres migrantes da Bolívia e do Peru, a situação a que eram forçosamente submetidas era totalmente divergente. Conforme relatos, as duas oficinas em que as funcionárias trabalhavam e residiam eram ambientes extremamente degradantes, as janelas eram cobertas com tecidos escuros e os ambientes internos sujos, abafa-

---

25. TRT-2 00016629120125020003 São Paulo - SP, Relator: Ricardo Artur Costa e Trigueiros, Data de Julgamento: 20.03.2018, 4ª Turma, Data de Publicação: 06.04.2018.

dos, apertados e com fiação elétrica irregular, a jornada de trabalho chegava a até 16 horas por dia, os indivíduos eram proibidos de deixar o local sem permissão, seus salários sendo muito mais reduzidos do que o estabelecido pela lei, recebendo entre R$ 274 e R$ 460, bem abaixo dos R$ 545 mínimos vigentes na época. Outrossim, os filhos menores das proletárias transitavam pelo local entre máquinas de costura e sem segurança alguma.

O trabalho doméstico também é uma grande prisão para mulheres, mesmo em um país signatário da Convenção de Eliminação de Todas as formas de Discriminação contra a Mulher, como o Brasil, o qual atualmente ficou conhecido o caso de Madalena Gordiano, que viveu por cerca de 30 anos em condições análogas à escravidão, na cidade de Patos de Minas (MG). Ela foi forçada a deixar a escola quando tinha 8 anos e não tinha registro em carteira, um salário mínimo garantido, férias e nem descanso semanal remunerado. A mulher foi resgatada no fim de novembro de 2020, após uma investigação do Ministério Público do Trabalho (MPT). A situação mudou depois que vizinhos desconfiaram dos pedidos feitos por Madalena, que deixava bilhetes embaixo da porta dizendo que precisava de dinheiro para comprar materiais de higiene pessoal.

Além de todas essas formas de trabalho e situações degradantes, mulheres também são as maiores vítimas de escravidão sexual. Estima-se, por exemplo, que cerca de 70 mil brasileiras, grande parte delas aliciadas pelo tráfico de pessoas, trabalhem como profissionais do sexo em outros países. As políticas de migração cada vez mais restritivas diminuem as possibilidades de entrar legalmente nos países, o que acaba por facilitar que os migrantes sejam aliciados por esses traficantes. Em geral, as vítimas estão em busca de uma vida melhor e são atraídas por promessas enganosas de trabalho. Contudo, a ONU ressalta que, mesmo não sendo um migrante legal no país estrangeiro, os direitos básicos devem ser garantidos a essa pessoa.

Portanto, conclui-se que o trabalho escravo, apesar de ter sido intensamente combatido durante alguns anos, ainda afeta uma boa parcela da população mundial e as coloca em posições degradantes, principalmente mulheres, que são consideradas mais frágeis, mais fáceis de enganar e esconder. Ainda que haja leis e medidas tomadas a respeito desse sentido, deve-se priorizar e espalhar campanhas que divulguem casos como esse, aumentar a fiscalização e assessoria desses casos, para que finalmente o mundo possa se libertar completamente dos grilhões da escravidão e de sua influência.

3. DA CONVENÇÃO SOBRE A ELIMINAÇÃO DE TODAS AS FORMAS DE DISCRIMINAÇÃO CONTRA A MULHER PELO ESTADO BRASILEIRO: CARACTERÍSTICAS

Uma das formas de prevenção, luta e penalização acerca do trabalho escravo feminino se deve a ratificação da Convenção sobre a Eliminação de Todas as Formas de Discriminação contra a Mulher (CEDAW, em inglês) pelo Estado Brasileiro, entrando em vigor no ano de 1984. Esse tratado é pioneiro no âmbito internacional, por dispor amplamente sobre os direitos humanos da mulher, tendo sido o marco inicial do processo de incorporação do Direito Internacional dos Direitos Humanos pelo Direito Brasileiro[26]. São duas as frentes abordadas: promover os direitos da mulher na busca da igualdade de gênero e reprimir quaisquer discriminações contra a mulher na localidade em que está vigente essa legislação.

Essa adoção foi resultado de décadas de esforços nesse sentido, visando à proteção e à promoção dos direitos das mulheres universalmente. Proveio de iniciativas tomadas dentro da Comissão de Status da Mulher da ONU, órgão criado em 1946 cuja missão é analisar e criar recomendações de formulações de políticas aos vários países signatários da Convenção, visando o aprimoramento do status do gênero feminino.

Baseada em provisões da Carta das Nações Unidas – que afirma expressamente os direitos iguais de homens e mulheres – e na Declaração Universal dos Direitos Humanos – que declara que todos os direitos e liberdades humanos devem ser aplicados igualmente a homens e mulheres, sem distinção de qualquer natureza – a Comissão preparou, entre os anos de 1949 e 1962, uma série de tratados que incluíram: a Convenção dos Direitos Políticos das Mulheres (1952); a Convenção sobre a Nacionalidade de Mulheres Casadas (1957); a Convenção sobre o Casamento por Consenso, Idade Mínima para Casamento e Registro de Casamentos (1962). Esses tratados visavam a proteção e a promoção dos direitos da mulher, em áreas onde fossem particularmente considerados vulneráveis.

Em 1967, surgiu a Declaração sobre a Eliminação da Discriminação contra a Mulher, a qual incluía em um único instrumento legal padrões internacionais, os quais articulavam direitos iguais de homens e mulheres. Porém, essa não se consagrou como um tratado; e ainda que tivesse uma boa força moral e política, não estabeleceu obrigações para os Estados, algo que era mais necessário para que ações mais extremas fossem tomadas e então houvesse um combate real ao preconceito, ao abuso físico, sexual e psicológico e às extensivas violências que por vezes essas mulheres sofriam, em diversos lugares do mundo.

Nesse contexto, a ONU proclamou 1975 como o Ano Internacional da Mulher e declarou o período de 1976 a 1985 como a Década da Mulher. Foi nessa época que muitas mulheres se reuniram em vários espaços, a exemplo da I Conferência Mundial sobre a Mulher, e formularam propostas referentes aos Direitos Humanos, buscando incluir questões específicas que pudessem melhorar as condições de vida das mulheres no mundo.[27]

Todas as ações foram os alicerces para que a Convenção sobre a Eliminação de Todas as Formas de Discriminação contra a Mulher fosse aprovada pela Assembleia Geral da ONU, em 1979. Perante a resolução de adoção da Convenção, a Assembleia

---

26. PIOVESAN, Flávia. *Direitos Humanos e o Direito Constitucional Internacional*. São Paulo: Saraiva Jur, 2018, p. 418.
27. PIOVESAN, Flávia. *Direitos Humanos e o Direito Constitucional Internacional*. São Paulo: Saraiva Jur, 2018, p. 418.

Geral demonstrou expectativas de que ela entrasse em ação em curto prazo. Composta por um preâmbulo e trinta artigos, dispostos em seis partes, já em sua introdução o documento relembra que:

> [...] a discriminação contra a mulher viola os princípios da igualdade de direitos e do respeito da dignidade humana, vida política, social, econômica e cultural de seu país, constitui um obstáculo ao aumento do bem-estar da sociedade e da família, e dificulta o pleno desenvolvimento das potencialidades da mulher para prestar serviço a seu país e à humanidade.
>
> [...]
>
> Dada a importância da mulher na sociedade, a Convenção da Mulher deve ser tomada como parâmetro mínimo das ações estatais na promoção dos direitos humanos das mulheres e na repressão às suas violações, tanto no âmbito público como no privado. Ela é a grande Carta Magna dos direitos das mulheres e simboliza o resultado de inúmeros avanços principiológicos, normativos e políticos construídos nas últimas décadas, em um grande esforço global de edificação de uma ordem internacional de respeito à dignidade de todo e qualquer ser humano. Nas palavras da jurista Flávia Piovesan "A Convenção se fundamenta na dupla obrigação de eliminar a discriminação e de assegurar a igualdade. A Convenção trata do princípio da igualdade, seja como obrigação vinculante, seja como um objetivo".[28]

Os Estados Partes têm o dever de eliminar a discriminação contra a mulher através da adoção de medidas legais, políticas e programáticas. Tais obrigações se aplicam a diversas esferas da vida, desde pessoal até pública, a questões relacionadas ao casamento e às demais relações familiares, incluem o dever de promover todas as medidas apropriadas no sentido de eliminar a discriminação conta a mulher praticada por qualquer pessoa, organização, empresa e pelo próprio Estado. É aí que se salientam medidas importantes, como a proteção contra a escravidão, contra o tráfico e até mesmo a Lei Maria da Penha – sancionada tardiamente em território nacional (apenas em 2006) e por conta de uma pressão da Organização dos Estados Americanos.

Em 1999, foi adotado o Protocolo Opcional à CEDAW. Nos países que ratificaram o Protocolo, as pessoas do gênero feminino que tiveram seus direitos violados e que tenham esgotado as possibilidades de recurso às instâncias nacionais podem recorrer ao Comitê para a Eliminação de todas as Formas de Discriminação contra a Mulher, criado pela Convenção. O Comitê CEDAW tem a responsabilidade de garantir a aplicação da Convenção para a Eliminação de todas as Formas de Discriminação contra a Mulher. Ele é composto por 23 peritas, de grande prestígio moral e da mais alta competência na área abarcada pela Convenção. São indicadas pelos seus governos e eleitas pelos Estados Partes, a título pessoal.

O Estado brasileiro ratificou a Convenção da Mulher em 1984. Ao fazê-lo, o Brasil formulou reservas aos artigos 15, § 4º; artigo 16, § 1º, alíneas (a), (c), (g) e (h); e artigo 29. As reservas aos artigos 15 e 16, retiradas em 1994, foram feitas devido à

---

28. ONU. Convenção sobre a Eliminação de Todas as Formas de Descriminação contra a Mulher. 1979.

incompatibilidade entre a legislação brasileira, então pautada pela assimetria entre os direitos do homem e da mulher. A reserva ao artigo 29, que não se refere a direitos substantivos, é relativa a disputas entre Estados Partes, quanto à interpretação da Convenção, e continua vigorando. Quanto ao Protocolo Adicional à Convenção, o Brasil tornou-se parte em 2002. O primeiro relatório nacional brasileiro, apresentado em 2002, refere-se aos anos de 1985, 1989, 1993, 1997 e 2001; ou seja, incorporou o relatório inicial e os quatro relatórios periódicos nacionais que estavam pendentes de apresentação.

O Comitê da Convenção sobre a Eliminação de Todas as Formas de Discriminação contra a Mulher pelo Estado Brasileiro recorre a três mecanismos para monitorar o exercício efetivo dos direitos das mulheres nos Estados Partes da Convenção. São eles: análise de relatórios apresentados periodicamente pelos Estados Parte, com a elaboração de observações e recomendações específicas; e preparação de recomendações gerais, que buscam interpretar os direitos e princípios previstos na Convenção.

Atualmente, no âmbito nacional, há a falta de lideranças femininas no poder, desigualdade salarial, e até mesmo representativa, é gritante; houve retrocesso nas políticas de igualdade de gênero – de 2014 a 2016, o orçamento para a Política para as Mulheres foi reduzido em 40%, e de 2016 para 2017 em 52% – o que resultou na diminuição de recursos para as áreas da saúde, educação, moradia, ou seja, retrocessos nos direitos humanos, principalmente das mulheres; afetando, prioritariamente, as mulheres negras e as mais pobres, que são maioria em situação de vulnerabilidade social. Os cortes ameaçam também as políticas de enfrentamento à violência contra a mulher e os números de situações de trabalho análogos à escravidão ainda são muito altos.

Assim, apesar de haver certo esforço no sentido de melhoria das condições de trabalho, campanhas de prevenção ao trabalho forçado e ao tráfico, o Brasil ainda não é um modelo ideal quando o assunto é a Convenção sobre a Eliminação de Todas as Formas de Discriminação contra a Mulher; e muito provavelmente, por não se vincular ao artigo 29 dessa Convenção.

3.1 Da cláusula de reserva pelo estado brasileiro

A cláusula de reserva é o instituto que permite a adesão parcial de países a tratados internacionais, sendo assim definida pela Convenção de Viena sobre o Direito dos Tratados, de 1969, no art. 2º, § 1º, *d*:

> (...) declaração unilateral feita por um Estado a assinar, ratificar, aceitar ou aprovar um tratado, ou aderir, com o objetivo de excluir ou modificar os efeitos jurídicos de certas disposições do tratado em sua aplicação a esse Estado.[29]

---

29. BRASIL. Decreto 4377, de 13 de setembro de 2002. Promulga a Convenção sobre a Eliminação de Todas as Formas de Discriminação contra a Mulher, de 1979, e revoga o Decreto no 89.460, de 20 de março de 1984. Brasília, DF.

Não obstante, a Declaração de Viena de 1993, em seu par. 26, desestimula a incorporação de reservas pelos Estados:

> 26. A Conferência Mundial sobre Direitos do Homem congratula-se com os progressos feitos na codificação de instrumentos de Direitos do homem, o que constitui um processo dinâmico e envolvente, e insta à ratificação universal de tratados sobre Direitos do homem. Todos os Estados são encorajados a aderir a estes instrumentos internacionais; todos os Estados são encorajados a evitar, tanto quanto possível, o recurso a reservas.[30]

No entanto, o Brasil, ao ratificar a Convenção sobre a Eliminação de Todas as Formas de Discriminação contra a Mulher, valeu-se de reservas, tendo algumas sido eliminadas em 1994. Não obstante, ainda permanece a relativa ao artigo 29, § 2º, senão veja-se:

> 1. Qualquer controvérsia entre dois ou mais Estados-Partes relativa à interpretação ou aplicação desta Convenção e que não for resolvida por negociações será, a pedido de qualquer das Partes na controvérsia, submetida a arbitragem. Se no prazo de seis meses a partir da data do pedido de arbitragem as Partes não acordarem sobre a forma da arbitragem, qualquer das Partes poderá submeter a controvérsia à Corte Internacional de Justiça mediante pedido em conformidade com o Estatuto da Corte.
> 2. Qualquer Estado-Parte, no momento da assinatura ou ratificação desta Convenção ou de adesão a ela, poderá declarar que não se considera obrigado pelo parágrafo anterior. Os demais Estados-Partes não estarão obrigados pelo parágrafo anterior perante nenhum Estado-Parte que tenha formulado essa reserva.
> 3. Qualquer Estado-Parte que tenha formulado a reserva prevista no parágrafo anterior poderá retirá-la em qualquer momento por meio de notificação ao Secretário-Geral das Nações Unidas.[31]

Considerando que o artigo 29 preconiza que, em caso de disputa entre dois ou mais Estados sobre a aplicação ou interpretação da Convenção, a questão será submetida à arbitragem, se não for solucionada mediante negociação amigável; e se ainda assim não se alcançar um acordo, qualquer dos Estados poderá submeter a questão à Corte Internacional de Justiça. Assim, ao efetuar a reserva ao preceito, o Estado Brasileiro está evitando a competência jurisdicional da Corte Internacional de Justiça para a solução de tal disputa. Ao evitar a análise dos casos pela Corte Internacional de Justiça, o Estado Brasileiro impede o monitoramento internacional realizado pela Corte, o que é uma posição incompatível com a proteção dos direitos humanos, e ainda, incoerente, já que dispositivo semelhante na Convenção sobre a Eliminação de todas as Formas de Discriminação Racial (art. 22) não foi objeto de qualquer declaração pelo Estado brasileiro.[32]

---

30. DHNET. Declaração de Viena. 1993. Disponível em http://www.dhnet.org.br/direitos/anthist/viena/viena.html. Acesso em 14 mar. 2021
31. BRASIL. Decreto 4377, de 13 de setembro de 2002. Promulga a Convenção sobre a Eliminação de Todas as Formas de Discriminação contra a Mulher, de 1979, e revoga o Decreto no 89.460, de 20 de março de 1984. Brasília, DF.
32. PIOVESAN, Flávia. *Direitos Humanos e o Direito Constitucional Internacional*. São Paulo: Saraiva Jur, 2018, p. 416.

Consoante o art. 92 da Carta da Organização das Nações Unidas, "A Corte Internacional de Justiça será o principal órgão judicial das Nações Unidas". Tal órgão é o resultado de um longo processo de jurisdicionalização e institucionalização dos métodos de aplicação do direito às diferenças internacionais.[33] Reconhecer a competência de um sistema global de proteção dos direitos humanos significa o fortalecimento da concepção de que o tema de direitos humanos é de legítimo interesse da comunidade internacional, não devendo se restringir à competência nacional exclusiva ou à jurisdição doméstica exclusiva.[34]

3.1.1 Do impacto da reserva na garantia dos direitos humanos das mulheres à luz do princípio da dignidade da pessoa humana

Conforme abordado no item 1 deste trabalho, o princípio da dignidade da pessoa humana, à luz da concepção de Sarlet é uma qualidade intrínseca e distintiva reconhecida em cada ser humano, que o faz merecedor do mesmo respeito e consideração, tanto por parte do Estado, como da comunidade.[35]

Ora, se tal postulado implica na atribuição de direitos ao indivíduo pelo fato de este ser uma pessoa, qualquer ato tendente a não proteger, não promover, eliminar, restringir, diminuir, aviltar a garantia de que a pessoa tenha seus direitos atendidos, e, mormente, de evitar a apreciação da comunidade internacional, é, portanto, um ato que lhe diminui a importância conferida e, que, portanto, em certa medida, o aproxima sujeito de direitos como objeto. Segundo Maria Celina Bodin de Moraes: "[...] será desumano, isto é, contrário à dignidade da pessoa humana, tudo aquilo que puder reduzir a pessoa (o sujeito de direitos) a condição de objeto".[36]

Nesse sentido, pode-se dizer que o estabelecimento da reserva em comento, assim como de qualquer reserva, compromete o fim almejado pelo instrumento; posto que evitam a ação fiscalizadora da Corte Internacional para dirimir questões interpretativas acerca da Convenção. Tal conduta – representando a perda de um trunfo de um direito conquistado.

> O princípio da dignidade da pessoa humana acaba, assim, por constituir o fundamento da concepção dos direitos como trunfos, porque é dessa igual dignidade de todos que resulta o direito de cada um conformar autonomamente a existência segundo as suas próprias concepções e planos de vida que têm, à luz do Estado de Direito fundado na dignidade da pessoa humana, o mesmo

---

33. VIEIRA, Daniela Rodrigues; BRANT, Leonardo Nemer Caldeira. Os Desafios da Corte Internacional de Justiça na Atualidade. *IV Anuário Brasileiro de Direito Internacional*. Centro de Direito Internacional: Belo Horizonte, 2009.
34. PIOVESAN, Flávia Cristina. *I Colóquio Internacional de Direitos Humanos*. São Paulo, 2001. Disponível em: http://www.dhnet.org.br/direitos/militantes/flaviapiovesan/piovesan_sip.pdf. Acesso em: 14 mar. 2021.
35. SARLET, Ingo Wolfang. *Dignidade da Pessoa Humana e Direitos Fundamentais na Constituição Federal de 1988*. Porto Alegre: Livraria do Advogado Editora, 2019, p. 70-71.
36. MORAES, Maria Celina Bodin de. *Danos à Pessoa Humana*. p. 85. Rio de Janeiro: Renovar, 2003 apud BERNARDO, Wesley de Oliveira Louzada. O Princípio da Dignidade da Pessoa Humana e o Novo Direito Civil: Breves Reflexões. *Revista da Faculdade de Direito de Campos*, ano VII, n. 8, jun. 2006.

valor de quaisquer outras concepções ou planos de vida, independentemente da maior ou menor adesão social que concitem.[37]

Quando, por exemplo, mulheres migrantes são exploradas em função de sua extrema vulnerabilidade, dadas as implicações decorrentes de não-nacional, tais como a diferença de idioma, cultura, acesso a direitos e falta de políticas públicas inclusivas; a não atuação da Corte Internacional de Justiça implica no incremento de violações estatais de direitos humanos da mulher; seja por parte do Estado em que a escravidão se dá, seja no Estado de origem da mulher. Dessa forma, infere-se que também a realização da justiça é comprometida. Conforme aponta Carmén Lúcia Antunes Rocha, "[...] toda forma de aviltamento ou de degradação do ser humano é injusta. Toda injustiça é indigna e, sendo assim, desumana".[38]

Acerca da justiça, é válido ressaltar o conceito de Joaquim Carlos Salgado[39], para quem, no mundo contemporâneo, significa estabelecer as mesmas condições de vida para todos os seres humanos, universais e iguais.

Nesse ínterim, destaca-se também a literatura de Peter Häberle, para quem é essencial a cooperação entre os países desenvolvidos e em desenvolvimento, bem como a implementação da tutela cooperativa dos direitos fundamentais.[40]

Desse modo, as políticas públicas tendentes à concretização dos direitos humanos devem, com o fim de conferir justiça, ser aplicadas com igualdade no plano internacional, como no âmbito dos Estados soberanos; razão pela qual a cominação de reservas aos pactos não se justifica. Tendo em vista que as premissas dos tratados têm o intuito de garantir direitos, de modo que a não anuência com determinadas cláusulas deveria, pelo contrário, ser rechaçada veementemente pela comunidade internacional.

De acordo com a Teoria Crítica dos Direitos Humanos, de Herreira Flores, a complexidade da natureza dos direitos humanos implica em uma definição que supera as comumente adotadas. Para o autor, quando, no tema de direitos humanos, destacamos o termo direito, corremos o risco de apregoar que o sistema jurídico já solucionou os problemas de desigualdade e injustiça, esquecendo-nos que a regulação normativa esconde o sistema de valores e perspectivas aos quais o legislador se valeu para normatizar as relações.[41]

Assim, de acordo com a Teoria Crítica, a noção abstrata de direitos humanos deve ser substituída pelo estudo das motivações das lutas que os antecederam, de modo que tal compreensão considerará os conflitos existentes para o atendimento à

---

37. NOVAIS, Jorge Reis. *Direitos como trunfos contra a maioria*. Lisboa: Coimbra, 2006. p. 31.
38. ROCHA, Cármen Lúcia Antunes. O Princípio da Dignidade da Pessoa Humana e a Exclusão Social. *Revista Interesse Público*, n. 04, 1999, p. 23-48.
39. SALGADO, Joaquim Carlos. *A ideia de justiça no mundo contemporâneo*. Belo Horizonte: Del Rey, 2005, 257.
40. HÄBERLE, Peter. *Estado constitucional cooperativo*. Rio de Janeiro: Renovar, 2007.
41. FLORES, Herrera Joaquim. *A (re)invenção dos direitos humanos*. Florianópolis: Fundação Boiteux, 2009, p. 21.

dignidade e às legítimas expectativas dos grupos sociais interessados na formulação e execução das normas. Dessa maneira, deve buscar uma aproximação intercultural que considere as várias concepções de dignidade existentes no mundo, revelando a verdadeira força emancipatória do Direito.[42]

A Teoria Crítica dos Direitos Humanos tem como base o reconhecimento de que vivemos com a necessidade de satisfazer necessidades, a partir da tentativa de acesso – que é restringido, desigual e hierarquizado – a determinados bens, em meio a um sistema de valores que se materializou, ao longo da história, por meio de marcos hegemônicos de divisão social, étnica e territorial do fazer humano. Nesse contexto, os marginalizados encampam a luta por esses direitos, a fim de viverem com dignidade, a partir da igualdade de acesso e tratamento aos bens que conformam o valor da dignidade humana e do estabelecimento de sistemas de garantias, que obriguem as instituições nacionais e internacionais ao cumprimento dos direitos conquistados pelas lutas pela dignidade.[43]

Especificamente em relação à cláusula 29 – objeto de reserva pelo Estado brasileiro na Convenção em referência – se a atuação da Corte Internacional de Justiça na solução de controvérsias significa a relevância do tema para a comunidade internacional, o não reconhecimento de sua atuação, por outro lado, portanto, traduz na desimportância do tema.

Em relação ao trabalho feminino em condições análogas à escravidão, verifica-se que, com isso, as questões divergentes relacionadas à sua aplicação, nos termos alhures expostos, não serão analisadas, o que diminui garantias e que é contrário aos Princípio Democrático do Estado de Direito, à cidadania, à dignidade da pessoa humana e à justiça.

4. CONSIDERAÇÕES FINAIS

A adesão a instrumentos internacionais de proteção aos direitos humanos, bem como o reconhecimento do sistema internacional de direitos humanos, tal como é a Organização das Nações Unidas, revela o intuito de democratização, e, por conseguinte, da primazia dos direitos humanos, com a homenagem ao princípio da dignidade da pessoa humana e ampliação do conceito de cidadania, sendo, portanto, essenciais para o desenvolvimento do caráter democrático e do cumprimento do Princípio Democrático do Estado de Direito.

Nesse sentido, a cláusula de reserva adotada pelo Estado Brasileiro em face da Convenção sobre a Eliminação de Todas as Formas de Discriminação contra a Mulher, em sentido inverso, representa a menor importância conferida ao tema e, portanto, ato atentatório à primazia dos direitos humanos, à dignidade da pessoa humana, à

---

42. Ibidem, p.32.
43. FLORES, Herrera Joaquim. *A (re)invenção dos direitos humanos*. Florianópolis: Fundação Boiteux, 2009, p. 32.

cidadania e aos demais princípios democráticos do Estado de Direito. Assim, ao se evitar apresentar recusa expressa à atuação do sistema internacional de proteção dos direitos humanos, incrementa-se a acentuam-se as vulnerabilidades da mulher no presente contexto, estando mais suscetível à violações trabalhistas por representar a maior parte das vítimas de trabalhos e do trabalho escravo feminino em condições análogas à escravidão; o que coincide por revelar a concepção estatal brasileira ainda atrelada à desigualdade de gênero, acerca em observação do tratamento insuficiente conferido à mulher. Diante disso, a justiça em deferência à população feminina, no Brasil, perfaz não é realizada e os direitos conquistados acabam restritos à intangibilidade da lei.

REFERÊNCIAS

BERNARDO, Wesley de Oliveira Louzada. O princípio da dignidade da pessoa humana e o novo direito civil: breves reflexões Revista da Faculdade de Direito de Campos, ano VII, n. 8, jun. 2006.

BRASIL. Constituição (1988). Constituição da República Federativa do Brasil. Brasília, DF. Disponível em: http://www.planalto.gov.br/ccivil_03/constituicao/constituicao.html.

BRASIL. Decreto 4.377, de 13 de setembro de 2002. Promulga a Convenção sobre a Eliminação de Todas as Formas de Discriminação contra a Mulher, de 1979, e revoga o Decreto no 89.460, de 20 de março de 1984. Brasília, DF. Disponível em: http://www.planalto.gov.br/ccivil_03/decreto/2002/D4377.htm.

BRASIL. Decreto 7.030, de 14 de dezembro de 2009. Promulga a Convenção de Viena sobre o Direito dos Tratados, concluída em 23 de maio de 1969, com reserva aos Artigos 25 e 66. Brasília, DF. Disponível em: http://www.planalto.gov.br/ccivil_03/_Ato2007-2010/2009/Decreto/D7030.htm.

BRASIL. Ministério da Mulher, da Família e dos Direitos Humanos. Revisão Periódica Universal. Disponível em: https://www.gov.br/mdh/pt-br/navegue-por-temas/atuacao-internacional/relatorios-internacionais-1/revisao-periodica-universal. Acesso em: 18 nov. 2020.

DHNET. *Convenção sobre a Eliminação de Todas as Formas de Discriminação contra a Mulher.* Disponível em: http://www.dhnet.org.br/direitos/sip/onu/mulher/lex121.htm. Acesso em 10 mar. 2021.

FLORES, Herrera Joaquim. *A (re)invenção dos direitos humanos*. Florianópolis: Fundação Boiteux, 2009.

HÄBERLE, Peter. *Estado constitucional cooperativo*. Rio de Janeiro: Renovar, 2007.

HELD, D. Ciudadanía y autonomia. *La Política (Barcelona)*, n. 3, p. 41-67, 1997. Trad. Agnaldo de Souza BARBOSA e Ana Maria de Oliveira Rosa e Silva. *Perspectivas*, São Paulo, 1999.

MACIEL, Camila. *Zara é autuada por não cumprir acordo para acabar com trabalho escravo*. Agência Brasil. 11 mai. 2015. Disponível em: https://agenciabrasil.ebc.com.br/direitos-humanos/noticia/2015-05/zara-e-autuada-por-nao-cumprir-acordo-para-acabar-com-trabalho. Acesso em: 10 mar. 2021.

MARTINS, Geiza. Qual foi o último país a abolir a escravidão? *Super Interessante*. 14 fev. 2020. Disponível em: https://super.abril.com.br/mundo-estranho/qual-foi-o-ultimo-pais-a-abolir-a-escravidao/. Acesso em: 10 mar. 2021.

MEDINA, Iltavar. *V Colóquio de Direitos Humanos e Justiça Global*: Da Dignidade Humana aos Direitos Humanos. Universidade Federal de Uberlândia. 26 ago. 2019.

NOVAIS, Jorge Reis. *Direitos como trunfos contra a maioria*. Lisboa: Coimbra, 2006.

OIT. *Normas Internacionais sobre Trabalho Forçado*. Organização Internacional do Trabalho. Brasília. Disponível em: https://www.ilo.org/brasilia/temas/trabalho-escravo/WCMS_393063/lang--pt/index.htm. Acesso em: 10 mar. 2021.

OIT. *Trabalho Forçado*. Organização Internacional do Trabalho. Brasília. Disponível em: https://www.ilo.org/brasilia/temas/trabalho-escravo/lang--pt/index.htm. Acesso em: 10 mar. 2021.

PIMENTEL, Silvia. *Convenção sobre a Eliminação Convenção sobre a Eliminação de Todas as Formas de Discriminação contra a Mulher – CEDAW 1979*. Disponível em: https://www.onumulheres.org.br/wp-content/uploads/2013/03/convencao_cedaw.pdf. Acesso em: 10 mar. 2021.

PIOVESAN, Flávia. *Direitos Humanos e o Direito Constitucional Internacional*. São Paulo: Saraiva Jur, 2018.

PULIDO, Carlos Bernal. *O direito dos direitos*: escritos sobre a aplicação dos direitos fundamentais. São Paulo: Marcial Pons, 2013

ROCHA, Cármen Lúcia Antunes. O Princípio da Dignidade da Pessoa Humana e a Exclusão Social. *Revista Interesse Público*, n. 04, 1999.

SALGADO, Joaquim Carlos. *A ideia de justiça no mundo contemporâneo*. Belo Horizonte: Del Rey, 2005.

SARLET, Ingo Wolfang. *Dignidade da Pessoa Humana e Direitos Fundamentais na Constituição Federal de 1988*. Porto Alegre: Livraria do Advogado Editora, 2019.

SILVA, Enio Moraes da. *O Estado Democrático de Direito*. Brasília. 42, n. 167 jul./set. 2005. Disponível em: https://www.greenme.com.br/wpcontent/uploads/2019/09/ril_v42_n167_p213.pdf. Acesso em: 12 mar. 2021

SILVA, José Afonso da. A dignidade da pessoa humana como valor supremo da democracia. *Revista de Direito Administrativo*, v. 212, p. 84-94, abr./jun. 1998.

UNGER, Roberto Mangabeira. *What should legal analysis become?* Cambridge: Harvard Law School, 1995 apud PIOVESAN, 2018, p. 492.

VIEIRA, Daniela Rodrigues; BRANT, Leonardo Nemer Caldeira. Os Desafios da Corte Internacional de Justiça na Atualidade. *IV Anuário Brasileiro de Direito Internacional*. Centro de Direito Internacional: Belo Horizonte, 2009.

PARTE 3
DIREITOS HUMANOS E EMPRESAS

SUICÍDIO E TRABALHO EM EMPRESAS TRANSNACIONAIS: REFLEXÕES EM PROL DA TEORIA DA TRANSNORMATIVIDADE DESDE O CASO 'FOXCONN'

Daniel Urias Pereira Feitoza

Bacharelando em Direito na mesma instituição. Pesquisador no Grupo de Estudos e Pesquisa em Direito Internacional (GEPDI) da Universidade Federal de Uberlândia.

Pedro Lucchetti Silva

Bacharelando em Direito na mesma instituição. Pesquisador no Grupo de Estudos e Pesquisa em Direito Internacional (GEPDI) da Universidade Federal de Uberlândia.

Tatiana Cardoso Squeff

Doutora em Direito Internacional pela UFRGS, com período sanduíche junto à University of Ottawa (Canadá). Mestre em Direito Público pela UNISINOS, com bolsa CAPES e período de estudos junto à Univeristiy of Toronto (Canadá), com fomento DFAIT/ELAP. ORCID n. 0000-0001-9912-9047. Professora adjunta de Direito Internacional na UFU/MG, onde também atua no Mestrado em Direito.

SUMÁRIO: Introdução – 1. O suicídio no contexto neoliberal: uma relação possível? – 2. Na foxconn – 3. A transnormatividade das normas: uma forma facilitada de aplicação do direito internacional? – 4. Conclusão – Referências.

RESUMO: Com o avanço do neoliberalismo, analisado sob a nova divisão internacional do trabalho, tem-se as empresas transnacionais enquanto atores fundamentais do ordenamento internacional hodierno. Exemplo disso é a Foxconn, corporação situada na grande China responsável pela produção das peças para as maiores empresas de tecnologia do mundo como Apple, Dell, HP, Nintendo, Sony, Microsoft e Motorola. Outrossim, para atender a demanda do mercado, seus métodos produtivos envolvem métodos insalubres e desumanos, evidenciando uma verdadeira redução dos direitos de seus trabalhadores, os quais fazem com que altos índices de suicídio sejam contabilizados em seu interior. Em vista disso, tendo como pano de fundo a Foxconn, o presente texto tem como objetivo verificar a relação entre a exploração abusiva da mão de obra de trabalho enquanto fator que conduz ao suicídio em empresas transnacionais, denotando como o modelo mercadológico neoliberal atual faz com que o indivíduo seja coisificado e reduzido meramente produzir e consumir, fomentando a sua separação do tecido social. Tal situação, violadora de direitos fundamentais, faz com que sejam abordadas no presente texto, ainda, maneiras de impor uma tutela mais protetiva aos trabalhadores mesmo quando as nações onde estão situadas essas empresas, como a grande China, não sejam signatárias ou partes de conjuntos normativos e organizações internacionais preocupadas com o direito dos trabalhadores, sugerindo-se a teoria da transnormatividade como potencial forma de fazer com que a tutela dos funcionários seja mais efetiva. Para tanto realiza-se uma pesquisa bibliográfica, a partir do método hipotético dedutivo de abordagem e dos métodos descritivo e explicativo quanto aos objetivos.

INTRODUÇÃO

Com o avanço do neoliberalismo, analisado sob a nova divisão internacional do trabalho, tem-se as empresas transnacionais enquanto atores fundamentais do ordenamento internacional hodierno. Exemplo disso é a Foxconn, corporação responsável pela produção das peças para as maiores empresas de tecnologia do mundo como Apple, Dell, HP, Nintendo, Sony, Microsoft e Motorola. Outrossim, para atender a demanda do mercado, seus métodos produtivos envolvem métodos insalubres e desumanos, evidenciando uma verdadeira redução dos direitos de seus trabalhadores, os quais fazem com que altos índices de suicídio sejam contabilizados em seu interior.

Assim, o presente trabalho visa compreender o possível nexo causal entre as formas de produção adotadas por ela e os altos índices de suicídio na região em que a mesma está situada. Afinal, é fático ainda que a partir dos anos 90, com o avanço do neoliberalismo ao redor do globo, países do Leste Asiático, em especial a China, passaram a apresentar taxas altíssimas de suicídio, fazendo com que essa região fosse denominada "Cinturão do Suicídio".

Questiona-se, desta forma, o motivo pelo qual não são adotadas medidas para conter o avanço de tal conduta por parte dos funcionários, servindo como hipótese o fato de que as empresas de tecnologia, por deterem valor de mercado altíssimo, ultrapassando, por vezes, o produto interno bruto (PIB) de vários países, apresentam grande influência – econômica e, logo, política – nas localidades em que operam, conduzindo à ineficácia do direito internacional do trabalho. Noutros termos, é intuitivo pensar que a exploração ilegal da força laboral ocorre em virtude dos benefícios econômicos gerados por empresas como a Foxconn aos países onde elas atuam, os quais fazem com que estes não busquem reverter o problema, cujo ponto de partida está também na inaplicabilidade doméstica de regras internacionalmente concebidas.

Desde já faz-se imperioso pontuar que a matéria de direito do trabalho na China ainda passa por um processo evolutivo, de modo que este país ainda apresenta dificuldades em aplicar tratados atinentes a essa matéria, tais como aqueles forjados sob os auspícios da Organização Internacional do Trabalho (OIT) ou mesmo por normas relacionadas à trabalho e direitos humanos. Assim, como potencial forma resolutiva ao problema, o presente estudo visa explorar as formas com que o Direito Internacional pode ser conduzido ao ordenamento interno sem que se adote o procedimento tradicional de internalização de tratados, utilizando-se, por isso, da teoria da transformatividade como forma de transposição normativa.

Outrossim, para chegar-se a tal debate, primeiramente, mostra-se de suma importância entender a prática de suicídio e, consequentemente, a sua possível relação com o modelo de produção neoliberal hoje vigente. Ato contínuo, em um segundo momento, busca-se avultar a situação de trabalho na empresa Foxconn como forma de exemplificar a relação penosa à qual os operários eram/são submetidos, cujo desdobramento culmina na corrosão do indivíduo e no seu isolamento ante o coletivo, deixando-o cada vez mais próximo da concretização do suicídio egoísta proposto por

Durkheim, sem que medidas efetivas sejam tomadas por parte da China (ou outras nações) – o que culmina no debate acerca da importância da transnormatividade.

Para tanto, cumpre salientar que o método de abordagem adotado para o desenvolvimento da presente pesquisa é o hipotético-dedutivo. Já em relação ao método de análise dos objetivos, utiliza-se dos modelos descritivo e explicativo. Por fim, quanto ao procedimento, utiliza-se da técnica de revisão bibliográfica de textos selecionados qualitativamente.

1. O SUICÍDIO NO CONTEXTO NEOLIBERAL: UMA RELAÇÃO POSSÍVEL?

O fenômeno do suicídio pode ser classificado como uma preocupação mundial ao se analisar os dados da Organização Mundial da Saúde (OMS), a qual, em 2014, definiu que essa conduta representava a maior causa de morte ao redor do globo entre jovens de 15 e 29 anos.[1] Ao seu turno, a OIT aponta que "intenções suicidas também podem surgem devido aos riscos psicossociais associados a crises jurídicas, discriminação, isolamento, relacionamentos conflitantes, físicos ou abuso psicológico e problemas acadêmicos ou *relacionados ao trabalho*" (grifo nosso).[2] Por estes fatores, o suicídio é considerado um problema de saúde pública, cujo combate deve ser uma prioridade para todos os Estados.[3]

A região que possui um dos maiores índices de mortes por autoextermínio do globo é a do Leste Asiático: no Sri Lanka, por exemplo, estima-se cerca de 36 suicídios a cada 100 mil pessoas por ano; já na China, o índice é estimado em 30,3 suicídios para cada 100 mil pessoas por ano[4]. Por força disso, essa região é denominada de "Cinturão do Suicídio"[5], levantando, assim, o questionamento atinente aos motivos pelos quais os seus números são tão elevados quando comparados ao restante do globo.

---

1. OMS. *Preventing suicide: A global imperative*. Genebra, 2014, p. 7. Disponível em: https://apps.who.int/iris/bitstream/handle/10665/131056/9789241564779_eng.pdf?sequence=1. Acesso em: 17 fev. 2021.
2. OIT. *Workplace stress: a collective challenge*, 2016, p. 7. Disponível em:https://www.ilo.org/wcmsp5/groups/public/---ed_protect/---protrav/---safework/documents/publication/wcms_466547.pdf. Acesso em: 17 fev. 2021. No mesmo sentido: NODA, Miki; SAKAGAMI, Yu; TSUJIMOTO, Hiroshi. The psychological process of workers who access mental health services: a qualitative study focused on workers' sense of 'me as a worker'. *Asia Pacific Journal of Counselling and Psychotherapy*, v. 38, n. 1, p. 70 et seq., 2008. Disponível em: https://www.tandfonline.com/doi/ref/10.2753/IMH0020-7411370104?scroll=top. Acesso em: 17 fev. 2021.
3. OMS. "Suicídio é Grave Problema de Saúde e deve ser tratado como prioridade", Afirma OPAS/OMS. *OPAS BRASIL*. s/d. Disponível em: https://www.paho.org/bra/index.php?option=com_content&view=article&id=5674:suicidio-e-grave-problema-de-saude-publica-e-sua-prevencao-deve-ser-prioridade-afirma-opas--oms&Itemid=839. Acesso em: 17 fev, 2021; FINAZZI-SANTOS, Marcelo Augusto; SIQUEIRA, Marcus Vinícius Soares. Considerações sobre trabalho e suicídio: um estudo de caso. *Revista Brasileira de Saúde Ocupacional*. São Paulo, v. 36, n. 123, p. 73 et seq., 2011. Disponível em: https://www.scielo.br/pdf/rbso/v36n123/a07v36n123.pdf. Acesso em: 17 fev. 2021.
4. A região desde a década de 90 é apontada pelos altos índices de suicídio Cf. BROWN, Phyllida. Vontade de morrer, concentração é nas zonas rurais, Ásia tem os maiores índices de suicídio. *Folha de São Paulo*, 6 abr. 1997. Disponível em: https://www1.folha.uol.com.br/fsp/mundo/ft060412.htm. Acesso em: 17 fev. 2021.
5. DURKHEIM, Èmile. *O Suicídio*. São Paulo: Martins Fontes, 2000, p. 6.

Para realizar tal análise, usa-se uma perspectiva durkheimiana acerca do fenômeno do suicídio. Em "O Suicídio", publicado em 1897, o sociólogo cria a três subcategorias para diferenciar os tipos de autoextermínio: e o suicídio altruísta, egoísta e anômico. Para o presente estudo é relevante ressaltar o suicídio caracterizado como egoísta. Para Durkheim, esta forma de suicídio está atrelada à perda da integração entre o indivíduo e a sociedade, ou seja, ao isolamento do ser, deteriorando a sensação de pertencimento para com os grupos sociais. Dessa forma,

> [q]uanto mais os grupos a que pertencem se enfraquecem, menos o indivíduo depende deles e, por conseguinte, mais depende apenas de si mesmo para não reconhecer outras regras de conduta que não as que se baseiam em seus interesses privados. Se, portanto, conviermos chamar de egoísmo esse estado em que o eu individual se afirma excessivamente diante do eu social e às expensas deste último, poderemos dar o nome de egoísta ao tipo particular de suicídio que resulta de uma individuação descomedida.[6]

Com base na visão do sociólogo, tal subcategoria concretiza-se quando o indivíduo encerra sua vida ao sentir uma desconexão com o restante do tecido social, restando isolado e sem os vínculos essenciais para o convívio em sociedade, de maneira que o ser não vê outra saída senão a morte. Entende-se, com isso, que o indivíduo precisa conectar-se com algo além de si mesmo para que sua vida seja tolerável, posto que, sem tal conexão, o indivíduo se torna "insuficiente", almejando o termino da vida.[7]

Ao explorar o conceito durkheimiano acerca do suicídio egoísta levanta-se o questionamento se o modelo produtivo neoliberal atual é um fator para tal dissociação do ser para com tecido social. Logo, ao analisar-se os métodos de produção vigentes desde uma lente materialista da história, notadamente a partir dos exemplos de empresas situadas em Taiwan, China continental e Hong Kong[8], onde os ciclos produtivos massificam e oprimem o coletivo, dissociam seus vínculos sociais e os isolam[9], resta evidente como esses meios podem ser apontados como responsáveis pela concretização do suicídio egoísta descrito por Durkheim[10].

O nexo causal dos modos de produção modernos e os dados latentes de suicídio relacionado ao trabalho mostra-se como um efeito sintomático da luta de classes.[11] Dessa forma, entende-se que a forma mercadológica adotada por grande parte das empresas para acompanhar o mundo globalizado, onde o capitalismo selvagem alimenta ciclos viciosos e intransponíveis de produção, a sociedade é

---

6. Ibidem, p. 258-259.
7. Ibidem, p. 26.
8. ZHANG, Vincent Qing. Being in the Apple store: a genetic phenomenological sociology of space, *Human Studies*, v. 43, n. 3, p. 667-682, 2020. Disponível em: https://link.springer.com/article/10.1007/s10746-020-09559-y. Acesso em: 17 fev. 2021.
9. CHAN, Jenny; PUN, Ngai; SELDEN, Mark. *Dying for an I-Phone: Apple, Foxconn and the Lives of China's workers*. London: Pluto Press, 2020.
10. MARX, Karl. *Sobre o suicídio*. São Paulo: Boitempo, 2006, p. 24-25.
11. Ibidem, p. 9.

resumida em apenas duas ações: produzir e consumir.[12] Assim, o trabalhador, considerado como uma engrenagem na manutenção da máquina mercadológica, torna-se vítima de uma relação de poder claramente desfavorável e viciosa, a qual tem de um lado o capital, que anseia por produção, e de outro, o subordinado que procura sua subsistência por meio de sua mão de obra[13] e que, portanto, existe/trabalha para consumir/existir.

Tal relação constrói um ecossistema de medo e violência entre as partes, especialmente enquanto o capital demanda cada vez mais produção. Cabe ao funcionário acompanhar tal pedido sob a ameaça de, se falhar, perder a fonte de seu sustento.[14] Esse medo constante de perda de sustento é ainda mais latente em uma economia pautada em terceirizações e que rotineiramente adota constantemente políticas de *downsizing*, ressignificando negativamente a razão social do trabalho. Isso porque, o trabalho, apesar de ser essencial da vida em sociedade e responsável pela formatação de laços sociais primos para a existência das comunidades humanas[15], tendo como função de conectar o ser a algo maior e que o ultrapasse, permitindo o sentimento de pertencimento do indivíduo ao tecido social[16], nesse contexto, acaba tendo consequências diversas, como o isolamento, que pode conduzir o ser ao suicídio.

Afinal, ao inserir a lógica mercadológica moderna em tal equação, perde-se a função social do trabalho e instala-se, de forma atroz, a política do medo e da competitividade.[17] Os funcionários são pressionados de todos os lados por seus empregadores para acompanharem o ritmo desumano de trabalho imposto pelo mercado e pelos próprios empregados para que consigam manter sua competitividade de mercado.[18] Assim, a relação trabalhista, fruto de violências constantes, termina por excluir o indivíduo do tecido social, rompendo qualquer tipo de vínculo que esse poderia construir, e deteriorar a psique do ser e os fios que regem a coesão da coletividade.

---

12. GOMIDE, Ana Paula de Ávila. Notas sobre suicídio no trabalho à luz da teoria crítica da sociedade. *Psicologia*: Ciência e Proteção. Brasília, v. 33, n. 2, p. 384 et seq., 2013. Disponível em: http://www.scielo.br/scielo.php?script=sci_arttext&pid=S1414-98932013000200010&lng=en&nrm=iso. Acesso em: 17 fev. 2021.
13. ARAUJO JUNIOR, Francisco Milton. A terceirização e o descompasso com a rigidez, saúde e segurança no meio ambiente laboral – Responsabilidade solidária do tomador do serviço a partir das normas de saúde e segurança no trabalho. *Rev. Trib. Reg. Trab. 3ª Reg.* Belo Horizonte, v. 58, n. 89, p. 67-81, jan./jun. 2014.
14. KAWAY, Mina; VIDAL, Pedro Walter G. Tang. Dumping social: Relações das multinacionais e dos sujeitos de Direito interno e externo com as normas de trabalho. *Revista eletrônica do Tribunal Regional do Trabalho da 9ª Região*, v. 4, n. 43, p. 7-21, ago. 2015.
15. BARRETO, Margarida; NETTO, Nilson Berenchtein; PEREIRA, Lourival Batista. *Do Assédio Moral à Morte de Si: Significados Sociais do Suicídio no Trabalho*. São Paulo: Matsunaga, 2011.
16. CORTEZ, Pedro Afonso et al. Suicídio no trabalho: um estudo de revisão da literatura brasileira em psicologia. *Revista Psicologia Organizações e Trabalho*, Brasília, v. 19, n. 1, p. 524 et seq., jun. 2019. Disponível em: http://pepsic.bvsalud.org/scielo.php?script=sci_arttext&pid=S1984-66572019000100003&lng=pt&nrm=is. Acesso em : 17 fev. 2021.
17. FERREIRA, António Casimiro. A sociedade de austeridade: Poder, medo e direito do trabalho de exceção, *Revista Crítica de Ciências Sociais (Online)*, v. 95, p. 119-136, 2011. Disponível em: https://journals.openedition.org/rccs/4417#quotation. Acesso em: 17 fev. 2021.
18. Ibidem, p. 114.

Ademais, outra característica marcante da forma de trabalho capitalista é a alienação do trabalhador em relação àquilo que produz. Com o advento do fordismo[19] e a adoção de linhas de montagem, por vezes, o trabalhador mal sabe no que trabalha, fomentando ainda mais a problemática do isolamento do ser, uma vez que, assim como preconizado por Marx,

> [...] ser o trabalho [alienado] externo ao trabalhador, não fazer parte de sua natureza e, por conseguinte, ele não se realizar em seu trabalho, mas negar a si mesmo, ter um sentimento de sofrimento em vez de bem-estar, não desenvolver livremente suas energias mentais e físicas, mas ficar fisicamente exausto e mentalmente deprimido.[20]

Com isso, é axiomático como as principais características do capitalismo moderno supracitadas se interligam com os motivos de desconexão do ser, conduzindo-o ao suicídio. Como descrito por Durkheim[21], "foi dito algumas vezes que, em virtude de sua constituição psicológica, o homem não pode viver a não ser que se ligue a um objeto que o ultrapasse e que lhe sobreviva, e deu-se como razão disso uma necessidade que teríamos de não perecer inteiramente".

E na medida em que os países pertencentes ao chamado "Cinturão do Suicídio" são verdadeiros epicentros dos métodos de produção capitalista, marcados pela terceirização, políticas constantes de *downsizing* e escassos direitos trabalhistas[22], abrigando empresas que carregam consigo não só a reputação da rigidez com que tratam os seus funcionários, não é surpresa que a prática de suicídio relacionados ao ambiente de trabalho seja rotineira.[23] A grande China em especial, vez que ela é um dos principais polos econômico-industriais do mundo ao reproduzir esse sistema em seus meios de produção, colocando-se, por força disso, enquanto expoente dessa nova divisão internacional do trabalho[24] e, logo, no epicentro de práticas de suicídios.

Local este onde está situada a Foxconn, empresa taiwanesa de tecnologia que possui um dos maiores capitais do mundo com a receita na casa dos trilhões de dólares[25], mas que, outrossim, é conhecida pelas condições subumanas de trabalho a que são submetidos os seus funcionários, além dos constantes casos de suicídios associados

---

19. Para uma definição desse modelo de produção, cf. RIBEIRO, Andressa de Freitas. Taylorismo, fordismo e toyotismo. *Lutas Sociais*, v. 19, n. 35, p. 65-79, 2015.
20. MARX, Karl. *Manuscritos Filosóficos de Agosto de 1844 ou Manuscritos de Paris*, São Paulo: Boitempo, 2004, p. 82-83.
21. DURKHEIM, Èmile. *O Suicídio*. São Paulo: Martins Fontes, 2000, p. 260.
22. Para um debate acerca das consequências da globalização mercadológica, cf. COSTA, Ilton Garcia; MERHEB, Marcos Paulo dos Santos Bahig. Dumping Social, Terceirização e quarteirização. *Revista Direito e Jusitça: refexões sociojurídicas*, v. 19, n. 33, p. 37-53, 2019.
23. CHAN, Jenny. State and labor in China 1978-2018. *Journal of Labor and Society*, v. 22, n 2, p. 470 et seq, 2019. Disponível em: https://onlinelibrary.wiley.com/doi/10.1111/wusa.12408. Acesso em: 17 fev. 2021.
24. LYRIO, Maurício Carvalho. *A ascensão da China como potência*: fundamentos políticos internos. Brasília: FUNAG, 2010. p. 31. Disponível em: http://funag.gov.br/biblioteca/download/902-Ascensao_da_China_como_Potencia_A.pdf. Acesso em: 17 de fev. 2021.
25. NEWSWIRES, Dow Jones. Foxconn tem alta de 34% do lucro líquido no segundo trimestre no segundo trimestre. *Valor Econômico*, 2020. Disponível em: https://valor.globo.com./empresas/noticia/2020/08/12/foxconn-tem-alta-de-34percent-do-lucro-liquido-no-segundo-trimestre.ghtml. Acesso em 17 fev. 2021.

a ela. Entre 2010 e 2011 foram registradas 19 tentativas e suicídios consumados de trabalhadores dessa empresa; em 2012, cerca de 300 funcionários ameaçaram cometer suicídio coletivo, como forma de protesto contra as péssimas condições de trabalho a que eram submetidos por ela.[26]

Assim, as estatísticas que apontam tão preocupantes taxas de autoextermínio em tal parcela do território asiático podem ser vistas como um reflexo da violência e segregação social a que são submetidos os trabalhadores inseridos no núcleo do capitalismo selvagem, no qual a necessidade de produção supera o direito à saúde e, até mesmo, à vida, em prol da manutenção do ciclo vicioso de fabricação e consumo.[27]

2. NA FOXCONN

Com o avanço do neoliberalismo ao longo do século XXI, novos modelos de produção e organização de trabalho foram impostos pelos agentes econômicos. Por conseguinte, grandes conglomerados de tecnologia, informação e comunicação (TIC) buscaram instalar suas fábricas em países que sofrem com as consequências do desemprego estrutural e da desassistência estatal. Essas empresas transnacionais[28] se aproveitam da vulnerabilidade social dos habitantes locais, que, muitas vezes, por falta de opções de trabalho e pela necessidade de (sobre)viver, além de desconhecerem os seus (escassos) direitos, são submetidos a condições exaustivas e desumanas de trabalho.[29]

Em meio a estas, destaca-se a Foxconn, maior fabricante de componentes eletrônicos e de computadores no mundo, tendo como seus clientes principais companhias de tecnologia como Apple, Dell, HP, Nintendo, Sony, Microsoft e Motorola. Criada em 1974, a empresa sediada na cidade de Shenzhen, Taiwan, grande China, trouxe à cidade a geração de diversos empregos. Devido sua expansão, atualmente, a Foxconn é uma das empresas que mais cresce no mundo, sendo a maior exportadora de componentes de tecnologia da China, tendo fábricas espalhadas por todo o ter-

---

26. SELDEN, Mark; CHAN, Jenny; NGAI, Pun. The politics of global production: Apple, Foxconn and China's new working class. In: D. Nathan, M. Tewari, & S. Sarkar (Org.). *Labour in Global Value Chains in Asia Development Trajectories in Global Value Chains*. Cambridge: Cambridge University Press, 2013, p. 358. Disponível em: http://encurtador.com.br/ijv47. Acesso em: 17 fev. 2021.
27. Ibidem, p. 359.
28. "As Empresas Transnacionais são entidades mercantis que apresentam como principal desígnio a expansão de suas atividades além das fronteiras dos países em que estão sediadas. Evidentemente que o fenômeno da globalização impulsionou a prática de tais empresas, sobretudo em razão da facilidade engendrada pelos avanços tecnológicos" (WINTER, Luis Alexandre Carta; NASSIF, Rafael Carmezim. A Atuação das Empresas Transnacionais nos Países Emergentes: Desenvolvimento Nacional à luz da Ordem Econômica Constitucional. *Cadernos do PPGD da UFRGS*, v. 11, n. 1, p. 170-187, 2016, p. 171).
29. CHAN, Jenny. State and labor in China 1978-2018. *Journal of Labor and Society*, v. 22, n. 2, p. 470 et seq., 2019. Disponível em: https://onlinelibrary.wiley.com/doi/10.1111/wusa.12408. Acesso em: 17 fev. 2021; BARRETO, Margarida; HELOANI, Roberto. Violência, saúde e trabalho: a intolerância e o assédio moral nas relações laborais. *Revista Serviço Social & Sociedade*, São Paulo, n. 123, p. 553 et seq., 2015. Disponível em: http://www.scielo.br/scielo.php?script=sci_arttext&pid=S0101-66282015000300544&lng=en&nrm=iso. Acesso em: 17 fev. 2021.

ritório chinês.³⁰ Outrossim, desde 2010, a mesma vem enfrentando problemas para com a sua imagem, notadamente em função do suicídio de 19 operários e de outras 18 tentativas, forte no modelo de produção análogo à condições de escravidão aos quais seus funcionários são rotineiramente submetidos.³¹

Essa situação dentro das fábricas da Foxconn pode ser analisada desde uma perspectiva da violência e do domínio exercido pela empresa sob os seus funcionários. Isso porque, os novos modelos de trabalho estabelecem mecanismos disciplinares e de controle, os quais reiteram noções hierárquicas, fazendo com que os operadores sintam-se meras peças do processo produtivo, fazendo com que os mesmos assumam a sua coisificação e, por vezes, neguem a sua existência.³²

Estudos realizados por diversas faculdades de Taiwan, Hong Kong e China continental apontam que a Foxconn seria um "campo de trabalho" em função da violência imposta aos seus funcionários, física e mentalmente.³³ A coisificação de seus subordinados resta ainda mais aparente quando, ao invés de combater essa imagem de ambiente violento por meio de ações efetivas, a empresa apenas adotou medidas paliativas para a contenção de suicídios, como a implantação de redes em torno de seus edifícios, impedindo, desta maneira, que os funcionários viessem a óbito ao se jogarem pelas janelas, além de exigir de seus funcionários a uma declaração de não suicídio.³⁴

Inclusive, a transferência de funcionários da sede em Shenzhen para Wuhan, na China continental, foi outra ação adotada para evitar a união de operários em torno da causa; porém, as condições de trabalho mantiveram-se as mesmas, sem a menor preocupação por parte da empresa em fornecer melhores condições de trabalho aos seus funcionários.³⁵ Afinal, para além de doenças ocupacionais geradas por uma exaustiva jornada de trabalho com movimentos repetitivos, dentre as condições alar-

---

30. NGAI, Pun; CHAN, Jenny. Global Capital, the State, and Chinese Workers: The Foxconn Experience. *Modern China*, v. 38, n. 4, p. 383-410, 2012, p. 390 (em especial, figura 1).
31. SELDEN, Mark; CHAN, Jenny; NGAI, Pun. The politics of global production: Apple, Foxconn and China's new working class. In: D. Nathan, M. Tewari, & S. Sarkar (Org.). *Labour in Global Value Chains in Asia Development Trajectories in Global Value Chains*. Cambridge: Cambridge University Press, 2013, p. 362. Disponível em: http://encurtador.com.br/ijv47. Acesso em: 17 fev. 2021.
32. SANTOS, Cleito Pereira. Trabalho, controle subordinação: O taylorismo-fordismo como mode de organização da autoridade do capital no século XX. *CSOnline – Revista Eletronica de Ciencias Sociais*, v. 19, p. 106-120, jun. 2015.
33. SELDEN, Mark; CHAN, Jenny; NGAI, Pun. The politics of global production: Apple, Foxconn and China's new working class. In: D. Nathan, M. Tewari, & S. Sarkar (Org.). *Labour in Global Value Chains in Asia Development Trajectories in Global Value Chains*. Cambridge: Cambridge University Press, 2013, p. 358. Disponível em: http://encurtador.com.br/ijv47. Acesso em: 17 fev. 2021.
34. SUICIDES at Foxconn Light and death A series of deaths expose a big computer-maker to unaccustomed scrutiny. *The Economist*, 27 maio 2010. Disponível em: https://www.economist.com/business/2010/05/27/light-and-death. Acesso em: 17 fev. 2021.
35. SELDEN, Mark; CHAN, Jenny; NGAI, Pun. The politics of global production: Apple, Foxconn and China's new working class. In: D. Nathan, M. Tewari, & S. Sarkar (Org.). *Labour in Global Value Chains in Asia Development Trajectories in Global Value Chains*. Cambridge: Cambridge University Press, 2013, p. 358. Disponível em: http://encurtador.com.br/ijv47. Acesso em: 17 fev. 2021.

mantes de trabalho, pode-se citar o fato de os trabalhadores não poderem conversar entre si, sob pena de multa.[36]

Não apenas isso, importante listar outras situações que denotam a coisificação do ser por parte da Foxconn, motivando a precarização da saúde física e mental de seus funcionários: os dormitórios oferecidos àqueles que vêm de outras cidades para laborar são facilmente comparadas a celas de presídios em virtude da péssima estrutura e superlotação[37]; além disso, os salários são baixíssimos. De acordo com um estudo realizado pela organização não governamental Estudantes e Acadêmicos Contra o Comportamento Corporativo (SACOM), o salário mínimo necessário para se manter na cidade de Shenzhen, onde se localiza a maior fábrica da Foxconn, deveria ser de ¥ 2.293,00, enquanto o salário médio pago aos funcionários era de ¥ 1.200,00.[38]

As condições de trabalho subumanas são uma realidade constante na Foxconn também porque há relatos de os trabalhadores não receberem treinamento ou equipamento de proteção individual pela empresa, conforme relata uma funcionária em entrevista ao portal britânico *The Telegraph*, em 2010: "a linha de montagem rodava muito rápido e depois de uma manhã todos nós já tínhamos bolhas na pele e nossas mãos estavam pretas. A fábrica estava tão cheia de poeira que ninguém podia aguentar".[39] Assim, considerando a perspectiva durkheimiana explorada no item anterior, não causa estranheza o fato de o número de suicídios ser alto nessa empresa.

Aliás, quanto aos suicídios, ressalta-se os motivos pelos quais eles ocorrem na empresa: seja pela jornada exaustiva, seja pelas condições insalubres e desumanas as quais os funcionários são submetidos, seja por pressão da própria empresa, tal como foi o caso de uma funcionária de 26 anos que se jogou da janela do seu prédio após ter recebido um e-mail da Foxconn solicitando que a mesmas pedisse demissão em 2010[40]. Talvez o caso mais emblemático tenha sido em 2012 quando a empresa não concedeu o aumento salarial que havia prometido, fazendo com que cerca de 300 trabalhadores subissem no telhado da fábrica em Wuhan e ameaçassem cometer suicídio coletivo, caso as condições de trabalho não fossem melhoradas.[41] Entre as

---

36. SUICIDES at Foxconn Light and death A series of deaths expose a big computer-maker to unaccustomed scrutiny. *The Economist*, 27 maio 2010. Disponível em: https://www.economist.com/business/2010/05/27/light-and-death. Acesso em: 17 fev. 2021.
37. MOORE, Malcolm. Inside Foxconn's suicide factory. *The Telegraph*, 27 maio 2010. Disponível em: https://www.telegraph.co.uk/finance/7773011/A-look-inside-the-Foxconn-suicide-factory.html. 1º nov. 2020.
38. SACOM – Students and Scholars Against Corporate Misbehaviour. *Foxconn and Apple Fail to Fulfill Promises: Predicaments of Workers after the Suicides*, 2011, p. 6. Disponível em: http://sacom.hk/wp-content/uploads/2018/10/2011-Foxconn-and-Apple-Fail-to-Fulfill-Promises-Predicaments-of-Workers-after-the--Suicides.pdf. Acesso em: 17 fev. 2021.
39. MOORE, Malcolm. Inside Foxconn's suicide factory. *The Telegraph*, 27 maio 2010. Disponível em: https://www.telegraph.co.uk/finance/7773011/A-look-inside-the-Foxconn-suicide-factory.html. 1º nov. 2020.
40. SACOM – Students and Scholars Against Corporate Misbehaviour. *Foxconn and Apple Fail to Fulfill Promises*: Predicaments of Workers after the Suicides, 2011, p. 26. Disponível em: http://sacom.hk/wp-content/uploads/2018/10/2011-Foxconn-and-Apple-Fail-to-Fulfill-Promises-Predicaments-of-Workers-after-the--Suicides.pdf. Acesso em: 17 fev. 2021.
41. ZOMOGINSKI, Felipe. Ameaça de suicídio coletivo reabre crise na Foxconn. *Veja*, 12 jan. 2012. Disponível em: https://veja.abril.com.br/tecnologia/ameaca-de-suicidio-coletivo-reabre-crise-na-foxconn/. Acesso em:

reivindicações estavam a melhoria sanitária nas instalações da empresa, um melhor treinamento dos funcionários para operar grandes máquinas e o fim do parcelamento de salários.[42]

Nesse sentido, é imprescindível destacar que tal controle exacerbado nos processos produtivos que tem como fito estabelecer relações de dominação e impor mecanismos disciplinares para otimizar a produção e, consequentemente, o lucro, conduz a uma contínua ocorrência de suicídios na Foxconn, "normalizando" essa conduta[43], a qual, na verdade, deveria ser condenada pelos Estados considerando o *due diligence* e necessidade da preservação do princípio da dignidade humana. Dessa forma, apesar de o ápice da cobertura midiática sobre a crise dos suicídios nas fábricas da empresa tenha ocorrido entre 2010 e 2012, eles tornam a se repetir em função da inação estatal, seja da China ou dos países onde as parceiras da empresa estão situadas[44], talvez em função do próprio poder (político-econômico) (direito e indireto) que tais empresas hoje apresentam frente ao(s) Estado(s).

Estudos recentes apontam que a Foxconn permanece reproduzindo esse tipo de controle exacerbado em seus processos produtivos[45] – hoje também incorporando deslocados internos oriundos de regiões rurais, mormente mulheres, com pouco conhecimento acerca de seus direitos[46]. Além disso, há relatos acerca da utilização de uma percentagem superior ao permitido pela legislação local de trabalhadores temporários[47] e a utilização de estagiários para a realização de atividades semelhan-

---

17 fev. 2021.
42. BARBOZA, Davi. Foxconn Resolves Dispute With some Workers in China. *The New York Times*, 12 jan. 2012. Disponível em: https://www.nytimes.com/2012/01/13/technology/foxconn-resolves-pay-dispute--with-workers.html. Acesso em 17 fev. 2021.
43. MERCHANT, Brian. Life and Death in Apple's Forbidden City. *The Guardian*, 18 jun. 2017. Disponível em: https://www.theguardian.com/technology/2017/jun/18/foxconn-life-death-forbidden-city-longhua-suicide-apple-iphone-brian-merchant-one-device-extract#img-5. Acesso em: 17 fev. 2021.
44. Tratar-se-ia, por exemplo, da aplicação do princípio da responsabilidade social coorporativa por parte desses Estados às empresas situadas em seus territórios, o qual impõe às empresas transnacionais o dever de "promover, respeitar, fazer respeitar e proteger os direitos humanos no âmbito das suas atividades" (ARAUJO, Juliana Frauches. Responsabilidade Social das empresas transancionais. *Revista de Direito*, Viçosa, v. 12, n. 1, 2020, p. 1-21). Cf. também: MATHIS, Adriana de Azevedo; MATHIS, Armin. Responsabilidade Social Corporativa e Direitos Humanos: discursos e realidades. *Revista Katál*, Florianópolis, v. 15, n. 1, p. 131-140, jan./jun. 2012. Disponível em: https://www.scielo.br/pdf/rk/v15n1/a13v15n1.pdf. Acesso em: 17 fev. 2021.
45. "Temporary agency workers were underpaid and overworked at the Hengyang Foxconn factory, according to China Labor Watch. [...] The report said dispatch workers were earning 14 remnibi ($2.18, £1.63) per hour and were not paid a higher rate when working overtime. [...] The investigation found that workers put in over 100 hours of overtime a month during peak production season, violating Chinese law which says monthly overtime cannot exceed 36 hours" (FOXCONN broke Chinese labour laws-rights group. *BBC*, 11 jun. 2018. Disponível em: https://www.bbc.com/news/business-44436250. Acesso em: 10 mar. 2021.
46. PUN, Ngai; ZHANG, Huipeng. Injury of Class: Compressed Modernity and the Struggle of Foxconn Workers. *Temporalités – Revue de sciences sociales et humaines*, v. 26, 2017. Disponível em: https://doi.org/10.4000/temporalites.3794. Acesso em: 20 mar. 2021; FOXCONN workers are the latest victims of Shenzhen's gentrification. *China Labour Bulletin*, 31 jul. 2018. Disponível em: https://www.clb.org.hk/content/foxconn-workers-are-latest-victims-shenzhen's-gentrification. Acesso em: 20 mar. 2021.
47. GURMAN, Mark. Apple, Foxconn Broke a Chinese Labor Law to Build Latest iPhones. *Bloomberg*, 8 set. 2019. Disponível em: http://bloomberg.com/news/articles/2019-09-09/apple-foxconn-broke-a-chinese-labor-law-for-iphone-production. Acesso em: 10 mar. 2021.

tes às dos operários efetivos, sem oferecer remuneração ou proteções trabalhistas condizentes ao trabalho executado[48].

Nesse sentido, considerando ser de fundamental importância prevenir a perpetuação de tais modelos de produção nas fábricas da Foxconn para frear a ocorrência de suicídios vinculados às relações subumanas de trabalho, questiona-se a existência de um modelo que permitiria a adoção de medidas mais protetivas, sem que se dependa da incorporação formal de regras internacionais ao ordenamento jurídico doméstico, vez que, na atual conjuntura mundial, a importância de certas empresas (e sua influência política e/ou econômica) é cada vez mais imponente, de modo que o Estado pode restar reticente em agir.

3. A TRANSNORMATIVIDADE DAS NORMAS: UMA FORMA FACILITADA DE APLICAÇÃO DO DIREITO INTERNACIONAL?

Muito se discute acerca da relação entre o Direito Internacional e o direito doméstico dos Estados. Essa análise se torna ainda mais complexa quando se trata das formas em que as normas internacionais são incorporadas no direito interno. Nesse viés, um conceito importante a ser destacado é o fato de que, se atentos ao Direito Internacional clássico, o debate doutrinário entre esses dois ordenamentos são de que os mesmos ou são formas normativas independentes, existindo cada qual em seu ordenamento (dualismo[49]), ou complementares e, consequentemente, que não se excluem, mas somam-se uma a outra (monismo[50]). Outrossim, tanto em uma quanto na outra, faz-se necessário optar ou não pela internalização das normas internacionais ao plano doméstico.

Por força disso, é que se chama a atenção à teoria da transnormatividade. Essa teoria emerge em um contexto globalizado, em que a inter-relação entre os governos locais, regionais e globais, não estão mais adstritas às ferramentas rígidas, sobretudo, porque esses não são mais os únicos atores a ganharem impulso no atual

---

48. PUN, Nai; ANDRIJASEVIC, Rutvica; SACHETTO, Devi. Transgressing North–South Divide: Foxconn Production Regimes in China and the Czech Republic. *Critical Sociology*, v. 46, n. 2, p. 307-322. 15 fev. 2019.
49. Sobre o tema, cf. SQUEFF, Tatiana A. F. R. Cardoso. As Relações entre o Direito Internacional e o Estado Soberano na visão de Georg Jellinek. *Campo Jurídico*, v. 4, n. 2, p. 136-151, out. 2016, p. 145-146; e LUPO, André Lipp Pinto Basto. O Brasil é dualista? Anotações sobre a vigência de normas internacionais no ordenamento brasileiro *Revista de informação legislativa*, Brasília, v. 46, n. 184, p. 29-45, out./dez. 2009.
50. Importante dizer que o monismo se divide em monismo internacionalista e monismo nacionalista, sendo que a segunda "foi totalmente abandonada, uma vez que não se adapta à realidade dos dias de hoje por vivemos em um mundo globalizado". Portanto, a primeira seria a única versão do monismo hoje possível. Nesta, "a unidade da ordem jurídica [está] sob o primado do direito internacional", o qual pode ser transferido ao direito interno de maneira automática (monismo radical) ou através de procedimento de internalização previsto em lei (moderado), muito embora tenha preferência em relação ao direito internacional, forte no art. 27 da Convenção de Viena do Direito dos Tratados de 1969 (CARDOSO, Tatiana de A. F. R.; BERNARDI, Vanessa de Oliveira. Litispendencia en el Mercosur: modos de compatibilización por el derecho internacional. *Revista da Secretaria do Tribunal Permanente de Revisão*, Assunción, v. 2, n. 4, p. 219-234, 2014, p. 228-231).

cenário, sendo também possível falar em indivíduos, empresas etc., como igualmente passíveis de influenciarem normativamente as relações internacionais.[51]

No caso, para essa teoria, consoante os ensinamentos de Wagner Menezes[52], o cenário contemporâneo ampliou "os mecanismos de interação entre Direito Internacional e direito interno, estabelecendo uma relação transnormativa, não só de produção, mas também de efeitos e repercussões de um direito – especialmente o internacional –, sobre o sistema normativo do outro. E justamente por isso é que ela poderia ser uma boa solução para o problema encontrado no caso de empresas transnacionais que, por influenciarem sobremaneira a órbita político-econômica doméstica, não são por eles responsabilizadas no plano interno, forte no próprio arcabouço normativo hoje prescrito pelo regime *Business and Human Rights*[53].

Afinal, no caso de os Estados sentirem-se pressionados por empresas transnacionais a não adotarem certa normativa internacional sobre este tema, a transnormatividade possibilitaria "uma interpretação de normas jurídicas entre o local e o global em um mesmo espaço de soberania e competência normativa"[54], sem as amarras de formalidades do modelo tradicional, sendo possível falar em construções interpretativas que independam da internalização de certas regras e, logo, de comprometimentos político-econômicos antecipados.

Noutros termos, a teoria da transnormatividade torna-se um meio para que as normas de Direito de Internacional sejam utilizadas por países que não se encontram formal/tradicionalmente vinculadas a elas. Ela faz com que o Direito Internacional permeie o ordenamento interno "por poros que se abrem na película da soberania estatal espontaneamente, pela própria permissão do Estado, e vão se agregando ao

---

51. MENEZES, Wagner. O direito internacional contemporâneo e a teoria da transformidade. *Pensar – Revista de Ciências Jurídicas*, Fortaleza, v. 12, n. 1, p. 134-144, 2010, p. 136 e 140.
52. Ibidem, p. 141.
53. O *Business and Human Rights regime* refere-se ao modelo hoje existente no plano internacional que, por ainda ser estadocêntrico, impede que as empresas transnacionais sejam responsabilizadas diretamente na órbita internacional, recaindo sob o o Estado o dever de puni-las por suas transgressões no plano interno – fato este que, inclusive é bastante problemático justamente pela influência político-econômicas das empresas transnacionais no mercado/cenário nacional. Importante frisar, porém, que neste mesmo regime pode-se falar da existência de regras de natureza *soft law*, originárias do Direito Internacional, as quais prescrevem parâmetros a serem seguidos por tais empresas, em prol do respeito e da proteção dos direitos humanos. Outrossim, esse marco normativo, mais conhecido pelos Marco Ruggie, também apresenta falhas quanto a sua real efetividade, muito em função da sua natureza (*soft*) e da inexistência de tribunais Internacionais com jurisdição para debater essa temática de maneira direta. Sobre o tema, cf. BILCHITZ, David. O Marco Ruggie: uma proposta adequada para as obrigações de direitos humanos das empresas. *SUR – Revista Internacional de Derechos Humanos*, v. 7, n. 12, p. 209-241, 2010; CISMAS, Ioana; MACRORY, Sarah. The Business and Human Rights Regime under International Law: Remedy without Law? In: James Summers; Alex Gough. *Non-State Actors and International Obligations: Creation, Evolution and Enforcement*. Leiden: Brill – Nijhoff, 2018, p. 224-260; SEPPALA, Nina. Business and the International Human Rights Regime: A Comparison of UN Initiatives. *Journal of Business Ethics*, v. 87, p. 401-417, 2009; e OLSEN, Ana Carolina Lopes; PAMPLONA, Danielle Anne. Violações a direitos humanos por empresas transnacionais na América Latina: perspectivas de responsabilização. *Revista Direitos Humanos e Democracia*, v. 7, n. 13, p. 129-151, 2019.
54. MENEZES, Wagner. O direito internacional contemporâneo e a teoria da transformidade. *Pensar – Revista de Ciências Jurídicas*, Fortaleza, v. 12, n. 1, p. 134-144, 2010, p. 141.

sistema normativo interno, que se torna cada vez mais internacionalizado".[55] Esse, por exemplo, seria o caso da China que, mesmo não sendo membro da OIT, inspiradas em suas resoluções e recomendações[56], poderia (re)formular as suas normativas e/ou as suas ações domésticas, sem que isso signifique a adesão do país à própria Organização, o que implicaria em uma necessária e grandiosa mudança (de) política (doméstica).

Numa frase, a teoria da transformatividade assume que os textos normativos não precisam ser feitos a nível internacional e posteriormente internalizados no direito doméstico, como ocorre no caso de tratados internacionais. A teoria, na verdade, diz que esses tratados podem influenciar mudanças nos ordenamentos internos mesmo quando o país não o tenha ratificado, fazendo com que as decisões tomadas dentro dos limites nacionais tenham uma conotação internacional.

Para abordar a teoria da transnormatividade no caso em questão, é importante considerar que a Foxconn evidentemente viola uma série de direitos humanos como o direito à saúde e à vida, enfim, à dignidade humana – direitos esses tutelados pelo Direito Internacional e entendidos como normas inderrogáveis[57]. Logo, aponta-se a transnormatividade enquanto uma opção para atingir-se uma solução mais ágil ao problema da ineficácia de tais regras, oportunizando ao poder executivo e/ou judiciário local que se valha de parâmetros internacionais para o caso concreto com repercussão internacional[58] como é o da Foxconn, sem que isso lhe imponha obrigações acessórias, tal como aquelas que poderiam emergir a partir das formas de compatibilização clássicas de Direito Internacional.

A transnormatividade, por conseguinte, visa suprir a demanda por melhores condições de trabalho desses grupos vulnerabilizados uma vez que, a teoria não tem o condão de influenciar meramente políticas destinadas à esfera estatal, abrangendo também normas que afetam os setores privados de produção.[59] Isso porque,

---

55. Ibidem, p. 141.
56. Para uma diferença entre essas normas, cf. SQUEFF, Tatiana Cardoso; SQUEFF, André Bassani. A efetividade do direito do trabalhador: por um diálogo necessário entre o direito internacional e o direito do trabalho através do transconstitucionalismo. *Prisma Jurídico*, v. 16, n. 1, p. 205-240, 2017, p. 214-215.
57. Por oportuno, salienta-se que o direito à vida é considerado uma regra inderrogável em função da previsão contida no art. 4(2) do Pacto Internacional de Direito Civis e Políticos de 1966, o qual cita a natureza cogente do art. 6 do mesmo documento. Já o direito à saúde teria a mesma natureza forte na impossibilidade de separar este direito do direito à vida, consoante o entendimento do Comitê de Direitos Econômicos, Sociais e Culturais, exposto no Comentário Geral n. 14 ao art. 12 do Pacto Internacional de Direitos Econômicos, Sociais e Culturais de 1966.
58. Como diz Wagner Menezes, "a relação de transnormatividade entre Direito Internacional e interno encontra campo fértil para desenvolver-se em um ambiente incrementado pelo desencadeamento do processo de globalização, que amplia ainda mais o leque de temas que adquirem um verdadeiro caráter global/local" (MENEZES, Wagner. O direito internacional contemporâneo e a teoria da transnormatividade. *Pensar – Revista de Ciências Jurídicas*, Fortaleza, v. 12, n. 1, p. 134-144, 2010, p. 141).
59. MATTOS, Henrique Araújo Torreira de. *A teoria da transnormatividade aplicada às regras de governança corporativa das empresas*. 2009. 345f. Dissertação (Mestrado em Direito) – Pontifícia Universidade Católica de São Paulo, São Paulo, 2009. Disponível em: https://tede.pucsp.br/handle/handle/8867. Acesso em: 03 mar. 2021.

como Wagner Menezes[60] aponta, "a transnacionalização da ordem econômica [...] envolve um número maior de temas e opera entre as fronteiras, não só através do seu principal objeto, que é o capital, mas também por sujeitos operacionais, como as empresas transacionais".

Assim, em teoria, ela se mostra como uma ferramenta de transposição de normas, nesse caso trabalhistas, de maneira muito mais ágil e, talvez, menos atentatórias à relação empresa-Estado, do que o processo de implementação tradicional, uma vez que diversos países – e aqui incluímos hipoteticamente a China[61] – afastam-se da participação de tratados que protegem tal gama de direitos muito em função dos anseios político-econômicos desses sujeitos operacionais, os quais ainda necessitam adequar-se aos anseios da sociedade internacional contemporânea, democrática e centrada na proteção dos Direitos Humanos. E a teoria transnormativa, nesse passo, seria um possível caminho para a própria empresa obedecer tais normas, perfazendo o caminho apregoado por Boaventura de Souza Santos[62], para quem "o movimento democrático transnacional é o único sinal de esperança na luta contra a iniquidade do mundo em que vivemos".

4. CONCLUSÃO

Tendo sido exposta a problemática acerca das condições de trabalho subumanas presentes nas fábricas da Foxconn e os escandalosos casos de suicídio que acontece(ra)m na mesma, é tangível concluir que o controle de produção exercido nesses ambientes de trabalho são os grandes responsáveis para a deterioração da psique de seus funcionários, a qual é frequentemente responsável pela dissociação do indivíduo de seu coletivo, levando-o, em casos, extremos ao suicídio. Controle este que está relacionado não apenas a forma quase que militar que trata seus funcionários, mas igualmente em função da própria demanda internacional de suas peças por conglomerados de tecnologia, os quais pouco se preocupam com a condição de trabalho dos operários contratados pela Foxconn, denotando as facetas mais cruéis do capitalismo selvagem – uma marca do século XXI.

---

60. MENEZES, Wagner. O direito internacional contemporâneo e a teoria da transnormatividade. *Pensar – Revista de Ciências Jurídicas*, Fortaleza, v. 12, n. 1, p. 134-144, 2010, p. 141.
61. Essa inserção não é tranquila, de maneira que é necessário compreender a política econômica adotada pela China de fornecimento de fomento público às empresas privadas ali situadas, as quais não só garantem o crescimento do PIB Chinês, como também uma maior competitividade por parte dessas corporações frente as suas concorrentes/rivais internacionais. Com isso, nota-se que a transnormatividade, em teoria, poderia impactar positivamente na proteção dos direitos dos trabalhadores, em que pese acreditar-se que essa deva ser igualmente uma vontade do próprio Estado Chinês em função de tais benefícios ou, ao menos, do seu Poder Judiciário, o que, porém, foge do escopo de análise deste trabalho. Sobre as relações econômicas do Estado Chinês, cf. SMIK, Veronica. A China é Comunista ou capitalista? *BBC*, 1 out. 2019. Disponível em: https://www.bbc.com/portuguese/internacional-49877815. Acesso em: 10 mar. 2021.
62. SANTOS, Boaventura de Souza. O movimento democrático transnacional. *Revista Visão*, Coimbra, out. 2000.

Aliás, é por causa do modelo mercadológico neoliberal e da grande influência das empresas transnacionais que a Foxconn consegue utilizar tais métodos, instalando-se em países que carecem de uma forte legislação trabalhista e não fazem parte de organizações de Direito Internacional que tutelam tais direitos, como a OIT, como é caso da grande China – país em que a aplicação tradicional do Direito Internacional tarda a surtir efeitos justamente por questões de ordem política e econômica.

Assim, o que se verificou a partir do presente texto é que a transnormatividade, em teoria, surge como uma ferramenta capaz de suprir a ineficácia das normas que prescrevem padrões trabalhistas mínimos no plano internacional, uma vez que possibilita uma troca normativa entre o local e global de maneira horizontal, sem maiores formalidades, sem que isso seja compreendido como uma fissura da soberania estatal. Afinal, por mais que as regras da OIT não sejam vinculantes à China, a teoria da transnormatividade é de fundamental importância para que o país – e quiçá, no futuro, a(s) própria(s) empresa(s) transnacional(is) – se inspire(m) e desenvolva(m) políticas de proteção do trabalhador de maneira mais ágil.

REFERÊNCIAS

ARAUJO, Juliana Frauches. Responsabilidade Social das empresas transnacionais. *Revista de Direito*, Viçosa, v. 12, n. 1, p. 1-21, 2020.

ARAUJO JUNIOR, Francisco Milton. A terceirização e o descompasso com a rigidez, saúde e segurança no meio ambiente laboral – Responsabilidade solidária do tomador do serviço a partir das normas de saúde e segurança no trabalho. *Rev. Trib. Reg. Trab. 3ª Reg.* Belo Horizonte, v. 58, n. 89, p. 67-81, jan./jun. 2014.

BARBOZA, Davi. *Foxconn Resolves Dispute With some Workers in China*. The New York Times, 12 jan. 2012. Disponível em: https://www.nytimes.com/2012/01/13/technology/foxconn-resolves-pay-dispute-with-workers.html. Acesso em 17 fev. 2021.

BARRETO, Margarida; HELOANI, Roberto. Violência, saúde e trabalho: a intolerância e o assédio moral nas relações laborais. *Revista Serviço Social & Sociedade*, São Paulo, n. 123, p. 553 et seq., 2015. Disponível em: http://www.scielo.br/scielo.php?script=sci_arttext&pid=S0101-66282015000300544&lng=en&nrm=iso. Acesso em: 17 fev. 2021.

BARRETO, Margarida; NETTO, Nilson Berenchtein; PEREIRA, Lourival Batista. *Do Assédio Moral à Morte de Si: Significados Sociais do Suicídio no Trabalho*. São Paulo: Matsunaga, 2011

BILCHITZ, David. O Marco Ruggie: uma proposta adequada para as obrigações de direitos humanos das empresas. *SUR – Revista Internacional de Derechos Humanos*, v. 7, n. 12, p. 209-241, 2010.

BROWN, Phyllida. Vontade de morrer, concentração é nas zonas rurais, Ásia tem os maiores índices de suicídio. *Folha de São Paulo*, 6 abr. 1997. Disponível em: https://www1.folha.uol.com.br/fsp/mundo/ft060412.htm. Acesso em: 17 fev. 2021.

CARDOSO, Tatiana de A. F. R.; BERNARDI, Vanessa de Oliveira. Litispendencia en el Mercosur: modos de compatibilización por el derecho internacional. *Revista da Secretaria do Tribunal Permanente de Revisão*, Assunción, v. 2, n. 4, p. 219-234, 2014.

CHAN, Jenny. State and labor in China 1978-2018. *Journal of Labor and Society*, v. 22, n 2, p. 470 et seq., 2019. Disponível em: https://onlinelibrary.wiley.com/doi/10.1111/wusa.12408. Acesso em: 17 fev. 2021.

CHAN, Jenny; PUN, Ngai; SELDEN, Mark. *Dying for an I-Phone*: Apple, Foxconn and the Lives of China's workers. London: Pluto Press, 2020.

CISMAS, Ioana; MACRORY, Sarah. The Business and Human Rights Regime under International Law: Remedy without Law? In: James Summers; Alex Gough. *Non-State Actors and International Obligations: Creation, Evolution and Enforcement*. Leiden: Brill – Nijhoff, 2018.

CORTEZ, Pedro Afonso *et al*. Suicídio no trabalho: um estudo de revisão da literatura brasileira em psicologia. *Revista Psicologia Organizações e Trabalho*, Brasília, v. 19, n. 1, p. 524 et seq., jun. 2019 . Disponível em: http://pepsic.bvsalud.org/scielo.php?script=sci_arttext&pid=S1984-66572019000100003&lng=pt&nrm=is. Acesso em: 17 fev. 2021.

COSTA, Ilton Garcia; MERHEB, Marcos Paulo dos Santos Bahig. Dumping Social, Terceirização e quarteirização. *Revista Direito e Jusitça*: reflexões sociojurídicas, v. 19, n. 33, p. 37-53, 2019.

DURKHEIM, Èmile. *O Suicídio*. São Paulo: Martins Fontes, 2000.

FERREIRA, António Casimiro. A sociedade de austeridade: Poder, medo e direito do trabalho de exceção, *Revista Crítica de Ciências Sociais (Online)*, v. 95, p. 119-136, 2011. Disponível em: https://journals.openedition.org/rccs/4417#quotation. Acesso em: 17 fev. 2021

FINAZZI-SANTOS, Marcelo Augusto; SIQUEIRA, Marcus Vinícius Soares. Considerações sobre trabalho e suicídio: um estudo de caso. *Revista Brasileira de Saúde Ocupacional*. São Paulo, v. 36, n. 123, p. 73 et seq., 2011. Disponível em: https://www.scielo.br/pdf/rbso/v36n123/a07v36n123.pdf. Acesso em: 17 fev. 2021.

FOXCONN broke Chinese labour laws-rights group. BBC, 11 jun. 2018. Disponível em: https://www.bbc.com/news/business-44436250. Acesso em: 10 mar. 2021.

FOXCONN workers are the latest victims of Shenzhen's gentrification. *China Labour Bulletin*, 31 jul. 2018. Disponível em: https://www.clb.org.hk/content/foxconn-workers-are-latest-victims-shenzhen's-gentrification. Acesso em: 20 mar. 2021.

GOMIDE, Ana Paula de Ávila. Notas sobre suicídio no trabalho à luz da teoria crítica da sociedade. *Psicologia*: Ciência e Proteção. Brasília, v. 33, n. 2, p. 384 et seq., 2013. Disponível em: http://www.scielo.br/scielo.php?script=sci_arttext&pid=S1414-98932013000200010&lng=en&nrm=iso. Acesso em: 17 fev. 2021.

GURMAN, Mark. *Apple, Foxconn Broke a Chinese Labor Law to Build Latest iPhones*. Bloomberg, 8 set. 2019. Disponível em: http://bloomberg.com/news/articles/2019-09-09/apple-foxconn-broke-a-chinese-labor-law-for-iphone-production. Acesso em: 10 mar. 2021.

KAWAY, Mina; VIDAL, Pedro Walter G. Tang. Dumping social: Relações das multinacionais e dos sujeitos de Direito interno e externo com as normas de trabalho. *Revista eletrônica do Tribunal Regional do Trabalho da 9ª Região*, v. 4, n. 43, p. 7-21, ago. 2015.

LUPO, André Lipp Pinto Basto. O Brasil é dualista? Anotações sobre a vigência de normas internacionais no ordenamento brasileiro *Revista de informação legislativa*, Brasília, v. 46, n. 184, p. 29-45, out./dez. 2009.

LYRIO, Maurício Carvalho. *A ascensão da China como potência: fundamentos políticos internos*. Brasília: FUNAG, 2010. p. 31. Disponível em: http://funag.gov.br/biblioteca/download/902-Ascensao_da_China_como_Potencia_A.pdf. Acesso em: 17 de fev. 2021.

MARX, Karl. *Manuscritos Filosóficos de Agosto de 1844 ou Manuscritos de Paris*, São Paulo: Boitempo, 2004.

MARX, Karl. *Sobre o suicídio*. São Paulo: Boitempo, 2006.

MATHIS, Adriana de Azevedo; MATHIS, Armin. Responsabilidade Social Corporativa e Direitos Humanos: discursos e realidades. *Revista Katál*, Florianópolis, v. 15, n. 1, p. 131-140, jan./jun. 2012. Disponível em: https://www.scielo.br/pdf/rk/v15n1/a13v15n1.pdf. Acesso em 17 fev. 2021.

MATTOS, Henrique Araújo Torreira de. *A teoria da transnormatividade aplicada às regras de governança corporativa das empresas*. 2009. 345f. Dissertação (Mestrado em Direito) – Pontifícia Universidade Católica de São Paulo, São Paulo, 2009. Disponível em: https://tede.pucsp.br/handle/handle/8867. Acesso em: 03 mar. 2021.

MENEZES, Wagner. O direito internacional contemporâneo e a teoria da transformidade. *Pensar – Revista de Ciências Jurídicas*, Fortaleza, v. 12, n. 1, p. 134-144, 2010.

MERCHANT, Brian. *Life and Death in Apple's Forbidden City*. The Guardian, 18 jun. 2017. Disponível em: https://www.theguardian.com/technology/2017/jun/18/foxconn-life-death-forbidden-city-longhua-suicide-apple-iphone-brian-merchant-one-device-extract#img-5. Acesso em: 17 fev. 2021.

MOORE, Malcolm. *Inside Foxconn's suicide factory*. The Telegraph, 27 maio 2010. Disponível em: https://www.telegraph.co.uk/finance/7773011/A-look-inside-the-Foxconn-suicide-factory.html. 1º nov. 2020.

NEWSWIRES, Dow Jones. Foxconn tem alta de 34% do lucro líquido no segundo trimestre no segundo trimestre. *Valor Econômico*, 2020. Disponível em: https://valor.globo.com./empresas/noticia/2020/08/12/foxconn-tem-alta-de-34percent-do-lucro-liquido-no-segundo-trimestre.ghtml. Acesso em: 17 fev. 2021.

NGAI, Pun; CHAN, Jenny. Global Capital, the State, and Chinese Workers: The Foxconn Experience. *Modern China*, v. 38, n. 4, p. 383-410, 2012.

NODA, Miki; SAKAGAMI, Yu; TSUJIMOTO, Hiroshi. The psychological process of workers who access mental health services: a qualitative study focused on workers' sense of 'me as a worker'. *Asia Pacific Journal of Counselling and Psychotherapy*, v. 38, n. 1, p. 70 et seq., 2008. Disponível em: https://www.tandfonline.com/doi/ref/10.2753/IMH0020-7411370104?scroll=top. Acesso em: 17 fev. 2021

OMS. *Preventing suicide*: A global imperative. Genebra, 2014, p. 7. Disponível em: https://apps.who.int/iris/bitstream/handle/10665/131056/9789241564779_eng.pdf?sequence=1. Acesso em: 17 fev. 2021.

OMS. "Suicídio é Grave Problema de Saúde e deve ser tratado como prioridade", Afirma OPAS/OMS. *OPAS BRASIL*. s/d. Disponível em: https://www.paho.org/bra/index.php?option=com_content&view=article&id=5674:suicidio-e-grave-problema-de-saude-publica-e-sua-prevencao-deve-ser-prioridade-afirma-opas-oms&Itemid=839. Acesso em: 17 fev. 2021.

OIT. *Workplace stress: a collective challenge*, 2016, p. 7. Disponível em: https://www.ilo.org/wcmsp5/groups/public/---ed_protect/---protrav/---safework/documents/publication/wcms_466547.pdf. Acesso em: 17 fev. 2021.

OLSEN, Ana Carolina Lopes; PAMPLONA, Danielle Anne. Violações a direitos humanos por empresas transnacionais na América Latina: perspectivas de responsabilização. *Revista Direitos Humanos e Democracia*, v. 7, n. 13, p. 129-151, 2019.

PUN, Nai; ANDRIJASEVIC, Rutvica; SACHETTO, Devi. Transgressing North–South Divide: Foxconn Production Regimes in China and the Czech Republic. *Critical Sociology*, v. 46, n. 2, p. 307-322. 15 fev. 2019.

PUN, Ngai; ZHANG, Huipeng. Injury of Class: Compressed Modernity and the Struggle of Foxconn Workers. *Temporalités – Revue de sciences sociales et humaines*, v. 26, 2017. Disponível em: https://doi.org/10.4000/temporalites.3794. Acesso em: 20 mar. 2021.

RIBEIRO, Andressa de Freitas. Taylorismo, fordismo e toyotismo. *Lutas Sociais*, v. 19, n. 35, p. 65-79, 2015.

SACOM – Students and Scholars Against Corporate Misbehaviour. *Foxconn and Apple Fail to Fulfill Promises*: Predicaments of Workers after the Suicides, 2011, p. 26. Disponível em: http://sacom.hk/wp-content/uploads/2018/10/2011-Foxconn-and-Apple-Fail-to-Fulfill-Promises-Predicaments-of-Workers-after-the-Suicides.pdf. Acesso em: 17 fev. 2021.

SANTOS, Boaventura de Souza. O movimento democrático transnacional. *Revista Visão*, Coimbra, out. 2000.

SANTOS, Cleito Pereira. Trabalho, controle subordinação: O taylorismo-fordismo como mode de organização da autoridade do capital no século XX. *CSOnline – Revista Eletronica de Ciencias Sociais*, v. 19, p. 106-120, jun. 2015.

SELDEN, Mark; CHAN, Jenny; NGAI, Pun. The politics of global production: Apple, Foxconn and China's new working class. In: D. Nathan, M. Tewari, & S. Sarkar (Org.). *Labour in Global Value Chains in Asia Development Trajectories in Global Value Chains*. Cambridge: Cambridge University Press, 2013. Disponível em: http://encurtador.com.br/ijv47. Acesso em: 17 fev. 2021.

SEPPALA, Nina. Business and the International Human Rights Regime: A Comparison of UN Initiatives. *Journal of Business Ethics*, v. 87, p. 401-417, 2009.

SMIK, Veronica. *A China é Comunista ou capitalista?* BBC, 1 out. 2019. Disponível em: https://www.bbc.com/portuguese/internacional-49877815. Acesso em: 10 mar. 2021.

SQUEFF, Tatiana A. F. R. Cardoso. As Relações entre o Direito Internacional e o Estado Soberano na visão de Georg Jellinek. *Campo Jurídico*, v. 4, n. 2, p. 136-151, out. 2016.

SQUEFF, Tatiana Cardoso; SQUEFF, André Bassani. A efetividade do direito do trabalhador: por um diálogo necessário entre o direito internacional e o direito do trabalho através do transconstitucionalismo. *Prisma Jurídico*, v. 16, n. 1, p. 205-240, 2017.

SUICIDES at Foxconn Light and death A series of deaths expose a big computer-maker to unaccustomed scrutiny. *The Economist*, 27 maio 2010. Disponível em: https://www.economist.com/business/2010/05/27/light-and-death. Acesso em: 17 fev. 2021.

WINTER, Luis Alexandre Carta; NASSIF, Rafael Carmezim. A Atuação das Empresas Transnacionais nos Países Emergentes: Desenvolvimento Nacional à luz da Ordem Econômica Constitucional. *Cadernos do PPGD da UFRGS*, v. 11, n. 1, p. 170-187, 2016.

ZHANG, Vincent Qing. Being in the Apple store: a genetic phenomenological sociology of space, *Human Studies*, v. 43, n. 3, p. 667-682, 2020. Disponível em: https://link.springer.com/article/10.1007/s10746-020-09559-y. Acesso em: 17 fev. 2021.

ZOMOGINSKI, Felipe. *Ameaça de suicídio coletivo reabre crise na Foxconn*. Veja, 12 jan. 2012. Disponível em: https://veja.abril.com.br/tecnologia/ameaca-de-suicidio-coletivo-reabre-crise-na-foxconn/. Acesso em: 17 fev. 2021.

TRABALHO INFANTIL E A "INDÚSTRIA DO CHOCOLATE": COMBATE E ESTRATÉGIAS NO ÂMBITO DAS EMPRESAS

Catharina Lopes Scodro

Mestranda em Direito pela Faculdade de Direito de Ribeirão Preto de Universidade de São Paulo (FDRP USP), com bolsa pela Coordenação de Aperfeiçoamento de Pessoal de Nível Superior (Fundação CAPES). Bacharel em Direito pela Universidade Federal de Uberlândia (UFU). E-mail: catharina.scodro@usp.br.

Marcela Nogueira Martins

Mestranda em Direito pela Universidade de Valencia (Espanhã). Bolsista pelo CNPQ (Brasil). Advogada. Monitora da Rede de Processo Civil Internacional. Pesquisadora e coordenadora do eixo de Direitos Humanos, Cidadania e Desenvolvimento do Laboratório de Direitos Humanos da UFU. Coordenadora do Amicus Curiae do Laboratório de Direitos Humanos da UFU. Graduada em Direito pela Universidade Federal de Uberlândia.

Thamara Freitas da Cunha

Graduanda em Direito pela Universidade Federal de Uberlândia (UFU). E-mail: freitasthamara8@gmail.com.

SUMÁRIO: Introdução – 1. Instrumentos legais para o enfrentamento ao trabalho infantil no Brasil – 2. A bebida dos deuses e o alimento da desigualdade: dos aspectos gerais às questões estruturais da cadeia de produção de chocolate – 3. Panorama de erradicação do trabalho infantil na indústria do chocolate – 4. Considerações finais – Referências.

RESUMO: O Brasil é o sétimo maior produtor de cacau do mercado mundial, de sorte que cerca de oito mil crianças e adolescentes trabalham nas lavouras cacaueiras, o que indica, como problema, a existência de trabalho infantil na "indústria do chocolate". Dessa forma, por meio do método dedutivo e das técnicas bibliográfica e documental, a pesquisa o estudo se propõe a analisar a realidade do trabalho infantil na indústria do chocolate, destacando as estratégias de combate implementadas pelas principais empresas do setor com sede no Brasil (Nestlé, Hersheys e Mondelez). Assim, a pesquisa abrangeu a análise sobre os instrumentos do Direito brasileiro e do Direito Internacional direcionados à proibição do trabalho infantil, a cadeia de produção de chocolate e a responsabilização das empresas. Percebeu-se que as empresas analisadas estruturaram e implementaram programas com múltiplas frentes, além de elaborar relatórios e a adotar selos sociais, com o objetivo comum de rastrear a cadeia de produção. Entretanto, há uma ausência de dados relacionados à efetividade dessas iniciativas para eliminar e prevenir o trabalho infantil e, em consonância, efetivar os direitos humanos e fundamentais.

INTRODUÇÃO

De acordo com a *International Cocoa Organization*[1] (ICCO), o Brasil ocupa a segunda posição de maior produtor de chocolate na América do Sul – bem como a sétima posição em uma escala global –, com uma participação correspondente a 3,7% na produção mundial em 2017. Nesse sentido, ao considerar o crescimento econômico da indústria do cacau no Brasil, ao menos 7,9 mil[2] crianças e adolescentes foram identificadas trabalhando nas plantações de cacau.

Os maiores produtores do país se concentram nos estados do Pará (49,3%) e da Bahia (45,1%)[3], com destaque para os municípios de Medicilândia (PA) e de Ilhéus (BA). Assim, para realização da pesquisa, o recorte adotado considerou as principais municipalidades da cadeia de produção, bem como as maiores empresas do setor.

À vista disso, valendo-se do método dedutivo[4] e das técnicas de pesquisa bibliográfica e documental, o estudo se propõe a analisar a realidade do trabalho infantil na indústria do chocolate, destacando as estratégias de combate implementadas pelas principais empresas do setor com sede no Brasil (Nestlé, Hersheys e Mondelez). Para tanto, conjuntamente, a discussão abrangeu os instrumentos do Direito brasileiro e do Direito Internacional direcionados à proibição do trabalho infantil e a estrutura da cadeia produtiva e de consumo da indústria do chocolate no Brasil.

1. INSTRUMENTOS LEGAIS PARA O ENFRENTAMENTO AO TRABALHO INFANTIL NO BRASIL

No Brasil, o enfrentamento ao trabalho infantil se ampara, principalmente, na Constituição Federal (CRFB) (1988), no Estatuto da Criança e do Adolescente (ECA) (1990) e na Consolidação das Leis do Trabalho (CLT) (1943), bem como nos instrumentos de Direito Internacional.

Observa-se que a Constituição[5] proíbe o "trabalho noturno, perigoso ou insalubre a menores de dezoito e de qualquer trabalho a menores de dezesseis anos, salvo na condição de aprendiz, a partir de quatorze anos", no art. 7º, XXXIII.

Já o Estatuto da Criança e do Adolescente[6] prevê que as pessoas até doze anos incompletos são consideradas crianças, ao passo que as pessoas entre doze e dezoito

---

1. ORGANIZAÇÃO INTERNACIONAL DO TRABALHO; MINISTÉRIO PÚBLICO DO TRABALHO. *Cadeia Produtiva do cacau* – avanços e desafios rumo à promoção do trabalho decente: análise situacional. Brasil, 2018.
2. Ibidem, p. 30.
3. INSTITUTO BRASILEIRO DE GEOGRAFIA E ESTATÍSTICA. Produção Agrícola Municipal 2019. 2020. Disponível em: https://cidades.ibge.gov.br/brasil/pesquisa/15/0?localidade1=29&localidade2=15. Acesso em: 24 fev. 2021.
4. MARCONI, Marina de Andrade; LAKATOS, Eva Maria. *Metodologia científica*. 5. ed. São Paulo: Atlas, 2003. p. 91.
5. BRASIL. Constituição da República Federativa do Brasil de 1988. 1988. Disponível em: http://www.planalto.gov.br/ccivil_03/constituicao/constituicao.htm. Acesso em: 25 fev. 2021.
6. BRASIL. Lei 8.069, de 13 de julho de 1990. Dispõe sobre o Estatuto da Criança e do Adolescente e dá outras providências. Disponível em: http://www.planalto.gov.br/ccivil_03/leis/l8069.htm. Acesso em: 25 fev. 2021.

anos, adolescentes (art. 2º). No ECA, o Capítulo V, do Título II "Dos Direitos Fundamentais" garante o direito à profissionalização e à proteção no trabalho, de sorte que, nos dispositivos, reitera a proteção constitucional ao proibir o "qualquer trabalho" às crianças e aos adolescentes menores de 14 anos, salvo na condição de aprendiz.

Conjuntamente, o Estatuto veda de que o "adolescente empregado, aprendiz, em regime familiar de trabalho, aluno de escola técnica, assistido em entidade governamental ou não governamental" desempenhe trabalho "I – noturno, realizado entre as vinte e duas horas de um dia e as cinco horas do dia seguinte; II – perigoso, insalubre ou penoso; III – realizado em locais prejudiciais à sua formação e ao seu desenvolvimento físico, psíquico, moral e social; IV – realizado em horários e locais que não permitam a frequência à escola" (art. 67).

A despeito de o ECA disciplinar alguns aspectos relacionados à aprendizagem, a regulamentação da modalidade contratual se dá, sobretudo, na Consolidação das Leis do Trabalho[7]. Na CLT, o contrato de aprendizagem é um contrato de trabalho especial por tempo determinado[8], direcionado aos indivíduos maiores de 14 anos e menores de 24 anos, os quais devem estar inscritos em "formação técnico-profissional metódica, compatível com o seu desenvolvimento físico, moral e psicológico" (art. 428, *caput*).

Em complemento à CRFB, ao ECA e à CLT, os instrumentos de Direito Internacional apresentam substancial importância no enfrentamento ao trabalho infantil no Brasil, a partir da coexistência – "simultânea e não excludente" – de sistemas de proteção de direitos humanos nos contextos global, regional e "global especial"[9].

O sistema global, identificado pela Organização das Nações Unidas (ONU), foi instaurado com a Carta das Nações Unidas pelos Estados signatários (1945) e seu rol de direitos surgiu a partir da aprovação da Declaração Universal dos Direitos Humanos (DUDH) (1948). Na DUDH, o art. 23 prevê o direito humano "ao trabalho, à livre escolha de emprego, a condições justas e favoráveis de trabalho e à proteção contra o desemprego"[10].

De acordo com Juliane Caravieri Martins[11], os direitos da Declaração foram "juridicializados" a partir do Pacto Internacional dos Direitos Civis e Políticos (PIDCP) e do Pacto Internacional de Direitos Econômicos, Sociais e Culturais (PIDESC)[12],

---

7. BRASIL. Decreto-Lei 5.452, de 1º de maio de 1943. Aprova a Consolidação das Leis do Trabalho. Disponível em: http://www.planalto.gov.br/ccivil_03/decreto-lei/del5452.htm. Acesso em: 25 fev. 2021.
8. Art. 428, § 3º: O contrato de aprendizagem não poderá ser estipulado por mais de 2 (dois) anos, exceto quando se tratar de aprendiz portador de deficiência. Fonte: BRASIL. Op. cit., 1943.
9. MARTINS, Juliane Caravieri. *Trabalho digno e direitos humanos em tempos de globalização*: perspectivas para a América Latina. Arraes Editores: Belo Horizonte, 2017. p. 57.
10. UNICEF. Declaração Universal dos Direitos Humanos: Adotada e proclamada pela Assembleia Geral das Nações Unidas (resolução 217 A III) em 10 de dezembro 1948. [s/l] 10 de dezembro 1948. Disponível em: https://www.unicef.org/brazil/declaracao-universal-dos-direitos-humanos. Acesso em: 25 fev. 2020.
11. MARTINS, Juliane Caravieri. Op. cit., p. 64.
12. O Pacto Internacional dos Direitos Civis e Políticos (PIDCP) e o Pacto Internacional de Direitos Econômicos, Sociais e Culturais (PIDESC) foram aprovados em 1966, contudo, apenas entraram em vigor em 1976.

os quais foram ratificados no Brasil, respectivamente, pelo Decreto 592 e pelo Decreto 591 de 1992. No PIDESC, o art. 10 prevê que "devem-se proteger as crianças e adolescentes contra a exploração econômica e social. O emprego de crianças e adolescentes em trabalhos que lhes sejam nocivos à moral e à saúde ou que lhes façam correr perigo de vida, ou ainda que lhes venham a prejudicar o desenvolvimento norma, será punido por lei", bem como que "os Estados devem também estabelecer limites de idade sob os quais fique proibido e punido por lei o emprego assalariado da mão de obra infantil" [13].

Conjuntamente, no âmbito da Organização das Nações Unidas, foi aprovada a Convenção sobre os Direitos da Criança[14] em 1989, ratificada pelo Brasil pelo Decreto 99.710 (1990). No instrumento, que reconheceu que "[...] em todos os países do mundo, existem crianças vivendo em condições excepcionalmente difíceis, e que essas crianças precisam de consideração especial", o art. 32 prevê:

> Artigo 32
> 1. Os Estados Partes reconhecem o direito da criança de ser protegida contra a exploração econômica e contra a realização de qualquer trabalho que possa ser perigoso ou interferir em sua educação, ou que seja prejudicial para sua saúde ou para seu desenvolvimento físico, mental, espiritual, moral ou social.
> 2. Os Estados Partes devem adotar medidas legislativas, sociais e educacionais para assegurar a aplicação deste artigo. Para tanto, e levando em consideração os dispositivos pertinentes de outros instrumentos internacionais, os Estados Partes devem, em particular:
> • estabelecer uma idade mínima ou idades mínimas para a admissão no trabalho;
> • estabelecer regulamentação apropriada relativa a horários e condições de trabalho;
> • estabelecer penalidades ou outras sanções apropriadas para assegurar o cumprimento efetivo deste artigo.

Ademais, em 2015, a Organização das Nações Unidas estabeleceu um "plano de ação para as pessoas, o planeta e a prosperidade" [15] a partir da "Transformando o Nosso Mundo: a Agenda 2030 para o Desenvolvimento Sustentável", popularmente conhecida como Agenda 2030[16]. Tal Agenda, resultante da negociação de 193 (cento

---

13. BRASIL. Decreto 591, de 6 de julho de 1992. Atos Internacionais. Pacto Internacional sobre Direitos Econômicos, Sociais e Culturais. Promulgação. Disponível em: http://www.planalto.gov.br/ccivil_03/decreto/1990-1994/d0591.htm. Acesso em: 25 fev. 2021.
14. UNICEF. Convenção sobre os Direitos da Criança. Disponível em: https://www.unicef.org/brazil/convencao-sobre-os-direitos-da-crianca. Acesso em: 25 fev. 2020.
15. UNITED NATIONS. Transforming our world: the 2030 Agenda for Sustainable Development. [S/A]. Disponível em: https://sdgs.un.org/2030agenda. Acesso em: 25 fev. 2021.
16. Os ODS da Agenda 2030, implementada de 2015 a 2030, substituíram os Objetivos de Desenvolvimento do Milênio (ODM), implementados pela ONU em 2000. Como ODM, foram elencados: 1 – Acabar com a fome e a miséria; 2 – Oferecer educação básica de qualidade para todos; 3 – Promover a igualdade entre os sexos e a autonomia das mulheres; 4 – Reduzir a mortalidade infantil; 5 – Melhorar a saúde das gestantes; 6 – Combater a Aids, a malária e outras doenças; 7 – Garantir qualidade de vida e respeito ao meio ambiente; e 8 – Estabelecer parcerias para o desenvolvimento. Fonte: BRASIL. ODM Brasil. [S/A]. Disponível em: http://www.odmbrasil.gov.br/os-objetivos-de-desenvolvimento-do-milenio. Acesso em: 25 fev. 2021.

e noventa e três) Estados-Membros, possui 17 (dezessete) Objetivos do Desenvolvimento Sustentável (ODS) e 169 (cento e sessenta e nove) metas.

No ODS 8, a Agenda propõe "promover o crescimento econômico sustentado, inclusivo e sustentável, o emprego pleno e produtivo e o trabalho decente para todos" e, para tanto, prevê "[...] assegurar a proibição e eliminação das piores formas de trabalho infantil, incluindo recrutamento e utilização de crianças-soldado, e até 2025 acabar com o trabalho infantil em todas as suas formas" na Meta 8:7[17]. Considerando a Meta 8.7, a ONU declarou 2021 como o "Ano Internacional para a Eliminação do Trabalho Infantil"[18].

Já os sistemas regionais de proteção de direitos humanos, para Flávia Piovesan[19], se propõem a "internacionalização dos direitos humanos", considerando as semelhanças locais (por exemplo, no caso da Europa, América e África). No contexto da América, o sistema regional de proteção de direitos humanos se ampara, sobretudo, na Convenção Americana de Direitos Humanos (CADH) [20] (1969) e no Protocolo Adicional À Convenção Americana Sobre Direitos Humanos Em Matéria De Direitos Econômicos, Sociais e Culturais "Protocolo De San Salvador" [21] (1988).

Popularmente conhecida como "Pacto de San José da Costa Rica" e ratificada no Brasil pelo Decreto 678 (1992), a CADH prevê a proteção à criança, pela família, sociedade e Estado (art. 19), bem como o compromisso dos Estados-Partes pelo desenvolvimento progressivo para garantir "[...] a plena efetividade dos direitos que decorrem das normas econômicas, sociais e sobre educação, ciência e cultura, constantes da Carta da Organização dos Estados Americanos, reformada pelo Protocolo de Buenos Aires [...] (art. 26)". Ressalte-se que, na Carta da Organização dos Estados Americanos[22], o art. 45 dispõe que o "trabalho é um direito e um dever social", sem, contudo, se aprofundar na temática do trabalho infantil.

No "Protocolo De San Salvador", ratificado pelo Brasil pelo Decreto 3.321 (1999), o art. 6 e o art. 7 garantem, respectivamente, o "direito ao trabalho" e "con-

---

17. PLATAFORMA AGENDA 2030. Objetivo 8. Trabalho Decente e Crescimento Econômico. [S/A]. Disponível em: http://www.agenda2030.com.br/ods/8/. Acesso em: 25 fev. 2021.
18. INTERNATIONAL LABOUR ORGANIZATION. 2021 International Year for the Elimination of Child Labour. [S/A]. Disponível em: https://www.ilo.org/global/topics/child-labour/int-year/lang--en/index.htm. Acesso em: 25 fev. 2021.
19. PIOVESAN, Flávia. *Direitos humanos e justiça internacional*: um estudo comparativo dos sistemas regionais europeu, interamericano e africano. Saraiva: São Paulo, 2006. p. 50-55.
20. COMISSÃO INTERAMERICANA DE DIREITOS HUMANOS. Convenção Americana de Direitos Humanos. [S/A]. Disponível em: https://www.cidh.oas.org/basicos/portugues/c.convencao_americana.htm. Acesso em: 25 fev. 2021.
21. COMISSÃO INTERAMERICANA DE DIREITOS HUMANOS. Protocolo Adicional À Convenção Americana Sobre Direitos Humanos Em Matéria De Direitos Econômicos, Sociais e Culturais, "Protocolo De San Salvador". [S/A]. Disponível em: http://www.cidh.org/basicos/portugues/e.protocolo_de_san_salvador.htm. Acesso em: 25 fev. 2021.
22. ORGANIZAÇÃO DOS ESTADOS AMERICANOS. Carta da Organização dos Estados Americanos. [S/A]. Disponível em: https://www.oas.org/dil/port/tratados_A-41_Carta_da_Organiza%C3%A7%C3%A3o_dos_Estados_Americanos.htm. Acesso em: 25 fev. 2021.

dições justas, equitativas e satisfatórias de trabalho". No art. 7º, *f*, o instrumento prevê a "proibição de trabalho noturno ou em atividades insalubres ou perigosas para os menores de 18 anos e, em geral, de todo trabalho que possa pôr em perigo sua saúde, segurança ou moral", bem como, no caso de menores de 16 anos, a "[...] jornada de trabalho deverá subordinar-se às disposições sobre ensino obrigatório e, em nenhum caso, poderá constituir impedimento à assistência escolar ou limitação para beneficiar-se da instrução recebida".

Por fim, o "sistema global especial" se refere à atividade desempenhada pela Organização Internacional do Trabalho (OIT), na qualidade de agência especializada da ONU responsável pela elaboração de *international labour standards* (Convenções e Recomendações) para regulação de questões relacionadas ao trabalho.

Salienta-se que, desde a Declaração Sobre os Princípios e Direitos Fundamentais no Trabalho (1998) [23], que representou um "giro estratégico" [24] na estratégia regulatória da OIT, foram reconhecidos os direitos fundamentais no trabalho, os quais integram um dos eixos estratégicos para promoção do trabalho decente[25]. No rol dos *core labour rights*, há "a) a liberdade sindical e o reconhecimento efetivo do direito de negociação coletiva; b) a eliminação de todas as formas de trabalho forçado ou obrigatório; c) a abolição efetiva do trabalho infantil; e d) a eliminação da discriminação em matéria de emprego e ocupação".

No que concerne à "abolição efetiva do trabalho infantil", as Convenções Fundamentais podem ser identificadas na Convenção sobre "Idade Mínima para Admissão"[26] (C138) (1973) e na Convenção "Sobre Proibição das Piores Formas de Trabalho Infantil e Ação Imediata para sua Eliminação"[27] (C182) (1999), as quais foram ratificadas pelo Brasil, respectivamente, pelo Decreto 4.134 (2002) e pelo Decreto 3.597 (2000).

Assim, sobre "Idade Mínima para Admissão", a C138 estabelece que os Estados--Membros se comprometem a segui uma "política nacional que assegure a abolição efetiva do trabalho infantil", a qual deve elevar "progressivamente, a idade mínima de admissão a emprego ou a trabalho a um nível adequado ao pleno desenvolvimento físico e mental do jovem" (art. 1º). Tal idade mínima não poderá ser "à idade de

---

23. ORGANIZAÇÃO INTERNACIONAL DO TRABALHO. Declaração da OIT Sobre os Princípios e Direitos Fundamentais no Trabalho. [S/A]. Disponível em: https://www.ilo.org/public/english/standards/declaration/declaration_portuguese.pdf. Acesso em: 25 fev. 2021.
24. FREITAS JÚNIOR, A. R. de. Direitos sociais e direitos fundamentais na perspectiva da Declaração da OIT de 1998: um caso de *soft law* no rumo de sua efetividade. In: GOMES, Ana Virgínia Moreira; FREITAS JUNIOR, Antonio Rodrigues de (Org.). *A Declaração de 1998 da OIT sobre princípios e direitos fundamentais no trabalho*: análise do seu significado e efeitos. São Paulo: LTr, 2014. p. 13.
25. FONSECA, M. H. *Qualificação profissional*: um instrumento de promoção do trabalho decente. Diálogo OIT-Brasil. 2017. 190 p. Tese de Livre Docência (Faculdade de Direito de Ribeirão Preto), Universidade de São Paulo, São Paulo, 2017. p. 18.
26. ORGANIZAÇÃO INTERNACIONAL DO TRABALHO. *C138 – Idade Mínima para Admissão*. Genebra, 6 de junho de 1973. Disponível em: https://www.ilo.org/brasilia/convencoes/WCMS_235872/lang--pt/index.htm. Acesso em: 25 fev. 2021.
27. Ibidem.

conclusão da escolaridade compulsória ou, em qualquer hipótese, não inferior a quinze anos" (art. 2º, 3).

Ainda, a idade mínima não poderá ser inferior a dezoito anos no caso de admissão a emprego/trabalho "que, por sua natureza ou circunstâncias em que for executado, possa prejudicar a saúde, a segurança e a moral do jovem" (art. 3º, 1). Salienta-se que a C138 não se aplica ao "trabalho feito por crianças e jovens em escolas de educação vocacional ou técnica ou em outras instituições de treinamento em geral ou a trabalho feito por pessoas de no mínimo quatorze anos de idade em empresas", no qual o exercício laborativa esteja de acordo com as condições estabelecidas pela autoridade competente, após a consulta às organizações de empregadores e trabalhadores (art. 6º).

Por fim, sobre "[...] Proibição das Piores Formas de Trabalho Infantil e Ação Imediata para sua Eliminação", a C182 prevê que os Estados-Membros que ratificarem-na deverão "[...] adotar medidas imediatas e eficazes que garantam a proibição e a eliminação das piores formas de trabalho infantil em caráter de urgência" (art. 1º). Ressalte-se que, no instrumento, o termo "criança" se refere às pessoas com menos de 18 anos (art. 2º).

Em relação às "piores formas de trabalho infantil", o art. 3º prevê que a expressão compreende:

a) todas as formas de escravidão ou práticas análogas à escravidão, como venda e tráfico de crianças, sujeição por dívida, servidão, trabalho forçado ou compulsório, inclusive recrutamento forçado ou obrigatório de crianças para serem utilizadas em conflitos armados;

b) utilização, demanda e oferta de criança para fins de prostituição, produção de pornografia ou atuações pornográficas;

c) utilização, recrutamento e oferta de criança para atividades ilícitas, particularmente para a produção e tráfico de entorpecentes conforme definidos nos tratados internacionais pertinentes;

d) trabalhos que, por sua natureza ou pelas circunstâncias em que são executados, são suscetíveis de prejudicar a saúde, a segurança e a moral da criança.

Salienta-se que a C182 estabelece que a legislação nacional ou a autoridade competente de cada Estado-Membro deverá definir os tipos que se pertinentes à definição do art. 3º, *d* (art. 4º, 1), bem como elaborar e implementar "programas de ação para eliminar, como prioridade, as piores formas de trabalho infantil" (art. 6º, 1).

No Brasil, a definição dos tipos e, por conseguinte, a regulação do art. 3º, *d* e do art. 4º, 1, se deu a partir do Decreto 6.481, de 12 de junho de 2008[28]. Tal instrumento aprovou a "Lista das Piores Formas de Trabalho Infantil" (Lista TIP), a qual abrange os trabalhos prejudiciais à saúde e segurança e à moralidade, como, por exemplo, o "beneficiamento do fumo, sisal, castanha de caju e cana-de-açúcar".

---

28. BRASIL. Decreto 6.481, de 12 de junho de 2008. Regulamenta os artigos 3º, alínea "d", e 4º da Convenção 182 da Organização Internacional do Trabalho (OIT) que trata da proibição das piores formas de trabalho infantil e ação imediata para sua eliminação, aprovada pelo Decreto Legislativo 178, de 14 de dezembro de 1999, e promulgada pelo Decreto 3.597, de 12 de setembro de 2000, e dá outras providências. Disponível em: http://www.planalto.gov.br/ccivil_03/_ato2007-2010/2008/decreto/d6481.htm. Acesso em: 25 fev. 2021.

A C182 foi a primeira Convenção da OIT a conquistar a ratificação universal, já que foi ratificada, em 2020, pelos 187 Estados-Membro da Organização[29]. Tal ratificação universal, conjuntamente com a Meta 8.7 da Agenda 2030 e a declaração da ONU sobre 2021 como "Ano Internacional para a Eliminação do Trabalho Infantil", realçam a relevância, a atualidade e a urgência na adoção de medidas para o enfrentamento ao trabalho infantil.

2. A BEBIDA DOS DEUSES E O ALIMENTO DA DESIGUALDADE: DOS ASPECTOS GERAIS ÀS QUESTÕES ESTRUTURAIS DA CADEIA DE PRODUÇÃO DE CHOCOLATE

Os povos nativos da América, com destaque aos Maias e aos Astecas já contemplavam o fruto do cacaueiro – o cacau. Considerado como alimento dos deuses[30], o cacau adquiriu valor e importância, sendo, em formato de bebida, consumido por reis, nobres e guerreiros, e, em amêndoas, utilizadas como moedas, das quais, no século XVI, era uma forma para comprar e alimentar o mercado de escravos[31]. Hodiernamente, com um olhar atento sobre a cadeia de produção do cacau no Brasil – o sétimo maior produtor do mercado mundial –, mais precisamente nos estados do Pará e Bahia, ambos maiores produtores de cacau do país[32], percebe-se um desequilíbrio social: de um lado, grandes empresas de chocolate e moageiras, e do outro, a vulnerabilidade vivenciada por trabalhadores, incluindo o uso de mão de obra infantil.

No processo produtivo, os produtores plantam, colhem o fruto do cacaueiro e secam as amêndoas. A partir desse processo, as amêndoas são escoadas até as moageiras para serem processadas e, então, comercializadas com as marcas do varejo responsáveis pelo chocolate. Conquanto, há apenas três empresas estrangeiras que são responsáveis por 97% da moagem e torra das amêndoas no Brasil[33], sendo elas: Olam Internacional, Barry Callebaut e a Cargill, todas localizadas em Ilhéus, na Bahia[34].

---

29. UN NEWS. Convention on worst forms of child labour receives universal ratification. 04 ago. 2020. Disponível em: https://news.un.org/en/story/2020/08/1069492. Acesso em: 25 fev. 2021.
30. ROCHA, L. B. A *Região Cacaueira da Bahia*: dos coronéis do cacau à vassoura-de-bruxa: saga, percepção, representação. Ilhéus: Editus, 2008. p. 31-32.
31. BONDAR, G. A cultura do cacau na Bahia. *Boletim técnico do Instituto de Cacau da Bahia* n. 1. Salvador: Instituto de Cacau da Bahia, 1938.
32. Em 2019 o Brasil produziu 259.425 mil toneladas de cacau, dessas 113.039 mil toneladas foram produzidas no estado da Bahia e 128.961 mil toneladas no Pará, os dois maiores produtores do país (INSTITUTO BRASILEIRO DE GEOGRAFIA E ESTATÍSTICA. Op. cit., 2020).
33. SEBRAE. Análise estratégica setorial - cacau do sul da Bahia. Brasil, 2019. p. 94.
34. Devido a questões de logísticas, o cacau baiano possui um valor superior aos dos demais estados do Brasil, pois, por exemplo, o estado do Pará processa menos de 1% no próprio território (SILVA, Roberto Sá da. A crise da cacauicultura baiana e a busca de um novo paradigma no período 1987 a 1996. In: ORGANIZAÇÃO INTERNACIONAL DO TRABALHO; MINISTÉRIO PÚBLICO DO TRABALHO. Op. cit., 2018.). Não coincidentemente, o Índice de Desenvolvimento Humano Municipal dos municípios e maiores produtores de cada um desses estados são discrepantes, na Bahia, Ilhéus possui IDHM equivalente a 0,690 (INSTITUTO BRASILEIRO DE GEOGRAFIA E ESTATÍSTICA, Programa das Nações Unidas para o Desenvolvimento – PNUD 2010. 2010. Disponível em: https://cidades.ibge.gov.br/brasil/pa/medicilandia/pesquisa/37/30255.

No que se refere às indústrias do chocolate, a Nestlé possui 38,8% do mercado nacional, seguida pela Mondelez com 31,9%[35]. Nesse cenário, o domínio de tais empresas transnacionais torna-se mais claro ao tomar nota da quantidade de cacauicultores nos dois maiores estados produtores de cacau do Brasil, sendo assim, de acordo com o SEBRAE[36], no sul do estado da Bahia, há cerca de 33 mil propriedades produtoras de cacau e, ao longo da rodovia transamazônica, principal região produtora de cacau do Pará, há aproximadamente 11 mil cacauicultores[37].

Devido a tal concentração de empresas no setor, o valor final do produto torna-se mais alto quando comparado ao preço pago pela matéria-prima. Nesse sentido, a literaturas dedicadas à análise da cadeia de produção agrícola é diminuta, com destaque para o estudo "Estrutura e Renda da Cadeia Produtiva do Cacau e Chocolate no Brasil" que verificou a distribuição do Produto Interno Bruto (PIB) entre os segmentos de composição das cadeias do cacau e chocolate de 2014, que concluiu que, no segmento primário, é gerado apenas 8,24% do PIB[38], ao passo que, nas indústrias do chocolate, há 45,12% de renda gerada[39].

Tendo em vista o cenário de baixos preços sobre a saca de cacau, os produtores e familiares vivenciam situações de trabalho árduo, de reduzida renda, de ausência de cumprimento integral à legislação trabalhista e da presença de cerca de oito mil crianças trabalhando na colheita do cacau no Brasil[40].

O perfil socioeconômico dos municípios de Ilhéus[41] e Medicilândia[42] – municipalidades com maior produção de cacau dos estados da Bahia e do Pará, respectivamente – ilustra tal realidade. Em Ilhéus, cerca de 40% da população do município possui rendimento per capita de até meio salário mínimo[43], 46,67% da população economicamente ativa trabalha no setor do cacau, 22,07% vivem em domicílios sem banheiro e água encanada. Em complemento, de acordo com o Ministério do De-

---

Acesso em: 25 fev. 2021.), já Medicilândia, no Pará, é de 0,582 (INSTITUTO BRASILEIRO DE GEOGRAFIA E ESTATÍSTICA. Op. cit. 2010.), considerado muito baixo.
35. EUROMONITOR. Banco de dados da Euromonitor International. Disponível em: https://www.euromonitor.com/pt-reports. Acesso em: 25 fev. 2021.
36. SEBRAE. Estudo de mercado: chocolates gourmet. Brasil, 2017. p. 6.
37. ORGANIZAÇÃO INTERNACIONAL DO TRABALHO; MINISTÉRIO PÚBLICO DO TRABALHO. Op. cit., p. 12.
38. Para efeitos comparativos, o segmento primário da soja corresponde a 51,10% do total do PIB (SILVA, A. F; FACHINELLO, A. L; BOTEON; M.; CASTRO, N. R; GILIO, L. Estrutura e Renda da Cadeia Produtiva do Cacau e Chocolate no Brasil. *Revista de Economia e Agronegócio – REA*, Viçosa, v. 15, n. 3, p. 323-343, 2017).
39. Ibidem.
40. ORGANIZAÇÃO INTERNACIONAL DO TRABALHO; MINISTÉRIO PÚBLICO DO TRABALHO. Op. cit., p. 30.
41. Ilhéus é o maior município produtor de cacau da Bahia, com 6.606 toneladas de amêndoas (INSTITUTO BRASILEIRO DE GEOGRAFIA E ESTATÍSTICA. Censo Agro 2017. 2017. Disponível em: https://censos.ibge.gov.br/agro/2017/templates/censo_agro/resultadosagro/agricultura.html?localidade=29&tema=76248. Acesso em: 25 fev. 2021).
42. Medicilândia é o maior município produtor de cacau do Pará, com 17.982 mil toneladas de amêndoas (INSTITUTO BRASILEIRO DE GEOGRAFIA E ESTATÍSTICA. Op. cit., 2017.).
43. IBGE. Percentual da população com rendimento nominal mensal per capita de até 1/2 salário mínimo. 2010. Disponível em: https://cidades.ibge.gov.br/brasil/ba/ilheus/panorama Acesso em: 25 fev. 2021.

senvolvimento Social (MDS), cerca de mil famílias estariam em situação de extrema pobreza se não tivessem acesso ao Programa Bolsa Família[44].

Já em Medicilândia, 63,63% das pessoas maiores de 18 anos que trabalham no setor agropecuário e possuem renda per capita de R$ 345,44, sendo, portanto, cerca de 63,49% da população vulnerável à pobreza. Ademais, apenas 37,87% dos domicílios possuem banheiro e água encanada[45].

À vista disso, é possível compreender que a renda baixa pode provocar a inserção de diversos integrantes da família no mercado de trabalho. Dessa maneira, urge a necessidade de erradicar o trabalho infantil, a despeito de saber que a proibição do trabalho de crianças pode intensificar – bem como piorar – os níveis de pobreza das famílias. Nesse sentido, é fundamental se atentar aos aspectos culturais e estruturais da cadeia de produção do cacau para compreender as deficiências e as consequências da pobreza que fez – e ainda faz – "juízes estaduais optar[em] pelo 'direito de sobrevivência' ainda que o trabalho [infantil] fosse [e é] legalmente proibido"[46].

Nesse sentido, Kassouf[47] destaca a influência direta da entrada precoce dos próprios progenitores no mercado de trabalho com a perpetuação do trabalho infantil e a sua naturalização. Dessa maneira, os pais que trabalharam quando ainda eram crianças tendem a conservar esse comportamento com seus filhos por considerar o labor infantil uma atitude natural[48], de modo que se verifica que a naturalização do trabalho infantil nas lavouras de cacau frente às necessidades básicas é uma forma encontrada para suprir o baixo valor pago às amêndoas.

Ainda, ao analisar os aspectos estruturais da cadeia do cacau no Brasil, o relatório da Organização Internacional do Trabalho e do Ministério Público do Trabalho (MPT)[49], caracteriza a figura dos atravessadores no processo produtivo como os responsáveis por encaminhar a matéria-prima dos produtores rurais às moageiras, por possuírem maior contato com os produtores, uma vez que seus pontos de compras se encontram às margens de rodovias e/ou no mesmo local que as mercearias, inviabilizando a venda direta dos produtores às moageiras.

Entretanto, a presença dos atravessadores gera dificuldade no rastreamento da cadeia ao desconhecerem a procedência do produto – e, por exemplo, à presença de trabalho infantil na sua produção[50] – e ao se defraudarem das obrigações legais, como

---

44. ORGANIZAÇÃO INTERNACIONAL DO TRABALHO; MINISTÉRIO PÚBLICO DO TRABALHO. Op. cit., p. 17.
45. Ibidem.
46. OLIVEIRA, Oris. Problemas relativos ao trabalho infantojuvenil e o motivo pela erradicação. *Revista do Tribunal Regional do Trabalho da 15ª Região*, Campinas, n. 45, p. 40-48, 2014.
47. KASSOUF, Ana Lúcia. O que conhecemos sobre o trabalho infantil? *Nova Economia*. v. 17, n. 2, p 323-350, Belo Horizonte, 2007.
48. EMERSON, P.; SOUZA, A. Is there a child labor trap? intergenerational persistence of child labor in Brazil. In: KASSOUF, A. L. Op. cit., p. 342.
49. ORGANIZAÇÃO INTERNACIONAL DO TRABALHO; MINISTÉRIO PÚBLICO DO TRABALHO. Op. cit., 2018.
50. INSTITUTO BRASILEIRO DE GEOGRAFIA E ESTATÍSTICA. Op. cit., 2010.

o registro junto ao Cadastro Nacional da Pessoa Jurídica (CNPJ) e a emissão de nota fiscal. Percebe-se, portanto, que a existência de atravessadores é conjuntamente considerada um obstáculo para o combate ao trabalho infantil na produção de chocolate.

Nota-se que a produção de chocolate no Brasil alimenta uma grande desigualdade entre os elos da cadeia e que sua estruturação possibilita a naturalização do labor infantil e dificulta o seu rastreamento. Nessa ambiência, crianças continuam trabalhando nas lavouras cacaueiras, o que pode influenciar diretamente sua saúde, educação e perspectivas de vida.

De acordo com Ana Lúcia Kassouf, o aumento da renda familiar reduz a probabilidade de o trabalho infantil ocorrer e, por conseguinte, repercute no aumento na frequência escolar[51]. Conjuntamente, baseada nos dados da PNAD (Pesquisa Nacional por Amostra de Domicílios), a autora afirma que a idade com a qual o indivíduo começa a trabalhar é diretamente proporcional ao salário que este irá receber na fase adulta, ou seja, quanto menor for a idade, menor será a renda futura[52].

No estado da Bahia, em 2019, a taxa de escolarização total, ou seja, o percentual de estudantes de determinada faixa etária no total de pessoas nessa mesma faixa, era de 28,7%[53]. Em acréscimo, no município de Ilhéus, 38,74% da população com 18 anos ou mais não possui ensino fundamental completo e desempenha uma ocupação sem registro profissional na carteira de trabalho. Já entre a proporção de adolescentes de 15 a 17 anos, apenas 42,95% deles possuem o ensino fundamental completo[54].

No que concerne ao estado do Pará, a taxa de escolarização era de 32,1% do total da população em 2019[55], e ao município de Medicilândia, cerca de 70% das pessoas de 18 anos ou mais não possuem o ensino fundamental completo e exercem uma ocupação informal, de modo que apenas 37,57% dos jovens entre 15 e 17 anos possuem o ensino fundamental completo[56].

Em relação à saúde, percebe-se que o ingresso precoce do indivíduo no mercado de trabalho pode influenciar o seu estado de saúde na fase adulta, a despeito das melhorias na renda, na escolaridade e em outros quesitos[57]. Nesse sentido, como agentes para tais problemas de saúde, é possível vislumbrar a inadequação dos instrumentos de trabalho utilizados por crianças, os quais são desenvolvidos para serem usados por adultos e a ausência de compreensão das crianças sobre os possíveis riscos presentes nas tarefas executadas, que exigem grande esforço e habilidades, como o corte do

---

51. KASSOUF, A. L. Op. cit., p. 339.
52. KASSOUF, A. L. Op. cit., p. 343.
53. INSTITUTO BRASILEIRO DE GEOGRAFIA E ESTATÍSTICA. Sistema IBGE de Recuperação Automática. 2019. Disponível em: https://sidra.ibge.gov.br/Tabela/7138#resultado. Acesso em: 26 fev. 2021.
54. ORGANIZAÇÃO INTERNACIONAL DO TRABALHO; MINISTÉRIO PÚBLICO DO TRABALHO. Op. cit., p. 17-18.
55. INSTITUTO BRASILEIRO DE GEOGRAFIA E ESTATÍSTICA. Op. cit., 2019.
56. ORGANIZAÇÃO INTERNACIONAL DO TRABALHO; MINISTÉRIO PÚBLICO DO TRABALHO. Op. cit., p. 17-18.
57. Ibidem.

fruto do cacaueiro com um facão, a colheita do chão e o movimento para jogá-los no cesto, que carregam nas costas e pode alcançar 20 quilogramas[58].

Percebe-se que o trabalho infantil nas lavouras cacaueiras é repleto de riscos que comprometem o desenvolvimento das crianças. Frente à situação, de acordo com a OIT e o MPT, a falta de estrutura, o contingenciamento orçamentário do âmbito federal, a infraestruturas e políticas públicas despreparadas – ou, até mesmo, ineficientes – configuram um quadro de operações insuficientes para a fiscalização das lavouras[59]. Vislumbram-se, portanto, as dificuldades relacionadas ao combate do trabalho infantil no âmbito das cadeias de produção do cacau e do chocolate.

3. PANORAMA DE ERRADICAÇÃO DO TRABALHO INFANTIL NA INDÚSTRIA DO CHOCOLATE

De acordo com Paulo Eduardo Vieira de Oliveira, desde a primeira lei brasileira com previsões protetivas aos menores (Decreto 1.313/1891[60]) – passando pelos códigos sanitários estaduais, pelo Código de Menores[61] (1927) e as normas jurídicas subsequentes – sempre houve um paralelismo[62] entre normas jurídicas sobre trabalho infantojuvenil e o seu descumprimento, com a permanência na contratação desta mão de obra.

Sendo a pessoa jurídica uma realidade sociológica, não criada pelo Estado e sim reconhecida, Paulo Eduardo Vieira de Oliveira preceitua que, desde que juridicamente reconhecida, é indiferente para efeito da responsabilidade que a empresa seja uma associação (sem fins lucrativos) ou sociedade (visando lucro). Nesse sentido, ao reconhecer-lhe personalidade, admite-se a responsabilidade pelos atos e danos praticados.

Assim, para o autor, a responsabilização empresária pela contratação irregular de criança e de adolescentes fora das hipóteses previstas em lei é objetiva, cabendo imediata reparação pelo dano moral causado, em conformidade com o previsto no artigo 12[63] do Código de Defesa do Consumidor, baseando-se do fato de que, se houver dano, alguém deve repará-lo.

---

58. ADRIANA FARIAS (São Paulo). *Saiba como é o trabalho infantil nas plantações de cacau do Pará*. 29 set. 2019. You Tube: Câmera Record. Disponível em: https://www.youtube.com/watch?v=8d70zQhqCzc. Acesso em: 05 fev. 2021.
59. ORGANIZAÇÃO INTERNACIONAL DO TRABALHO; MINISTÉRIO PÚBLICO DO TRABALHO. Op. cit., p. 17-18, 38 e 47.
60. BRASIL, Decreto 1.313, de 17 de janeiro de 1891. Brasília, 17 de janeiro de 1891. Disponível em: https://www2.camara.leg.br/legin/fed/decret/1824-1899/decreto-1313-17-janeiro-1891-498588-publicacaooriginal-1-pe.html. Acesso em: 20 de fev. 2021.
61. BRASIL, Lei 6.697, de 10 de outubro de 1979. Código de Menores. Brasília, 10 de outubro de 1979 Disponível em: http://www.planalto.gov.br/ccivil_03/leis/1970-1979/l6697.html. Acesso em: 20 de fev. 2021.
62. OLIVEIRA, P. E. V. de. Responsabilização do empregador pela contratação da mão de obra infantil. In: MELO, G. A. B. M.; CÉSAR, J. B. M. *Trabalho Infantil. Mitos, realidades e perspectivas*. Estudos em Homenagem ao professor Oris de Oliveira. LTR: São Paulo, 2016.
63. Art. 12 do Código de Defesa do Consumidor: 'O fabricante, o produtor, o construtor, nacional ou estrangeiro, e o importador respondem, independentemente da existência de culpa, pela reparação dos danos causados aos consumidores por defeitos decorrentes de projeto, fabricação, construção, montagem, fórmulas, ma-

A atividade de produzir um bem ou serviço é precedida por uma série de etapas, em cada qual atuam uma empresa ou agente econômico, de sorte que todos colaboram direta ou indiretamente no processo, até o produto que chega ao consumidor[64]. Mesmo que cada segmento ou parte da produção tenha o seu mercado próprio – ou o agente econômico seja independente em relação a outros agentes – todos fazem parte da mesma cadeia produtiva e comercial.

Segundo a Constituição Federal da República, em seu artigo 227[65] em concomitância com o artigo primeiro do Estatuto da Criança e do Adolescente, para o escopo de que as crianças e adolescente tenham proteção integral e prioritária, deve intervir o Estado, a família e a sociedade.

Tendo em vista que a legislação constitucional prevê que o Estado e a sociedade devem participar no combate ao trabalho infantil em todo território nacional, torna-se necessário a fundamental a atuação das pessoas jurídicas neste panorama de enfretamento[66]. Assim, o empregador que contrata mão de obra infantil deve ser diretamente responsabilizado, como forma de punição, considerando que a indenização, pelo seu valor econômico, interfere nos balanços mercantis da empresa.

Para o Direito Penal, como meio de desvendar a culpabilidade pelo fato, a realidade se sobrepõe a forma. No âmbito trabalhista, aplica-se a lógica penal objetivando responsabilizar o empregador que reduz uma criança ou adolescente a um trabalho ilegal e desumano[67].

Passando-se a encarar o fenômeno do trabalho infantil sob a ótica da cadeia de consumo[68] (e não apenas da cadeia produtiva), incluídos, portanto, a produção, transporte, distribuição e comercialização final do chocolate em escala internacional, a responsabilidade e, consequentemente, o dever de atuação no percurso da cadeia na erradicação do uso da mão de obra infantil.

---

nipulação, apresentação ou acondicionamento de seus produtos, bem como por informações insuficientes ou inadequadas sobre sua utilização e riscos". BRASIL, Lei 8.078, de 11 de setembro de 1990. Brasília, 11 de setembro de 1990. Disponível em: http://www.planalto.gov.br/ccivil_03/leis/l8078compilado.htm. Acesso em: 20 de fev. 2021.

64. COOPER, Flavio Allegretti de Campos. Responsabilização da cadeia produtiva em caso de exploração do trabalho infantil. In: MELO, Guilherme Aparecido Bassi de Melo; CÉSAR, João Batista Martins. *Trabalho Infantil*: Mitos, realidades e perspectivas. Estudos em Homenagem ao professor Oris de Oliveira. LTR: São Paulo, 2016.
65. Art. 227 da Constituição Federal: "É dever da família, da sociedade e do Estado assegurar à criança, ao adolescente e ao jovem, com absoluta prioridade, o direito à vida, à saúde, à alimentação, à educação, ao lazer, à profissionalização, à cultura, à dignidade, ao respeito, à liberdade e à convivência familiar e comunitária, além de colocá-los a salvo de toda forma de negligência, discriminação, exploração, violência, crueldade e opressão" BRASIL. Op. cit., 1988.
66. OLIVEIRA, P. E. V. de. In: MELO, G. A. B. M.; CÉSAR, J. B. M. Op. cit., 2016.
67. HADDAD, Carlos Henrique Borlido. Aspectos penais do trabalho escravo. In: FIGUEIRA; Ricardo Rezende; PRADO, Adonia Antunes; GALVÃO, Edna Maria. *Privação de liberdade ou atentado a dignidade*: Escravidão contemporânea. Mauad X: Rio de Janeiro, 2013.
68. ORGANIZAÇÃO INTERNACIONAL DO TRABALHO. Conferência Internacional do Trabalho (2010) – Relatório do Diretor-Geral da OIT à 99° Conferência Internacional do Trabalho: "Intensificar a Luta Contra o Trabalho Infantil". Genebra, 2010.

Neste sentido, com a adoção da Agenda 2030 em 2015, os representantes dos 193 Estados-membros da ONU se comprometeram a construir medidas para promover o desenvolvimento sustentável, dentre os quais a promoção do crescimento econômico sustentado, inclusivo e sustentável, o emprego pleno e produtivo e o trabalho decente para todos (ODS 8). Ressalte-se que a Agenda não se restringe aos Estados, de sorte que propõe abranger outros entes, como as empresas de iniciativa privada.

Uma visão contemporânea, constitucional e humanista do ordenamento jurídico[69] impõe ao agente social, para além do aparelho estatal, um questionamento mais profundo, a fim de assegurar a tutela efetiva aos direitos da infância e da adolescência no seu cotidiano, salientando o *compliance* trabalhista para construção da importância do capital humano dentro das organizações.

Nesta construção internacional:

> O prejuízo causado por essa conduta delituosa supera o interesse público e atinge o setor produtivo, haja vista a concorrência desleal gerada pela imposição de padrões degradantes de trabalho [...] É preciso demonstrar que a redução de trabalhadores a condições análogas a de escravo não compensa [...] Se esse instrumento não é o suficiente para por fim ao problema, pelo menos diminui a impunidade[70].

Compartilhando deste raciocínio, diversas empresas iniciaram o processo de construção de programas de *compliance*, viabilizando mecanismos de rápida identificação de violações à lei com possibilidade de respostas dentro da instituição. No setor do cacau, as políticas internas para a erradicação do trabalho infantil e economia sustentável destacam-se em empresas de grande porte como a Nestlé, a Hersheys e a Mondelez, todas com sede no Brasil.

A empresa suíça Nestle foi a primeira empresa do setor industrial do chocolate a introduzir um sistema abrangente de Monitoramento e Remediação do Trabalho Infantil (CLMRS) em 2012, anteriormente à Agenda 2030 da ONU. Majoritariamente, as ações implementadas ocorreram em países da África Ocidental.

Em parceria com a empresa Barry Callebaut, a multinacional lançou um novo formato de suporte técnico e de verificação própria de produtores de cacau, conhecido como padrão NCP, que faz parte do programa "*Cocoa Plan*"[71], visando aumentar a oferta sustentável de cacau de qualidade e o número de produtores de cacau e as comunidades que beneficiam da iniciativa ao redor do mundo, com suma atuação na Costa do Marfim[72] e no Brasil atende 107 produtores do Estado da Bahia e no Espírito

---

69. CORRÊA, L. B. O trabalho infantil sob a perspectiva internacional. In: MELO, G. A. B. M.; CÉSAR, J. B. M. Op. cit., 2016.
70. FIGUEIRA, R. R.; GALVÃO, E. M. Criança no trabalho e trabalho escravo: Desafios. In: FIGUEIRA; R. R.; PRADO, A. A.; GALVÃO, E. M. *Privação de liberdade ou atentado a dignidade*: Escravidão contemporânea. Mauad X: Rio de Janeiro, 2013.
71. NESTLE. Tackling Child Labor. 2019. Disponível em: https://www.nestle.com/sites/default/files/2019-12/nestle-tackling-child-labor-report-2019-en.pdf. Acesso em: 15 fev. 2021.
72. NESLTE. Cocoa Plan oferece cacau mais sustentável, Brasil, 2012. Disponível em: https://corporativo.nestle.com.br/media/pressreleases/nestlecocoaplanoferececacaumaissustentavel. Acesso em: 27 fev. 2021.

Santo, dentre eles, 98 proprietários rurais. O padrão possui como objetivo incentivar boas práticas na produção da matéria prima, por meio de sustentabilidade do plantio e de adequação às normas técnicas e trabalhistas.

O *"Cocoa Plan"*, lançado em 2009, visou garantir a melhoria da agricultura, o apoio e capacitação dos agricultores e a promoção da melhoria das condições sociais e da qualidade de vida, resultando em um "cacau melhor". Inserido no mercado de consumo através do selo anexado as barras de chocolate da marca, o programa disponibiliza, anualmente, um relatório denominado *"Tackling Child Labor"* [73] sobre as atividades e avanços no setor.

Neste diapasão, a empresa estadunidense Hershey's construiu o projeto *"Cocoa for Good"* [74], consolidando uma atuação sustentável na indústria cacaueira e elencando em seus objetivos a eliminação do trabalho infantil. No ano de 2018, a Hersheys introduziu os Sistemas de Monitoramento e Remediação do Trabalho Infantil (*"Child Labor Monitoring Remediation System"*, em inglês[75]), visando monitorar, identificar, rastrear e remediar os problemas de trabalho infantil encontrados na cadeia de fornecimento.

Segundo informações da empresa, a iniciativa foi iniciada na Costa do Marfim e em Gana, a partir da participação de membros de grupos de agricultores locais e funcionários da Hersheys, os quais se tornam profissionais capacitados para receber treinamento e desenvolvem habilidades para detectar e relatar casos de trabalho infantil ao comitê responsável de proteção à criança implementado nas fazendas Hersheys.

Conjuntamente, a Hershey 's adotou um selo referente ao cacau utilizado pela empresa nas embalagens dos seus produtos. Segundo o gerente geral da Hersheys Brasil e América Latina, Marcel Sacco:

> Ao buscar estas certificações, Hershey almejava não só liderar uma mudança na própria empresa e indústria, mas estimular mudanças na cadeia como um todo, visando um mundo melhor e mais sustentável. Com isso, continuamos avançando em nosso legado como uma empresa orientada a usar os negócios para tornar o mundo um lugar melhor. [76]

Por fim, a empresa estadunidense Mondelez passou a investir na capacitação dos produtores de cacau em seis países diferentes – incluindo o Brasil – por meio do programa *"Cocoa Life"*[77]. Tal programa estruturou seus esforços em três áreas prioritárias, a saber o cultivo de cacau como um negócio próspero; as comunidades de cacau capacitadas e integradas; e a conservação e restauração das florestas.

---

73. NESTLE. Op. cit., 2019.
74. HERSHEY. Child Labor Monitoring and Remediation System. Estados Unidos da América, 2021. Disponível em: https://www.thehersheycompany.com/en_us/sustainability/shared-business/cocoa-for-good.html. Acesso em: 25 fev. 2021.
75. Ibidem.
76. HERSHEY. Op. cit., 2021.
77. MONDELEZ. *Abordagem ao combate da exploração de trabalho infantil nas comunidades de cacau*. 2021. Disponível em: https://pt.cocoalife.org/o-programa/trabalho-infantil. Acesso em: 16 fev. 2021.

Assim, desde 2012[78], o projeto é realizado com cem produtores de cacau dos estados brasileiros do Pará e da Bahia. A partir da sua estruturação, a empresa possui como meta que, até 2025, o "Cocoa Life" seja a principal fonte de cacau da Mondelez.

Segundo Cathy Pieters[79], diretora do programa:

> Cocoa Life é uma empreitada para a vida toda, uma forte e promissora cadeia de fornecimento de cacau que gera oportunidades para transformar as vidas e os meios de subsistência dos produtores e suas comunidades. Acreditamos que comunidades dinâmicas, com poder de decisão, são os alicerces essenciais para o cacau sustentável.

Neste sentido, é importante salutar que as empresas se conscientizem de que o descumprimento da legislação pode prejudicar organizacionalmente e que a implementação de medidas para detecção, prevenção e remediação de erros combatendo o uso da mão de obra infantil traz reflexos positivos nos resultados sociais e econômicos.

Para Cláudia Pfeiffer[80], tais ações traduzem uma nova forma de "filantropia empresarial", não se baseando em doações, mas em programas que buscam colaborar concretamente para a solução de problemas sociais, considerando que o bem estar dos negócios depende de tal atuação.

Ainda que a responsabilidade social empresarial se construa como uma estratégia de lucro, esse comportamento pode ser considerado como condição basilar para a manutenção da empresa no mercado globalizado, conquistando a fidelidade[81] e reconhecimento pelo consumidor. Assim, o selo social utilizado pelas três empresas possibilita compreender o combate ao trabalho infantil como estratégia de proteção ao negócio. Nesse sentido, pactos são assinados, projetos são anunciados e códigos de conduta são criados, reforçando o engajamento das empresas, bem como a repercussão perante os consumidores, pela eliminação do trabalho de crianças e adolescente.

Neste diapasão à responsabilidade social das empresas tem a propriedade de solidarizar ao mesmo tempo os interesses dos trabalhadores, os interesses de todos os fabricantes na cadeia do chocolate e o interesse dos consumidores finais, face a garantia de que o produto foi elaborado com cuidado e respeito as legislações vigentes, servindo, indiretamente, de boicote aos produtos que não possuem tal certificação[82].

---

78. MONDELEZ. *Porque "Cocoa Life"?*. 2021. Disponível em: https://pt.cocoalife.org/. Acesso em: 16 fev. 2021.
79. MONDELEZ. Op. cit., 2021.
80. PFEIFFER, C. *Por que as empresas privadas investem em projetos sociais e urbanos no Rio de Janeiro?* Rio de Janeiro: Civilização Brasileira, 2004.
81. SILVA, M. S. Trabalho escravo – uma realidade na cadeia produtiva corporações com a chamada responsabilidade social. In: FIGUEIRA, R. R.; PRADO, A. A. Op. cit., p. 403-415.
82. BELTRAN, Ari Possidonio. *Os impactos da Integração econômica no direito do trabalho* – Globalização e direitos sociais. LTR: São PAULO, 1998.

Salienta-se que, de acordo com uma pesquisa[83] da seção brasileira da Organização Internacional do Trabalho (OIT), de cada dez empresas, nove acreditam que o selo social ajudará a eliminar o trabalho infantil.

Portanto, como problema social, econômico e político[84], a sua erradicação requer a atuação dos setores privados, garantindo o cumprimento com a legislação, a elaboração de políticas (internas, bem como apoio às políticas públicas), a fim de propiciar às crianças sua cidadania plena[85], com titularidade de direitos e possibilidade de desenvolvimento integral, considerando seu melhor interesse.

4. CONSIDERAÇÕES FINAIS

O enfrentamento ao trabalho infantil, com respaldo nos instrumentos domésticos e internacionais, na qualidade de *core labour right*, consiste em um dos eixos estratégicos para promoção do trabalho decente. Nesse sentido, a erradicação da prática foi elencada como Meta do Objetivo do Desenvolvimento Sustentável 8, da Agenda 2030.

Na Agenda, a Meta 8.7 se propõe a acabar com o trabalho infantil em todas as suas formas até 2025. Tal Meta, junto com a ratificação universal da C182 da OIT e a declaração da ONU de 2021 como "Ano Internacional para a Eliminação do Trabalho Infantil", destacam a necessidade de adoção de medidas para o seu enfrentamento, tanto no âmbito do Estado (por políticas públicas e instrumentos legais, por exemplo), quanto dos setores privados. Inclusive, na Constituição Federal do Brasil, a garantia da proteção integral e prioritária de crianças e adolescentes se ampara no tripé "Estado, família e sociedade".

Nesse sentido, no setor privado, a "indústria do chocolate", que abrange as etapas de moagem, varejo e as cadeias de consumo, apresenta elevados índices de exploração do trabalho infantil, o que levou, em 2001, à adoção do Protocolo Harkin-Engel. Ressalte-se que, por conta das diversas etapas do processo de produção, é necessário considerar que a exploração, sobretudo ao se considerar a natureza transnacional das maiores empresas do ramo, pode ocorrer em diferentes localidades e países, com indicadores variados de vulnerabilidade social (como, por exemplo, índice de escolaridade e de renda per capita).

À vista disso, considerando a urgência na adoção de iniciativas por parte dos agentes privados, bem como a responsabilidade (objetiva) pelos atos e danos prati-

---

83. ORGANIZAÇÃO INTERNACIONAL DO TRABALHO. *Fatos e números globais – Estimativas globais para o trabalho infantil:* Resultados e tendências (2012-2016). 19 set. 2017. Disponível em: https://www.ilo.org/global/publications/books/WCMS_575499/lang--pt/index.htm. Acesso em: 02 mar. 2021.
84. CALSING, M. A. Trabalho Infantil: Você não vê, mas existe. In: MELO, G. A. B. M.; CÉSAR, J. B. M. Op. cit., 2016.
85. OLVEIRA, Oris. Apontamentos sobre a lei do aprendiz. In: MELO, G. A. B. M.; CÉSAR, J. B. M. Op. cit., 2016.

cados, a pesquisa se propôs a investigar iniciativas das principais empresas do setor com sede no Brasil, a saber Nestlé, Hershey's e Mondelez.

Observa-se que a Nestle foi pioneira na adoção de um sistema de Monitoramento e Remediação do Trabalho Infantil (CLMRS) (2012), bem como, a partir de uma parceria, lançou um suporte técnico e a verificação própria de produtores de cacau, pelo padrão NCP. Integrante do programa "Cocoa Plan", a iniciativa se propôs à implementação de boas práticas na produção da matéria prima, a partir, por exemplo, da capacitação dos agricultores e da elaboração anual de um relatório sobre o trabalho infantil.

De forma similar, a Hershey's estabeleceu o projeto "Cocoa for Good"; os Sistemas de Monitoramento e Remediação do Trabalho Infantil, a fim de verificar a problemas relacionados ao trabalho infantil na cadeia de fornecimento e adotou um selo referente ao cacau nas suas embalagens. Já a Mondelez implementou o programa "Cocoa Life", que abarcou iniciativas como a capacitação dos produtores de cacau.

Nota-se que as empresas, como denominador comum, estruturaram e implementaram programas com múltiplas frentes, que se dedicaram, dentre outros, à capacitação profissional. Ademais, a elaboração de relatórios e a adoção de selos sociais, que se propõem a indicarem um rastreiam por toda a cadeia de produção, se apresentaram como estratégias adotadas pelas empresas.

A despeito da ausência de dados relacionados à efetividade – por exemplo, relacionada aos números de crianças que já foram resgatadas das cadeias de produção da "indústria do cacau" das empresas analisadas – é importante verificar a presença de iniciativas que se propõem a, não somente eliminar, mas prevenir o trabalho infantil. Assim, considerando a importância da efetivação dos direitos humanos e dos direitos fundamentais do trabalho, as estratégias para sua promoção devem ser implementadas não só nos setores públicos, como também nos setores privados.

REFERÊNCIAS

ADRIANA FARIAS (São Paulo). *Saiba como é o trabalho infantil nas plantações de cacau do Pará*. 29 set. 2019. YouTube: Câmera Record. Disponível em: https://www.youtube.com/watch?v=8d70zQhqCzc. Acesso em: 05 fev. 2021.

BANDEIRA, Paulo Sergio. Exploração do trabalho infantil: enfrentamento da ideologia permissiva. *Revista dos Tribunais*, v. 211, p. 187-207, São Paulo, maio/jun. 2020.

BELTRAN, Ari Possidonio. *Os impactos da Integração econômica no direito do trabalho* – Globalização e direitos sociais. São Paulo: LTR, 1998.

BONDAR, G. A cultura do cacau na Bahia: *Boletim técnico do Instituto de Cacau da Bahia* n. 1. Salvador: Instituto de Cacau da Bahia, 1938.

BRASIL. Constituição da República Federativa do Brasil de 1988. 1988. Disponível em: http://www.planalto.gov.br/ccivil_03/constituicao/constituicao.htm. Acesso em: 25 fev. 2021.

BRASIL. Decreto 1.313, de 17 de janeiro de 1891. Brasília, 17 de janeiro de 1891. Disponível em: https://www2.camara.leg.br/legin/fed/decret/1824-1899/decreto-1313-17-janeiro-1891-498588-publicacaooriginal-1-pe.html. Acesso em: 20 fev. 2021.

BRASIL. Decreto 591, de 6 de julho de 1992. Atos Internacionais. Pacto Internacional sobre Direitos Econômicos, Sociais e Culturais. Promulgação. Disponível em: http://www.planalto.gov.br/ccivil_03/decreto/1990-1994/d0591.htm. Acesso em: 25 fev. 2021.

BRASIL. Decreto 6.481, de 12 de junho de 2008. Regulamenta os artigos 3º, alínea "d", e 4º da Convenção 182 da Organização Internacional do Trabalho (OIT) que trata da proibição das piores formas de trabalho infantil e ação imediata para sua eliminação, aprovada pelo Decreto Legislativo 178, de 14 de dezembro de 1999, e promulgada pelo Decreto no 3.597, de 12 de setembro de 2000, e dá outras providências. Disponível em: http://www.planalto.gov.br/ccivil_03/_ato2007-2010/2008/decreto/d6481.htm. Acesso em: 25 fev. 2021.

BRASIL. Decreto-Lei 5.452, de 1º de maio de 1943. Aprova a Consolidação das Leis do Trabalho. Disponível em: http://www.planalto.gov.br/ccivil_03/decreto-lei/del5452.htm. Acesso em: 25 fev. 2021.

BRASIL. Lei 6.697, de 10 de outubro de 1979. Código de Menores. Disponível em: http://www.planalto.gov.br/ccivil_03/leis/1970-1979/l6697.html. Acesso em: 20 fev. 2021.

BRASIL. Lei 8.069, de 13 de julho de 1990. Dispõe sobre o Estatuto da Criança e do Adolescente e dá outras providências. Disponível em: http://www.planalto.gov.br/ccivil_03/leis/l8069.htm. Acesso em: 25 fev. 2021.

BRASIL. Lei 8.078, de 11 de setembro de 1990. Dispõe sobre a proteção do consumidor e dá outras providências. Disponível em: http://www.planalto.gov.br/ccivil_03/leis/l8078compilado.htm. Acesso em: 20 fev. 2021.

BRASIL. ODM Brasil. [S/A]. Disponível em: http://www.odmbrasil.gov.br/os-objetivos-de-desenvolvimento-do-milenio. Acesso em: 25 fev. 2021.

DE BRITO FILHO, J. C. M. *Trabalho decente*: análise jurídica da exploração do trabalho – trabalho escravo e outras formas de trabalho indigno. 4. ed. São Paulo: LTr. 2016.

CALSING, M. A. Trabalho Infantil: Você não vê, mas existe. In: MELO, Guilherme Aparecido Bassi de Melo; CÉSAR, João Batista Martins. *Trabalho Infantil*: Mitos, realidades e perspectivas. Estudos em Homenagem ao professor Oris de Oliveira. São Paulo: LTR. 2016.

COMISSÃO INTERAMERICANA DE DIREITOS HUMANOS. Convenção Americana de Direitos Humanos. San José, 22 de novembro de 1969. Disponível em: https://www.cidh.oas.org/basicos/portugues/c.convencao_americana.htm. Acesso em: 25 fev. 2021.

COMISSÃO INTERAMERICANA DE DIREITOS HUMANOS. Protocolo Adicional À Convenção Americana Sobre Direitos Humanos Em Matéria De Direitos Econômicos, Sociais e Culturais, "Protocolo De San Salvador". [S/A]. Disponível em: http://www.cidh.org/basicos/portugues/e.protocolo_de_san_salvador.htm. Acesso em: 25 fev. 2021.

COOPER, F. A. C. Responsabilização da cadeira produtiva em caso de exploração do trabalho infantil. In: MELO, G. A. B. M.; CÉSAR, J. B. M. *Trabalho Infantil*: Mitos, realidades e perspectivas. Estudos em Homenagem ao professor Oris de Oliveira. São Paulo: LTr. 2016.

CORRÊA, L. B. O trabalho infantil sob a perspectiva internacional. In: MELO, G. A. B. M; CÉSAR, J. B. M. *Trabalho Infantil*: Mitos, realidades e perspectivas. Estudos em Homenagem ao professor Oris de Oliveira. São Paulo: LTr. 016.

EMERSON, P.; SOUZA, A. Is there a child labor trap? Intergenerational persistence of child labor in Brazil. In: KASSOUF, A. L. *O que conhecemos sobre o trabalho infantil?* Belo Horizonte: Nova Economia, v. 17, v. 2, p. 323-350. 2007.

EUROMONITOR. Banco de dados da Euromonitor International. Disponível em: https://www.euromonitor.com/pt-reports. Acesso em: 25 fev. 2021.

FIGUEIRA, R. R.; GALVÃO, E. M. Criança no trabalho e trabalho escravo: Desafios. In: FIGUEIRA; R. R.; PRADO, A. A.; GALVÃO, E. M. *Privação de liberdade ou atentado a dignidade*: Escravidão contemporânea. Rio de Janeiro: Mauad X, 2013.

FONSECA, M. H. *Qualificação profissional*: um instrumento de promoção do trabalho decente: Diálogo OIT-Brasil. 2017. 190 p. Tese (Livre Docência) Faculdade de Direito de Ribeirão Preto, Universidade de São Paulo, São Paulo, 2017.

FREITAS JÚNIOR, A. R. de. Direitos sociais e direitos fundamentais na perspectiva da Declaração da OIT de 1998: um caso de soft law no rumo de sua efetividade. In: GOMES, A. V. M.; FREITAS JUNIOR, A. R. de (Org.). *A Declaração de 1998 da OIT sobre princípios e direitos fundamentais no trabalho: análise do seu significado e efeitos*. São Paulo: LTr, 2014.

HADDAD, C. H. B. Aspectos penais do trabalho escravo. In: FIGUEIRA; R. R.; PRADO, A. A.; GALVÃO, E. M. *Privação de liberdade ou atentado a dignidade*: Escravidão contemporânea. Rio de Janeiro: Mauad X, 2013.

HERSEY. Child Labor Monitoring and Remediation System. 2021. Disponível em: https://www.thehersheycompany.com/en_us/sustainability/shared-business/cocoa-for-good.html. Acesso em: 25 de fev. 2021.

INSTITUTO BRASILEIRO DE GEOGRAFIA E ESTATÍSTICA. Censo Agro 2017. 2017. Disponível em: https://censos.ibge.gov.br/agro/2017/templates/censo_agro/resultadosagro/agricultura.html?localidade=29&tema=76248. Acesso em: 25 fev. 2021.

INSTITUTO BRASILEIRO DE GEOGRAFIA E ESTATÍSTICA . Percentual da população com rendimento nominal mensal per capita de até 1/2 salário mínimo. 2010. Disponível em: https://cidades.ibge.gov.br/brasil/ba/ilheus/panorama Acesso em: 25 fev. 2021.

INSTITUTO BRASILEIRO DE GEOGRAFIA E ESTATÍSTICA . Produção Agrícola Municipal 2019. 2020. Disponível em: https://cidades.ibge.gov.br/brasil/pesquisa/15/0?localidade1=29&localidade2=15 . Acesso em: 24 fev. 2021.

INSTITUTO BRASILEIRO DE GEOGRAFIA E ESTATÍSTICA . Programa das Nações Unidas para o Desenvolvimento – PNUD 2010. 2010. Disponível em: https://cidades.ibge.gov.br/brasil/pa/medicilandia/pesquisa/37/30255?localidade1=291360 . Acesso em: 25 fev. 2021.

INSTITUTO BRASILEIRO DE GEOGRAFIA E ESTATÍSTICA . Sistema IBGE de Recuperação Automática. 2019. Disponível em: https://sidra.ibge.gov.br/Tabela/7138#resultado. Acesso em: 26 fev. 2021.

INTERNATIONAL LABOUR ORGANIZATION. 2021 International Year for the Elimination of Child Labour. [s/a]. Disponível em: https://www.ilo.org/global/topics/child-labour/int-year/lang--en/index.htm. Acesso em: 25 fev. 2021.

INTERNATIONAL LABOUR ORGANIZATIO. Global Estimates of Child Labour: Results and trends, 2012-2016. 2017. Disponível em: https://www.ilo.org/global/publications/books/WCMS_575499/lang--pt/index.htm. Acesso em: 02 mar. 2021.

KASSOUF, A. L. *O que conhecemos sobre o trabalho infantil?* Belo Horizonte: Nova Economia, v. 17, n. 2, p 323-350. 2007.

MARCONI, Marina de Andrade; LAKATOS, Eva Maria. *Metodologia científica*. 5. ed. São Paulo: Atlas, 2003.

MARTINS, Juliane Caravieri. *Trabalho digno e direitos humanos em tempos de globalização*: perspectivas para a América Latina. Belo Horizonte: Arraes Editores, 2017.

MELO, G. A. B. de; CÉSAR, J. B. M. *Trabalho Infantil:* Mitos, realidades e perspectivas. Estudos em Homenagem ao professor Oris de Oliveira. São Paulo: LTr, 2016.

MONDELEZ. *Abordagem ao combate da exploração de trabalho infantil nas comunidades de cacau*. 2021. Disponível em: https://pt.cocoalife.org/o-programa/trabalho-infantil. Acesso em: 16 fev. 2021.

MONDELEZ. *Porque "Cocoa Life"?* 2021. Disponível em: https://pt.cocoalife.org/. Acesso em: 16 fev. 2021.

NAÇÕES UNIDAS. Desenvolvimento Sustentável. 2015. Disponível em: https://nacoesunidas.org/wpcontent/uploads/2015/10/agenda2030-pt-br.pdf. Acesso em: 26 fev. 2021.

NESTLÉ. Cocoa Plan oferece cacau mais sustentável, 2012. Disponível em: https://corporativo.nestle.com.br/media/pressreleases/nestlecocoaplanoferececacaumaissustentavel. Acesso em: 27 fev. 2021.

NESTLÉ. Tackling Child Labor. 2019. Disponível em: https://www.nestle.com/sites/default/files/2019-12/nestle-tackling-child-labor-report-2019-en.pdf. Acesso em: 15 fev. 2021.

OLIVEIRA, Oris. Problemas relativos ao trabalho infanto-juvenil e o motivo pela erradicação. *Revista do Tribunal Regional do Trabalho da 15ª Região*, n. 45, p. 40-48. Campinas, 2014.

OLIVEIRA, P. E. V. de. Responsabilização do empregador pela contratação da mão de obra infantil. In: MELO, G. A. B. de; CÉSAR, J. B. M. *Trabalho Infantil. Mitos, realidades e perspectivas*. Estudos em Homenagem ao professor Oris de Oliveira. São Paulo: LTr, 2016.

OLIVEIRA, P. E. V. de. Apontamentos sobre a lei do aprendiz. In: MELO, G. A. B. de; CÉSAR, João Batista Martins. *Trabalho Infantil*: Mitos, realidades e perspectivas. Estudos em Homenagem ao professor Oris de Oliveira. São Paulo: LTr, 2016.

ORGANIZAÇÃO DOS ESTADOS AMERICANOS. Carta da Organização dos Estados Americanos. Buenos Aires, 27 de fevereiro de 1967. Disponível em: https://www.oas.org/dil/port/tratados_A41_Carta_da_Organiza%C3%A7%C3%A3o_dos_Estados_Americanos.htm. Acesso em: 25 fev. 2021

ORGANIZAÇÃO INTERNACIONAL DO TRABALHO. C138 – Idade Mínima para Admissão. Genebra, 6 de junho de 1973. Disponível em: https://www.ilo.org/brasilia/convencoes/WCMS_235872/lang--pt/index.htm. Acesso em: 25 fev. 2021.

ORGANIZAÇÃO INTERNACIONAL DO TRABALHO. C182 – Convenção sobre Proibição das Piores Formas de Trabalho Infantil e Ação Imediata para sua Eliminação. Genebra, 1 de junho de 1999. Disponível em: https://www.ilo.org/brasilia/convencoes/WCMS_236696/lang--pt/index.htm. Acesso em: 25 fev. 2021.

ORGANIZAÇÃO INTERNACIONAL DO TRABALHO. Conferência Internacional do Trabalho (2010) – Relatório do Diretor-Geral da OIT à 99º Conferência Internacional do Trabalho: "Intensificar a Luta Contra o Trabalho Infantil". Genebra, 2010.

ORGANIZAÇÃO INTERNACIONAL DO TRABALHO. Declaração da OIT Sobre os Princípios e Direitos Fundamentais no Trabalho. Genebra, 19 de junho de 1999. Disponível em: https://www.ilo.org/public/english/standards/declaration/declaration_portuguese.pdf. Acesso em: 25 fev. 2021.

ORGANIZAÇÃO INTERNACIONAL DO TRABALHO. Fatos e números globais – Estimativas globais para o trabalho infantil: Resultados e tendências (2012-2016). 19 de setembro 2017. Disponível em: https://www.ilo.org/global/publications/books/WCMS_575499/lang--pt/index.htm. Acesso em: 02 mar. 2021.

ORGANIZAÇÃO INTERNACIONAL DO TRABALHO; MINISTÉRIO PÚBLICO DO TRABALHO. Cadeia Produtiva do cacau – avanços e desafios rumo à promoção do trabalho decente: análise situacional. Brasil, 2018.

PFEIFFER, Cláudia. *Por que as empresas privadas investem em projetos sociais e urbanos no Rio de Janeiro?* Rio de Janeiro: Civilização Brasileira, 2004.

PIOVESAN, Flávia. *Direitos humanos e justiça internacional*: um estudo comparativo dos sistemas regionais europeu, interamericano e africano. São Paulo: Saraiva, 2006.

PLATAFORMA AGENDA 2030. Objetivo 8. Trabalho Decente e Crescimento Econômico. [S/A]. Disponível em: http://www.agenda2030.com.br/ods/8/. Acesso em: 25 fev. 2021.

ROCHA, L. B. *A Região Cacaueira da Bahia*: dos coronéis do cacau à vassoura-de-bruxa: saga, percepção, representação. Ilhéus: Editus, 2008.

SEBRAE. Análise estratégica setorial – cacau do sul da Bahia. Brasil, 2019.

SEBRAE. Estudo de mercado: chocolates gourmet. Brasil, 2017.

SILVA, A. F; FACHINELLO, A. L; BOTEON; M.; CASTRO, N. R; GILIO, L. Estrutura e Renda da Cadeia Produtiva do Cacau e Chocolate no Brasil. *Revista de Economia e Agronegócio – REA*, Viçosa, v. 15, n. 3, 2007. p. 323-343.

SILVA, M. S. Trabalho escravo – uma realidade na cadeia produtiva corporações com a chamada responsabilidade social. In: FIGUEIRA, R. R.; PRADO, A. A. *Olhares sobre a escravidão contemporânea*: novas contribuições críticas. Cuiabá: UFMT, 2011.

SILVA, Roberto Sá da. A crise da cacauicultura baiana e a busca de um novo paradigma no período 1987 a 1996. In: ORGANIZAÇÃO INTERNACIONAL DO TRABALHO; MINISTÉRIO PÚBLICO DO TRABALHO. *Cadeia Produtiva do cacau* – avanços e desafios rumo à promoção do trabalho decente: análise situacional. Brasil, 2018.

UNICEF. Convenção sobre os Direitos da Criança. [s/l], 20 de novembro de 1989. Disponível em: https://www.unicef.org/brazil/convencao-sobre-os-direitos-da-crianca. Acesso em: 25 fev. 2020.

UNICEF. Declaração Universal dos Direitos Humanos: Adotada e proclamada pela Assembleia Geral das Nações Unidas (resolução 217 A III) em 10 de dezembro 1948. [s/l] 10 de dezembro 1948. Disponível em: https://www.unicef.org/brazil/declaracao-universal-dos-direitos-humanos. Acesso em: 25 fev. 2020.

UNITED NATIONS. Transforming our world: the 2030 Agenda for Sustainable Development. [s/a]. Disponível em: https://sdgs.un.org/2030agenda. Acesso em: 25 fev. 2021.

UN NEWS. Convention on worst forms of child labour receives universal ratification. 4 ago. 2020. Disponível em: https://news.un.org/en/story/2020/08/1069492. Acesso em: 25 fev. 2021.

Parte 4
Direito e Tecnologia

A CONCRETIZAÇÃO DA PROTEÇÃO DE DADOS PESSOAIS: O DEVER FUNDAMENTAL DE RESPEITO PELOS FORNECEDORES DE CONSUMO

Arthur Pinheiro Basan

Doutor em Direito pela Universidade do Vale do Rio dos Sinos (UNISINOS). Mestre em Direito pela Universidade Federal de Uberlândia (UFU). Associado Titular do Instituto Brasileiro de Estudos em Responsabilidade Civil (IBERC). Professor adjunto na Universidade de Rio Verde (UniRV). E-mail: arthurbasan@hotmail.com.

Luís Fernando Rosa

Pós-graduando em Ciências Penais e Segurança Pública pelo Centro de Ensino Superior de São Gotardo. Especialista em Direito de Família e Sucessões pela Faculdade de Direito Damásio de Jesus. Graduado em Direito pela Universidade Federal de Uberlândia. Assessor de Juiz do Tribunal de Justiça de Minas Gerais. E-mail: l.fernandorosa@hotmail.com+

SUMÁRIO: Introdução – 1. A sociedade do consumo no contexto informacional – 2. A proteção de dados pessoais: do direito humano a direito básico do consumidor – 3. O dever fundamental de respeito aos dados pessoais pelos fornecedores de consumo – 4. Considerações finais – Referências.

RESUMO: O presente estudo visa analisar o dever fundamental de respeito aos dados pessoais pelos fornecedores de consumo. Partindo disso, o trabalho pretende contextualizar o uso de dados pessoais nas relações de consumo, indicando a necessidade de os fornecedores cumprirem o dever de respeito às exigências previstas nas normas protetivas de dados pessoais, especialmente a LGPD. A pesquisa utilizará o método de abordagem dedutivo, por meio da análise bibliográfica, chegando à conclusão de que a concretização do direito humano de proteção de dados pessoais pressupõe a adequação das práticas de mercado pelos fornecedores.

INTRODUÇÃO

A sociedade contemporânea é designada de diversas maneiras, seja como sociedade pós-moderna, pós-industrial, globalizada ou em rede. E, apesar das diferentes denominações, é possível notar que todas elas possuem a mesma fundamentação, qual seja, o fato de vivenciar-se hoje a era da informação. O desenvolvimento da computação e, sobretudo, a ampliação do uso da *Internet* proporcionou a transformação do conhecimento de maneira nunca antes alcançada, pois em tempo real e de forma transnacional.

Isso porque as tecnologias experimentadas anteriormente, como a televisão e o computador, isolados, foram instrumentos de relação unilateral, na qual o sujeito era mero receptor da informação.[1] Em contrapartida, ao se analisar a *Internet*, é possível defender que se trata de "um meio de comunicação que permite, pela primeira vez, a comunicação de muitos com muitos, num momento escolhido, em escala global".[2]

Neste contexto, abre-se espaço para a criação de novo ambiente para as interações humanas, com nítidos reflexos nos diversos subsistemas sociais (econômico, jurídico, familiar, político etc.). E neste novo ambiente, o subsistema mais beneficiado pela sociedade da informação é o econômico, porquanto a facilidade de transmissão de informações possibilita a redução de custos e a ampliação dos mercados de consumo[3], como se nota no comércio eletrônico. Dito de outro modo, a tecnologia digital exerce um grande impacto na diminuição de custos, seja de pesquisa de mercado ou de celebração de contratos, afinal, nos contratos virtuais, "a aceitação pode ser feita mediante um simples clique com o *mouse*".[4]

Como se não bastasse, nota-se nítido declínio na organização produtiva clássica, de fabricação, produção e fornecimento de bens materiais, criando, assim, uma nova concepção produtiva, na lógica da economia digitalizada, de modo que "[...] todos os contratos não solenes podem ser hoje realizados por *e-mail, online*, por telefone, por cabo ou por internet [...] [...] trata-se do mais novo efeito da sociedade da informação".[5]

Tal situação altera o raciocínio econômico, afinal, a economia passa a se basear no conhecimento, sendo este inclusive um dos principais ativos do mercado atual. A sociedade da informação, portanto, "valoriza os ativos não físicos, também chamados de ativos informacionais, do conhecimento ou intelectuais".[6] Neste ponto, importante destacar que a informação se torna um bem comercializável, de modo que os indivíduos conectados "não são contratantes informados e não informados, mas apenas produtor de informação e adquirente desta. Ela não é um instrumento. É um bem em si mesmo."[7] Aqui, destaca-se o valor que os dados pessoais passam a assumir no mercado.[8]

---

1. É importante mencionar que a partir dos anos 2000, principalmente, diversas tecnologias surgiram expandindo o universo digital de maneira exponencial. À título de exemplo, destaca-se o surgimento do *iphone* e demais *smartphones*, a geolocalização, o as televisões e relógios inteligentes etc. Assim, nota-se que todas essas tecnologias tem um denominador comum, qual seja, o uso da *Internet*. TORRES, Cláudio. *A bíblia do marketing digital*: tudo o que você queria saber sobre marketing e publicidade na internet e não tinha a quem perguntar. São Paulo: Novatec, 2018. p. 69.
2. CASTELLS, Manuel. *A galáxia da internet*: reflexões sobre a internet, os negócios e a sociedade. Rio de Janeiro: Zahar, 2003. p. 08.
3. MARTINS, Fernando Rodrigues. Sociedade da informação e proteção da pessoa. *Revista da Associação Nacional do Ministério Público do Consumidor*, Juiz de Fora, v. 2, n. 2, p. 6, 2016.
4. LORENZETTI, Ricardo. *Comércio eletrônico*. São Paulo: Ed. RT, 2004. p. 51.
5. MARQUES, Claudia Lima. *Contratos no código de defesa do consumidor*: o novo regime das relações contratuais. São Paulo: Ed. RT, 2014. p. 127.
6. LISBOA, Roberto Senise. Direito na sociedade da informação. *Revista de Direito do Consumidor*, São Paulo, ano 95, v. 847, p. 88, maio 2007.
7. LORENZETTI, Ricardo. *Comércio eletrônico*. São Paulo: Ed. RT, 2004. p. 55.
8. Consoante o art. 5º, II, da Lei 13.709/2018 (Lei Geral de Proteção de Dados Pessoais), é considerado dado pessoal a informação relacionada a pessoa natural identificada ou identificável. BRASIL. Lei 13.709, de 14

Com efeito, se a revolução industrial permitiu o desenvolvimento e a distribuição em larga escala de bens tangíveis e corpóreos no mercado, coube à revolução da informação a função de promover o acesso aos bens intangíveis ou incorpóreos e, muitas vezes, por meio deles, tornar possível o acesso aos bens materiais.[9] Neste ponto, destaca-se que em meados de 2019 a mídia digital noticiou que os aplicativos "Uber" e "Ifood" tornaram-se os maiores "empregadores" do Brasil, já que fonte de renda de quase 4 milhões de brasileiros.[10]

Neste contexto, estar-se-á diante de um verdadeiro "paradigma digital", isto é, uma nova forma de compreensão e funcionamento do mundo, que alterará sobremaneira as relações humanas, inclusive inserindo os direitos humanos em novos riscos.[11] Obviamente, este novo ambiente virtual também está sujeito às vicissitudes humanas, conforme expõe Têmis Limberger, sendo ambiente propício para o surgimento de novos problemas que demandam respostas jurídicas adequadas.[12]

Frente a esses novos desafios jurídicos surge também uma nova economia, de fato capitalista, que se encontra inserida em todos os países do planeta, ou ao menos dependentes da ligação às redes capitalistas globais. Essa nova realidade econômica se encontra pautada em um novo tipo de capitalismo, tecnológico e organizacional.[13] Com efeito, o consumidor se torna o grande protagonista do sistema econômico e social, visto que age como engrenagem do atual sistema capitalista.[14]

Dessa maneira, é possível afirmar que o modelo consumista notado na sociedade atual decorre das diversas transformações pelas quais passaram os modos de produção durante o período da modernidade. Girando em torno do conhecimento e da informação, um dos ativos mais preciosos do mercado atual são os dados pessoais dos consumidores. E tal situação fica ainda mais evidente ao constatar que, para a

---

de agosto de 2018. Dispõe sobre a proteção de dados pessoais e altera a Lei 12.965, de 23 de abril de 2014 (Marco Civil da Internet). Disponível em: http://www.planalto.gov.br/ ccivil_03/_ato2015-2018/2018/lei/L13709.htm. Acesso em: 20 mar. 2021.

9. LISBOA, Roberto Senise. Direito na sociedade da informação. *Revista de Direito do Consumidor*, São Paulo, ano 95, v. 847, p. 84, maio 2007.
10. APPS como Uber e iFood se tornam "maior empregador" do Brasil. *Exame*, São Paulo, 28 abr. 2019. Disponível em: https://exame.abril.com.br/economia/apps-como-uber-e-ifood-sao-fonte-de-renda-de-quase-4-milhoes-de-pessoas/. Acesso em :10 mar. 2021.
11. "En nombre de la tecnociencia se pretende colonizar todos los aspectos de la vida humana. [...] El control externo, la instrumentalización y la coisificación de la vida desembocan en la aniquilación de la personalidad y, por consiguiente, de la dignidad humana." PÉREZ-LUÑO, Antonio Enrique. *Derechos humanos, Estado de derecho y Constituición*. Madrid: Tecnos, 1995. p. 99.
12. Expõe a autora que: "A ideia de que seria possível criar um mundo perfeito na rede, isento de problemas, que transcendesse às injustiças e que, por conseguintes, fosse desnecessária a regulação jurídica, não prosperou. A internet não é este espaço neutro, veja-se a questão dos hackers, spams, pedofilia na internet, violação dos dados pessoais e a exclusão digital. Tudo isto nos faz refletir se as agruras da vida real, encontram no terreno virtual espaço fértil para sua disseminação. O desafio consiste em utilizar o espaço de informação na internet em prol da efetividade dos direitos humanos." LIMBERGER, Têmis. Direitos humanos na era tecnológica. Revista D*ireitos Emergentes na Sociedade Global*, Santa Maria, v. 2, n. 2, p. 348, 2014.
13. CASTELLS, Manuel. *A sociedade em rede*. Rio de Janeiro: Paz e Terra, 2018. p. 210.
14. BAUMAN, Zygmunt. *Vida para consumo*: a transformação das pessoas em mercadoria. Trad. Carlos Alberto Medeiros. Rio de Janeiro: Zahar, 2008. p. 20.

implementação das publicidades direcionadas[15], muitas vezes não solicitadas, faz-se o uso de banco de dados com informações sensíveis das pessoas.[16]

Isso porque, na *internet*, a grande tônica lucrativa gravita sobre a produção de publicidade, como se nota pelo Google, empresa que serve de modelo de gerenciamento, desenvolvimento e inovação de produtos e serviços virtuais. É impossível conhecer a *Internet* e desconhecer o Google, empresa que conseguiu criar uma fórmula inovadora e simples de ganhar dinheiro, podendo esse modelo de negócios ser resumido a uma ideia central: a publicidade *online*.[17]

Nessa perspectiva, surge o seguinte problema: considerando as inovações tecnológicas que captam dados dos consumidores para o incremento de práticas de mercado, especialmente publicidades, de que maneira o dever de respeito aos dados pessoais, pelos fornecedores de consumo, apresenta-se como concretização do direito humano de proteção de dados pessoais?

Com base nisso, o presente estudo tem como objetivo geral apontar o necessário reconhecimento do dever fundamental, exigido aos agentes do mercado, de respeito aos dados pessoais dos consumidores. Desse modo, o texto trabalha com os seguintes objetivos específicos: i) contextualizar a sociedade de consumo às novas tecnologias virtuais; ii) apontar como a proteção de dados pessoais se revela como um importante direito humano, também carente de tutela nas relações de consumo; iii) apresentar o dever fundamental dos fornecedores como caminho viável para a tutela integral da pessoa humana, notadamente quanto ao novo aspecto de sua personalidade, na figura do "corpo eletrônico".[18]

O trabalho se justifica em decorrência do crescente consumismo na sociedade, com consequente surgimento de novos poderes, eminentemente privados, de modo que tal situação demonstra a necessária aplicação e defesa dos direitos humanos às relações privadas, em especial no âmbito de consumo[19], que desponta a incidência de vulnerabilidades, agravadas pelo ambiente virtual.

---

15. BIONI, Bruno Ricardo. *Proteção de dados pessoais*: a função e os limites do consentimento. Rio de Janeiro: Forense, 2019. p. 15.
16. Consoante o art. 5º, II, da Lei 13.709/2018 (Lei Geral de Proteção de Dados Pessoais), são dados sensíveis aqueles sobre origem racial ou étnica, convicção religiosa, opinião política, filiação a sindicato ou a organização de caráter religioso, filosófico ou político, dado referente à saúde ou à vida sexual, dado genético ou biométrico, quando vinculado a uma pessoa natural. BRASIL. Lei 13.709, de 14 de agosto de 2018. Dispõe sobre a proteção de dados pessoais e altera a Lei 12.965, de 23 de abril de 2014 (Marco Civil da Internet). Disponível em: http://www.planalto.gov.br/ccivil_03/_ato2015-2018/2018/lei/L13709.htm. Acesso em: 20 mar. 2021.
17. TORRES, Cláudio. *A bíblia do marketing digital*: tudo o que você queria saber sobre marketing e publicidade na internet e não tinha a quem perguntar. São Paulo: Novatec, 2018. p. 311.
18. Stefano Rodotà descreve a formação de um corpo eletrônico, um novo aspecto da pessoa natural que não ostenta apenas a massa física, ou um corpus, mas também uma dimensão digital, a partir dos dados pessoais da pessoas expostos especialmente na internet. In: BASAN, Arthur Pinheiro; FALEIROS JÚNIOR, José Luiz de Moura. A tutela do corpo eletrônico como direito básico do consumidor. *Revista dos Tribunais*. v. 1021, , p. 1-29. São Paulo. Impresso, 2020.
19. DUQUE, Marcelo Schenk. *Direito privado e constituição*: drittwirkung dos direitos fundamentais, construção de um modelo de convergência à luz dos contratos de consumo. São Paulo: Ed. RT, 2013. p. 50.

Partindo daí, a pesquisa utilizará o método de abordagem dedutivo, investigando a utilização de dados pessoais no mercado para evidenciar a problemática de risco aos consumidores. Além disso, o trabalho promoverá a análise bibliográfico-doutrinária para, em seguida, apresentar as considerações finais, por meio das quais se apontará uma hermenêutica promocional, focada na proteção de um dos direitos mais relevantes em uma sociedade da hiperinformação, qual seja, o direito de proteção de dados pessoais.

1. A SOCIEDADE DO CONSUMO NO CONTEXTO INFORMACIONAL

É evidente que a *Internet*, como maior rede que mantém a interligação mundial entre aparelhos eletrônicos e, consequentemente, entre pessoas, é uma ferramenta utilizada para o incremento das ofertas no mercado de consumo. Neste sentido, "hoje existem milhares de usuários de redes no mundo inteiro, cobrindo todo o espectro da comunicação humana, da política e da religião ao sexo e à pesquisa – com o comércio eletrônico como atração principal da *Internet* contemporânea."[20] Somado a isso, vale lembrar que as lojas virtuais permanecem funcionando o tempo todo, durante todos os dias da semana, podendo o consumidor esticar à vontade o tempo de satisfação dos seus desejos de consumo.[21]

Daí porque a tutela do consumidor tem sofrido diversas alterações em razão das novas relações virtuais, sendo possível afirmar que "a proteção do consumidor terá um antes e um depois da aparição do comércio eletrônico, tornando necessária a proposição de novas soluções para os novos problemas."[22]

Nota-se que o desenvolvimento da sociedade da informação trouxe consigo o crescimento de uma sociedade que se pauta especialmente pelo consumo, evidenciando também maior necessidade de tutela dessas pessoas em situação de vulnerabilidade.[23] Afinal, vale lembrar que o direito do consumidor é considerado uma espécie de direito humano, visando reconhecer, antes de mais nada, o poder do mercado como limitador da liberdade de todo ser humano, que se encontra, invariavelmente, a ele submetido.[24] Sendo assim, considerando que o mercado encontra-se interconectado por um "sistema nervoso eletrônico"[25], maiores são as possibilidades de exercer poder sobre o consumidor.

---

20. CASTELLS, Manuel. *A sociedade em rede*. Rio de Janeiro: Paz e Terra, 2018. p. 437.
21. BAUMAN, Zygmunt. *Vida para consumo*: a transformação das pessoas em mercadoria. Trad. Carlos Alberto Medeiros. Rio de Janeiro: Zahar, 2008. p. 28.
22. LORENZETTI, Ricardo. *Comércio Eletrônico*. São Paulo: Ed. RT, 2004. p. 354.
23. CARVALHO, Alexander Perazo Nunes de; SOUSA, Raphaella Prado Aragão de. A influência da psicopolítica digital nas contratações virtuais e seus reflexos no aumento da vulnerabilidade do consumidor. *Revista de Direito do Consumidor*, São Paulo, v. 123, p. 295, maio/jun. 2019.
24. BARBOSA, Fernanda Nunes. O dano informativo do consumidor na era digital: uma abordagem a partir do reconhecimento do direito do consumidor como direito humano. *Revista de Direito do Consumidor*, v. 122, p. 205, São Paulo, mar./abr. 2019.
25. CASTELLS, Manuel. *A galáxia da internet*: reflexões sobre a internet, os negócios e a sociedade. Rio de Janeiro: Zahar, 2003. p. 11.

Com isso, é evidente que a tecnologia inerente à Sociedade da Informação amplia a vulnerabilidade dos consumidores que, neste contexto, é "mundivivida como falha no sistema virtual"[26], afinal é inegável que a tecnologia amplia as possibilidade dos indivíduos de se comunicarem e aumenta as opções de maneira significativa, apesar disso não importar garantia de comportamentos racionalmente orientados, tendo em vista as falhas estruturais que impedem.[27] Neste sentido, é possível ainda considerar que a vulnerabilidade do consumidor é diacrônica, ou seja, se prolonga no tempo, inclusive diante das novas formas de negociações e das "exposições a riscos desnecessários aptos a, senão incutir o dano, retirar o sossego."[28]

Em verdade, o consumo em si é algo trivial, inerente à própria sobrevivência humana enquanto animal que não é considerado autossuficiente. Trata-se, portanto, de um "elemento inseparável da sobrevivência biológica que nós humanos compartilhamos com todos os outros organismos vivos."[29]

Entretanto, o problema surge com o advento da cultura de consumo, isto é, o consumismo, como derivativo da pós-modernidade, em um atributo da sociedade, diverso do consumo voltado ao suprimento dos interesses básicos de subsistência. Dito de outra maneira, a problemática tem sua origem a partir do momento em que o consumo assume papel de destaque nas relações sociais, inclusive como forma de diferenciação social e de identidade, no luxo das marcas.[30] Neste ponto, o consumo pode significar a realização de dois institutos do homem contemporâneo, quais sejam, o de incluir-se na sociedade de consumo e o de diferenciar-se ou ser especial justamente pelo que consegue consumir.[31]

Jean Baudrillard, nos anos 70, sobretudo levando em consideração as realidades americana e europeia, onde o capitalismo parecia anunciar uma crescente abundância, foi um dos primeiros autores da ciências sociais que se despertou para o advento de uma sociedade de consumo, capaz de, por meio das mídias, promover efetiva diferenciação social através dos *signos*.[32] Abandonou-se, assim, a busca pelo consumo daquilo que seria essencial à manutenção da existência digna, passando a induzir, especialmente por meio de publicidades, comportamentos que criam desejos muitas vezes inconscientes de consumo, tendo como consequência o despertar de uma sociedade da ostentação.

---

26. MARTINS, Fernando Rodrigues. Sociedade da informação e proteção da pessoa. *Revista da Associação Nacional do Ministério Público do Consumidor*, São Paulo. v. 2, n. 2, p. 23, 2016.
27. LORENZETTI, Ricardo. *Comércio eletrônico*. São Paulo: Ed. RT, 2004. p. 361.
28. MARTINS, Fernando Rodrigues. Direito do consumidor, reforma do CDC e constante renovação metodológica do direito privado. *Revista de Direito do Consumidor*, v. 107, p. 293-307, São Paulo, set./out. 2016.
29. BAUMAN, Zygmunt. *Vida para consumo*: a transformação das pessoas em mercadoria. Trad. Carlos Alberto Medeiros. Rio de Janeiro: Zahar, 2008. p. 37.
30. LIPOVETSKY, Gilles; ROUX, Elyette. *O luxo eterno: da idade do sagrado ao tempo das marcas*. São Paulo: Companhia das Letras, 2005. p. 140.
31. MARQUES, Claudia Lima. *Contratos no código de defesa do consumidor*: o novo regime das relações contratuais. São Paulo: Thomson Reuters Brasil, 2019. E-book.
32. BAUDRILLARD, Jean. *A sociedade de consumo*. Portugal: Edições 70, 2008. p. 13.

Neste ponto, alerta Jean Baudrillard que o que o se consome não é o objeto em si, no que se refere ao seu valor de uso, mas sim os signos, ou seja, os símbolos relacionados ao consumo daquele objeto, que geralmente expõe uma referência ideal ou de um grupo de estatuto superior.[33]

Dessa forma, dentro da lógica da Sociedade da Informação, o mercado não reconhece diferenças de idade ou de gênero, tampouco reconhece distinções de classes ou de localização geográfica, quando o assunto é oferta de produtos e serviços. Em verdade, pela lógica do consumismo, o próprio mercado cria a ideia de insatisfação permanente, por meio da depreciação e desvalorização dos produtos, em nítida "obsolescência embutida". Afirma Zygmunt Bauman que "na hierarquia herdada dos valores reconhecidos, a síndrome consumista degradou a duração e promoveu a transitoriedade. Colocou o valor da novidade acima do valor da permanência."[34] Neste mesmo sentido, nota-se que "os setores de vestuário, aparelhos domésticos, automóvel, apartamento, obedecem atualmente as normas de renovação acelerada."[35]

Sendo assim, a partir da evolução dos meios de comunicação, dentro do contexto da Sociedade da Informação, há uma ampliação da instigação ao consumo, de maneira global, em tempo real. Aliás, neste ponto, é inegável que as pessoas estão cada vez mais conectadas, em especial por meio de *smartphones*[36], que servem como instrumento ideal para que as publicidades sejam capazes de criar necessidades constantes, todos os dias da semana, 24 (vinte e quatro) horas por dia.[37]

Conforme se nota, "a experiência humana passa a contar com pequenos companheiros que, para o bem ou para o mal, se integram ao próprio 'eu' como membros corporais ou psíquicos, como é o caso dos celulares[...]".[38] E dentro desse mecanismo, grande parte das ofertas dizem respeito a produtos ou serviços desnecessários à sobrevivência digna, mas amplamente induzidos por famosos, "blogueiros", "youtubers" ou personalidades da rede virtual[39], sendo os consumidores seduzidos à aquisição de bens no intuito de atingirem a felicidade prometida pelas publicidades.

---

33. BAUDRILLARD, Jean. *A sociedade de consumo*. Portugal: Edições 70, 2008. p. 60.
34. BAUMAN, Zygmunt. *Vida líquida*. Rio de Janeiro: Jorge Zahar, 2009. p. 109.
35. BAUDRILLARD, Jean. Função-signo e lógica de classe. In: BAUDRILLARD, Jean. *A economia política dos signos*. São Paulo: Martins Fontes, 1996. p. 18.
36. Afirma Cláudio Torres que o "*smartphone* nada mais é que um computador que cabe na sua mão." TORRES, Cláudio. *A bíblia do marketing digital*: tudo o que você queria saber sobre marketing e publicidade na internet e não tinha a quem perguntar. São Paulo: Novatec, 2018. p. 46.
37. Alberto Albertin apresenta os benefícios do comércio eletrônico para as empresas, afinal, segundo o autor, há i) a onipresença, de modo que os mercados eletrônicos estão abertos 24 horas por dia, todos os dias, e qualquer internauta tem acesso a eles, independentemente da localização geográfica; ii) a facilidade de informação e; iii) o baixo custo das transações. ALBERTIN, Alberto. *Comércio eletrônico*: modelo, aspectos e contribuições de sua aplicação. 5. ed. São Paulo: Atlas, 2007. p. 113.
38. BOLESINA, Iuri. *Direito à extimidade*: as inter-relações entre identidade, ciberespaço e privacidade. Florianópolis: Empório do Direito, 2017. p.180.
39. KRETZMANN, Renata Pozzi. O princípio da identificação da publicidade e a abusividade da publicidade dirigida às crianças no youtube. In: PASQUALOTTO, Adalberto (Org.). *Publicidade e proteção da infância*. Porto Alegre: Livraria do Advogado, 2018; v. 2, p. 133.

Dentro do contexto informacional, também caracterizado pelo consumo como fundamento básico, as publicidades virtuais ganham maior destaque, afinal, são elas que induzem as pessoas a sentirem desejos insaciáveis de consumo, tornando a insatisfação uma permanente no mercado. Neste ponto, Manuel Castells chega a afirmar que "a principal fonte de rendimentos das companhias de comércio eletrônico são a publicidade e o *marketing*".[40]

Tal mudança acompanha a atenção do mercado em disponibilizar, à venda, a possibilidade de satisfação dos anseios e dos desejos do indivíduo em sociedade, criados artificialmente pelos profissionais publicitários. Zygmunt Bauman destaca que "[...] o consumismo também é, por essa razão, uma economia do engano. Ele aposta na irracionalidade dos consumidores, e não em suas estimativas sóbrias e bem informadas; estimula emoções consumistas e não cultiva a razão."[41]

Dessa maneira, é sobre a liberdade da pessoa, por ora considerada como consumidora, que incidem as mais avançadas tecnologias, frequentemente potencializadas, em escala nunca antes vista, capazes de tornar a "publicidade direcionada como a tônica dos modelos de negócios na Internet."[42] Essas tecnologias, em grande parte, colhem dados pessoais dos consumidores para aperfeiçoamento das atividades de mercado.

Enfim, toda a evolução da sociedade informativa parece inaugurar um novo tipo de manipulação do consumidor enquanto sujeito conectado ao mundo virtual e exige, obviamente, o desenvolvimento de uma nova mentalidade de tutela, capaz de evitar que as práticas abusivas, muitas vezes invisíveis ou imperceptíveis, extraia da pessoa humana àquilo que de mais essencial possui: sua dignidade.

Neste ponto, a promoção da dignidade humana necessita da garantia de que as pessoas possam viver, sentir, pensar e agir livremente, tendo a tecnologia que ser aliada neste sentido.[43] Aliás, é obviamente inadequado considerar o consumidor como sujeito desprovido da capacidade de decidir e se posicionar frente as práticas do sistema publicitário virtual.

Contudo, é relevante destacar que o contexto contemporâneo demonstra que a interação das pessoas com as tecnologias, tanto as já consolidadas como as emergentes, dá indícios do surgimento de um novo âmbito de ofertas de consumo sem limites[44],

---

40. CASTELLS, Manuel. *A galáxia da internet*: reflexões sobre a internet, os negócios e a sociedade. Rio de Janeiro: Zahar, 2003. p. 143.
41. BAUMAN, Zygmunt. *Vida para consumo*: a transformação das pessoas em mercadoria. Trad. Carlos Alberto Medeiros. Rio de Janeiro: Zahar, 2008. p. 65.
42. BIONI, Bruno Ricardo. *Proteção de dados pessoais*: a função e os limites do consentimento. Rio de Janeiro: Forense, 2019. p. 15.
43. DONEDA, Danilo. *Da privacidade à proteção de dados pessoais*. Rio de Janeiro: Renovar, 2006. p. 60.
44. Neste ponto, Pierre Lévy aponta que: "Acreditar em uma disponibilidade total das técnicas e de seu potencial para indivíduos ou coletivos supostamente livres, esclarecidos e racionais seria nutrir-se de ilusões. Muitas vezes, enquanto discutimos sobre os possíveis usos de uma dada tecnologia, algumas formas de usar já se impuseram. Antes de nossa conscientização, a dinâmica coletiva escavou seus atratores. Quando finalmente prestamos atenção, é demasiado tarde." LÉVY, Pierre. *Cibercultura*. Trad. Carlos Irineu da Costa. São Paulo: Editora 34, 2010. p. 26.

demonstrando então uma verdadeira revolução que deverá ser promovida na própria ideia de consentimento, sob pena deste conceito se tornar uma panaceia normativa.[45]

Neste cenário tecnológico, as empresas se aproveitam dos dados pessoais e, pior, dos dados sensíveis das pessoas para conseguirem um dos recursos mais escassos na sociedade atual: a atenção potencial. Dessa forma, os fornecedores buscam, da melhor maneira possível, aproveitar o tempo em que o consumidor não está consciente para o preencher com publicidades direcionadas e dirigidas. E dentro dessa lógica, uma habilidade fundamental consiste em se proteger da grande parte das informações oferecidas, na maioria publicidades de consumo, que são evidentemente indesejadas.[46]

A partir daí é possível afirmar que o direito de proteção de dados pessoais se mostra intimamente conectado com o atual contexto social, demonstrando a necessidade de o campo jurídico se readaptar aos novos problemas e exigências que surgem da mutação da sociedade. Afinal, há de se destacar que "como o desenvolvimento tecnológico age sobre a sociedade e, consequentemente, sobre o ordenamento jurídico; há de se considerar o seu potencial para imprimir suas próprias características ao meio sobre o qual se projeta".[47]

Assim, considerar a relação entre a Sociedade da Informação e a denominada sociedade de consumo fomenta a necessidade de releitura do sistema de proteção do consumidor, em especial frente a potencialidade do uso de dados pessoais, visando a tutela das pessoas facilmente aviltadas pela lógica mercadológica. Por isso a crescente preocupação com a proteção de dados pessoais, agora utilizados frequentemente nas publicidades virtuais, surge como verdadeiro filtro, capaz de proteger as pessoas expostas às práticas do mercado.

Sendo assim, o reconhecimento da concretização do direito humano de proteção de dados implica conhecer o poder dos agentes privados frente ao controle sobre a sociedade e a cadeia produtiva, tendo em contrapartida a vulnerabilidade dos consumidores, que, em regra, estão em condições socioeconômicas, técnicas e jurídicas inferiores.[48] Em outras palavras, o reconhecimento da efetivação de direitos humanos implica compreender que as relações privadas, especialmente às virtuais, são ambiente propício para abusos e violações de direitos, demandando sempre uma hermenêutica jurídica protetiva.

---

45. BIONI, Bruno Ricardo. *Proteção de dados pessoais*: a função e os limites do consentimento. Rio de Janeiro: Forense, 2019. p. 209.
46. BAUMAN, Zygmunt. *Vida para consumo*: a transformação das pessoas em mercadoria. Trad. Carlos Alberto Medeiros. Rio de Janeiro: Zahar, 2008. p. 55.
47. A importância dos direitos fundamentais, frente à tecnologia, é destacada por Danilo Doneda, segundo o qual: "Se hoje a privacidade e a proteção dos dados pessoais são assuntos na pauta atual do jurista, isto se deve a uma orientação estrutural do ordenamento jurídico com vistas à atuação dos direitos fundamentais, cujo pano de fundo é, em boa parte, o papel do desenvolvimento tecnológico na definição de novos espaços submetidos à regulação jurídica". DONEDA, Danilo. *Da privacidade à proteção de dados pessoais*. Rio de Janeiro: Renovar, 2006. p. 32.
48. MORAES, Paulo Valério Dal Pai. *Código de defesa do consumidor*: o princípio da vulnerabilidade no contrato, na publicidade, nas demais práticas comerciais. Porto Alegre: Livraria do Advogado, 2009. p. 141.

2. A PROTEÇÃO DE DADOS PESSOAIS: DO DIREITO HUMANO A DIREITO BÁSICO DO CONSUMIDOR

No atual contexto, a tutela dos direitos mais básicos da pessoa transmudou-se ao verificar novas interpretações frente às novas concepções da própria ideia de pessoa. Neste ponto, as discussões a respeito da proteção dos dados pessoais surgem como necessárias para a tutela integral da pessoa. Assentada essa premissa, é preciso inicialmente lembrar que a proteção de dados encontra-se atrelada ao direito de privacidade, direito este que é reconhecido como um direito humano, desde a Declaração Universal de Direitos Humanos de 1945.

Partindo daí, é necessário descrever que a real diferença entre os direitos humanos e direitos fundamentais consiste na forma com que foram positivados no sistema jurídico. Isso porque os direitos humanos são positivados por meio de documentos de direito internacional, como por exemplo, os tratados internacionais. Esses direitos possuem grande carga axiológica, sofrendo fortes influências das perspectivas do direito natural.

Já os direitos fundamentais consistem no reconhecimento interno por parte dos Estados nacionais das normas que no âmbito internacional são destacadas pela essencialidade. Esse reconhecimento, portanto, ocorre por intermédio da norma constitucional, que insere no ordenamento jurídico de determinado Estado a previsão de tutela desses direitos básicos. Desse modo, no fundo, os direitos fundamentais são direitos humanos reconhecidos constitucionalmente.[49] Todavia, para que isso ocorra é importante que o Estado que o reconhece o faça destacando um *status* especial que os torne distintos, dando primazia frente aos demais direitos. Se assim não fosse não seria cabível distinguir os direitos fundamentais das demais espécies de normas ordinárias. Dessa forma, é na Constituição que se descrevem os direitos fundamentais e, por conseguinte, o tratamento especial dado a eles.[50]

Evidentemente que o fundamento que justifica a existência tanto dos direitos humanos quanto dos direitos fundamentais é um só: a dignidade da pessoa humana. Em razão disso, é sempre relevante destacar que os direitos humanos e fundamentais devem interagir, de maneira a promover um verdadeiro diálogo de fontes.

No Brasil, esse ideal ganha força a partir da superação do período ditatorial, com o advento da Constituição Federal de 1988, que enquadrou a dignidade como fundamento da república, considerando a pessoa humana como valor unitário, exigindo, assim, sua proteção integral. Em razão disso, até mesmo nas relações entre particulares, torna-se indiscutível a necessidade de proteção da pessoa. Assim, a tutela da

---

49. MARTINS, Fernando Rodrigues. Direitos Humanos (e fundamentais) e Relações Jurídicas Privadas. In: MARTINS, Fernando Rodrigues. *Direito privado e policontexturalidade*. Fontes, Fundamentos e Emancipação. Rio de Janeiro: Lumen Juris, 2018, p. 288.
50. ROBLES, Gregorio. *Os direitos fundamentais e a ética na sociedade atual*. Trad. Roberto Barbosa Alves. Barueri: Manole, 2005, p. 111.

pessoa humana confunde-se com o principal objetivo do direito civil na atualidade, visando o pleno desenvolvimento do projeto de vida de cada um.[51]

Neste ponto, analisando os direitos da personalidade, contidos no Código Civil especialmente, verifica-se notadamente direitos também previstos como fundamentais na Constituição, como a própria privacidade e a tutela da integridade física e psíquica. É dizer, assim, que não é correto se restringir ao domínio do direito privado ou mesmo do público para completar uma série de direitos da personalidades, inerentes à pessoa.[52] É preciso, sempre, analisar sob a ótica da complementariedade.

Dessa forma, considerando o ângulo do direito privado, isto é, a sua aplicação nas relações entre particulares, os direitos da personalidade se qualificam como direitos essenciais à consecução da dignidade humana frente aos possíveis atentados perpetrados por outras pessoas, também privadas.[53]

Neste sentido, é importante frisar que a proteção dos direitos da personalidade deve se adequar, inclusive, às novas ameaças decorrentes da Sociedade da Informação e dos novos conflitos no ambiente digital. Neste ínterim, ressalta-se que a *Internet* constitui na verdade apenas mais um espaço, agora virtual, no qual os direitos fundamentais e os direitos da personalidade, a depender do âmbito da relação jurídica em análise, terão de exercer o papel que historicamente sempre desempenharam, isto é, a promoção da pessoa humana.

Daí porque, no atual contexto de pluralismo, é evidente o surgimento de diversas fontes normativas regulando os mesmos direitos, em âmbitos diferentes. Neste sentido, pode-se citar o direito à vida, à liberdade e integridade física e psíquica ou mesmo a supramencionada privacidade, por exemplo, considerados direitos humanos, fundamentais e da personalidade. A própria LGPD foi elaborada tendo como campo de aplicação os vários ramos do direito (público e privado), tutelando diversos direitos fundamentais. Assim, em última análise, nas relações entre privados, a LGPD tutela diversos direitos da personalidade, dando destaque para a liberdade, a privacidade e o livre desenvolvimento da personalidade da pessoa.[54]

Com efeito, considerando que o sistema jurídico deve existir de modo que as normas convivam pacificamente, de maneira coerente, a aplicação jurídica deve ser sempre pautada na ideia de complementariedade, com base no diálogo das fontes, tendo como foco a mais efetiva tutela da pessoa humana possível.[55] Dessa maneira, o diálogo das fontes, como teoria de interpretação e aplicação do Direito, permite a

---

51. MORAES, Maria Celina Bodin de. *Danos à pessoa humana*: uma leitura civil-constitucional dos danos morais. Rio de Janeiro. Renovar, 2003, p. 140.
52. CUPIS, Adriano de. *Os direitos da personalidade*. São Paulo: Quorum, 2008, p. 42.
53. TEPEDINO, Gustavo. *Temas de direito Civil*. Rio de Janeiro: Renovar, 1997, p. 33.
54. BRASIL. Lei 13.709. *Lei Geral de Proteção de Dados Pessoais (LGPD)*. de 14 de Agosto de 2018.
55. MARQUES, Claudia Lima. *Contratos no Código de Defesa do Consumidor*: o novo regime das relações contratuais. São Paulo: Editora Revista dos Tribunais, 2014. p. 613.

aplicação simultânea, coerente e coordenada das plúrimas fontes legislativas convergentes.[56]

Diante dessa linha de raciocínio, vale lembrar que muitos dos direitos fundamentais e da personalidade mencionados são também tutelados por meio do Código específico de proteção ao consumidor, como "direitos básicos do consumidor". Em verdade, nesta categoria encontram-se os direitos indisponíveis pelo consumidor, uma vez que integram a ordem pública de proteção da parte vulnerável da relação, como a vida e a liberdade.[57]

Assim, é possível reconhecer que os direitos básicos do consumidor se orientam no sentido dos direitos humanos, fundamentais e da personalidade, tendo, por meio da tutela legislativa, reconhecida a integridade humana nas diferentes posições jurídicas que a pessoa assume durante a vida. É dizer que, no âmbito internacional, a pessoa se protege pelos direitos humanos, no âmbito público, pelos direitos fundamentais, na área privada, através dos direitos da personalidade e, por fim, na situação de consumo, por meio dos direitos básicos do consumidor. Tudo isso, conforme supracitado, sob a ótica do diálogo das fontes e fundamentado no paradigma da complementariedade.

Por oportuno, um dos aspectos mais problemáticos no atual contexto, como espécie de risco em ascensão na Sociedade da Informação, é quanto ao uso de dados pessoais. Em verdade, a crescente formação, difusão e comercialização de dados dos consumidores, com informações de caráter personalíssimos, colocam em perigo a aqueles que, diante do conhecimento pelo fornecedor dessas informações (como por exemplo, referentes à família, à saúde, à idade, ao modo de vida, à renda etc.) ficam ainda mais expostos às práticas abusivas.

Conforme expõe Bruno Miragem, essas informações são utilizadas para a definição dos denominados "perfis de consumo", identificados pelo responsável pela coleta dos dados. Com isso, pode haver a discriminação do consumidor, por exemplo, com maior ou menor renda, que tenha filhos ou até determinada idade, com a finalidade de verificar hábitos ou preferências capazes de sustentar publicidades personalizadas com base nessas particularidades. Por isso, deve-se identificar em

---

56. MARQUES, Claudia Lima. Diálogo entre o CDC e o novo código civil. *Revista de Direito do Consumidor* RDC 45/071 jan.-mar/2003 In: MARQUES, Claudia Lima; MIRAGEM, Bruno (Org.) *Direito do Consumidor*: fundamentos do direito do consumidor. p. 647.
57. Neste sentido, defende Bruno Miragem que: "a proteção da pessoa, que no direito privado se traduz pelos direitos da personalidade, é fundamento indisponível do direito do consumidor e da legislação que determina o seu conteúdo. Daí porque, para identificar a abrangência das normas de proteção pessoal do microssistema do consumidor, é necessário servir-se de outras fontes normativas, dentre as quais a Constituição que, ao consagrar os direitos fundamentais, tem precedência absoluta. As normas do novo Código Civil, assim, devem ser observadas como elementos de especialização dos direitos da personalidade reconhecidos ao consumidor para sua proteção pessoal. [...] [...] os direitos da personalidade, tal qual previstos no novo Código Civil, devem ser utilizados como instrumento de apreensão de sentido da proteção pessoal do consumidor pelo Código de Defesa do Consumidor, promovendo, em última análise, as normas e valores que a Constituição determinará à pessoa." In: MIRAGEM, Bruno. Os direitos da personalidade e os direitos do consumidor. *Revista de Direito do Consumidor*, São Paulo, n. 49, jan./mar. de 2004, p. 19.

que medida o acesso, coleta e processamento destas informações constituem ou não uma interferência indevida na vida do consumidor.[58]

Essa ampliação de conhecimento, por parte dos fornecedores, dos padrões de consumo em razão da posse de dados pessoais das pessoas, é somado ao caráter invasivo e onipresente das técnicas de publicidade virtual. Afinal, em face da multiplicidade de formas de contato entre consumidores e fornecedores, proporcionada pelo evolução dos meios de comunicação, como o próprio celular, uma série de lesões podem dar ensejo à invasão do espaço dos direitos personalíssimos[59] e, consequentemente, dos direitos fundamentais.[60]

Neste ponto, destaca-se que a liberdade e integridade ganham novas projeções, a justificar a necessidade dos consumidores serem protegidos dos assédios das publicidades virtuais, que visam instigar ao consumo desmedido. Dessa forma, é possível destacar que as concepções de direitos humanos e direitos básicos do consumidor são categorias entrelaçadas entre si, afinal, ambas se pautam pelo livre desenvolvimento e autodeterminação da pessoa, justificando inclusive a tutela dos dados pessoais nas relações de consumo.

3. O DEVER FUNDAMENTAL DE RESPEITO AOS DADOS PESSOAIS PELOS FORNECEDORES DE CONSUMO

Não há dúvidas de que, se as questões envolvendo o âmbito virtual são recentes, a problemática dos direitos humanos é pensada há muito tempo[61] e, com o advento da Constituição da República de 1988, todo o sistema jurídico brasileiro foi submetido a uma verdadeira reformulação, visando à atribuição de coerência dos direitos humanos defendidos pela carta constitucional ao modelo de Estado democrático estabelecido.

Dessa maneira, configuram-se como normas básicas do ordenamento jurídico, pois possuem o caráter fundante do Estado de Direito e, além disso, se relacionam com o paradigma de limite ao poder. Como se não bastasse, o seu fundamento não

---

58. MIRAGEM, Bruno. Os direitos da personalidade e os direitos do consumidor. *Revista de Direito do Consumidor*, São Paulo, n. 49, jan./mar. de 2004, p. 15.
59. BITTAR, Eduardo Carlos Bianca Direitos do consumidor e direitos da personalidade: limites, intersecções, relações. *Revista de Direito do Consumidor*, São Paulo: Revista dos Tribunais, n. 33, jan./mar. 2000. p. 184.
60. No Brasil, destaque para a Proposta de Emenda à Constituição 17, que visa inserir expressamente o direito de proteção de dados pessoais no rol dos direitos fundamentais. E corroborando para a defesa do presente texto, o Projeto de Lei 3.514/15, que visa atualizar o CDC no que se refere ao comércio eletrônico, pretende o acréscimo do inciso XI ao artigo 6º, incluindo a proteção de dados pessoais e consolidando como direito básico do consumidor: "XI – a autodeterminação, a privacidade e a segurança das informações e dados pessoais prestados ou coletados, por qualquer meio, inclusive o eletrônico."
61. LIMBERGER, Têmis. Direito e informática: o desafio de proteger os direitos do cidadão. In: SARLET, Ingo Wolfgang (Org.). *Direitos fundamentais, informática e comunicação*: algumas aproximações. Porto Alegre: Livraria do Advogado, 2007. p. 197.

reside em uma pessoa específica ou mesmo na humanidade, e, sim, no modelo de acordos necessários que originam a sociedade.[62]

Em razão disso, conforme já destacado, com o advento da CF/88, o caminho de reformulação jurídica também foi operado pelo direito privado, influenciado pela expansão dos direitos fundamentais[63], em razão, inclusive, de expressa determinação constitucional de proteção do consumidor enquanto parte vulnerável. Adotou-se, portanto, a defesa do consumidor como princípio fundamental, consagrando passo essencial para a consolidação do chamado "direito privado solidário"[64], justificando, inclusive, o direito do consumidor como direito fundamental de terceira dimensão, destacando o valor da solidariedade.

Em verdade, analisando a lógica do mercado, que opera pelo código binário "lucrativo/não lucrativo", a proteção do consumidor se mostra como uma forma de superar as falhas do mercado, que expõe as pessoas ao risco de danos.[65] Dito de outro modo, é a lei que cumpre a função de ordenar o mercado no intuito de proteger as pessoas das práticas comerciais abusivas, garantindo o cumprimento efetivo do fundamento de tutela da pessoa humana, expresso na Carta Constitucional, mesmo dentro da lógica do direito privado, o que reforça a supracitada eficácia horizontal das normas fundamentais.

Despiciendo dizer que o CDC, em seu artigo inaugural, estabelece que sua finalidade é a proteção e defesa do consumidor, matéria de ordem pública e interesse social, ressaltando o artigo 170, inciso V, da CF/88, o qual, expressamente, impõe ao legislador infraconstitucional a defesa do consumidor como princípio geral da atividade econômica, mas que cumpre função promocional dos direitos humanos.[66]

Noutras palavras, no sistema jurídico brasileiro, só se admite a prática comercial que, além de outros princípios, respeite a dignidade da pessoa humana, que, em seu sentido mais amplo, congloba os direitos dos consumidores. Significa dizer que a norma constitucional procura compatibilizar a livre iniciativa com a tutela das pessoas vulneráveis expostas às práticas do mercado, utilizando o CDC como mecanismo

---

62. LORENZETTI, Ricardo Luís. *Teoria da decisão judicial*: fundamentos de direito. Trad. Bruno Miragem. São Paulo: Ed. RT, 2010. p. 102-103.
63. CANARIS, Claus-Wilhelm. *Direitos fundamentais e direito privado*. Trad. Ingo Wolfgang Sarlet e Paulo Mota Pinto. Coimbra: Almedina, 2003. passim.
64. MARQUES, Claudia Lima. *Contratos no código de defesa do consumidor*: o novo regime das relações contratuais. São Paulo: Thomson Reuters Brasil, 2019. E-book.
65. SANDEL, Michael J. *O que o dinheiro não compra*: os limites morais do mercado. Trad. Clóvis Marques. Rio de Janeiro: Civilização Brasileira, 2012. p. 11.
66. Sobre o tema, confira-se: RECASÉNS SICHES, Luis. *Filosofia del derecho*. México: Porrúa, 2008. p. 1-19; SARLET, Ingo Wolfgang. A eficácia dos direitos fundamentais: uma teoria geral dos direitos fundamentais na perspectiva constitucional. 10. ed. Porto Alegre: Livraria do Advogado, 2010. p. 79; COMPARATO, Fábio Konder. *A afirmação histórica dos direitos humanos*. 7. ed. São Paulo: Saraiva, 2010. p. 91-92; HUNT, Lynn. *A invenção dos direitos humanos*: uma história. Trad. Rosaura Eichenberg. São Paulo: Cia. das Letras, 2009. p. 113-145.

para a instrumentalização dessa tutela.[67] Sendo assim, o lucro só se legitima a partir do respeito ao direito dos consumidores.

Por causa disso, o artigo 1º do CDC expõe que a lei protetiva do consumidor é uma norma de interesse social, ou seja, é legislação que vai além da relação entre as partes (consumidor/fornecedor), pois também deve ser interpretado no interesse de toda a sociedade. Noutros termos, o fornecedor que age contrariando o CDC não apenas viola o direito do consumidor diretamente envolvido, como também prejudica a livre concorrência e, em última análise, pode colocar outras pessoas em perigo.[68]

Como "coluna vertebral" do CDC, o artigo 4º traça a Política Nacional de Relações de Consumo, prevendo os princípios mais importantes do código consumerista no intuito de cumprir essa função social supracitada.[69] Destacadamente, o inciso I reconhece a vulnerabilidade do consumidor no mercado de consumo, razão pela qual se tem um microssistema norteado por um código (em vez de simplesmente lei)[70], que é expressamente protetivo. Com efeito, é em razão dessa vulnerabilidade que se busca, por meio da lei, promover a promoção das pessoas em situação de consumo.

Além disso, é importante mencionar o artigo 6º do CDC, que prevê os direitos básicos dos consumidores. Conforme supracitado, muitos direitos fundamentais expressos na Constituição surgem como direitos da personalidade no Código Civil[71] e, na relação de consumo, são protegidos como direitos básicos. À guisa de exemplo, destaca-se a proteção à vida, à saúde e à segurança – mandamentos fundamentais – em todos os âmbitos do Direito (constitucional, civil e consumidor).

Diante do exposto, uma vez assentada a ideia de que a CF/88 previu a tutela do consumidor como direito fundamental, sendo setorizado através do CDC especialmente, é importante ressaltar que a existência de direitos fundamentais pressupõe também a existência de deveres fundamentais, os quais, segundo Fernando Martins "são aqueles alocados no cúspide do sistema (a Constituição Federal)."[72] Aliás, neste ponto, extrai-se do próprio artigo 5º, inciso XXXII, da CF/88 que o Estado possui o dever de defender o consumidor.

---

67. GARCIA, Leonardo de Medeiros. *Código de defesa do consumidor comentado artigo por artigo*. Salvador: Juspodivm, 2019. p. 25.
68. Para ilustrar, destaca-se o consumidor por equiparação, vítima do evento, previsto no art. 17 do CDC. Neste caso, a pessoa protegida pelo código sequer possui relação jurídica com o fornecedor, sendo, mesmo assim, protegida pela lei. É o exemplo do celular defeituoso que explode e atinge pessoas que estavam próximas ao aparelho.
69. GRAU. Eros Roberto. Interpretando o código de defesa do consumidor. *Revista de Direito do Consumidor*, v. 5, p. 166, São Paulo, jan./mar. 1993.
70. DE LUCCA, Newton. *Direito do consumidor*: aspectos práticos – perguntas e respostas. São Paulo: Ed. RT, 1995. p. 36.
71. MORAES, Maria Celina Bodin de. *Na medida da pessoa humana*: estudos de direito civil-constitucional. Rio de Janeiro: Renovar, 2016. p. 85.
72. MARTINS, Fernando Rodrigues. Os deveres fundamentais como causa subjacente-valorativa da tutela da pessoa consumidora: contributo transverso e suplementar à hermenêutica consumerista da afirmação. *Revista de Direito do Consumidor*, São Paulo, v. 23, n. 94, p. 215-257, jul./ago. 2014.

Os deveres fundamentais, sejam eles dos cidadãos para com o Estado, sejam do Estado para com o cidadão, ou ainda de pessoa particular (jurídicas ou naturais) para com outra pessoa particular, são objeto de poucas reflexões no meio jurídico e acadêmico, visto que se vive em uma sociedade que valoriza em demasia os direitos, fruto da inserção do Brasil em um contexto de "modernidade tardia".[73] Neste ponto, Fernando Martins destaca que as Constituições democráticas posteriores aos períodos de ditaduras ou de governos autoritários são caracterizadas por textos extensos, com diversas garantias e com fundamento em direitos inesgotáveis ao titulares.[74]

Com base nisso, nasce a necessidade de um estudo específico sobre os deveres, para que se possa compreender a sua importância frente aos novos problemas, notadamente os originados pela Sociedade da Informação. Em verdade, tendo em vista que estar-se-á a defender a concretização do direito de proteção de dados, necessário se faz o destaque dos deveres como "contributo transverso e suplementar à hermenêutica consumerista".[75]

Como se não bastasse, é importante destacar que no ambiente virtual é notável uma hipotrofia da autonomia estatal para legislar sobre o setor informacional, dando ensejo à denominada computopia.[76] Isso trouxe a ideia de que a *Internet* traria consigo uma verdadeira *lex informatica*, construída em analogia à *lex mercatoria*, expondo as pessoas que acessam os conteúdos em rede às vicissitudes características do livre mercado, totalmente desregulado.

Para Gilles Lipovetsky, vive-se atualmente em uma sociedade onde não mais se enaltece o dever, mas sim os direitos subjetivos tão somente. Essa crise da cultura do dever é decorrente do individualismo e do *neoindividualismo*, onde há um culto pelo ego. Segundo esse autor, as ideias de soberania individual e de igualdade civil simbolizam o novo valor absoluto dos tempos modernos: o indivíduo humano.[77]

Nesse sentido, a sociedade vincula-se à ideia de que o bem-estar individual é o verdadeiro princípio humano, afastando a importância da coletividade e do respeito

---

73. STRECK, Lenio. *Hermenêutica jurídica e(m) crise*: uma exploração hermenêutica da construção do direito. 11. ed. rev. e atual. Porto Alegre: Livraria do Advogado, 2014. p. 29.
74. Afirma o autor que: "As Constituições democráticas pós-modernas caracterizadas pelas rupturas com os estafes totalitários que lhes precederam e ainda sob forte influência da Declaração Universal dos Direitos do Homem inauguram reação aos desmandos, ao arbítrio, à violência, ao racismo e às desigualdades, firmando-se, por isso, por textos com ampla tentativa de plenitude normativa (legislar tudo) e tendo por fundamento a fixação de direitos inesgotáveis ao indivíduo." MARTINS, Fernando Rodrigues. Sociedade da informação e proteção da pessoa. *Revista da Associação Nacional do Ministério Público do Consumidor*, Brasília, DF, v. 2, n. 2, p. 14, 2016.
75. MARTINS, Fernando Rodrigues. Os deveres fundamentais como causa subjacente-valorativa da tutela da pessoa consumidora: contributo transverso e suplementar à hermenêutica consumerista da afirmação. *Revista de Direito do Consumidor*, São Paulo, v. 23, n. 94, p. 215-257, jul./ago. 2014.
76. MASUDA, Yoneji apud MARTINS, Fernando Rodrigues. Sociedade da informação e promoção à pessoa: empoderamento humano na concretude de novos direitos fundamentais. In: MARTINS, Fernando Rodrigues. *Direito privado e policontexturalidade*: fontes, fundamentos e emancipação. Rio de Janeiro: Lumen Juris, 2018. p. 411.
77. LIPOVETSKY, Gilles. *A sociedade pós-moralista*: o crepúsculo do dever e a ética indolor dos novos tempos democráticos. Barueri: Manole, 2005. p. 2.

aos deveres. Com isso, para o autor, vive-se a construção de uma "ética do vazio"[78], onde se constitui uma nova moral que se distancia da antiga, ou seja, agora não mais se enaltece o dever, mas sim os direitos subjetivos.

Assiste-se, pois, uma verdadeira "absolutização do eu", em evidente hiperindividualismo, afastando a noção de deveres frente à sociedade como um todo.[79] Sob o mesmo ponto de vista, desenvolve-se uma sociedade que se compõe de um "coletivismo de egoísmos", ou um somatório de individualismos, que só reclamam por direitos.[80]

Isso é resultado de um senso calculista do dever, com leis para defesa de direitos, em um minimalismo ético, face à ideia consumerista e à sociedade hedonista que procura a realização do prazer imediato como único fim a ser alcançado, em especial em um sociedade notadamente consumista.[81] No âmbito digital, repete-se essa postura, reproduzindo a nota acentuada de individualismo e consumismo atrás de uma tela.[82] E é nesse pano de fundo que o pós-dever surge, com a valorização extrema dos direitos em detrimento dos deveres.[83]

Com isso, o indivíduo passa a ser o valor soberano da moral, fazendo com que o Direito tenha como foco o indivíduo, o qual passa a ter posição absoluta e preponderante no sistema jurídico. Consequentemente, ocorre uma mudança no papel do dever e, passa-se assim, a uma sociedade "pós-moralista", que segundo Gilles Lipovetsky "a retórica sentenciosa do dever não está mais no cerne de nossa cultura [...] ficou extinta a cultura do sacrifício, do dever; entramos no período pós-moralista da democracia".[84]

Daí porque se percebe que a lógica na sociedade contemporânea é a de uma sociedade que deixa à margem os deveres e que clama apenas por direitos. Daí a

---

78. LIPOVETSKY, Gilles. *A sociedade pós-moralista*: o crepúsculo do dever e a ética indolor dos novos tempos democráticos. Barueri: Manole, 2005. p. 2.
79. CHEVALLIER, Jacques apud LIMBERGER, Têmis. Direitos humanos na era tecnológica. *Revista Direitos Emergentes na Sociedade Global*, v. 2, n. 2, p. 356, Santa Maria, 2014.
80. MARTINS, Fernando Rodrigues. Os deveres fundamentais como causa subjacente-valorativa da tutela da pessoa consumidora: contributo transverso e suplementar à hermenêutica consumerista da afirmação. *Revista de Direito do Consumidor*, v. 23, n. 94, p. 215-257, São Paulo, jul./ago. 2014.
81. LIPOVETSKY, Gilles. *A felicidade paradoxal*: ensaio sobre a sociedade do hiperconsumo. São Paulo: Companhia das Letras, 2007. p. 13.
82. LIMBERGER, Têmis. Direitos humanos na era tecnológica. Revista Direitos *Emergentes na Sociedade Global*, v. 2, n. 2, p. 356, Santa Maria, 2014.
83. Na reflexão de Gilles Lipovetsky: "Em nossos dias, o que desperta maior reprovação (e até indignação) não é a norma ideal, mas sim uma eventual reativação do conceito de dever absoluto, a tal ponto que o moralismo ficou sendo equiparado, socialmente falando, ao terrorismo e a barbárie. Na era pós-moralista, o que campeia é uma demanda social por justos limites, um senso calculista do dever, algumas leis específicas para defender os direitos de cada um [...] Pleiteamos, claro, o respeito à ética, contanto que isso não demande a imolação de nós mesmos ou um encargo de execução. Espírito de responsabilidade sim; dever incondicional, não!". LIPOVETSKY, Gilles. *A sociedade pós-moralista*: o crepúsculo do dever e a ética indolor dos novos tempos democráticos. Barueri: Manole, 2005. p. 27.
84. LIPOVETSKY, Gilles. *A sociedade pós-moralista*: o crepúsculo do dever e a ética indolor dos novos tempos democráticos. Barueri: Manole, 2005. p. 26.

importância de, buscando os ensinamentos da ética, promover a revalorização dos deveres, isto é, nas palavras de Gregorio Robles "a sociedade que queremos deve combinar sabiamente os dois elementos, equilibrando o sentimento do dever e o sentimento dos direitos".[85]

Afinal, a liberdade, como expressão máxima da autonomia privada, impõe a valorização da responsabilidade dos indivíduos e dos grupos, em especial, no mundo virtual, das empresas que detêm o poderio que mantém o funcionamento e a lucratividade de todo o sistema cibernético. Desse modo, como se nota, analisar os deveres torna-se essencial para se defender a coerência do sistema jurídico. Não se tem uma ideia de dever apenas como um acessório dos direitos, mas sim numa relação de dependência entre os mesmos, gerando entre eles uma relação de coordenação. Assim, o dever é uma necessária forma de equilíbrio, em especial em um Estado Democrático de Direito.[86]

Tal fato ganha ainda maior destaque ao considerar que o uso de dados pessoais dos consumidores expõe ainda mais evidente a hipervulnerabilidade dessas pessoas. Sendo assim, torna-se verdadeiro dever da empresa fornecedora, ao se relacionar com o consumidor, presumidamente pessoa mais frágil, agir de maneira solidária, cooperativa e leal, cumprindo especialmente os mandamentos básicos oriundos da boa-fé objetiva.[87]

Diante desse raciocínio, a relação de consumo promove um "contato em que necessariamente não se podem esquecer ou desrespeitar os deveres gerais de conduta, os deveres de atuação conforme a boa-fé e conforme o direito."[88] Em verdade, a boa-fé no direito privado atua mediante a imposição de diversos deveres, como, por exemplo, o dever de informação, de lealdade, de solidariedade, de correção, de cuidado etc., em etapas diferenciadas das relações jurídicas, a saber, pré-negociais, negociais e pós-negociais.

Além disso, para José Nabais, os deveres fundamentais são uma diretriz da relação da vida das pessoas em sociedade, que justifica as instituições e a existência dos próprios direitos fundamentais.[89] Nesse mesmo sentido, Edgard Morin defende que "a democracia faz do indivíduo um cidadão que reconhece deveres e exerce

---

85. ROBLES, Gregorio. *Os direitos fundamentais e a ética na sociedade atual*. Trad. Roberto Barbosa Alves. Barueri: Manole, 2005. p. 50.
86. NABAIS, José Casalta. *Por uma liberdade com responsabilidade*: estudos sobre direitos e deveres fundamentais. Coimbra: Coimbra Editora, 2007. p. 222.
87. Neste ponto, Fernando Martins afirma que os deveres "representam figura jurídica com arrimo na fundamentalidade das normas constitucionais de promoção da pessoa [...] fazendo-se inserir no elemento de ordem limitativa, ao lado dos direitos fundamentais". MARTINS, Fernando Rodrigues. Os deveres fundamentais como causa subjacente-valorativa da tutela da pessoa consumidora: contributo transverso e suplementar à hermenêutica consumerista da afirmação. *Revista de Direito do Consumidor*, São Paulo, v. 23, n. 94, p. 215-257, jul./ago. 2014.
88. MARQUES, Claudia Lima. *Contratos no código de defesa do consumidor*: o novo regime das relações contratuais. São Paulo: Revista dos Tribunais, 2014. p. 221.
89. NABAIS, José Casalta. *Por uma liberdade com responsabilidade*: estudos sobre direitos e deveres fundamentais. Coimbra: Coimbra Editora, 2007. p. 232.

direitos."[90] Tendo isso em vista, as pessoas possuem, além de direitos fundamentais, deveres fundamentais, sendo estes essenciais e complementares para o efetivo exercício dos direitos.

Outrossim, é necessário destacar que, em regra, os direitos fundamentais pertencem as pessoas naturais e estão positivados no texto constitucional com ênfase devido ao seu grau de importância e essencialidade para o ser humano.[91] São esses direitos, pois, que garantem a máxima efetividade da dignidade da pessoa humana e, por esse motivo, estão fora da disponibilidade dos poderes constituídos, sejam eles públicos ou privados.[92]

Dessa maneira, os direitos fundamentais são essenciais a garantia da dignidade da pessoa humana e, consequentemente, devem acarretar a existência de deveres às pessoas e ao Estado, visto que o dever tem sentido essencial na composição da relação jurídica formulada entre o titular do direito e o responsável pelo cumprimento do mesmo, qual seja, o sujeito obrigado a concretizar o direito.

Com efeito, é preciso atentar-se à ideia de dever jurídico como o ajustamento da conduta humana aos preceitos normativos, de modo que o seu descumprimento, ou mesmo a não observação do comportamento legalmente determinado ocasiona o surgimento das sanções ou indenizações previstas.[93] Aqui, na relação privada, destaca-se a violação positiva do contrato.

O dever, portanto, seria muitas vezes reflexivo ao próprio direito e, se não cumprido, pode dar origem a garantias ou sanções, conforme se verifica, por exemplo, nas multas previstas no artigo 52 da LGPD para os sujeitos que desrespeitarem os deveres no zelo pelos dados pessoais.[94]

Ocorre que, na sociedade contemporânea, com a desvinculação da ideia de dever na mentalidade das pessoas, constrói-se uma desmoralização da vida pública e da vida privada, como consequência da perda do sentido de dever.[95] Nesse prisma, José Nabais aduz que "somente com uma consideração adequada dos deveres fun-

---

90. MORIN, Edgard. *O método 6: ética.* Porto Alegre: Sulina, 2007. p. 149.
91. DIMOULIS, Dimitri; MARTINS, Leonardo. *Teoria geral dos direitos fundamentais.* 2. ed. São Paulo: Ed. RT 2009. p. 46-47.
92. Ingo Sarlet explica que: "Direitos fundamentais são, portanto, todas aquelas posições jurídicas concernentes às pessoas, que, do ponto de vista do direito constitucional positivo, foram, por seu conteúdo e importância (fundamentalidade em sentido material), integradas ao texto da Constituição e, portanto, retiradas da esfera de disponibilidade dos poderes constituídos (fundamentalidade formal), bem como as que, por seu conteúdo e significado, possam lhes ser equiparados, agregando-se à Constituição material, tendo, ou não, assento na Constituição formal (aqui considerada a abertura material do Catálogo)". SARLET, Ingo Wolfgang. *A eficácia dos direitos fundamentais.* 10. ed. rev. atual. e ampl. Porto Alegre: Livraria do advogado, 2011. p. 77.
93. MARTINS, Fernando Rodrigues. *Controle do patrimônio público.* 5. ed. São Paulo: Ed. RT, 2013. p. 258.
94. BRASIL. Lei 13.709, de 14 de agosto de 2018. Dispõe sobre a proteção de dados pessoais e altera a Lei 12.965, de 23 de abril de 2014 (Marco Civil da Internet). Disponível em: http://www.planalto.gov.br/ccivil_03/_ato2015-2018/2018/lei/L13709.htm. Acesso em: 20 mar. 2021.
95. MARTINS, Fernando Rodrigues. *Controle do patrimônio público.* 5. ed. São Paulo: Ed. RT, 2013. p. 18.

damentais e dos custos dos direitos, poderemos lograr um estado em que as ideias de liberdade e de solidariedade não se excluam, antes se completem.[96]

Sendo assim os direitos fundamentais possuem custos e as empresas alocadas no mercado virtual devem estar cientes dos deveres que devem cumprir, sob pena de prejudicar a promoção das pessoas, em suas dignidades.[97] Gregorio Robles aponta que há "a ideia de que entre os dois elementos, direitos e deveres, são esses últimos os que constituem a sociedade. O sentimento do dever é o sentimento básico dentro do grupo. A vida deste depende da fortaleza daquele."[98] Logo, verifica-se que para que os direitos permaneçam protegidos e garantidos é essencial que haja comprometimento no cumprimento dos deveres[99], afinal, os deveres fundamentais dimensionam limites aos direitos fundamentais.

Ademais, verifica-se a importância de se considerar as noções dos deveres fundamentais, como ferramenta e instrumento para garantir inclusive a tutela dos novos direitos fundamentais emergentes na sociedade, como ensina Gregorio Robles, que "para lutar pela justiça nada melhor que assumir os próprios deveres e cumpri-los, com a mesma finalidade de alcançar os direitos e a felicidade dos outros."[100]

Destarte que, para Luigi Ferrajoli, o direito e a democracia são evidentemente construções humanas, isto é, dependem da política, da cultura, dos movimentos sociais e a força exercida por estes, e do empenho de cada um dos sujeitos que vivem em sociedade. Em razão disso, não só na construção do presente como também na projeção do futuro, conclui o autor, todos nós possuímos parte de responsabilidade[101], especialmente quando se trata de não gerar danos contra outras pessoas, na expressão latina *neminem laedere*.[102]

---

96. NABAIS, José Casalta. *A face oculta dos direitos fundamentais*: os deveres e os custos dos direitos. [S. l.], 2002. Disponível em http://www.egov.ufsc.br/portal/sites/default/files/anexos/ 15184-15185-1-PB.pdf. Acesso em: 08 mar. 2021.
97. NABAIS, José Casalta. *Por uma liberdade com responsabilidade*: estudos sobre direitos e deveres fundamentais. Coimbra: Coimbra Editora, 2007. p. 123.
98. ROBLES, Gregorio. *Os direitos fundamentais e a ética na sociedade atual*. Trad. Roberto Barbosa Alves. Barueri: Manole, 2005. p. 50.
99. ROBLES, Gregorio. *Os direitos fundamentais e a ética na sociedade atual*. Trad. Roberto Barbosa Alves. Barueri: Manole, 2005. p. 17-18. Ensina: "Não faz sentido, pretender, como é comum, fundamentar os direitos humanos sem fazê-los corresponder aos deveres e valores morais [...] o que é específico da teoria dos direitos humanos é que ela proporciona uma resposta que prescinde completamente dos deveres: afasta os direitos de seu contexto natural, o contexto de um sistema de valores; eleva os direitos aos praticamente únicos valores com entidade própria." Essa é justamente a justificativa do autor do problema do desprezo dos deveres face aos direitos.
100. ROBLES, Gregorio. *Os direitos fundamentais e a ética na sociedade atual*. Trad. Roberto Barbosa Alves. Barueri: Manole, 2005. p. 61.
101. FERRAJOLI, Luigi. *Democracia y garantismo*. 2. ed. Madrid: Trotta, 2010. p. 41.
102. Conforme expõe Fernando Martins: [...] a vida na sociedade pós-moderna – caracterizada pelo acendrado culto às regras de mercado global e pela desproporcional atuação efetiva dos poderes públicos – exige compromissos de convergência, coexistência e convivência entre as pessoas, revelando pautas de perspectivas axiológicas." MARTINS, Fernando Rodrigues. Os deveres fundamentais como causa subjacente-valorativa da tutela da pessoa consumidora: contributo transverso e suplementar à hermenêutica consumerista da afirmação. *Revista de Direito do Consumidor,* São Paulo, v. 23, n. 94, p. 215-257, jul./ago. 2014.

Nessa ótica, ciente da essencialidade dos direitos fundamentais, é imperioso lembrar que cabe a cada um, para concretização da democracia e desses direitos fundamentais, a devida liberdade com responsabilidade, em especial no ambiente virtual. Obviamente, "na relação pessoa-sociedade, a existência de direitos somente se legitima a partir da distribuição de deveres"[103], sob pena da fundamentação dos direitos fundamentais carecerem de sentido. Tal fato se deve ao fundamento dos deveres fundamentais se confundir com a fonte dos direitos fundamentais, qual seja, a pessoa humana.

É dizer que, de maneira mais específica, qualquer empresa que pretenda impulsionar seus negócios por meio do ambiente virtual de consumo deve respeitar as leis que protegem os consumidores, como imperativo de tutela. Evidentemente, para além de respeitar esses direitos, é nítido que há deveres, dentro do sistema jurídico, imprescindíveis para o devido respeito às pessoas que estão expostas às práticas do mercado digital, principalmente se houver riscos dessa atividade acabar por gerar danos às pessoas.

Afinal, um dos maiores desafio ao pensar nas mudanças que a *Internet* promove no dia a dia das pessoas é evitar que a defesa de uma máxima liberdade, muito comum no discurso econômico, transforme o espaço virtual em um verdadeiro *far west* informático.[104] Desse modo, a *Internet* deve ser considerada em seus pontos positivos e negativos, afinal, "a simples disponibilidade de uma tecnologia não legitima todas as suas utilizações, que devem ser avaliadas com base em valores diferentes daqueles fornecidos pela própria tecnologia."[105]

À título de exemplo, é inegável que é por meio da *Internet* que se promove a conexão entre pessoas rapidamente e em lugares longínquos, amplia-se a capacidade de difusão de informações e de conhecimentos, em todas áreas e, como se não bastasse, possibilita maior oportunidade para grupos se manifestarem com mais liberdade. Em contrapartida, o uso da tecnologia é comum aos governos autoritários, seja por meio da restrição ao acesso à *Internet*, como forma de manutenção de poder, seja pelo uso recorrentemente de *fakenew's* para manipulação dos cidadãos mais vulneráveis e leigos.

Ainda assim, os riscos do uso tecnológico no mercado estão onipresentes, desde o assédio desmesurado ao consumo, por meio de práticas de *marketing* e de indução ao consumo, até o uso de dados pessoais como moeda de troca. Evidentemente, sob a escusa de que a *Internet* é o ambiente de total liberdade negocial, os consumidores se tornam ainda mais vulneráveis.

---

103. ROBLES, Gregorio. *Os direitos fundamentais e a ética na sociedade atual*. Trad. Roberto Barbosa Alves. Barueri: Manole, 2005. p. 36.
104. LIMBERGER, Têmis. Direitos humanos na era tecnológica. *Revista Direitos Emergentes na Sociedade Global*, Santa Maria, v. 2, n. 2, p. 363, 2014.
105. RODOTÀ, Stefano. *A vida na sociedade da vigilância*: a privacidade hoje. Trad. Danilo Doneda e Luciana Cabral Doneda. Rio de Janeiro: Renovar, 2008. p. 241.

Neste sentido, não se trata de escolher entre os valores de liberdade ou a promoção de outros direitos fundamentais, afinal, "é necessário realizar balanceamentos mais complexos entre os interesses em jogo, para assegurar a coexistência da garantia dos direitos individuais com a progressiva abertura da sociedade".[106]

Isso porque toda a tecnologia é criação do gênio humano, de modo que todos os defeitos, riscos e perigos aos direitos são de responsabilidade também das pessoas.[107] Neste sentido, é preciso, mais do que nunca, garantir a autonomia privada em diálogo com as responsabilidades, em especial quando envolve a atividade de grandes empresas no mercado de consumo, que se destacam como verdadeiros poderes privados no mundo virtual.

Por isso, é preciso, nas palavras de Vittorio Frosini, a "consciência informática", isto é, a noção de que os novos problemas surgidos em razão da tecnologia são de responsabilidade das próprias pessoas que as desenvolvem.[108] É dizer que, diante da necessária tutela integral da pessoa humana, como valor central do sistema jurídico, não considerar os deveres e responsabilidades das pessoas frente aos problemas envolvendo a Sociedade da Informação significa subtrair o direito ao seu próprio tempo, afinal, a tecnologia é um vetor condicionante não só da sociedade como, por consequência, do próprio direito.[109]

Desse modo, vale destacar, conforme expõe Fernando Martins, que nas relações de consumo, segundo o CDC, a lista de deveres é vasta, podendo ser destacados, para a presente discussão: i) o dever de respeito aos direitos básicos do consumidor, como por exemplo, impedindo a publicidade enganosa e abusiva, os métodos comerciais coercitivos ou desleais; ii) o dever de abster-se do exercícios de práticas abusivas e iii) o dever de correção da publicidade.[110]

Não obstante, no âmbito virtual, o dever insere-se como verdadeiro pressuposto de legitimação da comunicação, afinal, o consentimento das pessoas às relações jurídicas que estabelecem, cada vez mais complexas, demanda amplo cumprimento da prestação de informações claras, precisas e de fácil compreensão.[111]

---

106. RODOTÀ, Stefano. *A vida na sociedade da vigilância: a privacidade hoje*. Trad. Danilo Doneda e Luciana Cabral Doneda. Rio de Janeiro: Renovar, 2008. p. 48.
107. DONEDA, Danilo. *Da privacidade à proteção de dados pessoais*. Rio de Janeiro: Renovar, 2006. p. 63.
108. FROSINI, Vittorio Apud DONEDA, Danilo. *Da privacidade à proteção de dados pessoais*. Rio de Janeiro: Renovar, 2006. p. 64.
109. DONEDA, Danilo. *Da privacidade à proteção de dados pessoais*. Rio de Janeiro: Renovar, 2006. p. 64.
110. MARTINS, Fernando Rodrigues. Os deveres fundamentais como causa subjacente-valorativa da tutela da pessoa consumidora: contributo transverso e suplementar à hermenêutica consumerista da afirmação. *Revista de Direito do Consumidor*, São Paulo, v. 23, n. 94, p. 215-257, jul./ago. 2014.
111. Aduz Fernando Martins que: "Às tecnologias antes de extravasar fatos, imagens, comunicados, compartilhamentos, espaços publicitários, cumpre notadamente buscar o consentimento esclarecido do usuário, com todas as explicitações minuciosas quanto às consequências daquela exposição. A identidade virtualizada ou perfil (onde se compreendem nome do usuário, imagem, profissão, preferências, localização) é referência de dado valiosa e, por isso, sua exposição requer autorização prévia do titular para cada finalidade buscada na rede." MARTINS, Fernando Rodrigues. Sociedade da informação e proteção da pessoa. *Revista da Associação Nacional do Ministério Público do Consumidor*, Juiz de Fora, v. 2, n. 2, p. 15, 2016.

Neste sentido, conforme já mencionado, a boa-fé objetiva se destaca, pois opera no direito privado impondo diversos deveres, tendo em vista a sua função de limitar as condutas, seja no momento do exercício de direitos, faculdades ou liberdades. Neste ponto, Judith Martins-Costa destaca que a função corretora do exercício jurídico, visando impedir o exercício manifestamente abusivo, imoderado ou incoerente, é uma das mais vastas e relevantes funções da boa-fé. Daí porque a sua incidência deve ocorrer em momento dinâmico, em todas as fases da relação obrigacional, também em atuação multifacetada.[112]

A preocupação não é tão somente pelo direito violado, na medida do desrespeito à proteção de dados do consumidor, mas da elaboração, do planejamento e da prática exercida pelos fornecedores nas práticas de mercado, assediando ao consumo e descumprindo os necessários deveres de boa-fé, isto é, ignorando os deveres de evitar, prevenir e cooperar para que danos não ocorram.

Neste ponto, Nelson Rosenvald evidencia que "para advertir a sociedade sobre o desvalor de determinados comportamentos, a tendência contemporânea caminha no sentido de ampliar o raio de ação do direito privado, em busca de formas de prevenção geral de conduta antijurídicas."[113] Afinal, "hoje sabemos também que não basta falar em direitos fundamentais, esquecendo-se dos deveres fundamentais. Trata-se de correlação imposta pela hermenêutica do equilíbrio".[114]

Supera-se, desse modo, a ideia de "mero aborrecimento", enquanto consequência subjetiva tolerada pela consumidor, focando nas práticas inconsequentes do fornecedor e, mais do que isso, concentra-se na abusividade da violação de dados pessoais, enquanto consequência objetiva, como resultado consciente e pretendido por aquele a quem a lei impôs o dever de cooperar, prevenir e indenizar os danos.[115]

Neste sentido, defende Fernanda Barbosa que o paradigma da responsabilidade não se encontra mais nos moldes do "autor-vítima" mas sim dentro da lógica de coletividade, isto é, com base na solidariedade, nos moldes da base constitucional e em coerência com o valor central do sistema jurídico brasileiro, que sustenta todos os demais valores, como a própria solidariedade e também a liberdade, isto é, a dignidade da pessoa humana.[116]

Portanto, destacando a importância da regulação das aplicações tecnológicas, com as devidas responsabilidades, é possível afirmar que é preciso assumir uma

---

112. MARTINS-COSTA, Judith. *A boa-fé no direito privado*: critérios para a sua aplicação. São Paulo: Saraiva Educação, 2018. p. 625.
113. ROSENVALD, Nelson. *A responsabilidade civil pelo ilícito lucrativo*. Salvador: JusPodivm, 2019. p. 31-32.
114. FARIAS, Cristiano Chaves de; NETTO, Felipe Peixoto Braga; ROSENVALD, Nelson. *Novo tratado de responsabilidade civil*. São Paulo: Saraiva Educação, 2019. p. 696.
115. MARQUES, Claudia Lima. Apresentação. In: BERGSTEIN, Laís. *O tempo do consumidor e o menosprezo planejado*: o tratamento jurídico do tempo perdido e a superação das suas causas. São Paulo: Thomson Reuters Brasil, 2019. E-book.
116. BARBOSA, Fernanda Nunes. Informação e consumo: a proteção da privacidade do consumidor no mercado contemporâneo da oferta. In: MARTINS, Guilherme Magalhães; LONGHI, João Victor Rozatti (Coord.). *Direito digital*: direito privado e internet. Indaiatuba: Foco, 2019. p. 360.

responsabilidade coletiva, por um futuro em que a inovação e a tecnologia estejam focadas na humanidade e na necessidade de servir às pessoas, visando um desenvolvimento sustentável[117], e não baseada na total liberdade, capaz de violar direitos fundamentais e, em última análise, transformar as pessoas (e seus dados pessoais) em meros objetos comercializáveis.

4. CONSIDERAÇÕES FINAIS

Ao analisar os riscos aos direitos humanos, atrelados às novas tecnologias, é necessário uma revisão dos procedimentos jurídicos de tutela presentes no sistema jurídico. Trata-se, ao fim e ao cabo, de verdadeira reformulação de categorias jurídico-analíticas no ciberespaço, o que implica novos modais de consideração do contexto de propagação da informação.

Partindo desse raciocínio, a tutela dos direitos humanos é uma das necessárias formas para impedir que o avanço tecnológico viole o direito das pessoas de usufruírem da navegação via *Internet* sem os riscos de violação à direitos essenciais à concretização da dignidade humana, notadamente a privacidade, a liberdade e a proteção de dados pessoais.

Em verdade, a concepção de que as práticas virtuais, dentro da lógica do livre mercado, podem subsistir a lógica da ampla liberdade, fraqueja-se frente ao sistema jurídico que se preocupa com o combate dos abusos e, consequentemente, com a prevenção dos danos que a pessoa humana pode sofrer em sua integridade, inclusive frente à nova dimensão virtual do ser humano.[118]

Afinal, defender que os fornecedores possuem como dever fundamental o respeito pelos direitos básicos do consumidor consiste também em notar que a concretização desses direitos pressupõe o respeito pela lei. Trata-se, portanto, de uma necessidade social contemporânea, própria da Sociedade da Informação, exigindo do Direito uma resposta capaz de tutelar as pessoas.

Com efeito, o texto objetiva levantar possibilidades a serem analisadas e repensadas no que se refere a utilização de dados pessoais dos consumidores. Isso porque, as diversas transformações sociais dão conta de que os poderes e os riscos de ameaça ou lesão aos direitos há muito não são monopólio estatal, em especial no ambiente virtual. Neste ponto, as práticas de mercado que utilizam dados pessoais de maneira ilegal devem ser coibidas especialmente tendo em vista que o direito de proteção de dados pessoais possui caráter de fundamentalidade.

Inegavelmente, a questão foi tratada com vistas não só à imposição de limites aos fornecedores, mas, para além disso, apresentar uma hermenêutica promocional capaz de proteger o internauta-consumidor, especialmente ressaltando que não

---
117. KLAUS, Schwab. *A quarta revolução industrial*. São Paulo: Edipro, 2016. p. 114.
118. RODOTÀ, Stefano. *El derecho a tener derechos*. Madri: Trotta, 2014, p. 289.

existe liberdade mercadológica sem a devida responsabilidade. No atual contexto, pensar na concretização de direitos humanos pressupõe defender o dever das empresas que operam no mercado de consumo de respeitarem efetivamente os direitos dos consumidores.

REFERÊNCIAS

ALBERTIN, Alberto. *Comércio eletrônico: modelo, aspectos e contribuições de sua aplicação*. 5. ed. São Paulo: Atlas, 2007

BARBOSA, Fernanda Nunes. Informação e consumo: a proteção da privacidade do consumidor no mercado contemporâneo da oferta. In: MARTINS, Guilherme Magalhães; BARBOSA, Fernanda Nunes. O dano informativo do consumidor na era digital: uma abordagem a partir do reconhecimento do direito do consumidor como direito humano. *Revista de Direito do Consumidor*, São Paulo, v. 122, p. 205, mar./abr. 2019.

BASAN, Arthur Pinheiro; FALEIROS JÚNIOR, José Luiz de Moura. A tutela do corpo eletrônico como direito básico do consumidor. *Revista dos Tribunais*. v. 1021, p. 1-29. São Paulo. Impresso, 2020.

BAUDRILLARD, Jean. *A sociedade de consumo*. Portugal: Edições 70, 2008.

BAUDRILLARD, Jean. Função-signo e lógica de classe. In: BAUDRILLARD, Jean. *A economia política dos signos*. São Paulo: Martins Fontes, 1996.

BAUMAN, Zygmunt. *Vida líquida*. Rio de Janeiro: Jorge Zahar, 2009.

BIONI, Bruno Ricardo. *Proteção de dados pessoais: a função e os limites do consentimento*. Rio de Janeiro: Forense, 2019.

BITTAR, Eduardo Carlos Bianca Direitos do consumidor e direitos da personalidade: limites, intersecções, relações. *Revista de Direito do Consumidor*, n. 33, São Paulo: Ed. RT, jan./mar. 2000.

BOLESINA, Iuri. *Direito à extimidade*: as inter-relações entre identidade, ciberespaço e privacidade. Florianópolis: Empório do Direito, 2017.

CANARIS, Claus-Wilhelm. *Direitos fundamentais e direito privado*. Trad. Ingo Wolfgang Sarlet e Paulo Mota Pinto. Coimbra: Almedina, 2003.

CARVALHO, Alexander Perazo Nunes de; SOUSA, Raphaella Prado Aragão de. A influência da psicopolítica digital nas contratações virtuais e seus reflexos no aumento da vulnerabilidade do consumidor. *Revista de Direito do Consumidor*, São Paulo, v. 123, p. 295, maio/jun. 2019.

CASTELLS, Manuel. *A galáxia da internet*: reflexões sobre a internet, os negócios e a sociedade. Rio de Janeiro: Zahar, 2003.

CASTELLS, Manuel. *A sociedade em rede*. Rio de Janeiro: Paz e Terra, 2018.

COMPARATO, Fábio Konder. *A afirmação histórica dos direitos humanos*. 7. ed. São Paulo: Saraiva, 2010.

CUPIS, Adriano de. *Os direitos da personalidade*. São Paulo: Quorum, 2008.

DE LUCCA, Newton. *Direito do consumidor: aspectos práticos* – perguntas e respostas. São Paulo: Ed. RT, 1995.

DIMOULIS, Dimitri; MARTINS, Leonardo. *Teoria geral dos direitos fundamentais*. 2. ed. São Paulo: Revista dos Tribunais, 2009.

DONEDA, Danilo. *Da privacidade à proteção de dados pessoais*. Rio de Janeiro: Renovar, 2006.

DUQUE, Marcelo Schenk. *Direito privado e constituição*: drittwirkung dos direitos fundamentais, construção de um modelo de convergência à luz dos contratos de consumo. São Paulo: Revista dos Tribunais, 2013.

ERENBERG, Jean Jaques. *Publicidade patológica na Internet à luz da legislação brasileira*. São Paulo: Editora Juarez de Oliveira, 2003.

FARIAS, Cristiano Chaves de; NETTO, Felipe Peixoto Braga; ROSENVALD, Nelson. *Novo tratado de responsabilidade civil*. São Paulo: Saraiva Educação, 2019.

FERRAJOLI, Luigi. *Democracia y garantismo*. 2. ed. Madrid: Trotta, 2010.

FROSINI, Vittorio Apud DONEDA, Danilo. *Da privacidade à proteção de dados pessoais*. Rio de Janeiro: Renovar, 2006.

GARCIA, Leonardo de Medeiros. *Código de defesa do consumidor comentado artigo por artigo*. Salvador: Juspodivm, 2019.

GRAU. Eros Roberto. Interpretando o código de defesa do consumidor. *Revista de Direito do Consumidor*, v. 5, p. 166, São Paulo, jan./mar. 1993.

HUNT, Lynn. *A invenção dos direitos humanos*: uma história. Trad. Rosaura Eichenberg. São Paulo: Cia. das Letras, 2009.

KLAUS, Schwab. *A quarta revolução industrial*. São Paulo: Edipro, 2016.

LÉVY, Pierre. *Cibercultura*. Trad. Carlos Irineu da Costa. São Paulo: Editora 34, 2010.

LIMBERGER, Têmis. Direito e informática: o desafio de proteger os direitos do cidadão. In: SARLET, Ingo Wolfgang (Org.). *Direitos fundamentais, informática e comunicação*: algumas aproximações. Porto Alegre: Livraria do Advogado, 2007.

LIMBERGER, Têmis. Direitos humanos na era tecnológica. *Revista Direitos Emergentes na Sociedade Global*, v. 2, n. 2, p. 356, Santa Maria, 2014.

LIPOVETSKY, Gilles. *A felicidade paradoxal*: ensaio sobre a sociedade do hiperconsumo. São Paulo: Companhia das Letras, 2007.

LIPOVETSKY, Gilles; ROUX, Elyette. *O luxo eterno*: da idade do sagrado ao tempo das marcas. São Paulo: Companhia das Letras, 2005.

LISBOA, Roberto Senise. Direito na sociedade da informação. *Revista de Direito do Consumidor*, São Paulo, ano 95, v. 847, p. 88, maio 2007.

LONGHI, João Victor Rozatti (Coord.) *Direito digital*: direito privado e internet. Indaiatuba: Foco, 2019.

LORENZETTI, Ricardo Luís. *Teoria da decisão judicial*: fundamentos de direito. Trad. Bruno Miragem. São Paulo: Ed. RT, 2010.

LORENZETTI, Ricardo. *Comércio eletrônico*. São Paulo: Revista dos Tribunais, 2004. p. 51.

MARQUES, Claudia Lima. Apresentação. In: BERGSTEIN, Laís. *O tempo do consumidor e o menosprezo planejado*: o tratamento jurídico do tempo perdido e a superação das suas causas. São Paulo: Thomson Reuters Brasil, 2019. E-book.

MARQUES, Claudia Lima. *Contratos no código de defesa do consumidor*: o novo regime das relações contratuais. São Paulo: Thomson Reuters Brasil, 2019. E-book.

MARTINS, Fernando Rodrigues. *Controle do patrimônio público*. 5. ed. São Paulo: Ed. RT, 2013.

MARTINS, Fernando Rodrigues. Direito do consumidor, reforma do CDC e constante renovação metodológica do direito privado. *Revista de Direito do Consumidor*, São Paulo, v. 107, p. 293-307, set./out. 2016.

MARTINS, Fernando Rodrigues. Direitos Humanos (e fundamentais) e Relações Jurídicas Privadas. In: MARTINS, Fernando Rodrigues. *Direito privado e policontexturalidade*. Fontes, Fundamentos e Emancipação. Rio de Janeiro: Lumen Juris, 2018.

MARTINS, Fernando Rodrigues. Os deveres fundamentais como causa subjacente-valorativa da tutela da pessoa consumidora: contributo transverso e suplementar à hermenêutica consumerista da afirmação. *Revista de Direito do Consumidor*, v. 23, n. 94, p. 215-257, São Paulo, jul./ago. 2014.

MARTINS, Fernando Rodrigues. Sociedade da informação e proteção da pessoa. *Revista da Associação Nacional do Ministério Público do Consumidor*, v. 2, n. 2, p. 15, Juiz de Fora, 2016.

MIRAGEM, Bruno. Os direitos da personalidade e os direitos do consumidor. *Revista de Direito do Consumidor*, n. 49, São Paulo, jan./mar. 2004.

MORAES, Maria Celina Bodin de. *Danos à pessoa humana*: uma leitura civil-constitucional dos danos morais. Rio de Janeiro. Renovar, 2003.

MORAES, Paulo Valério Dal Pai. *Código de defesa do consumidor*: o princípio da vulnerabilidade no contrato, na publicidade, nas demais práticas comerciais. Porto Alegre: Livraria do Advogado, 2009.

MORIN, Edgard. *O método 6*: ética. Porto Alegre: Sulina, 2007.

NABAIS, José Casalta. *A face oculta dos direitos fundamentais: os deveres e os custos dos direitos*. [S. l.], 2002. Disponível em http://www.egov.ufsc.br/portal/sites/default/files/anexos/15184-15185-1-PB.pdf. Acesso em: 08 mar. 2021.

NABAIS, José Casalta. *Por uma liberdade com responsabilidade*: estudos sobre direitos e deveres fundamentais. Coimbra: Coimbra Editora, 2007.

PÉREZ-LUÑO, Antonio Enrique. *Derechos humanos, Estado de derecho y Constituición*. Madrid: Tecnos, 1995.

RECASÉNS SICHES, Luis. *Filosofia del derecho*. México: Porrúa, 2008.

ROBLES, Gregorio. *Os direitos fundamentais e a ética na sociedade atual*. Trad. Roberto Barbosa Alves. Barueri: Manole, 2005.

RODOTÀ, Stefano. *A vida na sociedade da vigilância: a privacidade hoje*. Trad. Danilo Doneda e Luciana Cabral Doneda. Rio de Janeiro: Renovar, 2008.

RODOTÀ, Stefano. *El derecho a tener derechos*. Madri: Trotta, 2014.

ROSENVALD, Nelson. *A responsabilidade civil pelo ilícito lucrativo*. Salvador: JusPodivm, 2019.

SANDEL, Michael J. *O que o dinheiro não compra*: os limites morais do mercado. Trad. Clóvis Marques. Rio de Janeiro: Civilização Brasileira, 2012.

SARLET, Ingo Wolfgang. *A eficácia dos direitos fundamentais*. 10. ed. rev. atual. e ampl. Porto Alegre: Livraria do advogado, 2011.

TEPEDINO, Gustavo. *Temas de direito Civil*. Rio de Janeiro: Renovar, 1997.

TORRES, Cláudio. *A bíblia do marketing digital*: tudo o que você queria saber sobre *marketing* e publicidade na internet e não tinha a quem perguntar. São Paulo: Novatec, 2018.

A APLICAÇÃO DO DIREITO AO APAGAMENTO E AO ESQUECIMENTO NO *PROFILING*

João Alexandre Silva Alves Guimarães

Doutorando em Direito pela Universidade de Coimbra, Portugal. Mestre em Direito da União Europeia pela Universidade do Minho, Portugal. Associado do Instituto Brasileiro de Estudos de Responsabilidade Civil – IBERC e Membro do Comitê Executivo do Laboratório de Direitos Humanos – LabDH da Universidade Federal de Uberlândia. joaoalexgui@hotmail.com.

Ana Júlia Silva Alves Guimarães

Discente no curso de Direito na Universidade Pitágoras – Uberlândia. anajuliasagui@gmail.com.

SUMÁRIO: Introdução – 1. O *PROFILING* – 2. O direito ao apagamento e ao esquecimento – 3. A aplicação do direito ao apagamento e ao esquecimento – 4. Considerações finais – Referências.

RESUMO: A prática do *Profiling* se tornou muito comum com o advento da tecnologia. Empresas no ambiente on-line rastreiam o que as pessoas curtem, comentam, compartilham, quanto tempo fica em determinado site, quais produtos agradam para criar um perfil digital para cada um, com o intuito de oferecer publicidades personalizadas e que seriam de interesse ao consumidor e assim poder ter um maior lucro com vendas. Porém a criação de um perfil digital ultrapassou a barreira da venda, e hoje, traçar um perfil dos usuários não serve apenas para divulgar publicidade direcionada ou apenas produtos que estão sendo comercializados, serve também para difundir ideias, pensamentos, condutas, interesses. O problema é que cada vez mais, como as redes sociais querem oferecer entretenimento e prazer, cria-se uma bolha para cada usuário, apresentando apenas o que pode ser de interesse dele, além disso, abrindo a possibilidade de indicar se é ou não interessante uma determinada publicação, ou mesmo, silenciar e remover pessoas que dizem algo que o usuário não goste. Sendo assim o apagamento e o esquecimento surge como uma alternativa para que o usuário saia da bolha ou não tenha seus dados pessoais tratados para que o algoritmo apresente apenas o que pode ser de interesse do usuário e, assim, ele possa ter o controle do que lê, consome, do que aprende, ou seja, autodeterminar aquilo que ele quer ver na internet.

INTRODUÇÃO

Nos dias atuais, a Internet é uma rede complexa, que se assemelha a uma teia de aranha, em que dois pontos são conectados por milhares de caminhos potenciais. Se uma mensagem não puder seguir o caminho mais curto e simples entre o remetente e o destinatário, ela poderá ser reencaminhada ao longo de qualquer outro caminho disponível. A distância entre os pontos pode ser longa, mas pelo facto de os sinais eletrônicos viajarem tão rápido, a diferença de tempo é insignificante. Assim, uma mensagem de correio eletrônico pode viajar pelo mundo e chegar a um computador a menos de um quilômetro de distância.[1]

A internet, de forma global, é cada vez mais utilizada e alimentada com um excessivo número de informações, especialmente de cunho pessoal, possibilitando que nada seja esquecido. Antigamente, quem desejasse manter o anonimato precisava apenas de impedir que seu nome e número de telefone constassem das listas telefónicas, vulgarmente conhecidas por "páginas amarelas". Porém, atualmente, mesmo tomando todas as medidas em prol da preservação da privacidade, é praticamente difícil mantê-la. Uma informação que antes poderia levar meses ou até mesmo anos para ser adquirida, pode agora ser consultada com facilidade, estando à disposição dos utilizadores de internet.[2]

E essas informações são utilizadas para o *Profiling*[3], que é um sistema, método e vários produtos de software que fornecem uma identificação de usuários da internet em seus múltiplos sites, servidores e domínios, criando um monitoramento e captura de dados que descrevem as atividades desses usuários, com a finalidade de descrever seus interesses fazendo uma categorização que pode ser padronizada ou customizada para cada site. Os grupos de usuários podem ser definidos com base nas regras de associação para informações demográficas e de interesse da categoria. A identificação de usuários em vários sites é fornecida por um serviço global que reconhece cada usuário e fornece um identificador globalmente exclusivo para um servidor solicitante, que pode usar o identificador para acumular dados de atividade para o usuário.

Inserindo isso em um contexto de uma sociedade de informações globalizadas, a coleta dos dados pode ser feita a partir de diversas fontes como transações comerciais, censos e registros públicos, a partir do perfil da pessoa em uma rede social, de cookies que armazenam dados de navegação do usuário e de inúmeras outras formas de rastreamento.[4]

Dessa maneira, cada usuário terá uma interface exclusiva e personalizada nos motores de busca, recebendo conteúdo direcionado, desde propagandas a matérias de interesse pessoal.

O problema é quando o usuário não deseja que essas informações sejam armazenadas, ou mesmo, não tem mais interesse em receber publicações ou propagandas de um interesse que não é mais pessoal.

---

1. EOYANG, Mieke. Beyond Privacy and Security: The Role of the Telecommunications Industry in Electronic Surveillance. *Journal of National Secutity Law & Policy*, 2017, p. 263.
2. SOUZA, Bernardo de Azevedo e. *Direito, Tecnologia e Práticas Punitivas*. Porto Alegre: Canal Ciências Criminais, Posição 488 – 489 (Kindle Edition), 2016.
3. LIU, Albert M.; GOWER, Stefan F.; BEN-MALEK, Hamid. *Internet profiling*. U.S. Patent n. 6,839,680, 4 jan. 2005.
4. DÖHMANN, Indra Spiecker et al. Multi-Country – The Regulation of Commercial Profiling: A Comparative Analysis. European Data Protection Law Review, *Lexxion*, v. 2, n. 4, p. 535-554, 2016. Disponível em: https://hal.archives-ouvertes.fr/hal-01522818/document.

Nesse sentido, Viktor Mayer-Schönberger afirma que as novas tecnologias fazem do ato de esquecer, que antes era regra, exceção. Por isso precisamos de mecanismos, legais e tecnológicos, para encontrar o equilíbrio. Não se trata apenas de perdoar atitudes questionáveis, mas de assumir que ações comuns, como as de tirar fotos ou entabular conversas privadas, se porventura descontextualizadas não podem ser critério para definir o caráter ou a competência de alguém. O referido autor defende que as pessoas tenham total controle sobre as suas pegadas digitais: fotografias poderiam ter data de validade e ser apagadas depois de um certo tempo.[5]

Essa problemática nos conduz ao direito ao apagamento e ao esquecimento, previstos no artigo 17º do Regulamento Geral de Proteção de Dados, o Regulamento 2016/679, do Parlamento Europeu, que permite ao usuário pedir para que dados pessoais que estão sendo tratados, sejam apagados e esquecidos. E esse artigo demonstrará a aplicação desses direitos na prática do *Profiling*.

1. O *PROFILING*

Para fins de terminologia "*profile*" vem da língua inglesa, pode ser utilizado como verbo, "*to profile*" que significa traçar um perfil de um indivíduo baseado em informações que se tem sobre ele, ou como substantivo, traduzindo como "perfil"[6].

No Regulamento Geral de Proteção de Dados (RGPD), Regulamento 2016/679, do Parlamento Europeu, o termo *profiling* aparece em diversos artigos, e sendo o tema principal a ser tratado no artigo 22, na versão oficial em língua portuguesa o termo utilizado, no lugar de *profiling*, é a expressão "definição de perfis", trazendo também o sentido original da palavra.[7]

Historicamente, em se tratando de traçar perfis de indivíduos o *profiling* foi desenvolvido principalmente na esfera criminalística, como uma técnica utilizada para identificar *serial killers* com base em perfis que compilavam seus traços psicológicos[8]. Foi muito utilizado também na esfera do marketing, já que existe nesse setor à necessidade de conhecer os consumidores e buscar maior precisão em se atingir um público-alvo, para assim alcançar um saldo de lucro maior[9]. Com o desenvolvimento das técnicas de coleta e tratamento de dados, a definição de perfis foi facilitada e se tornou útil em diversas áreas, relacionando-se intimamente com o tratamento de dados na internet.

---

5. MAYER-SCHÖNBERGER, Viktor, p. 2.
6. CAMBRIDGE UNIVERSITY PRESS. *Cambridge Dictionary*. Cambridge, 2019.
7. REGULATION (EU) 2016/679 OF THE EUROPEAN PARLIAMENT AND OF THE COUNCIL of 27 abril 2016.
8. FERRARIS, Valeria et. al. *Working paper: defining profiling*. United Nations Interregional Crime and Justice Research Institute (UNICRI), 2013.
9. ZANATTA, Rafael A. F. *Perfilização, Discriminação e Direitos*: Do Código de Defesa do Consumidor à Lei Geral de Proteção de dados pessoais. [S. l.], 2019.

Nas exatas palavras de Hildebrandt[10] em seu estudo;

> *Profiling* é uma técnica de processamento automático de dados pessoais e não pessoais, que visa desenvolver conhecimento preditivo a partir de dados na forma de construção de perfis que podem, subsequentemente, ser aplicados como base para tomada de decisões. Um perfil é um conjunto de dados correlacionados que representa um (humano ou não humano, indivíduo ou grupo) sujeito. Construir perfis é o processo de descobrimento de padrões inesperados entre dados em uma grande base de dados que pode ser utilizada para criar perfis. Aplicar perfis é o processo de identificar ou representar um sujeito específico ou de identificar o sujeito como membro de um grupo específico ou categoria e tomar algum tipo de decisão baseada nessa identificação e representação.

Mesmo em 1993, Clark Roger da *Australian National University*, escreveu um notório artigo como uma das primeiras tentativa de se sistematizar os conceitos e métodos envolvidos nas práticas de definição de perfis e refletindo sobre benefícios e riscos da prática e também os futuros desafios legais e regulatórios que surgiriam, classificava *profiling* como um de triagem que envolve múltiplos fatores e concluía, em suas palavras que a criação de perfis é uma aplicação importante da tecnologia da informação, mas também uma que representa perigos consideráveis para os indivíduos e a sociedade.[11]

Em termos legais, a União Europeia no Regulamento Geral de Proteção de Dados (RGPD) em seu artigo 4º classifica *profiling* como

> "qualquer forma de tratamento automatizado de dados pessoais que consista em utilizar esses dados pessoais para avaliar certos aspectos pessoais de uma pessoa singular, nomeadamente para analisar ou prever aspectos relacionados com o seu desempenho profissional, a sua situação económica, saúde, preferências pessoais, interesses, fiabilidade, comportamento, localização ou deslocações".[12]

Na legislação brasileira, através da Lei Geral de Proteção de dados (LGPD 13.709/2018), o *profiling* é tratado de forma implícita, denominado como formação de perfil é definido no artigo 12, inciso 2, que descreve "poderão ser igualmente considerados como dados pessoais, para os fins desta Lei, aqueles utilizados para formação do perfil comportamental de determinada pessoa natural, se identificada".

Em um comparativo, o RGPD traz uma proteção maior em face do *profiling* por aplicá-lo em casos específicos e enumerados na Lei, em relação à LGPD. Mas a lei brasileira, por considerar os dados utilizados para a construção desse perfil como

---

10. HILDEBRANDT, Mireille. Defining Profiling: A New Type of Knowledge? In: HILDEBRANDT, Mireille; GUTWIRTH, Serge. *Profiling the European Citizen: Cross-Disciplinary Perspectives*. Dordrecht: Springer Netherlands, 2008. Cap. 2, p. 17-43.
11. CLARKE, Roger. Profiling: A hidden challenge to the regulation of data surveillance. *Journal of Law & Information Science*, Camberra, v. 4, p. 403-419, 1993.
12. UNIÃO EUROPEIA. *Regulamento 2016/679*, de 27 de abril de 2016. Relativo à proteção das pessoas singulares no que diz respeito ao tratamento de dados pessoais e à livre circulação desses dados e que revoga a Diretiva 95/46/CE.

dados pessoais e não como dados anônimos, contribui para uma maior proteção do usuário detentor do dado.[13]

Profiling[14] na internet torna-se então um modelo sistema, método e vários produtos de software que fornecem uma identificação de usuários em seus múltiplos sites, servidores e domínios, criando um monitoramento e captura de dados que descrevem as atividades desses indivíduos, com a finalidade de descrever seus interesses, traçar um perfil individual e fazer uma categorização que pode ser padronizada ou customizada para cada site.

Os grupos de usuários podem ser definidos com base nas regras de associação para informações geográficas e demográficas e de interesse comum de cada categoria. A identificação de usuários em vários sites é fornecida por um serviço a nível global que reconhece cada indivíduo e fornece um identificador globalmente exclusivo para um servidor solicitante, que pode usar o identificador para acumular dados de atividade do usuário, oferecendo assim uma experiência interativa personalizada em seu sistema.

Segundo Rafael Zanatta, para a criação do perfil do usuário envolveria, pelo menos, seis etapas, sendo elas, registro de dados, agregação e monitoramento de dados, identificação de padrões nos dados, interpretação de resultados, monitoramento dos dados para checar resultados e aplicação de perfis (*profiles*).[15]

Na internet devido sua ampla conectividade os perfis podem ser feitos praticamente em tempo real, para que através de decisões instantâneas feitas pela inteligência artificial através de algoritmos, exista um direcionamento do melhor conteúdo ou anúncio para aquele determinado usuário, assim que ele acessa uma página na Web.

Em termos técnicos o *profiling* acontece através de uma coleta dados de navegação de usuários por meio de cookies que são pequenas linhas rastreáveis de código, instaladas no terminal utilizado pelo usuário para acessar páginas na internet e web bugs que são pequenos arquivos de imagens exibidas nas páginas de navegação, invisíveis a olho nu, capazes de enviar informações para o servidor responsável acerca do usuário que acessou a página[16]. Assim, a inteligência artificial é capaz de coletar informações específicas e completas da atividade do usuário na internet como os sites acessados; horário e duração do acesso, termos buscados, compras e interação com anúncios, entre outras informações são analisados e combinados com dados de

---

13. GUIMARÃES, J. A. S. A.; MACHADO, L. *Comentários à Lei Geral de Proteção de Dados*: lei 13.709/2018 com alterações da MPV 869/2020. Rio de Janeiro: Editora Lumen Juris, 2020, p. 212.
14. LIU, Albert M.; GOWER, Stefan F.; BEN-MALEK, Hamid. *Internet profiling*. U.S. Patent n. 6,839,680, 4 jan. 2005.
15. ZANATTA, Rafael. A. F. *Perfilização, Discriminação e Direitos:* do Código de Defesa do Consumidor à Lei Geral de Proteção de Dados. ResearchGate. [S. l.], 2019. Disponível em: https://www.researchgate.net/publication/331287708_Perfilizacao_Discriminacao_e_Direitos_do_Codigo_de_Defesa_do_Consumidor_a_Lei_Geral_de_Protecao_de_Dados_Pessoais.
16. FEDERAL TRADE COMMISSION. *Online profiling: a report to congress*. Jun. 2000. Disponível em: https://www.ftc.gov/reports/online-profiling-federal-trade-commission-report-congress.

outras fontes, criando então um perfil específico de cada usuário[17]. Dessa maneira, cada usuário terá uma interface exclusiva e personalizada nos motores de busca, recebendo conteúdo direcionado, desde propagandas a matérias de interesse pessoal, regulando tudo que se acessa, tanto na web quanto nas redes sociais do usuário.

O lado positivo da técnica é que para o âmbito comercial o *profiling* surge como um facilitador na massificação das relações, sem que se perca a personalização. Através dessa técnica foi possível quebrar a estagnação dos mercados de massas permitindo a oferta de produtos em volumes mais reduzidos, porém destinados a um público-alvo específico, já que a publicidade direcionada leva o produto a quem tem uma maior probabilidade de o querer, dinamizando então o mercado de consumo, contribuindo para uma gestão administrativa mais eficiente.[18]

Além da esfera privada, a definição de perfis pode ser benéfica ao âmbito público já que permite um maior acesso aos dados pessoais dos cidadãos, otimizando o desenvolvimento de ações públicas porque estas, segundo Stéfano Rodotá teriam "maior sintonia com as demandas sociais", tornando-as mais efetivas, levando o serviço público a quem realmente necessita.[19]

Entretanto, a técnica de *profiling* também traz riscos, segundo Laura Schertel Mendes, os "riscos da técnica de construção de perfis não residem apenas na sua grande capacidade de junção de dados", ela ainda destaca que "na realidade, a ameaça consiste exatamente na sua enorme capacidade de combinar diversos dados de forma inteligente, formando novos elementos informativos".

Na esfera econômica Danilo Doneda[20] afirma que:

> O modelo que baseia o monitoramento da navegação da Internet no provedor de acesso apresenta certas peculiaridades que colocam o consumidor em situação ainda menos favorecida e que, hoje, provocam reações por vezes desfavoráveis de reguladores quanto à sua viabilidade e licitude. Ocorre, nestes casos, que o monitoramento se processa em uma camada mais profunda do processo de navegação que é o próprio fornecimento de serviço de acesso à internet, fazendo com que toda a sua navegação esteja potencialmente sujeita à interceptação e escrutínio – e não apenas a navegação em sites determinados ou em serviços do protocolo HTTP. Além disto, neste modelo, qualquer tipo de controle direto pelo usuário ou tentativa de determinar o mecanismo utilizado para o monitoramento é virtualmente impossível pelo fato do mecanismo estar instalado diretamente no provedor de acesso e, portanto, fora de sua zona de controle.

---

17. DÖHMANN, Indra Spiecker et al. Multi-Country – The Regulation of Commercial Profiling: A Comparative Analysis. European Data Protection *Law Review*, Lexxion, v. 2, n. 4, p. 535-554, 2016. Disponível em: https://hal.archives-ouvertes.fr/hal-01522818/document.
18. MENDES, Laura Schertel. *Privacidade, proteção de dados e defesa do consumidor*: linhas gerais de um novo direito fundamental. 1. ed. São Paulo: Saraiva, 2014. Série IDP – Linha de Pesquisa Acadêmica. Vital Source Bookshelf Online.
19. RODOTÀ, Stefano. A *vida na sociedade da vigilância: a privacidade hoje*. Rio de Janeiro: Renovar, 2008.
20. BRASIL. Escola Nacional de Defesa do Consumidor. *A proteção de dados pessoais nas relações de consumo*: para além da informação creditícia/ Escola Nacional de Defesa do Consumidor; elaboração Danilo Doneda. – Brasília: SDE/DPDC, 2010

Sendo assim, percebe-se que não somente aspectos da privacidade do consumidor podem estar ameaçados, mas também sua própria autonomia divisional e liberdade de escolha, nas palavras de Yves Poullet isso caracteriza como sendo as duas faces da privacidade moderna: de um lado, a proteção da intimidade e, de outro, a garantia da autodeterminação e da própria liberdade.[21]

Anderson Schreiber afirma que "toda a complexidade da pessoa humana, em sua singular individualidade, fica reduzida à inserção em uma ou outra 'categoria', como fruto da sua representação virtual a partir de dados coletados de modo autorizado ou não"[22].

Segundo Eli Pariser, em seu livro "O filtro invisível: o que a internet está escondendo de você"[23], à medida que os usuários deixam seus rastros na internet e sobre cada um é criado um perfil faz com que os algoritmos, nas palavras do autor, eles criam e refinam constantemente uma teoria sobre quem somos e sobre o que vamos fazer ou desejar seguir. Ele discute a ideia de que através desse constante tratamento de dados cria-se um filtro invisível que cria uma distorção de realidade, já que, nas redes sociais, por exemplo, os conteúdos propostos ao usuário vai aproximá-lo apenas de pessoas que pensam com maior similaridade, criando um afastamento entre aqueles indivíduos que pensam diferente, outra situação é que até mesmo entre pessoas próximas pode ocorrer uma personalização da personalização, fazendo com que sejam filtradas e específicas as informações que chegam ao usuário final, os colocando, na metáfora usada por ele, em uma bolha virtual, representada pela seguinte fala do autor:

> Essa distorção é uma das dificuldades geradas pelos filtros personalizados. Tal qual uma lente, a bolha dos filtros transforma inevitavelmente o mundo que vivenciamos, determinando o que vemos e o que não vemos. Ela interfere na inter-relação entre nossos processos mentais e o ambiente externo. Em certos casos, pode atuar como uma lente de aumento, sendo muito útil quando queremos expandir a nossa visão sobre uma área específica do conhecimento. No entanto, os filtros personalizados podem, ao mesmo tempo, limitar a variedade de coisas às quais somos expostos, afetando assim o modo como pensamos e aprendemos.

No final do livro o autor define que é preciso, pensar os dados pessoais como propriedade privada, para que assim, e somente assim, possam ser aplicados os usos justos da informação.

Neste sentido defende-se que o *profiling* não tem um caráter somente técnico, é necessário buscar a promoção da tutela jurídica dos dados pessoais utilizados, para "que o fluxo informacional não seja corrosivo à esfera relacional da pessoa humana e, por tabela, ao livre desenvolvimento de sua personalidade".[24]

---

21. POULLET, Yves. Data Protection Legislation: What's at Stake for our Society and our Democracy? *Computer Law & Security*: Review, v. 25, p. 211-226, Is. 3, 2009.
22. SCHREIBER, Anderson. *Direitos da Personalidade*. 2. ed. São Paulo: Atlas, 2013.
23. PARISER, Eli. *O filtro invisível*: o que a internet está escondendo de você. Rio de Janeiro: Zahar, 2012.
24. BIONI, Bruno Ricardo. *Proteção de Dados Pessoais*: A Função e os Limites do Consentimento. Rio de Janeiro: Forense, 2019. E-book. p. 61.

Essa técnica então pode ter um potencial lesivo se não utilizado com cautela, pois traz previsão de comportamentos, ou de padrões de comportamento podem limitar a esfera de liberdade de inúmeros indivíduos, já que os perfis eletrônicos não levam em consideração as reais intenções do sujeito, pois partem do pressuposto de que ele adotará determinado comportamento tido como padrão para aquela categoria de usuários.[25]

Neste mesmo sentido o Roteiro de atuação do Ministério Público Federal brasileiro[26] descreve que:

> Sabe-se que empresas de tecnologia monitoram as atividades do consumidor quando conectado à internet – incluindo as pesquisas que ele fez, as páginas que ele visitou e o conteúdo consultado – com a finalidade de fornecer publicidade dirigida aos interesses individuais desse consumidor. Grandes empresas de tecnologia da internet, como o Google, coletam dados pessoais dos usuários de seus serviços, para fins comerciais, principalmente. Os dados são tratados com o auxílio de métodos estatísticos e técnicas de inteligência artificial, com o fim de sintetizar hábitos, preferências pessoais e outros registros. A partir disso são criados perfis para cada usuário (profiling) que possibilitam o envio seletivo de mensagens publicitárias de um produto a seus potenciais compradores. Redes sociais on-line como o Facebook também realizam o tratamento de dados pessoais dos seus usuários. A rede social permite a seus usuários gerar um perfil público, alimentado por dados e informações pessoais, dispondo de ferramentas que permitem a interação com outros usuários afins ou não ao perfil publicado. A rede social é um intermediário que acumula informações pessoais sobre os usuários.

E ainda completa que:

> As possibilidades oferecidas a uma pessoa são fechadas (encaixotadas) em torno de presunções realizadas por ferramentas de análise comportamental, guiando dessa forma suas escolhas futuras. A publicidade específica tem o efeito colateral de uniformizar padrões de comportamento, diminuindo o rol de escolhas apresentadas a uma pessoa. A elaboração de perfis pode levar à negativa de acesso a determinado bem ou serviço (negativa de acesso a site porque o consumidor acessou sites de proteção ao crédito), bem como preços diferentes a consumidores diversos conforme o seu perfil (*adaptative pricing*). Daí porque é fundamental o consentimento prévio do usuário de internet, autorizando o tratamento de seus dados pessoais.

Portanto, conclui-se que o *profiling* é uma ferramenta que pode trazer benefícios, mas que demanda atenção e cautela, por existirem riscos inerentes à sua utilização. É preciso equilibrar a relação entre o usuário e os detentores de seus dados, adotando medidas suficientes para regularização do tratamento dos dados e garantir que eventual dano seja devidamente reparado, pois a utilização desses mecanismos não pode implicar na fragilização da proteção da pessoa humana, neste caso, na figura do titular dos dados.

---

25. DONEDA, Danilo. *Da privacidade à proteção de dados pessoais*. Rio de Janeiro: Renovar, 2006, p. 174.
26. BRASIL. Ministério Público Federal. Câmara de Coordenação e Revisão, 3. *Sistema brasileiro de proteção e acesso a dados pessoais*: análise de dispositivos da Lei de Acesso à Informação, da Lei de Identificação Civil, da Lei do Marco Civil da Internet e da Lei Nacional de Proteção de Dados. Brasília: MPF, 2019. 85 p. p. 58. (Roteiro de Atuação; v. 3).

2. O DIREITO AO APAGAMENTO E AO ESQUECIMENTO

O direito à proteção de dados apresenta-se essencialmente como um direito de garantia de um conjunto de valores fundamentais individuais de que se destacam a privacidade e a liberdade, em poucas palavras, a autodeterminação individual.[27]

O princípio do consentimento ou da autodeterminação é a pedra angular sobre a qual se estrutura o tratamento dos dados pessoais. Certo que não é a vontade do titular dos dados que define o nível de proteção a que eles ficam sujeitos, dependendo a proteção outorgada a cada tipo ou categoria de dados da vontade do legislador, mas existe uma relação necessária entre o consentimento e a licitude da recolha e tratamento dos dados que apenas poderá ser afastada ou derrogada nos casos particulares previstos na lei.[28]

A Carta dos Direitos Fundamentais da União Europeia (CDFUE) autonomizou o direito à proteção de dados pessoais em seu artigo 8º relativamente ao direito à proteção da vida privada no seu artigo 7º.[29] Para o Direito da União Europeia, nem todos os dados pessoais são suscetíveis, pela sua natureza, de causar prejuízo à vida privada da pessoa em causa, mas todos devem ser igualmente protegidos. Pode traduzir então a relevância atribuída pela ordem jurídica europeia ao direito fundamental à proteção de dados pessoais, como um direito distinto ou autônomo relativamente àquele da proteção da vida privada. A CDFUE também dá um passo adiante em relação a várias Constituições dos Estados-Membros da União Europeia, e também, em relação à Convenção Europeia dos Direitos do Homem (CEDH) no domínio da proteção de dados, na medida em que consagra um direito fundamental que protege dados que não têm de ser privados e muito menos íntimos, basta que sejam pessoais.[30]

Esta caracterização autônoma na Carta dos Direitos Fundamentais da União Europeia representou um afastamento notável da compreensão tradicional da proteção de dados como uma mera faceta do direito à privacidade. Agora reconhecida como um direito fundamental, a proteção de dados goza do mais alto status dentro da legislação da UE, juntamente com o restante dos direitos fundamentais igualmente reconhecidos pela Carta e sendo reafirmado no artigo 16º do Tratado sobre o Funcionamento da União Europeia (TFUE), que se refere em particular, à proteção

---

27. CALVÃO, Filipa Urbano. O Direito Fundamental à Proteção dos Dados Pessoais e a Privacidade 40 Anos Depois. VAZ, M. A. et. al. *Jornadas nos quarenta anos da Constituição da República Portuguesa* – Impacto e Evolução. Universidade Católica Editora, 2017, p. 89.
28. MIRANDA, Jorge; MEDEIROS, Ruy. *Constituição Portuguesa Anotada.* 2. ed. Lisboa: Universidade Católica Editora, 2017, p. 574.
29. A CDFUE os prevê em seus artigos 7º e 8º o Respeito pela vida privada e familiar e a Protecção de Dados, respectivamente.
30. SILVEIRA, Alessandra. Direitos humanos fundamentais originariamente protegidos offline mas exercidos online – e a recíproca, é verdadeira? In: TREVISAM, Elisaide; CAMPELLO, B. G. L. *Direito & solidariedade.* Curitiba: Editora Juruá, 2017.

das pessoas singulares no que diz respeito ao tratamento de dados pessoais pelas instituições da UE.[31]

Posteriormente, o acórdão Google tornou-se um marco e referência dentro da UE e para todo o mundo. A partir da decisão do TJUE iniciou-se a discussão sobre o tratamento de dados pelos motores de busca e consolidou-se o "direito ao esquecimento" (ou à desindexação), que é o direito ao apagamento aplicado aos mecanismos de busca, ou seja, o direito a desindexar informações nas pesquisas realizadas por essa via.

O processo que deu origem ao acórdão C-131/12, opunha o Google Spain SL, Google Inc. contra Agência Española de *Protección de Datos* (AEPD), e Mario Costeja González, sendo datado de 13 de maio de 2014. No processo pode ser lido que o Sr. Mario Costela Gonzaléz impetrou uma ação na AEPD contra o Jornal La Vanguardia Ediciones SL e contra o Google Spain e o Google Inc., pelo facto de, ao pesquisar na plataforma Google, era remetido a um link do jornal nas datas de

> "19 de janeiro e 9 de março de 1998, nas quais figurava um anúncio de uma venda de imóveis em hasta pública decorrente de um arresto com vista à recuperação de dívidas à Segurança Social, que mencionava o nome de M. Costeja González".[32]

O TJUE reconheceu que cada pessoa tem o direito a que informações sobre si disponíveis na internet deixem de ser associadas ao seu nome, por meio de uma lista de resultados exibida na sequência de uma pesquisa efetuada em motores de busca, sem que, todavia, a constatação desse direito pressuponha que tal associação cause prejuízo à pessoa em causa. Na medida em que esta pode, tendo em conta os seus direitos fundamentais nos termos dos artigos 7º (proteção da vida privada) e 8º (proteção de dados pessoais) da Carta, requerer que a informação em questão deixe de estar à disposição do grande público, devido à sua inclusão numa lista de resultados. Esses direitos prevalecem, em princípio, não só sobre o interesse económico do operador do motor de pesquisa, mas também sobre o interesse desse público em aceder à informação numa pesquisa sobre o nome dessa pessoa.[33]

A União Europeia adotou o novo Regulamento Geral de Proteção de Dados (RGPD) que inclui o direito ao apagamento («direito a ser esquecido»), reconhecendo o direito à desindexação com etapas específicas para os responsáveis pelo tratamento de dados apagarem informações mediante solicitação.

O RGPD traz no início de suas considerações o ponto pelo qual o direito a ser esquecido está presente. No considerando 65 coloca que "Os titulares dos dados deverão ter direito a que os dados que lhes digam respeito sejam retificados e o

---

31. PEGUERA, Miquel. The Shaky Ground of the Right to Be Delisted. *Vanderbilt Journal of Entertainment and Technology Law*, v. 18, Is. 3, p. 514-515, 2016.
32. TRIBUNAL DE JUSTIÇA DA UNIÃO EUROPEIA. *Acórdão Google Spain SL, Google Inc.* Agencia de Protección de Datos (AEPD). Mario Costeja González – Processo C-131/12, 13 mai. de 2014.
33. SILVEIRA, Alessandra; MARQUES, João. p. 102.

"direito a serem esquecidos" quando a conservação desses dados violar o presente regulamento ou o direito da UE ou dos Estados-Membros aplicável ao responsável pelo tratamento.".

O direito de ser esquecido permite que um indivíduo controle seus dados pessoais se não for mais necessário para seu propósito original, ou se, por algum outro motivo, desejar retirar o consentimento quanto ao seu processamento, entre outras razões.[34]

Para Menezes Cordeiro a natureza jurídica do direito ao esquecimento suscita dúvidas. Seguindo a letra do preceito, o direito ao esquecimento não consiste num direito a exigir, do público em geral, o apagamento de determinados dados pessoais, mas somente no direito a exigir ao responsável pelo tratamento que informe os demais responsáveis de que o titular dos dados lhes solicitou o apagamento das ligações para esses dados pessoais, bem como o apagamento de eventuais cópias ou reproduções.[35]

A comunicação desta intenção não parece sequer fazer emergir na esfera jurídica desses outros responsáveis pelo tratamento uma obrigação (passiva) de apagamento: cabe ao titular dos dados requerê-lo individualmente. O direito ao esquecimento surge como um reconhecimento da insuficiência do apagamento dos dados pelo responsável pelo tratamento originário, em face das especificidades da Internet. Como é notório, o simples facto de se apagar uma determinada informação de um sítio não significa que ele tenha sido apagado de toda a Internet.[36]

Para Alexandre Sousa Pinheiro em anotação alude à publicitação dos dados pelo responsável, que, quando for obrigado ao respetivo apagamento, face exercício deste direito, terá que adotar as medidas que forem razoáveis para informar os responsáveis pelo tratamento efetivo dos dados pessoais de que o titular dos dados lhe solicitou o apagamento das ligações para esses dados pessoais, bem como das cópias, réplicas, ou reprodução dos mesmos. Este preceito trata do direito a ser esquecido em linha, que se consubstancia na adoção de medidas técnicas, por parte do responsável pelo tratamento para, informar outros sites de que determinado titular requereu o apagamento de seus dados pessoais.[37]

O "direito ao esquecimento" foi fortalecido quando comparado com o julgamento do Google Spain, pois inclui uma obrigação para o responsável pelo tratamento que tornou públicos os dados pessoais para informar outros responsáveis pelo tratamento que processam tais dados pessoais para apagar quaisquer links, ou cópias ou replicações desses dados pessoais. Ao fazê-lo, esse responsável pelo tratamento deve tomar medidas razoáveis, levando em conta a tecnologia disponí-

---

34. SAFARI, Beata A. Intangible Privacy Rights: How Europe's GDPR Will Set a New Global Standard for Personal Data Protection. *Seton Hall Law Review*, v. 47, p. 809-848, 2017. P. 835.
35. CORDEIRO, A. Barreto Menezes. *Direito da Proteção de Dados*: À Luz do RGPD e da Lei 58/2019. Coimbra: Almedina, 2016, p. 275.
36. Ibidem
37. PINHEIRO, Alexandre Sousa (Coord.). p. 368.

vel e os meios disponíveis para o responsável pelo tratamento, incluindo medidas técnicas.[38]

No Brasil, para Guilherme Magalhães Martins, o Marco Civil da Internet (Lei 12.965/2014) prevê, no seu artigo 7º, X, uma modalidade de direito ao esquecimento, decorrente da pós-eficácia das obrigações, assegurando ao titular dos dados pessoais o direito de solicitar sua exclusão definitiva, ao término da relação entre as partes. Pode ser o caso, por exemplo, da relação entre usuário e provedor de uma rede social, ao término da conta.[39]

O Marco Civil da Internet, no seu artigo 7º, X, prevê como direito básico do usuário a "exclusão definitiva dos dados pessoais que tiver fornecido a determinada aplicação de Internet, a seu requerimento, ao término da relação entre as partes, ressalvadas as hipóteses de guarda obrigatória de registros previstas nesta lei". Trata-se, para o autor, de uma modalidade específica de direito ao esquecimento, baseada nos deveres laterais, anexos ou instrumentais de conduta decorrentes do princípio da boa-fé objetiva.[40]

A Lei Geral de Proteção de Dados Pessoais, Lei 13.709/18, também faz referência ao direito ao esquecimento nos seus artigos 5º, III e XI e 18, IV, sob o ponto de vista da anonimização, bloqueio ou eliminação de dados.

A eliminação que é colocada no inc. VI, da LGPD, foi apresentada de forma superficial, se comparada com a proteção que o RGPD trouxe para a União Europeia. No RGPD a eliminação é prevista no art. 17º como "Direito ao apagamento de dados (direito a ser esquecido)". O apagamento permite que os titulares de dados solicitem a eliminação dos seus dados pessoais quando a sua retenção ou processamento viola os termos do regulamento, em particular (mas não exclusivamente), por estarem incompletos ou imprecisos.[41]

O RGPD confere aos titulares dos dados pessoais o direito de solicitarem que estes sejam apagados, e os responsáveis ou os subcontratantes têm a obrigação de fazê-lo, com mais brevidade, tendo a finalidade que esse dado seja apagado ao ponto de ser esquecido. Requisitos esses que a LGPD não especificou como a legislação da União Europeia.[42]

---

38. BURRI, Mira; SCHÄR, Rahel. The Reform of the EU Data Protection Framework: Outlining Key Changes and Assessing Their Fitness for a Data-Driven Economy. *Journal of Information Policy*, v. 6, p. 479-511, 2014, p. 490.
39. MARTINS, Guilherme Magalhães. Direito ao Esquecimento na Era da Memória e da Tecnologia. *Revista dos Tribunais*, v. 1019, n. 2020, p. 118. 2020.
40. MARTINS, Guilherme Magalhães. *Direito ao Esquecimento*. Op. cit., p. 123.
41. GUIMARÃES, João Alexandre; MACHADO, Lecio. *Comentários à Lei Geral de Proteção de Dados:* Lei 13.709/2018 com alterações da MPV 869/2020. Rio de Janeiro: Lumen Juris, 2020, p. 86.
42. Op. cit., p. 87.

3. A APLICAÇÃO DO DIREITO AO APAGAMENTO E AO ESQUECIMENTO

O direito à privacidade, para Brandeis e Warren, não proíbe a publicação de matéria de interesse público ou geral. Na determinação do alcance desta regra, o auxílio seria concedido pela analogia, no direito da difamação e da calúnia, de casos que tratam do privilégio qualificado de comentário e crítica sobre assuntos de interesse público e geral. É claro que existem dificuldades em aplicar tal regra; mas eles são inerentes ao assunto, e certamente não são maiores do que aqueles que existem em muitos outros ramos da lei – por exemplo, naquela grande classe de casos em que a razoabilidade ou irracionalidade de um ato é feita a teste de responsabilidade. O desígnio da lei deve ser proteger aquelas pessoas com cujos assuntos a comunidade não tem preocupação legítima, de serem arrastadas para uma publicidade indesejável e proteger todas as pessoas, seja qual for; sua posição, de ter assuntos que eles possam preferir manter privados, tornados públicos contra sua vontade. É a invasão injustificada da privacidade individual que é repreendida e, na medida do possível, evitada. A distinção, entretanto, observada na declaração acima, é óbvia e fundamental. Há pessoas que podem razoavelmente reivindicar como direito a proteção contra a notoriedade que advém do fato de serem feitas vítimas de empreendimentos jornalísticos. Há outros que, em graus variáveis, renunciaram ao direito de viver suas vidas protegidas da observação pública.[43]

Para o RGPD, o dado é informação relativa a uma pessoa singular identificada ou identificável, trazendo como exemplo nome, um número de identificação, dados de localização, identificadores por via eletrônica ou a um ou mais elementos específicos da identidade física, fisiológica, genética, mental, econômica, cultural ou social dessa pessoa singular.[44]

O Regulamento coloca como o tratamento do dado uma operação ou um conjunto de operações efetuadas sobre dados pessoais ou sobre conjuntos de dados pessoais, por meios automatizados ou não automatizados, tais como a recolha, utilização, a divulgação por transmissão, difusão ou qualquer outra forma de disponibilização.[45]

O denominado Responsável pelo Tratamento de Dados, ou Controller no inglês, é a pessoa singular ou coletiva, a autoridade pública, a agência ou outro organismo que, individualmente ou em conjunto com outras, determina as finalidades e os meios de tratamento de dados pessoais e o Subcontratante, ou Data Processor em inglês, é definido como uma pessoa singular ou coletiva, a autoridade pública, agência ou outro organismo que trate os dados pessoais por conta do responsável pelo tratamento destes, segundo o RGPD.[46]

---

43. Warren, Samuel D.; BRANDEIS, Louis D. p. 214.
44. PARLAMENTO EUROPEU E O CONSELHO. *Regulamento (UE) 2016/679*, 27 abr. 2016. Artigo 4°, 1. Disponível em: https://eur-lex.europa.eu/legal-content/PT/TXT/?uri=celex%3A32016R0679.
45. Regulamento (UE) 2016/679, 27 abr. 2016. Artigo 4°, 2.
46. Regulamento (UE) 2016/679, 27 abr. 2016. Artigos 4°, 7° e 8°.

Para o Grupo de Trabalho do Artigo 29º, ainda sobre a Diretiva 95/46/CE, expressa que o principal papel do conceito de responsável pelo tratamento é, antes de mais, determinar quem será o responsável pelo cumprimento das normas sobre proteção de dados e de que modo as pessoas em causa podem exercer na prática os seus direitos, ou seja, atribuir a responsabilidade.[47]

Cabe ressaltar que o conceito de responsável pelo tratamento é um conceito funcional, que visa atribuir responsabilidade àqueles que exercem uma influência de facto e, como tal, baseia-se numa análise factual e não formal. Contudo, a fim de garantir a eficácia, é necessário adotar uma abordagem pragmática com vista a assegurar a previsibilidade no que respeita ao controlo. Nessa perspectiva, são necessárias regras gerais e presunções práticas para orientar e simplificar a aplicação da legislação sobre proteção de dados.[48]

Para Eli Pariser, a democracia exige que os cidadãos enxerguem as coisas pelo ponto de vista dos outros; em vez disso, o autor alerta que "estamos cada vez mais fechados em nossas próprias bolhas. A democracia exige que nos baseemos em fatos compartilhados; no entanto, estão nos oferecendo universos distintos e paralelos".[49]

Consoante Eduardo Magrani, no livro Democracia Conectada, o mecanismo de filtragem em *feeds* de mídias sociais pode trazer duas consequências para seus usuários. A primeira seria a falsa impressão de que todas as conexões do usuário estão visualizando a publicação postada quando, na verdade, provavelmente apenas aqueles que têm interesse nesse ponto de vista específico e provavelmente compartilham a mesma opinião terão essa postagem em seus feeds. A segunda falsa impressão produzida por esse mecanismo é a ideia de um consenso. Como a bolha do filtro apenas compartilha esse conteúdo com indivíduos que defendem o mesmo ponto de vista, pois amam e odeiam algo tanto quanto o usuário, há uma falsa impressão de que essa visão é a mais popular e razoável, adotada pela vasta maioria das conexões do usuário.[50]

Ao utilizar as diversas plataformas do mundo digital, as pessoas vão deixando rastro de gostos, preferências, desejos e demais características, as quais, a partir da prática do *profiling* são catalogadas e formatam um certo perfil digital do usuário, porém muitas vezes o fazem sem anuência do consumidor e com fins e mercadológicos. Sendo assim, a identidade passa a ser manipulada e deixa de estar dentro da esfera exclusivamente pessoal daquele sujeito que deveria ser o único protagonista

---

47. GRUPO DE TRABALHO DO ARTIGO 29º. *Parecer 1/2010 sobre os conceitos de «responsável pelo tratamento» e «subcontratante»*, 00264/10/PT, WP 169, p. 13. Adotado em 16 fev. 2010. Disponível em: https://www.uc.pt/protecao-de-dados/suporte/20100216_parecer_1_2010_wp169_pt.
48. Definição do Grupo de trabalho do artigo 29º sobre proteção de dados, Parecer 1/2010, p. 13.
49. PARISER, Eli. *O Filtro Invisível* – O que a internet está escondendo de você. Trad. Diego Alfaro. Editora Zahar, 2012. Edição digital, p. 9. Disponível em: https://lereumvicio.files.wordpress.com/2016/06/o-filtro-invisivel-eli-pariser.pdf.
50. MAGRANI, Eduardo. *Democracia* conectada: A internet como ferramenta de engajamento político-democrático. Curitiba: Juruá, 2014.

de sua esfera privada de construção de identidade, principalmente porque esta pode ser constantemente alterada ao longo do tempo.[51]

Tudo isso significa que nosso comportamento se transformou em uma mercadoria, um pedaço pequenino de um mercado que serve como plataforma para a personalização de toda a internet.[52] Em última análise, a bolha dos filtros pode afetar nossa capacidade de decidir como queremos viver. Para sermos os autores da nossa própria vida temos que estar cientes da variada gama de opções e estilos de vida disponíveis. Quando entramos numa bolha de filtros, permitimos que as empresas que a desenvolveram escolham as opções das quais estaremos cientes. Talvez pensemos ser os donos do nosso próprio destino, mas a personalização pode nos levar a uma espécie de determinismo informativo, no qual aquilo em que clicamos no passado determina o que veremos a seguir – uma história virtual que estamos fadados a repetir. E com isso ficamos presos numa versão estática, cada vez mais estreita de quem somos – uma repetição infindável de nós mesmos.[53]

O artigo 4º, no n. 4, do Regulamento Geral de Proteção de Dados (RGPD), na União Europeia, define perfil como qualquer forma de tratamento automatizado de dados pessoais que consista em utilizar esses dados pessoais para avaliar certos aspectos pessoais de uma pessoa singular, nomeadamente para analisar ou prever aspectos relacionados com seu ou sua: desempenho profissional; situação econômica; saúde; preferências; interesses; habilidade; comportamento; localização ou suas deslocações.[54]

Para Alexandre Pinheiro, nos termos do n. 4 do artigo 4º do RGPD, a concessão de perfis visa dois objetivos: tratamento automatizado de dados pessoais e utilização desses dados para avaliar certos aspectos pessoais de uma pessoa singular, e o n. 1 do artigo 22 consagra o direito do titular dos dados a não ficar sujeito a nenhuma tomada de decisão exclusivamente com base no tratamento de dados automatizado, que poderá incluir uma medida que avalie aspectos pessoais os quais lhe digam respeito, incluindo a definição de perfis, mediante qualquer forma de tratamento automatizado de dados pessoais.[55]

Já na Lei Geral de Proteção de Dados (LGPD), legislação brasileira, no § 2º do Art. 12, poderão ser igualmente considerados como dados pessoais, para os fins da Lei, aqueles utilizados para formação do perfil comportamental de determinada pessoa natural, se identificada.[56]

---

51. BONNA, Alexandre Pereira. Dados Pessoais, Identidade Virtual e a Projeção da Personalidade: "*Profiling*", Estigmatização e Responsabilidade Civil. In: MARTINS, Guilherme Magalhães; ROSENVALD, Nelson. (Coord.). *Responsabilidade Civil e Novas Tecnologias*. Indaiatuba: Editora Foco, 2020, p. 22.
52. PARISER, Eli. *O Filtro Invisível* – O que a internet está escondendo de você. Trad. Diego Alfaro. Editora Zahar, 2012. Versão para Kindle. Edição digital. Locais do Kindle: 646-647.
53. Op. cit. Locais do Kindle: 250-255.
54. PARLAMENTO EUROPEU E O CONSELHO, Regulamento 2016/679, Art. 4º.
55. PINHEIRO, Alexandre de Sousa. *Privacy e Proteção de Dados Pessoais*: A Construção Dogmática do Direito à Identidade Informacional. AAFDL, Lisboa, 2015, p. 388.
56. BRASIL. Lei 13.709, 14 ago. 2018. Art. 12.

Entende-se então que o uso dos dados pessoais para a formação do *profiling* e a formação desse perfil para tomada de decisões automáticas no Brasil devem respeitar os princípios e deveres presentes na LGPD, previstos no Art. 7º da Lei, e o mais importante mediante o fornecimento de consentimento pelo titular.

O consentimento é uma ação necessária que deve o titular dos dados repassar aos agentes de tratamento. Deve ser gratuito, expresso e informado. Vale observar que, no caso de tratamento médico, quando o titular dos dados não tiver capacidade para consentir, por doença mental ou menoridade, o consentimento deve ser feito por seu responsável legal na forma prevista na lei civil. O consentimento não deve ser genérico, tendo o agente de tratamento a obrigação de informar ao titular os limites de seu consentimento e respeitá-los estritamente.[57]

Posso ver os meus dados? Podem parar de processar os meus dados? Podem apagar os dados que armazenei? Estas são todas as solicitações que um titular de dados pode fazer no âmbito do RGPD. O RGPD concede direitos aos titulares de dados para acesso, restrição de processamento e remoção de certos tipos de dados pessoais mantidos pelos responsáveis pelo tratamento de dados.[58]

Em relação ao consentimento, o RGPD trouxe novas diretrizes. Para Mafalda Miranda Barbosa só é lícito se existir consentimento do seu titular ou, em alternativa, se se verificar uma das seguintes situações: se o tratamento for necessário para a execução de um contrato no qual o titular dos dados é parte, ou para diligências pré-contratuais a pedido do titular dos dados; se o tratamento for necessário para o cumprimento de uma obrigação jurídica a que o responsável pelo tratamento esteja sujeito; se o tratamento for necessário para a defesa de interesses vitais do titular dos dados ou de outra pessoa singular; se o tratamento for necessário ao exercício de funções de interesse público ou ao exercício da autoridade pública de que está investido o responsável pelo tratamento; se o tratamento for necessário para efeito dos interesses legítimos prosseguidos pelo responsável pelo tratamento ou por terceiros, exceto se prevalecerem os interesses ou direitos e liberdades fundamentais do titular que exijam a proteção dos dados pessoais, em especial se o titular for uma criança.[59]

A palavra Consentimento, conforme o artigo 4º do RGPD, esse deve ser uma manifestação de vontade, livre, específica, informada e explícita, pela qual o titular dos dados aceita, mediante declaração ou ato positivo inequívoco, que os dados pessoais que lhe dizem respeito sejam objeto de tratamento.[60]

---

57. GUIMARÃES, João Alexandre; MACHADO, Lecio. *Comentários à Lei Geral de Proteção de Dados*: Lei 13.709/2018 com alterações da MPV 869/2020. Rio de Janeiro: Lumen Juris, 2020, p. 58.
58. LODE, Sarah L. "You Have the Data" ... The Writ of Habeas Data and other Data Protection Rights: Is the United States Falling Behind?. *Indiana Law Journal & Supplement*, v. 94, 2018, p. 51.
59. BARBOSA, Mafalda Miranda. *Data controllers e data processors:* da responsabilidade pelo tratamento de dados à responsabilidade civil. *Revista de Direito Comercial*, 15 mar. 2018, p. 431 e 432.
60. PARLAMENTO EUROPEU E O CONSELHO. Regulamento (UE) 2016/679, 27 abr. 2016. Artigo 4º, 11.

O consentimento continua a ser um dos seis fundamentos legais para tratar dados pessoais, tal como previsto no artigo 6° do RGPD[61]. O consentimento só pode constituir fundamento legal adequado se, ao titular dos dados, for oferecido controle e uma verdadeira opção de aceitar ou recusar os termos propostos ou recusá-los sem ser prejudicado. Ao solicitar o consentimento, os responsáveis pelo tratamento têm o dever de avaliar se irão cumprir todos os requisitos para obter um consentimento válido. Caso seja obtido em conformidade com o RGPD, o consentimento é um instrumento que permite aos titulares dos dados controlarem se os dados pessoais que lhes dizem respeito vão ou não ser tratados. Caso não o seja, o controle do titular dos dados torna-se ilusório e o consentimento será um fundamento inválido para o tratamento, tornando essa atividade de tratamento ilícita.[62]

O Artigo 7° do RGPD coloca que quando o tratamento for realizado com base no consentimento, o responsável pelo tratamento deve poder demonstrar que o titular dos dados deu o seu consentimento para o tratamento dos seus dados pessoais. Esse consentimento deve ser apresentado de uma forma que o distinga claramente desses outros assuntos de modo inteligível e de fácil acesso e numa linguagem clara e simples.[63]

Ainda complementa que o titular dos dados tem o direito de retirar o seu consentimento a qualquer momento. A retirada do consentimento não compromete a licitude do tratamento efetuado com base no consentimento previamente dado e que o consentimento deve ser tão fácil de retirar quanto de dar e deve sempre ser avaliado se o consentimento é dado livremente.[64]

Para Alexandre Sousa Pinheiro "o consentimento válido para um tratamento implica o conhecimento dos fins a que se destina a recolha", pois, caso contrário, "a declaração de vontade mostra-se oca e destituída de conexão com o tratamento de dados". Mafalda Miranda Barbosa[65] afirma que Pinheiro acrescenta que se deve exigir uma definição clara e completa das finalidades, não sendo admissíveis meras referências a objetivos ou grandes metas e nesta relação consentimento-finalidade que o autor baseia a ideia de autodeterminação informacional.[66]

Para Mafalda Miranda Barbosa ao colocar-se o consentimento em pé de igualdade com outros fundamentos da licitude da recolha e tratamento de dados, a autonomia

---

61. O Artigo 6° exemplifica que "1. O tratamento só é lícito se e na medida em que se verifique pelo menos uma das seguintes situações:
    a) O titular dos dados tiver dado o seu consentimento para o tratamento dos seus dados pessoais para uma ou mais finalidades específicas;". Regulamento (UE) 2016/679, de 27 de abril de 2016.
62. GRUPO DE TRABALHO DO ARTIGO 29°. *Orientações relativas ao consentimento na aceção do Regulamento (UE) 2016/679*. Última redação revista e adotada em 10 abr. 2018, 17/PT, WP259, rev. 01, p. 3.
63. PARLAMENTO EUROPEU E O CONSELHO. Regulamento (UE) 2016/679, 27 de abr. 2016. Artigo 7°, 1 e 2.
64. PARLAMENTO EUROPEU E O CONSELHO. Regulamento (UE) 2016/679, 27 abr. 2016. Artigo 7°, 3 e 4.
65. BARBOSA, Mafalda Miranda. *Data controllers e data processors*. Op. cit., p. 478.
66. PINHEIRO, Alexandre de Sousa. *Privacy e Protecção de Dados Pessoais*: A Construção Dogmática do Direito à Identidade Informacional. AAFDL, Lisboa, 2015, p. 806.

de que se cura não poderá ser vista como o objeto da tutela, mas como um pilar fundamental para o exercício de outro bem jurídico que se protege a este nível.[67]

O consentimento, ainda para a autora, que corporiza a autonomia, surge, a este nível, como uma forma de afastar a ilicitude de um atentado não contra a própria autonomia que se exerce, mas contra um outro bem jurídico. Isso explica que, quando não haja consentimento (ou independentemente de o haver ou não), possa existir um tratamento de dados válido, atenta a ponderação de bens jurídicos que é feita pelo legislador.[68]

Para o Grupo de Trabalho do Artigo 29º a expressão "livre" implica uma verdadeira escolha e controle para os titulares dos dados. Em regra geral, o RGPD prevê que se o titular dos dados não puder exercer uma verdadeira escolha, se sentir coagido a dar o consentimento ou sofrer consequências negativas caso não consinta, então o consentimento não é válido.[69] Se o consentimento estiver agregado a uma parte não negociável das condições gerais do contrato, presume-se que não foi dado livremente. Sendo assim, não se considera que o consentimento foi dado de livre vontade se o titular dos dados não o puder recusar nem o puder retirar sem ficar prejudicado. A noção de desequilíbrio entre o responsável pelo tratamento e o titular dos dados também é tida em consideração no RGPD.[70]

O RGPD traz no início de suas considerações o ponto pelo qual o direito a ser esquecido está presente. No considerando 65 coloca que "Os titulares dos dados deverão ter direito a que os dados que lhes digam respeito sejam retificados e o

---

67. BARBOSA, Mafalda Miranda. *Data controllers e data processors*. Op. cit., p. 479 e 480.
68. Ibidem, p. 480.
69. Cabe ressaltar que o Grupo de Trabalho do Artigo 29º fez o Parecer 15/2011 sobre a definição de consentimento, adotado em 13 de julho de 2011, ainda sobre a Diretiva 95/46/CE, mas pode ser aplicado no RGPD. O parecer apresenta que o consentimento surge na diretiva como um fundamento geral de licitude, como o primeiro de seis fundamentos diferentes para legitimar o tratamento de dados pessoais. O conceito de consentimento nem sempre foi transposto de forma literal ao nível nacional. A título exemplificativo, refira-se que o consentimento, como conceito geral, não foi definido na legislação francesa relativa à proteção de dados.
    Segundo o parecer, o conceito de consentimento é comum a outras áreas do direito, em particular ao direito das obrigações. Neste contexto, por forma a assegurar a validade de um contrato, são tidos em consideração outros critérios, como a idade, influência indevida, entre outras. Não existe contradição, mas antes sobreposição, entre o âmbito do direito civil e o âmbito da diretiva: a diretiva não aborda as condições gerais de validade do consentimento num contexto de direito civil, mas não as exclui.
    O parecer ainda coloca que consentimento não é o único fundamento de licitude, para além do mais, a obtenção de consentimento não exonera o responsável pelo tratamento das obrigações estabelecidas no artigo 6º da Diretiva relativas à lealdade, necessidade e proporcionalidade, assim como à qualidade dos dados.
    A relevância do consentimento como um fator da autonomia e autodeterminação da pessoa, para o Grupo de Trabalho nesse parecer, baseia-se no seu uso no contexto certo, estando reunidos os elementos necessários. Ao basear-se no consentimento para tratar os dados pessoais, o responsável pelo tratamento não fica exonerado da obrigação de preencher os demais requisitos do quadro normativo da proteção de dados, designadamente a observância do princípio da proporcionalidade e da segurança do tratamento. O consentimento válido pressupõe a capacidade do indivíduo para consentir.
70. GRUPO DE TRABALHO DO ARTIGO 29º Orientações relativas ao consentimento na aceção do Regulamento (UE) 2016/679. Op. cit., p. 6.

"direito a serem esquecidos" quando a conservação desses dados violar o presente regulamento ou o direito da UE ou dos Estados-Membros aplicável ao responsável pelo tratamento.".[71]

O n. 2º do artigo 17º, bem como a explicação desse direito no considerando 66 das considerações do RGPD, ao referir a expressão "supressão de ligações", sugere que o direito a ser esquecido corresponderia a uma aplicação do direito ao apagamento (que se exerce offline) à esfera digital (agora exercido online) especialmente contra os motores de busca (desindexação):

> "Para reforçar o direito a ser esquecido no ambiente por via eletrônica, o âmbito do direito ao esquecimento deverá ser alargado através da imposição ao responsável pelo tratamento que tenha tornado públicos os dados pessoais da adoção de medidas razoáveis, incluindo a aplicação de medidas técnicas, para informar os responsáveis que estejam a tratar esses dados pessoais de que os titulares dos dados solicitaram a supressão de quaisquer ligações para esses dados pessoais ou de cópias ou reproduções dos mesmos.".[72]

A comunicação desta intenção não parece sequer fazer emergir na esfera jurídica desses outros responsáveis pelo tratamento uma obrigação (passiva) de apagamento: cabe ao titular dos dados requerê-lo individualmente. O direito ao esquecimento surge como um reconhecimento da insuficiência do apagamento dos dados pelo responsável pelo tratamento originário, em face das especificidades da Internet. Como é notório, o simples fato de se apagar uma determinada informação de um sítio não significa que ele tenha sido apagado de toda a Internet.[73]

O desenvolvimento e crescente uso dos meios tecnológicos que deixam "pegadas eletrônicas" tornam cada vez mais importantes as garantias contra o tratamento e a utilização abusiva de dados pessoais informatizados. A sua relação de tensão com vários direitos, liberdades e garantias – tais como o desenvolvimento da personalidade, a dignidade da pessoa, a intimidade da vida privada – é inquestionável.[74]

Sendo assim, o direito de conhecer a finalidade ou "a que se destinam" os dados pessoais informatizados recorta-se, hoje, como um direito à autodeterminação informativa de particular relevo. Ou seja, trata-se de um direito à autodeterminação sobre informações referentes a dados pessoais que exige uma proteção clara quanto ao "desvio dos fins" a que se destinam essas informações.[75]

Sendo assim, a criação de perfil e consequentemente de escolhas automáticas a partir de quem trata os dados pessoais, atentam diretamente a liberdade de escolha do usuário. Na União Europeia atenta diretamente contra o direito fundamental

---

71. PARLAMENTO EUROPEU E O CONSELHO. Regulamento (UE) 2016/679, de 27 de abril de 2016.
72. Ibidem
73. CORDEIRO, A. Barreto Menezes. *Direito da Proteção de Dados*. Op. cit., p. 275.
74. CANOTILHO, J.J. Gomes; MOREIRA, Vital. *Constituição da República Portuguesa Anotada*: artigos 1º a 107º. V. I, 4. ed. rev. Coimbra Editora, 2007, p. 550-551.
75. Op. cit., p. 551.

da proteção de dados, privando o usuário de autodeterminar o que ele quer adquirir como informação, indo de encontro com o princípio que é pedra angular para a proteção de dados, presente na maioria das constituições europeias desde a década de 70.

Entendendo-se que o *profiling* é fruto de um tratamento de dados e que a partir dele existem outros tratamentos, o detentor do dado pode retirar o consentimento desse tratamento, ou mesmo, pedir para que seus dados sejam apagados e esquecidos para a finalidade do *profiling*.

Ou seja, o detentor dos dados, tem o direito de pedir para que o seu perfil digital seja apagado dos sites que o tem, e além disso, pode exigir que esse dado seja esquecido, partindo do controlador, o que fez a recolha, e todos os operadores que tratam esse dado pessoal.

4. CONSIDERAÇÕES FINAIS

A prática do *Profiling* é importante e relevante quando o usuário das redes sociais ou dos serviços da internet tem benefícios. Primeiramente o usuário deve manifestar seu interesse em ter seus dados tratados em troca de publicidade e publicações que sejam relevantes para ele, fornecendo o consentimento de forma clara, expressa e livre, e que não seja obrigatório ou acordado para utilização de uma rede social de forma gratuita.

Além disso, mesmo sendo uma prática já adotada nas redes sociais, a possibilidade de recusar anúncios direcionados ou do algoritmo definir a ordem das publicações que aparecem na linha do tempo deveria ser mais fácil e mais intuitiva para o usuário escolher o que ele deseja e autodeterminar as informações e produtos que queira consumir.

O Direito ao apagamento é uma ferramenta para quando o usuário desejar sair de sua "bolha". Ao retirar o consentimento do tratamento de dados para esse fim, deve as empresas responsáveis pelo tratamento encerrar essa prática e apagar os dados pessoais – também previsto na LGPD no Brasil através da Eliminação – e o usuário parar de receber informações direcionadas com o fim do tratamento.

O esquecimento, conforme previsto no RGPD, amplifica o apagamento, devendo todas as empresas que possuem o dado pessoal encerrar o tratamento desse dado e o apagar, tornando a publicidade direcionada ou o selecionamento do que é mais relevante para o usuário não mais possível, pois o algoritmo não poderá mais ter acesso ao dado pessoal e o que é relevante ao usuário.

Sendo assim, o direito ao apagamento e ao esquecimento surge como uma solução eficaz para os usuários na internet possam autodeterminar aquilo que querem consumir em relação a produtos e informações, no seu cotidiano, sem interferência de terceiros informando o que seria bom ou não a ele.

REFERÊNCIAS

BARBOSA, Mafalda Miranda. *Data controllers e data processors*: da responsabilidade pelo tratamento de dados à responsabilidade civil. *Revista de Direito Comercial*, 2018.

BIONI, Bruno Ricardo. *Proteção de Dados Pessoais*: A Função e os Limites do Consentimento. Rio de Janeiro: Forense, 2019. E-book.

BONNA, Alexandre Pereira. Dados Pessoais, Identidade Virtual e a Projeção da Personalidade: *"Profiling"*, Estigmatização e Responsabilidade Civil. In: MARTINS, G. M.; ROSENVALD, N. (Coord.). *Responsabilidade Civil e Novas Tecnologias*. Indaiatuba: Editora Foco, 2020.

BRASIL. Escola Nacional de Defesa do Consumidor. A proteção de dados pessoais nas relações de consumo: para além da informação credítica. Escola Nacional de Defesa do Consumidor; elaboração Danilo Doneda. – Brasília: SDE/DPDC, 2010.

BRASIL. Lei 13.709, Lei Geral de Proteção de Dados Pessoais (LGPD), de 14 de agosto de 2018.

BRASIL. Ministério Público Federal. Câmara de Coordenação e Revisão, 3. Sistema brasileiro de proteção e acesso a dados pessoais: análise de dispositivos da Lei de Acesso à Informação, da Lei de Identificação Civil, da Lei do Marco Civil da Internet e da Lei Nacional de Proteção de Dados. Brasília: MPF, 2019. (Roteiro de Atuação; v. 3).

BURRI, M.; SCHÄR, R. The Reform of the EU Data Protection Framework: Outlining Key Changes and Assessing Their Fitness for a Data-Driven Economy. *Journal of Information Policy*, v. 6, p. 479-511, 2014.

CALVÃO, Filipa Urbano. O Direito Fundamental à Proteção dos Dados Pessoais e a Privacidade 40 Anos Depois. In: A. V., Manuel et. al. *Jornadas nos quarenta anos da Constituição da República Portuguesa – Impacto e Evolução*. Universidade Católica Editora, 2017.

CAMBRIDGE UNIVERSITY PRESS. *Cambridge Dictionary*. Cambridge, 2019.

CANOTILHO, J.J. Gomes; MOREIRA, Vital. *Constituição da República Portuguesa Anotada*: artigos 1º a 107º. 4. ed. rev. Coimbra Editora, 2007. v. I.

CLARKE, Roger. Profiling: A hidden challenge to the regulation of data surveillance. *Journal of Law & Information Science*, v. 4, Camberra, 1993.

CORDEIRO, A. B. M. *Direito da Proteção de Dados*: À Luz do RGPD e da Lei 58/2019. Coimbra: Almedina, 2016.

DÖHMANN, Indra Spiecker et al. Multi-Country – The Regulation of Commercial Profiling: A Comparative Analysis. European Data Protection Law Review, *Lexxion*, v. 2, n. 4, 2016.

DONEDA, Danilo. Da *privacidade à proteção de dados pessoais*. Rio de Janeiro: Renovar, 2006.

EOYANG, Mieke. Beyond Privacy and Security: The Role of the Telecommunications Industry in Electronic Surveillance. *Journal of National Secutity Law & Policy*, 2017.

FEDERAL TRADE COMISSION. *Online profiling*: a report to congress, 2000. Disponível em: https://www.ftc.gov/reports/online-profiling-federal-trade-commission-report-congress.

FERRARIS, Valeria et. al. *Working paper*: defining profiling. United Nations Interregional Crime and Justice Research Institute (UNICRI), 2013.

GRUPO DE TRABALHO DO ARTIGO 29º. Orientações relativas ao consentimento na aceção do Regulamento, (UE) 2016/679. Última redação revista e adotada em 10 de abril de 2018, 17/PT, WP259, rev. 01.

GRUPO DE TRABALHO DO ARTIGO 29º. Parecer 1/2010 sobre os conceitos de «responsável pelo tratamento» e «subcontratante». Adotado em 16 de fevereiro de 2010, 00264/10/PT, WP 169.

GUIMARÃES, João Alexandre; MACHADO, Lecio. *Comentários à Lei Geral de Proteção de Dados*: Lei 13.709/2018 com alterações da MPV 869/2020. Rio de Janeiro: Lumen Juris, 2020.

HILDEBRANDT, Mireille. Defining Profiling: A New Type of Knowledge? In: HILDEBRANDT, Mireille; GUTWIRTH, Serge. *Profiling the European Citizen*: Cross-Disciplinary Perspectives. Dordrecht: Springer Netherlands, 2008.

LIU, Albert M.; GOWER, Stefan F.; BEN-MALEK, Hamid. *Internet profiling*. U.S. Patent n. 6,839,680, 2005.

LODE, Sarah L. "You Have the Data" . . . The Writ of Habeas Data and other Data Protection Rights: Is the United States Falling Behind? *Indiana Law Journal & Supplement*, v. 94, 2018.

MAGRANI, Eduardo. *Democracia conectada*: A internet como ferramenta de engajamento político-democrático. Curitiba: Juruá, 2014.

MARTINS, Guilherme Magalhães. Direito ao Esquecimento na Era da Memória e da Tecnologia. *Revista dos Tribunais*, v. 1019, n. 2020, 2020.

MENDES, Laura Schertel. *Privacidade, proteção de dados e defesa do consumidor*: linhas gerais de um novo direito fundamental. São Paulo: Saraiva, 2014. Série IDP – Linha de Pesquisa Acadêmica. Vital Source Bookshelf Online.

MIRANDA, Jorge; MEDEIROS, Ruy. *Constituição Portuguesa Anotada*, 2. ed. rev. Lisboa: Universidade Católica Editora, 2017. v. I,.PARISER, Eli. O Filtro Invisível – O que a internet está escondendo de você. Tradução por Diego Alfaro. Editora Zahar, 2012. Versão para Kindle. Edição digital.

PARLAMENTO EUROPEU E O CONSELHO. Regulamento (UE) 2016/679, 27 abr. 2016. Disponível em: https://eur-lex.europa.eu/legal-content/PT/TXT/?uri=celex%3A32016R0679.

PEGUERA, Miquel. The Shaky Ground of the Right to Be Delisted. *Vanderbilt Journal of Entertainment and Technology Law*, v. 18, Is. 3, p. 514-515, 2016.

PINHEIRO, Alexandre de Sousa. *Privacy e Proteção de Dados Pessoais*: A Construção Dogmática do Direito à Identidade Informacional. AAFDL, Lisboa, 2015.

PINHEIRO, Alexandre Sousa (Coord.) et al. *Comentários ao Regulamento Geral de Proteção de Dados*. Coimbra: Almedina, 2018.

RODOTÀ, Stefano. *A vida na sociedade da vigilância: a privacidade hoje*. Rio de Janeiro: Renovar, 2008.

SAFARI, Beata A. Intangible Privacy Rights: How Europe's GDPR Will Set a New Global Standard for Personal Data Protection. *Seton Hall Law Review*, v. 47, p. 809-848, 2017.

SCHREIBER, Anderson. *Direitos da Personalidade*. 2. ed. São Paulo: Atlas, 2013.

SILVEIRA, Alessandra. Direitos humanos fundamentais originariamente protegidos offline mas exercidos online – e a recíproca, é verdadeira? In: TREVISAM, Elisaide; CAMPELLO, L. G. B. (Coord.). *Direito & solidariedade*. Curitiba: Editora Juruá, 2017.

SILVEIRA, Alessandra; MARQUES, João. Do Direito a Estar Só ao Direito ao Esquecimento. Considerações Sobre a Proteção de Dados Pessoais Informatizados no Direito da União Europeia: Sentido, Evolução e Reforma Legislativa. *Revista da Faculdade de Direito*, UFPR, v. 61, n. 3, 2016.

SOUZA, Bernardo de Azevedo e. *Direito, Tecnologia e Práticas Punitivas*. Porto Alegre: Canal Ciências Criminais, Kindle Edition, 2016.

TRIBUNAL DE JUSTIÇA DA UNIÃO EUROPEIA. Acordão Google Spain SL, Google Inc./Agencia de Protección de Datos (AEPD). Mario Costeja González – Processo C-131/12, 13 de maio de 2014.

WARREN, Samuel D.; BRANDEIS, Louis D. The Right to Privacy. *Harvard Law Review*, v. IV, n. 5, 15 dez. 1890.

POULLET, Yves. *Data Protection Legislation*: What's at Stake for our Society and our Democracy? Computer Law & Security Review, v. 25, Is. 3, 2009.

ZANATTA, Rafael. A. F. Perfilização, *Discriminação e Direitos*: do Código de Defesa do Consumidor à Lei Geral de Proteção de Dados. ResearchGate. [S. l.], 2019.

A PROTEÇÃO AOS DIREITOS HUMANOS COMO FUNDAMENTO DA LEI GERAL DE PROTEÇÃO DE DADOS PESSOAIS BRASILEIRA: BREVES REFLEXÕES

José Luiz de Moura Faleiros Júnior

Doutorando em Direito Civil pela Universidade de São Paulo – USP/Largo de São Francisco. Doutorando em Direito, na área de estudo 'Direito, Tecnologia e Inovação', pela Universidade Federal de Minas Gerais – UFMG. Mestre e Bacharel em Direito pela Universidade Federal de Uberlândia – UFU. Especialista em Direito Digital. Especialista em Direito Civil e Empresarial. Associado do Instituto Avançado de Proteção de Dados – IAPD. Membro do Instituto Brasileiro de Estudos de Responsabilidade Civil – IBERC. Advogado e Professor.

SUMÁRIO: Introdução – 1. A lei geral de proteção de dados pessoais e seus fundamentos: contornos iniciais para a proteção dos direitos humanos – 2. A proteção aos direitos humanos como fundamento expresso da lei – 3. Conclusão – Referências.

RESUMO: Mais do que se aprofundar em detalhamentos técnicos, a Lei Geral de Proteção de Dados Pessoais brasileira (Lei nº 13.709/2018) traz ao ordenamento conjecturas de natureza principiológica, eis que é composta por fundamentos (art. 2º), conceitos (art. 5º) e princípios (art. 6º) que embasam os demais temas tratados de forma sistematizada em seu vasto repertório de regras. É sobre esse tema que esse brevíssimo ensaio se debruçará, tomando-o como premissa para o tema-problema que será explorado, qual seja: a aferição da equivalência dos elementos que compõem o rol de fundamentos da lei. Trabalhar-se-á com a hipótese de que o avanço informacional, catalisado pela propagação dos algoritmos, representa importante desafio para a efetivação da tutela pretendida com a lei, que não pode se desconectar da proteção aos direitos humanos. Será utilizado o método dedutivo, com aportes bibliográficos. Ao final, uma conclusão será apresentada.

INTRODUÇÃO

A Lei Geral de Proteção de Dados Pessoais brasileira – Lei 13.709, de 14 de agosto de 2018 – é importante marco normativo para a tutela jurídica dos dados pessoais no país. Sua promulgação atende a um comando normativo explicitado pelo legislador no artigo 3º, inciso III, do Marco Civil da Internet (Lei 12.965, de 23 de abril de 2014), que definiu como um dos princípios regentes da disciplina de uso da Internet no Brasil exatamente a proteção dos dados pessoais.

Mais do que se aprofundar em detalhamentos técnicos, a nova lei traz ao ordenamento conjecturas de natureza principiológica, eis que é composta por fundamentos (art. 2º), conceitos (art. 5º) e princípios (art. 6º) que embasam os demais temas tratados de forma sistematizada em seu vasto repertório de regras.

Quanto aos fundamentos da lei, optou o legislador por uma categorização que está subdividida em sete incisos, todos contidos no artigo 2º da lei. O último deles define como fundamentos da proteção de dados pessoais no Brasil "os direitos humanos, o livre desenvolvimento da personalidade, a dignidade e o exercício da cidadania pelas pessoas naturais." É sobre esse tema que esse brevíssimo ensaio se debruçará.

De início, procurar-se-á estabelecer algumas premissas sobre o contexto jurídico no qual o legislador editou a nova lei e seus fundamentos. A partir dos desdobramentos colhidos da tutela jurídica da privacidade, novas nuances permitiram a contextualização de um direito fundamental à proteção dos dados pessoais – mote da ressignificação regulatória que se almeja para a Internet no país – e, com isso, regras próprias foram traçadas. Nessa linha, trabalhar-se-á com a hipótese de que o avanço informacional, catalisado pela propagação dos algoritmos, representa importante desafio para a efetivação da tutela pretendida com a lei, que não pode se desconectar da proteção aos direitos humanos.

1. A LEI GERAL DE PROTEÇÃO DE DADOS PESSOAIS E SEUS FUNDAMENTOS: CONTORNOS INICIAIS PARA A PROTEÇÃO DOS DIREITOS HUMANOS

O conceito de privacidade, para a Ciência do Direito, tem suas origens no *common law*. O termo é usualmente resultado de traduções do substantivo inglês *"privacy"*, que remonta ao clássico artigo *"The right to privacy"*, escrito em 1890 por Samuel Warren e Louis Brandeis, em que, por primeiro, se analisa o direito de ser deixado só (*right to be left alone*)[1], com o qual a privacidade não se confunde. O primeiro direito se caracteriza pela inadmissão da disseminação não autorizada de informações pessoais, pela não violação do repouso individual dentro do lar e pela garantia de anonimato em ambientes públicos.

Por razões filológicas, há autores que optam por traduzir o termo *"privacy"* como "privatividade"[2], que vem de "privativo" e indica o imperativo de tutela contra a perturbação externa, que garante a proteção da intimidade no âmbito individual[3]. Em simples termos, a "privatividade" seria um contraponto à exposição, tendo em vista que cada indivíduo está continuamente envolvido em um processo pessoal de busca pelo equilíbrio entre o anseio de preservar sua própria intimidade e o desejo de

---

1. WARREN, Samuel D.; BRANDEIS, Louis D. The right to privacy. *Harvard Law Review*, Cambridge, v. 4, n. 5, p. 193-220, dez. 1890. https://www.jstor.org/stable/1321160. Acesso em: 31 jul. 2020.
2. COSTA JÚNIOR, Paulo José da. *O direito de estar só*: tutela penal da intimidade. São Paulo: Ed. RT, 1995. p. 25.
3. FERNANDES, Milton. *Proteção civil da intimidade*. São Paulo: Saraiva, 1977. p. 90.

se expor e estabelecer comunicação com terceiros, à luz de condicionantes e normas sociais a que se sujeita[4].

Um dos fundamentos da Lei Geral de Proteção de Dados Pessoais brasileira (Lei 13.709/2018, ou simplesmente LGPD) é a autodeterminação informativa (art. 2º, II), que revela essa dimensão de controle capaz de viabilizar as condicionantes para o exercício do equilíbrio sugerido pela leitura do conceito de privatividade. A partir dela, quando se cogita de um direito fundamental à proteção de dados pessoais[5,6], deve-se, invariavelmente, proceder a uma investigação sobre as dimensões do conceito de privacidade, na medida em que a formatação de uma possível nova infraestrutura social[7], a partir do implemento de técnicas direcionadas à coleta de dados e à formação de perfis para variados fins, representaria ruptura paradigmática capaz de atribuir novos contornos aos mencionados direitos fundamentais à intimidade e à privacidade.[8]

Essa é uma das razões pelas quais o legislador teve o cuidado de conceituar o escopo de proteção desse direito específico a partir de uma conjugação dos demais (intimidade e privacidade) combinados com o direito fundamental à liberdade, na formação do que a lei conceitua como *titularidade*[9]. Trata-se do fundamento essencial para a retomada do controle, pelo indivíduo, sobre as projeções de sua personalidade,

---

4. WESTIN, Alan. *Privacy and freedom*. Nova York: Atheneum, 1970. p. 7.
5. Sintetizando o contexto no qual tal direito emergiu na União Europeia, conferir GONZÁLEZ FUSTER, Gloria. *The emergence of personal data protection as a fundamental right of the EU*. Cham: Springer, 2014. p. 48.
6. O tema é de tamanha relevância que, embora a doutrina já sinalize a consagração da proteção de dados pessoais como direito fundamental, tramita perante o Congresso Nacional a Proposta de Emenda à Constituição 17/2019, que visa inclui-la entre os direitos e garantias fundamentais do cidadão. A PEC ainda define como de competência exclusiva da União o poder para legislar sobre o assunto. No plano doutrinário, há tempos já se destaca a existência e a força normativa desse direito fundamental implícito. Sobre o tema, conferir, por todos, DONEDA, Danilo. O direito fundamental à proteção de dados pessoais. In: MARTINS, Guilherme Magalhães; LONGHI, João Victor Rozatti (Coord.). *Direito digital*: direito privado e Internet. 3. ed. Indaiatuba: Foco, 2020, p. 34. SARLET, Ingo Wolfgang. Fundamentos constitucionais: o direito fundamental à proteção de dados. In: MENDES, Laura Schertel. DONEDA, Danilo. SARLET, Ingo Wolfgang. RODRIGUES JR, Otavio Luiz (Coord.); BIONI, Bruno Ricardo (Org.). *Tratado de proteção de dados pessoais*. Rio de Janeiro: Forense, 2021. p. 21-59. Ademais, no contexto jurisprudencial, em maio de 2020, o Supremo Tribunal Federal reconheceu o direito fundamental à proteção de dados ao suspender a Medida Provisória n.º 954, que determinava o compartilhamento dos dados pessoais dos usuários de telefonia pelas empresas telefônicas ao IBGE (STF, ADIs 6.387, 6.388, 6.389, 6.390 e 6.393. Relatora Min. Rosa Weber. Julgado em 07.05.2020).
7. VAN DIJK, Jan. *The network society*. 3. ed. Londres: Sage Publications, 2012. p. 6.
8. Nesse contexto, são eloquentes os registros de William Staples quanto à violação que isso causa ao direito fundamental à privacidade: "Key issues in the debate over the authority to violate personal privacy concern racial or ethnic profiling, wiretapping, monitoring of personal communications via cellular telephones, access to personal records that show the reading habits of private citizens, monitoring of electronic mail and other Internet use, monitoring of personal movement via the Global Positioning System (GPS), and the use of radio frequency identification (RFID) chips to track the movement of pets, personal goods, and items shipped, among others." STAPLES, William G. *Encyclopedia of privacy*. Westport: Greenwood Press, 2007. p. 93.
9. É o que prevê o artigo 17 da LGPD: "Art. 17. Toda pessoa natural tem assegurada a titularidade de seus dados pessoais e garantidos os direitos fundamentais de liberdade, de intimidade e de privacidade, nos termos desta Lei."

que são lançadas à Internet na construção de novas estruturas passíveis de tutela jurídica.

De acordo com José Eduardo Faria, "(...) a revolução das técnicas de comunicação "diminuiu" o mundo, tornando-o mais independente. Dito de outro modo, tornou-o mais integrado do ponto de vista econômico, porém mais fragmentado do ponto de vista político"[10], o que se desdobra a partir da substituição da proximidade física dos indivíduos, de forma progressiva, pela interligação tecnológica calcada no incremento comunicacional e na ressignificação do valor da informação.

O Marco Civil da Internet (Lei 12.965, de 23 de abril de 2014), em seu art. 7º, também "garante especificamente aos usuários da rede a inviolabilidade da sua intimidade e vida privada e a inviolabilidade e o sigilo do fluxo de suas comunicações e de suas comunicações privadas armazenadas".

Sendo a informação a substância essencial da composição dessa nova morfologia da sociedade[11], os dados pessoais acabam por se tornar projeções da própria pessoa em uma série de circunstâncias nas quais a sua presença física seria outrora indispensável[12], motivo pelo qual o tratamento de tais dados adquire notável relevância[13], o que desafia a Teoria do Direito à compreensão e à indicação de soluções para os novos problemas suscitados na nova sociedade da informação[14].

Nesse passo, a doutrina busca trabalhar a proteção de dados como um direito fundamental que vai além da dicotomia conceitual entre o público e o privado[15], pois almeja à "promoção de um equilíbrio entre os valores em questão, desde as consequências da utilização da tecnologia para o processamento de dados pessoais, suas consequências para o livre desenvolvimento da personalidade, até a sua utilização pelo mercado"[16].

A informação ostenta características relevantes, até mesmo do ponto de vista existencial, sendo imperiosa a sua compreensão para além dos requisitos formais que a qualificam como bem jurídico tutelável. Isso porque, na Internet, o escopo informacional transcende a tutela jurídica da propriedade (daí a menção anterior ao conceito de titularidade, explicitado no artigo 17 da LGPD), podendo adquirir,

---

10. FARIA, José Eduardo. Informação e democracia na economia globalizada. In: SILVA JÚNIOR, Ronaldo Lemos; WAISBERG, Ivo (Org.). *Comércio eletrônico*. São Paulo: Ed. RT, 2001. p. 20.
11. DUFF, Alistair S. *Information society studies*. Londres: Routledge, 2000. p. 86.
12. DONEDA, Danilo. O direito fundamental à proteção de dados pessoais. In: MARTINS, Guilherme Magalhães; LONGHI, João Victor Rozatti (Coord.). *Direito digital*: direito privado e Internet. 3. ed. Indaiatuba: Foco, 2020. p. 33 et seq.
13. MENDES, Laura Schertel. *Privacidade, proteção de dados e defesa do consumidor*: linhas gerais de um novo direito fundamental. São Paulo: Saraiva, 2014. p. 169. E, nesse contexto, a autora sustenta que: "(...) a vitalidade e a continuidade da Constituição dependem da sua capacidade de se adaptar às novas transformações sociais e históricas, possibilitando uma proteção dos cidadãos contra novas formas de poder que surgem na sociedade".
14. PÉREZ LUÑO, Antonio-Enrique. *Manual de informática e derecho*. Barcelona: Ariel, 1996. p. 10 et seq.
15. HILDEBRANDT, Mireille. The public(s) onlife. In: FLORIDI, Luciano (Ed.). *The onlife manifesto*: being human in a hyperconnected era. Cham/Londres: Springer OpenAccess, 2015. p. 181 et seq.
16. DONEDA, Danilo. *Da privacidade à proteção de dados pessoais*. Rio de Janeiro: Renovar, 2006. p. 407.

também, contornos existenciais, que se imiscuem ao próprio sujeito, na medida em que "o objeto dos direitos de personalidade não se encontra nem na própria pessoa nem externamente"[17], mas, em verdade, tendo a personalidade um valor, "as situações existenciais não seriam exauridas na tradicional categoria dos direitos subjetivos".[18]

Stefano Rodotà descreve a formação de um corpo eletrônico, um novo aspecto da pessoa natural que não ostenta apenas a massa física, ou um *corpus*, mas também uma dimensão digital.[19] Com efeito, Javier Iniesta e Francisco Serna indicam a necessidade de uma regulação voltada ao meio digital exatamente para que seja possível situar as transformações oriundas do desenvolvimento tecnológico.[20]

Esse é o ambiente no qual se inserem os direitos fundamentais à honra e à imagem, também considerados para os propósitos de se estabelecer proteção específica aos direitos humanos na lei. O primeiro é usualmente associado a componentes *negativos*, de oposição à sua realização, produção, reprodução e divulgação, enfim, ao conhecimento alheio. Por outro lado, também é associado a componentes *positivos*: de consentir com todas as práticas listadas. A imagem, nesse sentido, é um desdobramento da intimidade. E, exatamente no que concerne à almejada proteção do livre desenvolvimento da personalidade é que reside a proposta defendida, dentre outros, por Bruno Bioni: o enquadramento da proteção de dados como categoria autônoma dos direitos da personalidade, sendo visualizada como liberdade positiva, em contraposição ao direito à privacidade (e não se confundindo com os contornos próprios do direito à intimidade), visto como liberdade negativa[21]. É a partir desse contexto que se cogita, por exemplo, de um direito à não perturbação do sossego na Internet[22].

---

17. SZANIAWSKI, Elimar. *Direitos de personalidade e sua tutela*. 2. ed. São Paulo: Ed. RT, 2005. p. 87.
18. ZAMPIER, Bruno. *Bens digitais*. Indaiatuba: Foco, 2017, p. 55.
19. RODOTÀ, Stefano. *Intervista su privacy e libertà*. Roma/Bari: Laterza, 2005. p. 121-122. Comenta: "La necessità di una tutela forte del corpo fisico, dunque, fa parte della tradizione giuridica e civile dell'Occidente. Però non c'è ancora altrettanta sensibilità per il «corpo elettronico» che pure rappresenta oggi la nostra identità. (...) Possiamo in effetti parlare di una rivincita del corpo fisico, di un suo ritorno alla ribalta proprio nel momento in cui sembrava soppiantato dal corpo virtuale, «elettronico». L'incontro tra corpo fisico e tecnologie d'avanguardia è stato alla base di questa nuova attenzione proprio nel momento in cui l'esperienza mostrava i limiti dell'identificazione elettronica."
20. INIESTA, Javier Belda; SERNA, Francisco José Aranda. El paradigma de la identidad: hacia una regulación del mundo digital. *Revista Forense*, Rio de Janeiro, v. 422, jul./dez, p. 181-202, 2015. p. 184. Com efeito: "Pero, realmente, ¿en qué lugar podemos situar lo virtual? Con la aparición de Internet se da un cambio fundamental, la comunicación fluye de todos a todos. Hasta ahora, se ha visto esta realidad como un cambio cuantitativo, más que cualitativo, en las relaciones interpersonales, que habla de la disponibilidad ininterrumpida del otro y de formas de acercamiento afectivo, que hasta ahora requerían inexorablemente la co-presencia física de los actores. Evidentemente, esta variación de parámetros ha provocado un desenfoque de la visión que se tenía hasta el momento, dando lugar al surgimiento de conflictos de complejo enfoque jurídico. Así, Internet se nos presenta como un espacio abierto que permite interactuar en diversos contextos tomando distintas identidades, estas identidades – denominadas virtuales – se alejan de la noción de identidad basada en los presupuestos culturales de la persona que hasta ahora eran el paradigma de nuestra visión del ser humano".
21. BIONI, Bruno Ricardo. *Proteção de dados pessoais*: a função e os limites do consentimento. Rio de Janeiro: Forense, 2019. p. 92-93.
22. Confira-se: MARTINS, Guilherme Magalhães; FALEIROS JÚNIOR, José Luiz de Moura; BASAN, Arthur Pinheiro. A responsabilidade civil pela perturbação do sossego na Internet. *Revista de Direito do Consumidor*,

Já o direito à honra pode ser analisado como decorrência do respeito que toda pessoa pode exigir para si mesma e perante outrem. Por essa razão, o referido direito apresenta uma faceta subjetiva, consubstanciada no apreço que o ser humano nutre por si mesmo, e uma outra, objetiva, que decorre do interesse que toda pessoa mantém pelo prestígio, reputação e bom nome[23], não se confundindo com a intimidade, uma vez que, "enquanto o ataque à honra ofende o conceito social, que o sujeito passivo pretende gozar, na agressão à intimidade não existe a finalidade danosa dirigida contra o conceito, mas sim contra o ambiente de privacidade que envolve a vítima"[24].

Na sociedade da informação, é possível afirmar que, sob o manto de proteção do direito à honra e do direito à intimidade, há aspectos de controle social a se considerar, pois o que se almeja é evitar os efeitos negativos da vigilância de dados (*dataveillance*)[25]. O tema remete ao chamado "*profiling*", usualmente traduzido como perfilização, e a LGPD dedicou dispositivo bastante tímido ao tema, inserido em um único parágrafo do artigo que cuida da anonimização de dados (artigo 12, § 2º): "Poderão ser igualmente considerados como dados pessoais, para os fins desta Lei, aqueles utilizados para formação do perfil comportamental de determinada pessoa natural, se identificada". A finalidade da vigilância não pode estar voltada a incursões no espaço mais íntimo do indivíduo e a LGPD descreve a importância de se conferir efetividade às técnicas de anonimização de dados.[26]

Serge Gutwirth e Mireille Hildebrandt defendem a necessidade de que a criação de perfis pressuponha um sistema de proteção contra o processamento de dados que afetam comportamentos (como as restrições de circulação), mesmo que esses dados não possam ser considerados dados pessoais (caso dos dados anonimizados, pela exegese do artigo 12, *caput*, da LGPD brasileira).[27]

Sem um instrumento vigoroso como a LGPD para que se possa esperar legitimamente um 'uso ético' dos algoritmos[28], grande nebulosidade continuará a pairar

---

v. 128, p. 239-265, São Paulo, mar./abr. 2020; BASAN, Arthur Pinheiro; JACOB, Muriel Amaral. Habeas Mente: a responsabilidade civil como garantia fundamental contra o assédio de consumo em tempos de pandemia. *Revista IBERC*, v. 3, n. 2, p. 161-189, Belo Horizonte, maio/ago. 2020.

23. AMARANTE, Aparecida. *Responsabilidade civil por dano à honra*. 6. ed. Belo Horizonte: Del Rey, 2005, p. 37.
24. DOTTI, René Ariel. *Proteção da vida privada e liberdade de informação*: possibilidades e limites. São Paulo: Ed. RT, 1980. p. 87.
25. Trata-se de um acrônimo para "*data surveillance*" (vigilância de dados), a indicar uma nova espécie ou técnica de vigilância em razão do surgimento de novos métodos de monitoramento, como a vigilância de dados pessoais e a vigilância de dados em massa, que exigem salvaguardas mais eficazes e uma estrutura política formal. Sobre o tema, confira-se CLARKE, Roger A. Information technology and dataveillance. *Communications of the ACM*, Nova York, v. 31, n. 5, p. 498-512, maio 1988.
26. MARTINS, Guilherme Magalhães; FALEIROS JÚNIOR, José Luiz de Moura. A anonimização de dados pessoais: consequências jurídicas do processo de reversão, a importância da entropia e sua tutela à luz da Lei Geral de Proteção de Dados. In: DE LUCCA, Newton; SIMÃO FILHO, Adalberto; LIMA, Cíntia Rosa Pereira de; MACIEL, Renata Mota (Coord.). *Direito & Internet IV*: sistema de proteção de dados pessoais. São Paulo: Quartier Latin, 2019. p. 74.
27. GUTWIRTH, Serge; HILDEBRANDT, Mireille. Some caveats on profiling. In: GUTWIRTH, Serge; POULLET, Yves; DE HERT, Paul (Ed.). *Data protection in a profiled world*. Cham: Springer, 2010. p. 37.
28. MITTELSTADT, Brent Daniel; ALLO, Patrick; TADDEO, Mariarosaria; WACHTER, Sandra; FLORIDI, Luciano. The ethics of algorithms: mapping the debate. *Big Data & Society*, Londres: Sage, Original Research

sobre os processos utilizados para o monitoramento social e as bases fundamentais para a definição de tão importante marco protetivo – com destaque para os direitos fundamentais à privacidade, à liberdade e à intimidade – permanecerão no vazio em razão da própria dificuldade de se desvendar abusos e excessos praticados nos processos de coleta e tratamento de dados, ainda que anonimizados.

Esse é o contexto no qual se editou a lei, com vários fundamentos, dentre os quais merece leitura destacada a proteção aos direitos humanos.

2. A PROTEÇÃO AOS DIREITOS HUMANOS COMO FUNDAMENTO EXPRESSO DA LEI

O artigo 2º, inciso VII, da LGPD é categórico a elencar, logo em seu primeiro trecho, a proteção aos direitos humanos como fundamento da lei. Naturalmente, para que não haja regresso, especialmente quanto à proteção jurídica que se deve conferir a tais direitos[29], caminhos devem ser mapeados para conciliar inovação e regulação. Sem dúvidas, o pluralismo jurídico global deve atuar como vetor da função promocional dos direitos humanos[30], abrindo espaços à tutela subjacente-valorativa da pessoa, mesmo em um ambiente permeado pela disrupção tecnológica.

Sendo o direito um sistema aberto[31] e de segunda grandeza[32], uma vez que composto de verdadeira rede hierarquizada de princípios e regras que orbitam a Constituição[33], é insofismável a importância do tema para fixar algumas premissas essenciais do problema sob investigação, pois o atingimento desse desiderato, na esteira do que defende Gustavo Zagrebelsky, somente ocorrerá se determinadas condicionantes estruturais se fizerem presentes, das quais a "*ductibilidade*" (maleabilidade) dos ordenamentos jurídicos constitucionais é a mais relevante, pois propicia o pacifismo e a integração democrática "através da rede de valores e procedimentos

---

Article, p. 1-21, jul./dez. 2016. Disponível em: https://doi.org/10.1177/2053951716679679. Acesso em: 10 abr. 2021.

29. José de Oliveira Ascensão aduz que os direitos do homem (direitos humanos, em sentido amplo), quando positivados em documentos internacionais de proteção e promoção da pessoa humana são considerados direitos humanos; quando positivados nas Cartas Constitucionais são considerados direitos fundamentais; e quando positivados na legislação civil são direitos de personalidade. ASCENSÃO, José de Oliveira. A dignidade da pessoa e o fundamento dos direitos humanos. *Revista da Faculdade de Direito da Universidade de São Paulo*, v. 103, p. 277-299, São Paulo, jan./dez., 2008.

30. Conferir, por todos, SARLET, Ingo Wolfgang. *A eficácia dos direitos fundamentais*: uma teoria geral dos direitos fundamentais na perspectiva constitucional. 10. ed. Porto Alegre: Livraria do Advogado, 2010. p. 79; HUNT, Lynn. *A invenção dos direitos humanos*: uma história. Trad. Rosaura Eichenberg. São Paulo: Cia. das Letras, 2009. p. 113-145; COMPARATO, Fábio Konder. *A afirmação histórica dos direitos humanos*. 7. ed. São Paulo: Saraiva, 2010. p. 91-92; RECASÉNS SICHES, Luis. *Filosofia del derecho*. México: Porrúa, 2008. p. 1-19.

31. PÉREZ LUÑO, Antonio Enrique. *Los derechos fundamentales*. Temas clave de la Constitución Española. 10. ed. Madrid: Tecnos, 2011. p. 151.

32. AZEVEDO, Antonio Junqueira de. O direito como sistema complexo e de 2ª ordem; sua autonomia. Ato nulo e ato ilícito. Diferença de espírito entre responsabilidade civil e penal. Necessidade de prejuízo para haver direito de indenização na responsabilidade civil. *Civilistica.com*, Rio de Janeiro, ano 2, n. 3, jul./set. 2013.

33. ÁVILA, Humberto. *Teoria dos princípios*: da definição à aplicação dos princípios jurídicos. 5. ed. São Paulo: Malheiros, 2005. p. 167.

comunicativos que é, ademais, a única visão possível e não catastrófica da política em nosso tempo."[34]

Nesse contexto, segundo Jorge Pereira da Silva:

> O desiderato a se atingir é o de que o poder de intervenção estatal e a liberdade dos cidadãos se equilibrem de modo a garantir ao indivíduo tanta protecção quanto a necessária, mas também tanta liberdade pessoal quanto seja possível. Por isso, segundo a denominada concepção pessoal do bem jurídico, tem-se entendido que integram este conceito aquelas "realidades ou fins que são necessários para uma vida social livre e segura, que garantam os direitos humanos e fundamentais do indivíduo, assim como para o funcionamento do sistema estatal erigido para a consecução de tal objetivo. Não que, com esta referência, se pretenda induzir à importação acrítica para o direito constitucional dos resultados (nem sempre pacíficos) atingidos pela doutrina penalista sobre a teoria do bem jurídico – até porque a protecção penal é apenas uma modalidade, entre várias outras, de protecção de direitos fundamentais –, mas é importante reconhecer que a multifuncionalidade dos direitos fundamentais implica uma atenção redobrada ao conceito de bem jusfundamental e a sua colocação no centro do processo construtivo dos *conglomerados jurídicos* usualmente designados por direitos fundamentais.[35]

Embora não se possa deixar de considerar os impactos que as peculiaridades culturais acarretam para qualquer coletividade, a ponto de ser precipitada uma análise conjectural baseada na ideia de sociedade, do ponto de vista dos direitos humanos, posições identitárias e individuais impõem a ponderação[36], notadamente para que sejam fixadas firmemente as bases do entrelaçamento entre o público e o privado.

Em um universo no qual a predição algorítmica está presente de forma tão marcante, nichos de aglutinação de poder desenvolvem ambientes menos seguros à proteção dos direitos humanos. Nesse sentido, Shoshana Zuboff fala na instrumentação e instrumentalização do comportamento para fins de modificação, previsão, monetização e controle ao propor o termo "instrumentarismo" ("*instrumentarianism*")[37], que simboliza o epítome do que a própria autora designa como capitalismo de vigilância.

---

34. ZAGREBELSKY, Gustavo. *El derecho dúctil*. Ley, derechos y justicia. Tradução do italiano para o espanhol de Marina Gascón. Madri: Trotta, 1995. p. 15, tradução livre. No original: "a través de la red de valores y procedimientos comunicativos que es ademásla única visión no catastrófica de la política posible en nuestro tiempo."
35. SILVA, Jorge Pereira da. *Deveres do Estado de protecção de direitos fundamentais*: fundamentação e estrutura das relações jusfundamentais triangulares. 3. ed. Lisboa: Universidade Católica Editora, 2015. p. 354.
36. HERRERA FLORES, Joaquín. *Teoria crítica dos direitos humanos*: os direitos humanos como produtos culturais. Trad. Luciana Caplan. Rio de Janeiro: Lumen Juris, 2009. p. 97-98.
37. ZUBOFF, Shoshana. "We make them dance": surveillance capitalism, the rise of instrumentarian power, and the threat to human rights. In: JØRGENSEN, Rikke Frank (Ed.). *Human rights in the age of platforms*. Cambridge: The MIT Press, 2019. p. 28. Segundo a autora: "As to the new species of power, I have suggested that it is best understood as *instrumentarianism*, defined as the *instrumentation and instrumentalization of behavior for the purposes of modification, prediction, monetization and control*. In this formulation, "instrumentation" refers to the ubiquitous, sensate, computational, actuating global architecture that renders, monitors, computes, and modifies human behavior. Surveillance capitalism is the puppet master that imposes its will through the vast capabilities of this connected puppet to produce instrumentarian power, replacing the engineering of souls with the engineering of behavior."

O poder instrumentário, em seus dizeres, realiza a expropriação da experiência humana como um imperativo econômico, processando decisivamente a redistribuição dos direitos humanos elementares dos indivíduos para o capital.

Para frear esse indesejado paradigma é preciso, naturalmente, reconfigurar estruturas protetivas condizentes com o novo momento do desenvolvimento técnico-informacional. Os direitos humanos devem inspirar marcos regulatórios, propostas legislativas e, essencialmente, todo o acervo normativo que se pretenda instituir.

No Brasil, o que guiou a promulgação da Lei Geral de Proteção de Dados Pessoais foi justamente esse "núcleo duro" de parâmetros extraídos de uma compreensão mais ampla do direito à privacidade, previstos no texto legal como fundamentos, em seu artigo 2º, e que atuam como vetores axiológicos para os direitos (e deveres) descritos noutras passagens da lei e, também, para a atuação posterior do Estado, no exercício de seu poder regulatório.

A definição de categorias merecedoras de maior proteção, como a dos dados pessoais adjetivados como "sensíveis" (art. 5º, II, da LGPD) é evidência sólida dessa preocupação do legislador.

Outra evidência disso é estruturação de revisões das decisões automatizadas (art. 20, da LGPD), que devem ser realizadas por agentes humanos. Se a proteção insuficiente não pode ser admitida, sob pena de flagrante violação ao citado fundamento da lei, deve-se estruturar mecanismos de controle que atuem como freios aos desideratos que afastem os humanos de sua essência.[38]

Que fique claro: o recrudescimento valorativo dos direitos humanos não implica considerar um resgate antropocêntrico, egoístico ou que coloque o homem (individualmente considerado) novamente no centro do sistema jurídico – como foi no Estado Liberal –, ou seja, não é o homem econômico (*homo economicus*) a figura que se pretende ver inserida no vértice constitucional, ainda que este também seja merecedor de proteção pontual, a nível fundamental.

Almeja-se, sim, a maior proteção ao "homem existencial", concebido a partir da proteção de experiências individuais que tenham uma projeção útil para o próprio titular e para a coletividade. É nesse contexto que se colhe o maior valor da delimitação de fundamentos normativos nos dispositivos introdutórios da norma. Postulados instituídos com tal cariz atuam para além da lei especificamente considerada e inspiram o ordenamento como um todo.

---

38. MOYN, Samuel. *Not enough*: human rights in an unequal world. Cambridge: Harvard University Press, 2018. p. 220. O autor assevera: "Human rights will return to their defensible importance only as soon as humanity saves itself from its low ambitions. If it does, for the sake of local and global welfare, sufficiency and equality can again become powerful companions, both in our moral lives and in our political enterprises."

3. CONCLUSÃO

A definição de parâmetros protetivos a direitos que refletem os desafios desvelados pela inovação indica os principais motivos para que se defina fundamentos normativos. Na LGPD, o rol de sete incisos do artigo 2º indica uma preocupação do legislador com o estabelecimento de metaparâmetros, para além das regras, cujas definições – mais abstratas – permitem ao operador colmatar lacunas e zonas cinzentas ainda não totalmente tuteladas e claramente compreendidas no contexto dos demais dispositivos da norma.

Questões como a vigilância de dados, a ruptura das estruturas de controle e a imposição de limitações a direitos individuais projetados na *web* a partir do tratamento de dados se tornam desafiadoras em razão do ritmo acelerado da inovação. Definir os direitos humanos como um dos fundamentos da lei revela uma preocupação quanto a esses fenômenos e traz à lume preocupações que vão além dos tecnicismos da LGPD.

É imprescindível que o operador atento se mantenha consciente de que a LGPD não é uma legislação definitiva. A própria morfologia social muda em ritmo acelerado e, sem dúvidas, novas tecnologias (ou novos usos para tecnologias já conhecidas) trarão novos desafios, que precisarão ser interpretados e tutelados, mesmo na ausência de regramentos mais específicos. Para isso, alçar os direitos humanos a tal patamar contribui de forma decisiva! É esse o propósito essencial dessa delimitação, que confirma a hipótese explorada nesse brevíssimo ensaio.

REFERÊNCIAS

AMARANTE, Aparecida. *Responsabilidade civil por dano à honra*. 6. ed. Belo Horizonte: Del Rey, 2005.

ASCENSÃO, José de Oliveira. A dignidade da pessoa e o fundamento dos direitos humanos. *Revista da Faculdade de Direito da Universidade de São Paulo*, v. 103, p. 277-299, São Paulo, jan./dez., 2008.

ÁVILA, Humberto. *Teoria dos princípios: da definição à aplicação dos princípios jurídicos*. 5. ed. São Paulo: Malheiros, 2005.

AZEVEDO, Antonio Junqueira de. *O direito como sistema complexo e de 2ª ordem*; sua autonomia. Ato nulo e ato ilícito. Diferença de espírito entre responsabilidade civil e penal. Necessidade de prejuízo para haver direito de indenização na responsabilidade civil. Civilistica.com, Rio de Janeiro, ano 2, n. 3, jul./set. 2013.

BASAN, Arthur Pinheiro; JACOB, Muriel Amaral. Habeas Mente: a responsabilidade civil como garantia fundamental contra o assédio de consumo em tempos de pandemia. *Revista IBERC*, v. 3, n. 2, p. 161-189, Belo Horizonte, maio/ago. 2020.

BIONI, Bruno Ricardo. *Proteção de dados pessoais*: a função e os limites do consentimento. Rio de Janeiro: Forense, 2019.

CLARKE, Roger A. Information technology and dataveillance. *Communications of the ACM*, Nova York, v. 31, n. 5, p. 498-512, maio 1988.

COMPARATO, Fábio Konder. *A afirmação histórica dos direitos humanos*. 7. ed. São Paulo: Saraiva, 2010.

COSTA JÚNIOR, Paulo José da. *O direito de estar só*: tutela penal da intimidade. São Paulo:Ed. RT, 1995.

DONEDA, Danilo. *Da privacidade à proteção de dados pessoais*. Rio de Janeiro: Renovar, 2006.

DONEDA, Danilo. O direito fundamental à proteção de dados pessoais. In: MARTINS, Guilherme Magalhães; LONGHI, João Victor Rozatti (Coord.). *Direito digital: direito privado e Internet*. 3. ed. Indaiatuba: Foco, 2020.

DOTTI, René Ariel. *Proteção da vida privada e liberdade de informação*: possibilidades e limites. São Paulo: Ed. RT, 1980.

DUFF, Alistair S. *Information society studies*. Londres: Routledge, 2000.

FARIA, José Eduardo. Informação e democracia na economia globalizada. In: SILVA JÚNIOR, Ronaldo Lemos; WAISBERG, Ivo (Org.). *Comércio eletrônico*. São Paulo: Ed. RT, 2001.

FERNANDES, Milton. *Proteção civil da intimidade*. São Paulo: Saraiva, 1977.

GONZÁLEZ FUSTER, Gloria. *The emergence of personal data protection as a fundamental right of the EU*. Cham: Springer, 2014.

GUTWIRTH, Serge; HILDEBRANDT, Mireille. Some caveats on profiling. In: GUTWIRTH, Serge; POULLET, Yves; DE HERT, Paul (Ed.). *Data protection in a profiled world*. Cham: Springer, 2010.

HERRERA FLORES, Joaquín. *Teoria crítica dos direitos humanos*: os direitos humanos como produtos culturais. Trad. Luciana Caplan. Rio de Janeiro: Lumen Juris, 2009.

HILDEBRANDT, Mireille. The public(s) onlife. In: FLORIDI, Luciano (Ed.). *The onlife manifesto: being human in a hyperconnected era*. Cham/Londres: Springer OpenAccess, 2015.

HUNT, Lynn. *A invenção dos direitos humanos*: uma história. Trad. Rosaura Eichenberg. São Paulo: Cia. das Letras, 2009.

INIESTA, Javier Belda; SERNA, Francisco José Aranda. El paradigma de la identidad: hacia una regulación del mundo digital. *Revista Forense*, v. 422, jul./dez., p. 181-202, Rio de Janeiro, 2015.

MARTINS, Guilherme Magalhães; FALEIROS JÚNIOR, José Luiz de Moura. A anonimização de dados pessoais: consequências jurídicas do processo de reversão, a importância da entropia e sua tutela à luz da Lei Geral de Proteção de Dados. In: DE LUCCA, Newton; SIMÃO FILHO, Adalberto; LIMA, Cíntia Rosa Pereira de; MACIEL, Renata Mota (Coord.). *Direito & Internet IV: sistema de proteção de dados pessoais*. São Paulo: Quartier Latin, 2019.

MARTINS, Guilherme Magalhães; FALEIROS JÚNIOR, José Luiz de Moura; BASAN, Arthur Pinheiro. A responsabilidade civil pela perturbação do sossego na Internet. *Revista de Direito do Consumidor*, v. 128, p. 239-265, São Paulo, mar./abr. 2020.

MENDES, Laura Schertel. *Privacidade, proteção de dados e defesa do consumidor: linhas gerais de um novo direito fundamental*. São Paulo: Saraiva, 2014.

MITTELSTADT, Brent Daniel; ALLO, Patrick; TADDEO, Mariarosaria; WACHTER, Sandra; FLORIDI, Luciano. The ethics of algorithms: mapping the debate. *Big Data & Society*, Londres: Sage, Original Research Article, p. 1-21, jul./dez. 2016. Disponível em: https://doi.org/10.1177/2053951716679679. Acesso em: 10 abr. 2021.

MOYN, Samuel. *Not enough*: human rights in an unequal world. Cambridge: Harvard University Press, 2018.

PÉREZ LUÑO, Antonio Enrique. *Los derechos fundamentales. Temas clave de la Constitución Española*. 10. ed. Madrid: Tecnos, 2011.

PÉREZ LUÑO, Antonio-Enrique. *Manual de informática e derecho*. Barcelona: Ariel, 1996.

RECASÉNS SICHES, Luis. *Filosofia del derecho*. México: Porrúa, 2008.

RODOTÀ, Stefano. *Intervista su privacy e libertà*. Roma/Bari: Laterza, 2005.

SARLET, Ingo Wolfgang. *A eficácia dos direitos fundamentais*: uma teoria geral dos direitos fundamentais na perspectiva constitucional. 10. ed. Porto Alegre: Livraria do Advogado, 2010.

SARLET, Ingo Wolfgang. Fundamentos constitucionais: o direito fundamental à proteção de dados. In: MENDES, Laura Schertel. DONEDA, Danilo. SARLET, Ingo Wolfgang. RODRIGUES JR, Otavio Luiz (Coord.); BIONI, Bruno Ricardo (Org.). *Tratado de proteção de dados pessoais*. Rio de Janeiro: Forense, 2021.

SILVA, Jorge Pereira da. *Deveres do Estado de protecção de direitos fundamentais: fundamentação e estrutura das relações jusfundamentais triangulares*. 3. ed. Lisboa: Universidade Católica Editora, 2015.

STAPLES, William G. *Encyclopedia of privacy*. Westport: Greenwood Press, 2007.

SZANIAWSKI, Elimar. *Direitos de personalidade e sua tutela*. 2. ed. São Paulo: Ed. RT, 2005.

VAN DIJK, Jan. *The network society*. 3. ed. Londres: Sage Publications, 2012.

WARREN, Samuel D.; BRANDEIS, Louis D. The right to privacy. *Harvard Law Review*, Cambridge, v. 4, n. 5, p. 193-220, dez. 1890. https://www.jstor.org/stable/1321160. Acesso em: 31 jul. 2020.

WESTIN, Alan. *Privacy and freedom*. Nova York: Atheneum, 1970.

ZAGREBELSKY, Gustavo. *El derecho dúctil. Ley, derechos y justicia*. Tradução do italiano para o espanhol de Marina Gascón. Madri: Trotta, 1995.

ZAMPIER, Bruno. *Bens digitais*. Indaiatuba: Foco, 2017.

ZUBOFF, Shoshana. "We make them dance": surveillance capitalism, the rise of instrumentarian power, and the threat to human rights. In: JØRGENSEN, Rikke Frank (Ed.). *Human rights in the age of platforms*. Cambridge: The MIT Press, 2019.

PRIVACIDADE E VIGILÂNCIA EM TEMPOS DE COVID-19: GEOLOCALIZAÇÃO E TRATAMENTO DE DADOS PELOS ESTADOS BRASILEIROS

Alexandre Walmott Borges

Doutor em Direito. Doutor em História. Professor-associado, UFU. Professor do programa de pós-graduação em Direito, UFU. Professor do programa de pós-graduação em Biocombustíveis, UFU-UFVJM. Professor convidado do programa de pós-graduação em Direito, UNESP. Pesquisador líder do LAECC. Walmott@gmail.com.

Thobias Prado Moura

Graduando em Direito pela Universidade Federal de Uberlândia, em mobilidade na Faculdade de Direito da Universidade do Porto. Membro do Laboratório de Direitos Humanos (LabDH). Possui pesquisa em andamento nos temas relacionados a cibergovernança e Direito Digital. Foi agraciado com uma bolsa no programa Youth Brasil 2020 para participação em eventos relacionados a cibergovernança em âmbito nacional e exterior. thobiasp.moura@hotmail.com.

SUMÁRIO: Introdução – 1. Direito à privacidade e o reconhecimento da proteção de dados como direito fundamental; 1.1 Direito à privacidade: conceito e leitura à luz da proteção de dados; 1.2 O julgamento da ADI 6387 e o reconhecimento da proteção de dados como direito fundamental – 2. Análise sobre o uso de georreferenciamento pelos estados no contexto de uma emergência sanitária; 2.1 O SIMI-SP e a proteção de dados; 2.2 *Startup in loco* e seu acordo de monitoramento de dados em quatorze estados – 3. Considerações finais – Referências.

RESUMO: A pesquisa objetivou entender como os sistemas de vigilância a partir da geolocalização funcionam, no contexto da pandemia do vírus COVID-19; e descobrir se eles estão de acordo com a legislação que regula a proteção de dados, desde o diploma constitucional até normativas internacionais e o ordenamento jurídico-normativo interno. A partir de cinco passos que resumem dez princípios essenciais para proteção de dados dos usuários, examinou-se os aspectos gerais do tratamento de dados dos sistemas de vigilância, SIMI-SP e a *startup In Loco*. À luz dos direitos humanos e fundamentais concluiu-se que ambas possuem graves riscos que ameaçam o direito à privacidade e a proteção dos dados dos usuários.

INTRODUÇÃO

O presente estudo tem como objetivo analisar o contexto brasileiro de proteção e tratamento de dados durante a pandemia do vírus SarS-CoV-2 (COVID-19), em 2020. Sua rápida propagação exigiu uma resposta veloz e coordenada de todos os Governos. Enquanto a doença se disseminava, medidas de coleta, tratamento e compartilhamento de dados geográficos, epidemiológicos, digitais e de saúde foram implementadas para proteger vidas e controlar a veloz disseminação do vírus.

O enfrentamento à COVID-19 levou muitos países, inclusive democracias liberais, a adotar medidas extraordinárias, que, se mal fundamentadas ameaçam direitos individuais, além de serem constitucionalmente problemáticas em um período de normalidade. Nessa linha, fechamentos de fronteiras, vigilância em massa de telefones celular, restrição da liberdade de ir e vir e restrição ao funcionamento de igrejas foram alguns dos exemplos vistos.

O uso de dados para aprimorar a resposta sanitária do governo é essencial, porém, com os devidos cuidados no tratamento de dados, para que não haja violação nos direitos de privacidade do cidadão, bem como suas liberdades individuais. Em um estado de anormalidade, como é o caso, é comum encarar a suspensão da ordem jurídica com naturalidade para fins de combate à pandemia, mas há de se cuidar para que essa exceção não se torne regra.

O reconhecimento do direito à privacidade, como bem jurídico, remonta o final do século XIX e, com o seu desenvolvimento na esteira do liberalismo, esse direito passa a ser apresentado como um direito à liberdade em sentido amplo, ou seja, um direito de não ser incomodado e de tomar decisões sem qualquer intervenção externa (QUIROGA, 2018, p. 326). Sua evolução no tempo, caminha lado a lado com a implementação de avanços tecnológicos e das novas tecnologias de informação (TICs) que possibilitaram coletas massivas de dados pessoais.

É inegável que novas tecnologias desempenham um papel importante no monitoramento e combate à pandemia de COVID-19 e consequentemente salvam vidas humanas. Todavia, ações governamentais que adotam sistemas de vigilância digital sem justificativas fundadas, critérios e métodos obscuros ou sem o consentimento do cidadão, contribuem para a desconfiança nas autoridades e produzem resultados aquém do esperado.

Posto isso, o objetivo principal dessa pesquisa é descobrir se os sistemas de vigilância a nível estadual e distrital adotaram procedimentos de tratamento de dados de geolocalização que observem o direito à privacidade. Em virtude da limitação espacial e temporal desse artigo, daremos enfoque a dois sistemas em especial, o Sistema de Monitoramento Inteligente de São Paulo (SIMI-SP) e a ferramenta desenvolvida pela *startup* pernambucana, *In Loco*, que foi adotada, em alguma forma, por todas as unidades federativas entre os períodos de março e julho de 2020. O período é importante, pois antecede a vigência da Lei Geral de Proteção de Dados, muito embora isso não signifique que simplesmente devamos ignorar o diploma, haja vista que a proteção dos dados pessoais se conecte diretamente com outros valores e princípios consagrados na ordem jurídica brasileira, dentre eles a liberdade e a privacidade.

É certo que, em alguma medida, essas medidas afetaram o direito à privacidade. Por isso, adotamos como parâmetro para comparação desses procedimentos a própria Constituição[1] e os princípios deontológicos da Lei Geral de Proteção de Dados,

---

1. A Constituição deve afirmar-se ainda mais em perídios de emergência e crise, pois são nesses momentos que as violações nos direitos fundamentais são mais recorrentes.

que, mesmo em *vacatio legis*, durante o período analisado, deveriam ser seguidos em matéria de tratamento de dados, e o Relatório elaborado pelo Data Privacy Br, que estabelece cinco passos a serem seguidos para a salvaguarda dos direitos fundamentais sob a ótica da proteção de dados. Além disso, utilizaremos como caso paradigmático o julgamento da Ação Direta de Inconstitucionalidade (ADI) 6387 que indiretamente reconheceu como direito fundamental a proteção de dados.

1. DIREITO À PRIVACIDADE E O RECONHECIMENTO DA PROTEÇÃO DE DADOS COMO DIREITO FUNDAMENTAL

1.1 Direito à privacidade: conceito e leitura à luz da proteção de dados

Podemos extrair o direito à privacidade diretamente de nosso texto constitucional, em seu artigo 5°, inciso X, *in verbis*: "são invioláveis a intimidade, a vida privada, a honra e a imagem das pessoas, assegurado o direito a indenização pelo dano material ou moral decorrente de sua violação" (BRASIL, 1988). O artigo 21° do Código Civil diz que "a vida privada da pessoa natural é inviolável, e o juiz, a requerimento do interessado, adotará as providências necessárias para impedir ou fazer cessar ato contrário a esta norma" (BRASIL, 2002).

De acordo com Sarlet (2018, p. 468-472), o direito à privacidade envolve o direito de impedir que estranhos tenham acesso a informações sobre a vida privada, além de restrições quanto à divulgação dessas informações. No Brasil, esse direito se conecta diretamente com a proteção da dignidade e personalidade humanas, o que pode ser extraído pela proteção constitucional dado à intimidade, à vida privada e à inviolabilidade de dados (Ibidem). A dignidade da pessoa humana é uma das premissas antropológicas da nossa democracia constitucional, ao passo que uma leitura moral do nosso diploma constitucional aponta para o princípio da liberdade como um argumento moral da ordem jurídico-político-cultural brasileira (BIELSCHOWSKY, 2013, p. 71). Nessa linha, um ideal de boa exige-nos que adotemos o conceito de liberdade em sentido não somente formal, como também material. É nessa lógica que o direito à intimidade e à vida privada se conectam com a liberdade. A liberdade só é alcançada em uma ordem social que estabeleça uma separação entre o bem público e o bem privado. É por isso que a investida do Estado por mais vigilância e controle de dados muitas vezes confronta não somente princípios éticos, como também valores morais e culturais da sociedade moderna.

Com a evolução das TIC's, novas configurações envolvendo o direito à privacidade ganharam espaço, especialmente aquelas que a conectam com a proteção dos dados. Nesse sentido, Rodotà afirma que:

> as novas dimensões da coleta e do tratamento de informações provocaram a multiplicação de apelos à privacidade e, ao mesmo tempo, aumentaram a consciência da impossibilidade de confiar as novas questões que surgem dentro do quadro institucional tradicionalmente identificado por este conceito (RODOTÀ, 2008, p. 23).

O mesmo autor ainda sugere que a privacidade deve ser definida "como o direito de manter o controle sobre as próprias informações" (Ibidem, p. 92) e que, por isso ao sujeito deve ser dada a possibilidade de "conhecer, controlar, endereçar, interromper o fluxo das informações a ele relacionadas" (Ibidem). Dessa maneira, a privacidade tem escopo tanto de uma liberdade negativa quanto de uma liberdade positiva.

De modo a situar o leitor dentro de nossa leitura da privacidade através do impacto das novas tecnologias é importante conceituar também o que são dados. De acordo com a Comissão Europeia, o gênero "dados pessoais" compreende informações relativas a uma pessoa viva, identificada ou identificável, além do conjunto de informações distintas que podem identificar determinada pessoa. Assim, dados pessoais descaracterizados, codificados ou pseudonimizados que são reversíveis, ou seja, podem reidentificar uma pessoa, continuam sendo dados pessoais, enquanto dados que tenham se tornado completamente anônimos e, uma vez que essa anonimização seja irreversível, deixam de ser dados pessoais (COMISSÃO EUROPEIA, 2020).

Mesmo com uma caracterização diferenciada entre dados anonimizados e pseudoanonimizados, o fato é que hoje, com as mais diversas tecnologias de captação e armazenamento de dados, é impossível garantir mecanismos de segurança que garantam uma anonimização completa. Isso acontece, pois mesmo que os dados pessoais sejam descaracterizados, há diversos estratagemas, como o cruzamento de dados que possibilitam a reversibilidade e a identificação desses dados.

O art. 5º da Lei Geral de Proteção de Dados (LGPD) incorpora a definição de dados pessoais e específica um tipo de dado pessoal que merece uma proteção ainda mais robusta que a proteção geral. *In verbis:*

> Art. 5º Para os fins desta Lei, considera-se: (...) II – dado pessoal sensível: dado pessoal sobre origem racial ou étnica, convicção religiosa, opinião política, filiação a sindicato ou a organização de caráter religioso, filosófico ou político, dado referente à saúde ou à vida sexual, dado genético ou biométrico, quando vinculado a uma pessoa natural (BRASIL, 2018).

No campo do tratamento e proteção dos dados, o uso da LGPD é importante, pois embora ainda estivesse em período de *vacatio legis*, até agosto de 2020, o diploma possuía um papel norteador para o setor público e privado que fazem o uso de dados, especialmente para fins de enfrentamento a maior pandemia da modernidade. Além disso, suas regras deônticas independem da sua vigência, o que pode ser confirmado pelo uso destas no julgamento da ADI 6387 pelo Supremo Tribunal Federal (STF) e por uma interpretação extensiva do texto constitucional, acordos internacionais de Direitos Humanos dos quais o Brasil é signatário, além de consolidada jurisprudência internacional, em especial o Tribunal Europeu dos Direitos do Homem.

É por isso que, independentemente da vigência da LGPD, as partes envolvidas no tratamento de dados, sejam públicas ou privadas, "possuem o dever de incorporação de salvaguardas e mecanismos de mitigação de riscos a direitos fundamentais, decorrente do ordenamento jurídico brasileiro" (BIONI et al, 2020, p. 6). Desse modo, uma leitura atenta do ordenamento jurídico nos permite observar algumas normativas importantes, nesse sentido, como: a Lei 12.965/2014 – Marco Civil da Internet –, a Lei 12.527/2011 – Lei de Acesso à Informação e a Lei 9.472/1997 – Lei Geral de Telecomunicações.

1.2 O julgamento da ADI 6387 e o reconhecimento da proteção de dados como direito fundamental

O julgamento da ADI 6387 é um caso paradigmático porque discutiu a constitucionalidade da Medida Provisória (MP) 954, destinada a permitir o compartilhamento de dados não anonimizados por empresas de telecomunicações ao Instituto Brasileiro de Geografia e Estatística (IBGE), durante a emergência de saúde pública, e que possuía sérios problemas que poderiam levar a violação à privacidade e ao direito à autodeterminação informativa dos cidadãos.

A MP não continha quaisquer salvaguardas aos dados dos indivíduos e detinha potencial para gerar sérias violações de direitos fundamentais. Tendo em vista que sua finalidade era colocada de maneira excessivamente genérica, a MP permitia uma coleta massiva de dados pessoais individualizados e sensíveis sem qualquer detalhamento técnico que justificasse uma preocupação dos agentes públicos envolvidos na tutela da privacidade e liberdade dos afetados. Além disso, em seu texto, não havia um mecanismo de supervisão da coleta desses dados.

Conforme defendido pelo instituto DataPrivacyBR, atuando como *amicus curiae*, não se devia tratar como um problema de sigilo de dados, mas sim como proteção de dados[2]. Nesse sentido, esse direito compreende:

> um remédio à potencial abusividade por parte daquele que detém o poder do uso dos dados em razão da criação de um conjunto de salvaguardas democráticas, como o atendimento a finalidades específicas, a existência de base legal ou política pública claramente identificada, o direito de transparência e acesso aos dados por parte dos cidadãos e o direito de se opor a situação de potencial abuso, opacidade ou risco elevado às liberdades civis (DATA PRIVACY BRASIL, 2020).

Com o julgamento, o STF alterou seu entendimento anterior de maneira a enxergar a MP não à luz do direito ao "sigilo de dados" tal como previsto no art. 5º, XII, da Constituição Federal, e sim através da identificação de um direito fundamental à proteção de dados pessoais, reconhecendo a privacidade a proteção de dados pessoais

---

2. De acordo com a manifestação do Data Privacy Brasil: "O direito à proteção de dados pessoais está ligado à proteção dos direitos da personalidade e o exercício de liberdades públicas específicas. Ele não se relaciona essencialmente com o sigilo de comunicações, mas sim, com a garantia de que a utilização de dados pessoais observará requisitos legais para coleta e tratamento, que garantam o absoluto respeito ao exercício presente e futuro de direitos e garantias constitucionais. Não se trata, portanto, de uma liberdade negativa do cidadão em restringir o acesso às informações sigilosas ou das suas comunicações, mas, pelo contrário, de uma liberdade positiva, condicionada pelo estabelecimento de garantias, para que eventual ingerência sobre as suas informações pessoais seja legítima". DATA PRIVACY BRASIL. *Petição de Amicus Curiae*: Ação Direta de Inconstitucionalidade 6.387. Brasília: STF, 2020. p. 1-30.

como valores assentados pelo princípio da dignidade da pessoa humana, tutelado no texto constitucional (STF, 2020).

A partir dessa perspectiva, a Ministra do STF, Rosa Weber, suspendeu liminarmente a MP a pedido da ADI 6.387 (VITAL, 2020), alegando que ela não satisfaz as exigências do texto constitucional quanto à efetiva proteção dos direitos fundamentais dos brasileiros. A Ministra alegou que não ficou demonstrado o interesse público legítimo na troca dessas informações e nem a proporcionalidade da medida, ao disponibilizar dados pessoais dos consumidores das companhias telefônicas para entidade da Administração Pública. Destacou ainda que "Ao não definir apropriadamente como e para que serão usados os dados coletados, a Medida Provisória não oferece condições para avaliação da sua adequação e necessidade" (VALENTE, 2020).

A ministra também demonstrou grande preocupação da Corte com perigos relacionados à vigilância – à primeira vista justificável em tempos de crise sanitária – que poderiam ser estendidos para outros momentos. Em seu voto, a Ministra ressaltou que "a história nos ensina que uma vez estabelecida a sistemática de vigilância, há grande perigo de que as medidas não retrocedam e que os dados já coletados sejam usados em contextos muito diversos daquele que justificaram inicialmente a sua coleta" (MENDES, 2020).

Rosa Weber reconheceu que não é possível comparar a obtenção dos dados previstos pelas listas telefônicas do passado à modernidade das TIC's e afirmou que a MP não contemplava fiscalização ou consequência sobre responsabilização por acesso indevido ou mau uso de dados (STF, 2020), (BRASIL, 2020a).

Por fim, destacam-se três aspectos centrais da decisão: (i) a superação do entendimento de que existiriam dados pessoais desprovidos de proteção, superando a ideia do sigilo de comunicação, e consolidando a proteção do dado pessoal ela tutela constitucional; (ii) o reconhecimento de um direito autônomo à proteção de dados pessoais que obriga o Estado o dever de não interferência e o dever de adotar medidas positivas para a proteção desse direito; (iii) o reconhecimento desse direito fundamental, mesmo com a prorrogação da LGPD para agosto de 2020 (MENDES, 2020).

2. ANÁLISE SOBRE O USO DE GEORREFERENCIAMENTO PELOS ESTADOS NO CONTEXTO DE UMA EMERGÊNCIA SANITÁRIA

Durante situações, como as vividas durante a pandemia de SarS-CoV-2, é comum o uso da máxima "situações emergenciais, respostas jurídicas emergenciais" pelo poder público, como resposta à disseminação do vírus, para ampliar poderes excepcionais e limitar determinados direitos à sociedade. Contudo, é correto afirmar que uma democracia constitucional não se esvai em uma situação de emergência e, por isso, uma resposta constitucional adequada continua sendo a única forma de se evitar poderes autoritários de governantes, que usam dessa oportunidade para reforçar seu poder ao revés da democracia.

O tratamento de dados também se enquadra nessa lógica. É certo que se deve fazer um uso legítimo de dados no combate à COVID-19. Por isso, ao analisar se os sistemas de monitoramento SIMI-SP e a contratação/atuação da *startup In Loco* por vários estados, este estudo utilizou como referência o Relatório "Privacidade e pandemia", elaborado pelo Data Privacy Br, por entender que o mesmo trouxe parâmetros e princípios essenciais para a mitigação de riscos aos direitos fundamentais, decorrentes do ordenamento jurídico brasileiro e do Regulamento Sanitário Internacional.

A formulação de políticas públicas de compartilhamento de dados pessoais, entre a Administração Pública e o setor privado, considerando o marco temporal da pandemia estudado, deve estar de acordo com o Regulamento Sanitário Internacional (Decreto 10.212/2020), a Lei 13.979/2020 (Lei da Quarentena) – que dispõe sobre medidas de enfrentamento à emergência sanitária decorrente do vírus SarS-CoV-2 – a LGPD, além das normas setoriais de proteção de dados pessoais; quais sejam, a Lei 12.965/2014 (Marco Civil da Internet) e a Lei 9.472/1997 (Lei de Acesso à Informação) (BIONI et al, loc. cit.).

A Lei da Quarentena prevê medidas de limitação à direitos fundamentais constitucionais, tais como a liberdade de locomoção, a realização compulsória de testes e o compartilhamento obrigatório "de dados essenciais à identificação de pessoas infectadas ou com suspeita de infecção pelo coronavírus" entre os diferentes órgãos da administração pública e também pessoas jurídicas de direitos privado (BRASIL, 2020b). O Regulamento Sanitário Internacional, criado pela Organização Mundial da Saúde (OMS) e introduzido no ordenamento jurídico brasileiro pelo Decreto 10.212/2020, preconiza a proteção aos direitos humanos e às liberdades fundamentais das pessoas, dedicando atenção à proteção de dados pessoais por meio de seu artigo 45, *in verbis*:

> 1. As informações de saúde coletadas ou recebidas por um Estado Parte de outro Estado Parte ou da OMS, consoante este Regulamento, referentes a pessoas identificadas ou identificáveis, deverão ser mantidas em sigilo e processadas anonimamente, conforme exigido pela legislação nacional.
>
> 2. Não obstante o Parágrafo 1°, os Estados Partes poderão revelar e processar dados pessoais quando isso for essencial para os fins de avaliação e manejo de um risco para a saúde pública, no entanto os Estados Partes, em conformidade com a legislação nacional, e a OMS devem garantir que os dados pessoais sejam: (a) processados de modo justo e legal, e sem outros processamentos desnecessários e incompatíveis com tal propósito; (b) adequados, relevantes e não excessivos em relação a esse propósito; (c) acurados e, quando necessário, mantidos atualizados; todas as medidas razoáveis deverão ser tomadas a fim de garantir que dados imprecisos ou incompletos sejam apagados ou retificados; e (d) conservados apenas pelo tempo necessário (BRASIL, 2020c).

Outrossim, o tratamento de dados pessoais deve ter como fundamento os direitos humanos e as liberdades fundamentais, e, por isso, a utilização da LGPD é tão importante, vez que ela estabelece parâmetros principiológicos e procedimentos que levam em conta a preocupação com tais fundamentos. Uma leitura atenta do Marco Civil da Internet nos permite conectá-lo com o artigo 5° do texto constitucional, garantindo a todos residentes no país a inviolabilidade à vários direitos, dentre eles: à liberdade, à liberdade de reunião e à vida privada (BRASIL, 1988).

O Relatório formulou 5 (cinco) passos, extraído por meio de leituras conjuntas dos diplomas elencados, que deveriam ser observadas pelos agentes envolvidos no tratamento dos dados. São eles:

> Passo 1: Avaliação da necessidade da elaboração de política de saúde centrada em dados;
>
> Passo 2: Definição da finalidade e necessidade do tratamento de dados;
>
> Passo 3: Definição do ciclo de vida e descarte;
>
> Passo 4: Definição de salvaguardas específicas para direitos fundamentais;
>
> Passo 5: Garantia de publicidade, transparência e participação (BIONI et al, loc. cit., p. 7).

Esses cinco passos são aduzidos por meio de princípios observados dentro dos diplomas legais anteriormente elencados. Em linhas gerais, os cinco passos resumem dez princípios, que são desenvolvidos pelo Relatório da seguinte forma:

> Princípios estabelecidos pela Constituição Federal e pelo Regulamento Sanitário Internacional:
>
> (I) Motivação: Possuo evidências científicas que embasem o uso de dados pessoais?
>
> (II) Previsão legal: há previsão do uso em lei?
>
> (III) Instrumento: há instrumento contratual ou congênere?
>
> Princípios estabelecidos pela Lei da Quarentena:
>
> (I) Finalidade: há finalidade delimitada?
>
> (II) Minimização: são usados apenas os dados estritamente necessários para atingir a finalidade?
>
> (III) Ciclo de vida: foi delimitado um período de uso e descarte seguro?
>
> Princípios estabelecidos pelo Marco Civil da Internet:
>
> (I) (Pseudo) anonimização: foram aplicadas técnicas adequadas de remoção de identificadores e elementos de individualização?
>
> (II) Segurança da informação: foram aplicadas técnicas adequadas de remoção de identificadores e elementos de individualização?
>
> (III) Segurança da Informação: as melhores práticas de segurança foram observadas?
>
> Princípios estabelecidos pela Constituição Federal e pela Lei de Acesso à Informação:
>
> (I) Transparência: a documentação e métodos são públicos e auditáveis?
>
> (II) Código aberto: os códigos utilizados estão sujeitos a escrutínio público? (Ibidem, p. 14)

Após essa curta introdução das principais normas que dispõem sobre o tratamento de dados e dos passos apontados pelo Relatório, que sintetizou o que foi disposto em todos esses diplomas, podemos analisar com cuidado se as experiências do SIMI-SP e da *startup In Loco* possuem salvaguardas de proteção aos direitos fundamentais e humanos, bem como se há um devido tratamento de dados que seguem os cinco passos indicados.

2.1 O SIMI-SP e a proteção de dados

O SIMI é um sistema de monitoramento, que funciona através de um acordo de cooperação entre as empresas de telefonia Vivo, Claro, Oi, TIM e o estado de São Paulo. A partir dessa cooperação entre entes, o poder público pode consultar informações agregadas e anônimas sobre a geolocalização de indivíduos em municípios paulistas específicos (SÃO PAULO, 2020a). Esses dados já eram previamente coletados pelas operadoras de telefonia móvel, mas serviam apenas para uso interno de manutenção da demanda e gerenciamento.

Dessa forma, o SIMI baseia-se na quantidade de aparelhos celulares conectados às antenas das operadoras de telefonia, para enviar apenas dados estatísticos à Associação Brasileira de Recursos em Telecomunicações (ABR), que os consolidam por meio do Instituto de Pesquisa Tecnológicas (IPT) através da análise dessas informações em um software de Big Data. Assim, o governo de São Paulo consegue ter informações concretas das taxas de isolamento em municípios e bairros (RESEARCH, 2020). Além disso, os dados permitem identificar locais onde há grande concentração de pessoas, para que sejam realizadas ações de orientação e advertência (SÃO PAULO, 2020b).

A primeira dificuldade em se analisar a metodologia de tratamento de dados do sistema é a de que o governo do estado de São Paulo não divulgou o acordo técnico de cooperação com as empresas de telefonia; em linhas gerais, apenas divulgou o decreto que instituiu o sistema, em maio, e o Extrato do Acordo Técnico, após forte pressão de entidades representativas da sociedade civil, tendo em vista que o sistema já se encontrava em funcionamento, desde meados de abril. Por isso que uma ação popular foi protocolada no TJ-SP (GONÇALVES; SORMANI, 2020), bem como um mandado de segurança, questionando a falta de transparência do estado e quais teriam sido os termos desse acordo (SÃO PAULO, 2020c).

Pela falta de divulgação pública do Acordo Técnico, utilizamos a manifestação do MP-SP, para ter acesso à alguns trechos do acordo, bem como da manifestação das partes nos autos.

Com relação ao objeto do acordo:

1. DO OBJETO DO ACORDO

1.1. O presente Acordo estabelece a cooperação entre as Partes para:

1.1.1 Permitir acesso do ente público aos dados disponibilizados na plataforma *big data*, com a finalidade de apoiar os órgãos governamentais legitimados e devidamente motivado, diante do interesse público geral e irrestrito em conter a disseminação do vírus Covid-19, por meio da identificação de zonas, onde podem ocorrer maior disseminação do vírus, utilizando-se de matrizes de fluxos de deslocamento de origem e destino, entre outras aplicação que possam ser desenvolvidas com a mesma finalidade.

1.2. As PARTES declaram que para a execução do presente Acordo não há o tratamento de qualquer dado pessoal, tendo em vista que todos os Dados são anonimizados, agregados, estatísticos e volumétricos disponibilizados das bases das Prestadoras (Ibidem, p. 6).

O artigo 1º do Decreto 64.963/2020, de maneira semelhante, especifica que:

> Artigo 1º Fica instituído o Sistema de Informações e Monitoramento Inteligente – SIMI, consistente em ferramenta de consolidação de dados e informações coligidos por órgãos e entidades da Administração Pública estadual. Parágrafo único. O SIMI: 1. destina-se a apoiar a formulação e avaliação das ações do Estado de São Paulo para enfrentamento da pandemia da COVID-19; 2. não conterá dados pessoais, assim considerados aqueles relacionados a pessoa natural, identificada ou identificável, limitando-se a dados anonimizados (SÃO PAULO, 2020d).

Tendo em consideração o passo 2 (definição da finalidade e necessidade do tratamento de dados), o item 1.1.1 do Acordo Técnico e o artigo 1º do referido Decreto, delimitam a finalidade e qual será o tipo de dado a ser utilizado; ou seja, dados anonimizados.

É certo que há uma intenção clara, em ambos os documentos, de que os dados disponibilizados sejam anonimizados; e, portanto, não há qualquer tratamento de dados pelo governo estadual, mas sim pelas próprias operadoras. Entretanto, não é possível garantir que um dado seja ao mesmo tempo útil e integralmente anonimizado (RUBINSTEIN; HARTZOG, 2015, p. 530). Posto isso, há de reconhecer que é possível a reidentificação de dados de geolocalização, através de agrupamento e metodologias estatísticas, mesmo após anonimização (ZETT, 2013).

Nesse sentido, a gere o SIMI-SP ressaltou que:

> O processo de anonimização dos dados é realizado dentro da infraestrutura das próprias prestadoras e, após, é disponibilizado na Plataforma BigData, a qual é alimentada por informações do dia anterior, não havendo a possibilidade de identificação pelo IPT de qualquer dado pessoal ou sensível dos titulares dos celulares. Acresça-se que nem mesmo é possível identificar a prestadora que originou a informação. (...) Não existe qualquer atentado à "inviolabilidade das comunicações telefônicas", simplesmente porque não há captação de qualquer comunicação telefônica e não existe qualquer tipo de escuta ou fornecimento de dados referentes às ligações. Igualmente, não há ofensa aos direitos à intimidade e à privacidade, já que os dados coletados não se referem à localização do titular, mas à quantidade de aparelhos celulares que está conectada a uma antena de telefonia móvel. As informações não identificam com precisão onde está cada pessoa, mas apenas que um conjunto de usuários de uma determinada região está utilizando uma antena para se comunicar com a rede de telefonia (SÃO PAULO, 2020c).

Técnicas como essa devem garantir o maior nível de anonimização possível, seja reduzindo a frequência de atualização dos dados para abranger mais eventos e, com isso, dificultar a identificação de um caso recente; seja nos casos de mapas de calor, aumentando a área mapeada para que se evite a granularidade da informação (BIONI et al, loc. cit., p. 22). Além disso, técnicas de anonimização devem sofrer processos de avaliação pela "comunidade científica e da ciência da computação e de dados" (Ibidem). Nenhum dos dois documentos apresenta qual tipo de anonimização foi empregado e nem se houve algum tipo de abertura para a testagem pela comunidade científica, para que se reconheça falhas e diminua o risco de reidentificação.

Além disso, a autoridade não explicou como o SIMI-SP envia mensagens para os usuários das companhias telefônicas em casos de eventuais aglomerações e tampouco esta possibilidade se encontra no Decreto publicado pelo governo de São Paulo[3]. Mesmo assim, os desembargadores do TJ-SP decidiram que o monitoramento a partir de dados dos celulares, para fins de enfrentamento à pandemia, não configura violação ao direito de privacidade (MACIEL, 2020). A decisão se baseou no parecer da Procuradoria Geral do Estado de São Paulo que, através do Acordo de Cooperação Técnica, informou que os dados tratados são estatísticos, agregados e anônimos (SÃO PAULO, 2020c), não identificando os clientes nem oferecendo dados em tempo real, conforme obsta o artigo 5°, III da LGPD. A justificativa da decisão judicial também se baseou no alegado interesse público das medidas de combate à Covid-19 no estado (MIGALHAS, 2020).

Devemos ainda nos atentar para os artigos 11, alínea c, em conjunto com o 13 da LGPD que constituem as hipóteses legítimas para tratamento de dados, independente de consentimento do usuário. De acordo com os artigos 11 e 13:

> Art. 11. O tratamento de dados pessoais sensíveis somente poderá ocorrer nas seguintes hipóteses:
> (...)
> II – sem fornecimento de consentimento do titular, nas hipóteses em que for indispensável para:
> (...)
> c) realização de estudos por órgão de pesquisa, garantida, sempre que possível, a anonimização dos dados pessoais sensíveis;
> (...)
> Art. 13. Na realização de estudos em saúde pública, os órgãos de pesquisa poderão ter acesso a bases de da dos pessoais, que serão tratados exclusivamente dentro do órgão e estritamente para a finalidade de realização de estudos e pesquisas e mantidos em ambiente controlado e seguro, conforme práticas de segurança previstas em regulamento específico e que incluam, sempre que possível, a anonimização ou pseudonimização dos dados, bem como considerem os devidos padrões éticos relacionados a estudos e pesquisas (BRASIL, 2018).

No entanto, as hipóteses apontadas na alínea c, bem como no art. 13° não dispensam a observação dos demais princípios da LGPD; dentre os quais: finalidade, necessidade, adequação e segurança. Além disso, há preocupante vagueza na finalidade do Acordo, o que parece não ter sido levado em conta muito por causa da emergência sanitária. Outrossim, o Decreto não estipula uma previsão de termo final para o acordo, o que traz potenciais perigos de que uma medida aprovada em uma situação de anormalidade transforme-se em um novo normal, e não traz quaisquer medidas específicas, destinadas a reafirmar e reforçar as proteções aos direitos fundamentais (CORRÊA; LUZ, 2020). Com bastante dificuldade, localizou-se, no extrato do Instrumento Contratual, divulgado pelo IPT, o prazo de vigência do acordo: de 14 de abril até 30 de junho de 2020 (IPT, 2020).

---

3. Importante ressaltar que a possibilidade do envio de mensagens foi apresentada no dia 09 de abril quando o governo anunciou o sistema, embora não apareça de maneira explícita no Decreto. GOVERNO, Portal do. *Governo de SP apresenta Sistema de Monitoramento Inteligente contra coronavírus*. 2020. Disponível em: https://www.saopaulo.sp.gov.br/noticias-coronavirus/governo-de-sp-apresenta-sistema-de-monitoramento-inteligente-contra-coronavirus/. Acesso em: 25 maio 2020.

Desse modo, mesmo com a decisão favorável ao monitoramento dos dados, é possível constatar que o sistema possui sérios problemas relativos à proteção dos dados e à salvaguarda a outros direitos fundamentais, pois:

(i) o Governo é pouco transparente quanto aos procedimentos adotados (passo 5), não especificando se houve a participação da comunidade científica na avaliação primária desse tratamento e não disponibilizando na integra os termos do Acordo Técnico firmado. Esse é um passo fundamental, pois a garantia da publicidade e a transparência está prevista na Constituição Federal, na Lei de Acesso à Informação, além do Regulamento Sanitário Internacional;

(ii) Há certa vagueza quanto a finalidade do Acordo e do Decreto (passo 2);

(iii) Tampouco definiu um ciclo de vida e descarte desses dados, não estabelecendo um prazo final para o término do acordo no Decreto (passo 3). Encontra-se estipulado o prazo de vigência apenas no Extrato do Acordo de Cooperação Técnica, o que de nenhum modo supre a necessidade da estipulação via decreto, observando-se os princípios de transparência;

(iv) Trouxe apenas o tipo de dado a ser utilizado (anonimizado), mas não especificou salvaguardas específicas para direitos fundamentais (passo 4) e nem qual metodologia de anonimização foi utilizada pelas empresas de telefonia.

Concluiu-se que o acordo técnico de cooperação viola a proteção de dados dos cidadãos e implicam grave risco a privacidade e a liberdade. A vigilância sanitária é necessária para o combate à pandemia, mas ela não pode ser motivo para a infração de direitos fundamentais tão importantes para a ordem jurídico constitucional brasileira e seus cidadãos. Ademais, a transparência, em especial nos serviços de natureza pública, é essencial justamente para evitarmos tais violações e abuso de poder por parte dos entes públicos. Essas medidas de contenção não poderiam servir de alicerce para a ampliação dos danos experimentados pela população, durante a pandemia.

2.2 *Startup in loco* e seu acordo de monitoramento de dados em quatorze estados

Desde meados de abril, uma ferramenta de geolocalização desenvolvida pela startup foi adotada por quatorze das vinte e sete unidades federativas – Alagoas, Amapá, Amazonas, Ceará, Maranhão, Goiás, Mato Grosso do Sul, Mato Grosso, Minas Gerais, Pará, Paraíba, Piauí, Santa Catarina, São Paulo e Rio Grande do Sul (SCHREIBER, 2020) – e presente em cerca de 60 milhões de celulares, de forma gratuita. A metodologia de funcionamento desenvolvida pela empresa é a da coleta de dados de dispositivos móveis por meio de aplicativos parceiros que são obrigados a pedir o consentimento do usuário (IN LOCO, 2020). Desse modo, a coleta começa quando você ativa aplicativos de geolocalização do seu dispositivo e aceita suas permissões. Os dados de localização são consolidados em clusters[4], além de serem protegidos por funções de hash e criptografia ferramentas que diminuem os riscos de re-identificação dos indivíduos" (MOURA, FERRAZ, 2020, p. 13).

---

4. Grupos de usuários baseados em semelhanças.

Em seu site a *startup* ressalta que sua finalidade é a de que, os governos, saibam quais regiões de determinada cidade ou estado tem menor ou maior número de adesão ao isolamento social, para que esses entes possam direcionar melhor suas políticas de saúde, conscientização e segurança. Dentre outras funcionalidades, a empresa apresenta aos estados: a contagem de visitas anonimizadas (sem identificação individual) a hospitais, clínicas e postos de saúde; índices de deslocamento de pessoas e focos de aglomeração; análise de visitas a estabelecimentos não essenciais; e um índice médio de isolamento do estado ou município em específico.

O primeiro ponto a ser trabalhado foi a dificuldade em encontrar um decreto que instituísse a parceria entre os estados e a *startup*. Dentre os quinze estados foi possível encontrar apenas a Arquitetura de Enfrentamento à COVID-19 elaborada pelo Ministério Público do Estado de Pernambuco, a Secretária Estadual de Saúde de Pernambuco e o Porto Digital de Recife, que estabeleceu um edital aonde as melhores soluções seriam escolhidas, e um Extrato do Termo de Cooperação Tecnológica feito entre a *startup*, o IPT e o Governo do Estado de São Paulo (IPT, loc. cit.). A *startup* foi escolhida para criar uma tecnologia de geolocalização aplicada ao vírus (DESAFIO COVID-19, 2020).

Nesse sentido, a falta de transparência é um problema grave, pois muito embora a empresa expresse em seu sítio suas políticas de privacidade e, de uma maneira geral, como trata seus dados, sem um decreto ou normativa não se pode descobrir em quais termos e limitações esse compartilhamento de dados com os entes públicos é efetuado. A transparência exige que tanto entidades privadas, quanto o poder público tenham o dever de prestar informações claras, adequadas e facilmente acessíveis sobre quais informações são utilizadas, suas finalidades e os agentes envolvidos no tratamento de dados (BIONI et al, loc. cit., p. 22). No caso em questão, apenas a entidade privada presta informações, o que denota um conflito com o passo 5 (garantia de publicidade, transparência e participação).

No relatório "Meios de controle à Pandemia da COVID-19", elaborado pela empresa, há uma suscita explicação sobre como os dados serão coletados, armazenados, utilizados, compartilhados e retidos, segurança a ser aplicada e alguns mecanismos de controle, pelos indivíduos, sobre seus dados (MOURA, FERRAZ, 2020).

Com relação a como serão coletados, o relatório explica que um software é integrado aos aplicados de parceiros, clientes e órgãos públicos, de maneira que, ao instalar esses aplicativos, o usuário indiretamente dá consentimento à coleta pelo serviço. Os dados então são armazenados em uma base de armazenamento de objetos e geridos exclusivamente pela empresa, através de uma plataforma fornecida pela *Amazon*. Além disso, o compartilhamento de dados às autoridades públicas é realizado de maneira agregada por cidades e bairros, com dados anônimos; não compartilhando quaisquer dados individualizados (Ibidem, p. 14).

Entretanto, a *startup* não deixou claro quem são estes parceiros e nem se, nos termos de uso dos aplicativos parceiros, há uma especificação de que o uso desses dados será compartilhado com um terceiro (*In Loco*) com vistas a atuar no combate à COVID-19. Essa omissão é preocupante, pois não é possível sabermos se o consentimento dado pelo usuário para estes aplicativos parceiros possibilita o compartilhamento de dados com outras empresas.

Outro ponto importante do Relatório é o de que este prevê o tempo de coleta e descarte dos dados, *in verbis*:

> Os dados pessoais dos usuários serão armazenados enquanto durarem as medidas de quarentena e isolamento social decorrentes da pandemia ou o estado de calamidade pública decretado. Em hipótese alguma a In Loco utilizará as informações coletadas durante este período para qualquer finalidade que não seja o combate à COVID-19, nem agregará ao seu banco de dados para outras finalidades de negócio. Os contratos celebrados com os órgãos públicos terão duração de 02 (dois) meses, podendo ser prorrogados por igual período. Após o fim do estado de calamidade pública, a In Loco realizará a eliminação segura dos dados. A In Loco também poderá reter dados anonimizados (que não são capazes de identificar o titular nem direta, nem indiretamente) para realizar análises estatísticas, por tempo indeterminado (Ibidem, p. 16).

Grave são as últimas palavras dessa citação, já que reserva a empresa o direito de reter dados anonimizados para análises estatísticas, *por tempo indeterminado*. Esse medo é justificado, pois se a finalidade da coleta de dados era para fins de enfrentamento à pandemia, esses devem ser descartados imediatamente após o cumprimento dessa finalidade. Nesse sentido, há potenciais riscos não somente envolvendo a privacidade, mais a própria proteção de dados.

Outro ponto importante é o de que a empresa permite o controle dos indivíduos sobre seus dados de três maneiras: (i) consentimento direto ao instalar os aplicativos no celular; (ii) mudança na configuração de permissões no dispositivo móvel, quando o usuário desativa o acesso das aplicações aos serviços de localização; (iii) o direito de oposição que permite ao próprio usuário interromper a coleta de novos dados (Ibidem, p. 20).

A partir do que foi apresentado, é possível constatar que, muito embora a *startup In Loco* seja bem mais transparente que o SIMI-SP, o sistema ainda possui uma série de riscos, apresentados abaixo:

(i) os Governos estaduais são pouco transparentes quanto aos procedimentos adotados (passo 5), sendo que somente o Estado de Pernambuco específica a participação da comunidade científica na avaliação primária do projeto; porém, mesmo assim, sem disponibilizar na integra os termos do Acordo Técnico firmado. Esse é um passo fundamental, pois a garantia da publicidade e a transparência está prevista na Constituição Federal, na Lei de Acesso à Informação, além do Regulamento Sanitário Internacional;

(ii) Embora haja a definição de um ciclo de vida e descarte desses dados, estabelecendo um prazo final para o término do acordo (passo 3), a empresa se reserva no direito de reter dados anonimizados, com fins estatísticos, o que por si só expõe perigos à proteção de dados, já que há evidente vagueza na definição de "fins estatísticos" e a anonimização pode não ser completa – o que denota um perigo de reversão desta, identificando o usuário.

(iii) A explicação dada pela *startup* quanto a coleta dos dados não especifica quem e quais são seus aplicativos parceiros, nem se o usuário está diretamente ciente de que seus dados serão compartilhados com uma empresa terceira para fins de combate à COVID-19. Se o termo de consentimento não clarificar tal possibilidade é pouco provável que os usuários desses aplicativos sequer saibam que estão sendo monitorados ou que algum deles exercerá seu direito à oposição. Se tal medida não estiver suficientemente clara, haverá um vício de consentimento, uma vez que o usuário deve ter poder sobre seus dados e, por isso, o consentimento não será absoluto, por se limitar aos termos de uso do aplicativo.

Portanto, o trabalho elaborado pela empresa, muito embora seja justificado pela emergência sanitária, deve respeitar o ciclo de vida e descarte desses dados uma vez finalizado seu propósito. Além disso, mesmo que o Acordo Técnico entre estado e empresa tenha se dado de maneira gratuita, os estados devem ser transparentes e divulgar os termos da parceria firmada; coisa que foi parcialmente feita apenas por Pernambuco. Um ponto a ser elogiado no procedimento de tratamento elaborado pela empresa é o de que ela permite o controle dos dados pelos próprios usuários, demonstrando uma preocupação com a adequação do sistema à LGPD, ainda em *vacatio legis*; mas não está nítido se a empresa, no ato de coleta dos dados, deixa claro sobre o compartilhamento de dados à terceiros e o direito de oposição ao usuário – o que pode gerar um vício no consentimento do usuário.

3. CONSIDERAÇÕES FINAIS

É certo que as novas tecnologias são essenciais para que se tenham melhores resultados no monitoramento e combate à pandemia. Nessa toada, a utilização de dados – como aqueles destinados à geolocalização – é importante para que se tenha uma resposta rápida e eficaz. Contudo, é impreterível que, durante o tratamento e compartilhamento entre entidades, desses dados, haja uma preocupação com a proteção de dados e da privacidade dos usuários.

Para isso, políticas públicas, cujo objetivo seja o compartilhamento de dados pessoais, entre a Administração Pública e o setor privado, devem estar de acordo com o texto constitucional, o Regulamento Sanitário Internacional, a Lei da Quarentena, a LGPD; além das normas setoriais de proteção de dados pessoais, quais sejam, o Marco Civil da Internet e a Lei de Acesso à Informação. O tratamento de dados pessoais deve ser fundamentado à luz dos direitos humanos e das liberdades fundamentais e por isso esta investigação adotou um modelo baseado em cinco passos, que não só incorporam à proteção desses direitos e liberdade, como também se baseiam nos diplomas legais previamente citados.

Foram analisados dois importantes programas de vigilância a partir de acordos firmados entre empresas privadas (de telefonia e uma *startup*) e estados brasileiros, entre os meses de março e julho de 2020. Em ambos os casos não houve uma completa adequação aos passos informados. As violações mais graves dizem respeito à transparência dos entes públicos, que não divulgaram seus acordos técnicos e utilizaram termos vagos nos poucos documentos disponíveis.

Uma violação grave, dentro do acordo estipulado entre esses entes e a *startup In Loco* é a de que a empresa se reserva no direito de reter dados anonimizados para fins estatísticos, por tempo indeterminado, muito embora a empresa não conceitue o que seriam esses "fins estatísticos"; além de pouco explicar seu processo de coleta de dados por meio de aplicativos parceiros, o que pode gerar um vício de consentimento do usuário. No caso do Sistema SIMI-SP, nem o decreto, nem as poucas partes que tivemos acesso estabelecem quais seriam as salvaguardas aos direitos fundamentais (em especial à privacidade) e a metodologia de coleta de dados – o que dá margem para abusividades pelo poder público ou privado, com a justificativa de combate à pandemia.

Destarte, é possível constatar que, dentre os casos analisados, há evidentes riscos à proteção dos dados dos usuários, já que ambos não cumprem integralmente com princípios balizadores presentes nas normas legais sobre o tema. É preciso que os estados, em parceria com as empresas, revisem seus programas de vigilância sanitária dos dados, para que a proteção ao cidadão não seja apenas uma promessa vazia. Instrumentos que possuem o potencial de controle social – como no caso acontece com o uso de dados – precisam de atenção especial e participação dos mais diversos setores em sua construção, para que se evite excessos e não se invada o espaço privado do cidadão.

Mesmo que tal pesquisa tenha sido feita no período anterior à vigência da LGPD, a proteção de dados ainda se faz importante; isso porque a proteção dos direitos humanos prescinde este diploma legal. Não podemos negar o direito à privacidade ou à liberdade dentro do mundo digital, mesmo que não houvesse um aparato legal no tempo estudado. O poder público em especial deve respeitar estes princípios basilares justamente por serem dotados de valores ético, moral e cultural. Além disso, a vedação do excesso em tempos de medidas excepcionais precisa ser respeitada, senão a democracia constitucional pode virar apenas um instrumento de dominação de quem ocupa o poder.

REFERÊNCIAS

BIELSCHOWSKY, Raoni Macedo. Democracias. *Democracia Constitucional*. São Paulo: Saraiva, 2013.

BIONI, Bruno; ZANATTA, Rafael; MONTEIRO, Renato Leite; RIELLI, Mariana. *Privacidade e Pandemia*: recomendações para o uso legítimo de dados no combate à covid-19. São Paulo: Data Privacy Br Research, 2020. 6p. Disponível em: https://www.dataprivacybr.org/wp-content/uploads/2020/04/relatorio_privacidade_e_pandemia_final.pdf. Acesso em: 16 maio 2020.

BRASIL. Constituição (1988). Constituição da República Federativa do Brasil. Brasília, DF. Disponível em: http://www.planalto.gov.br/ccivil_03/constituicao/constituicao.html. Acesso em: 15 maio 2020.

BRASIL. Decreto 10212, de 30 de janeiro de 2020. Revisão do Regulamento Sanitário Internacional. 2020c. Brasília, DF. Disponível em: https://www2.camara.leg.br/legin/fed/decret/2020/decreto--10212-30-janeiro-2020-789706-anexo-pe.pdf. Acesso em: 25 maio 2020.

BRASIL. Lei 10406, de 10 de janeiro de 2002. Código Civil. Brasília, DF. Disponível em: http://www.planalto.gov.br/ccivil_03/leis/2002/l10406.htm. Acesso em: 15 maio 2020.

BRASIL. Lei 13709, de 14 de agosto de 2018. Lei Geral de Proteção de Dados Pessoais (LGPD). Brasília, DF. Disponível em: http://www.planalto.gov.br/ccivil_03/_ato2015-2018/2018/lei/L13709.htm. Acesso em: 16 maio 2020.

BRASIL. Lei 13979, 6 de fevereiro de 2020. Dispõe sobre as medidas para enfrentamento da emergência de saúde pública de importância internacional decorrente do coronavírus responsável pelo surto de 2019. 2020b. Brasília, DF. Disponível em: http://www.planalto.gov.br/ccivil_03/_ato2019-2022/2020/lei/l13979.htm. Acesso em: 25 maio 2020.

BRASIL. Supremo Tribunal Federal. Medida Cautelar na Ação Direta de Inconstitucionalidade 6387. Medida Cautelar de Urgência. 2020a. Brasília, DF. Disponível em: http://www.stf.jus.br/arquivo/cms/noticiaNoticiaStf/anexo/ADI6387MC.pdf. Acesso em: 20 maio 2020.

COMISSÃO EUROPEIA. O que são dados pessoais? Disponível em: https://ec.europa.eu/info/law/law-topic/data-protection/reform/what-personal-data_pt. Acesso em: 16 maio 2020.

CORRÊA, Adriana Espíndola; LUZ, Pedro Henrique Machado da. A exceção na proteção de dados pessoais durante a Covid-19 – parte 2. *Consultor Jurídico*. 23 maio 2020. Disponível em: https://www.conjur.com.br/2020-mai-23/direito-civil-atual-excecao-protecao-dados-pessoais-durante-covid-19. Acesso em: 1º jun. 2020.

DATA PRIVACY BRASIL. *Petição de Amicus Curiae*: Ação Direta de Inconstitucionalidade 6.387. Brasília: STF, 2020. p. 1-30. Disponível em: https://www.dataprivacybr.org/wp-content/uploads/2020/05/dpbrr_amicuscuria_stf_ibge.pdf. Acesso em: 23 maio 2020.

DESAFIO COVID-19. *Arquitetura de Combate ao COVID-19*. Disponível em: https://desafiocovid19.mppe.mp.br/resultado. Acesso em: 02 jun. 2020.

GONÇALVES, Alex Araujo Terras; SORMANI, Renato Pires de Campos. *Ação Popular com pedido de liminar*. São Paulo, 2020. Disponível em: https://drive.google.com/file/d/1qo_GX6-V8p3qyEZzl-MkpCh8gHKP4ZlPi/view. Acesso em: 1º jun. 2020.

GOVERNO, Portal do. *Governo de SP apresenta Sistema de Monitoramento Inteligente contra coronavírus*. 09 abr. 2020. Disponível em: https://www.saopaulo.sp.gov.br/noticias-coronavirus/governo-de-sp-apresenta-sistema-de-monitoramento-inteligente-contra-coronavirus/. Acesso em: 25 maio 2020.

IN LOCO. *FAQ COVID-19*. 2020. Disponível em: https://www.inloco.com.br/faq-covid-19. Acesso em: 03 jun. 2020.

IPT. *Governo de SP usará IA para medir deslocamento de pessoas e avaliar efeitos de medidas no combate à pandemia*. Instituto de Pesquisas Tecnológicas do Estado de São Paulo. 15 jun. 2020. Disponível em: https://www.ipt.br/noticia/1626-inovacao_contra_a_pandemia.htm. Acesso em: 20 jun. 2020.

MACIEL, Rui. *Monitoramento de celulares para combate à COVID não viola privacidade, diz TJ-SP*. Canaltech. 08 jun. 2020. Disponível em: https://canaltech.com.br/governo/monitoramento-de-celulares-para-combate-a-covid-nao-viola-privacidade-diz-tj-sp-166172/. Acesso em: 1º jun. 2020.

MENDES, Laura Schertel. Decisão histórica do STF reconhece direito fundamental à proteção de dados pessoais. *JOTA*. 10 maio 2020. Disponível em: https://www.jota.info/opiniao-e-analise/artigos/decisao-historica-do-stf-reconhece-direito-fundamental-a-protecao-de-dados-pessoais-10052020. Acesso em: 25 maio 2020.

MIGALHAS. *TJ/SP*: monitoramento de celulares durante pandemia não viola privacidade. 08 jun. 2020. Disponível em: https://www.migalhas.com.br/quentes/328531/tj-sp-monitoramento-de-celulares-durante-pandemia-nao-viola-privacidade. Acesso em: 10 jun. 2020.

MOURA, Raíssa; FERRAZ, Lara. *Meios de Controle à Pandemia da COVID-19 e a Inviolabilidade da Privacidade*. Recife: In Loco, 2020. Disponível em: https://content.inloco.com.br/hubfs/Estudos%20

-%20Conte%C3%BAdo/Coronavirus/Meios%20de%20controle%20a%CC%80%20pandemia%20da%20COVID-19%20e%20a%20inviolabilidade%20da%20privacidade.pdf?hsCtaTracking=ad1577ba-e5bc-4ff3-afdd-54a896891088%7C07ab4d6b-53d3-4a06-9f43-fb43621df88f. Acesso em: 10 jun. 2020.

QUIROGA, Eduardo Molina. Privacidade, dados pessoais e tensões com a liberdade de expressão online. In: BELLI, Luca; CAVALLI, Olga. *Governança e regulações da internet na América Latina.* Rio de Janeiro: FGV Direito Rio, 2018. p. 326.

RESEARCH, Data Privacy Br. *Os Dados e o Vírus:* Informe #8. Disponível em: https://www.dataprivacybr.org/wp-content/uploads/2020/06/Informe-8-Os-Dados-e-o-V%C3%ADrus-06-a-12-de-junho.pdf. Acesso em: 02 jun. 2020.

RODOTÀ, Stefano. *A Vida na Sociedade da Vigilância:* a privacidade hoje. Rio de Janeiro: Renovar, 2008.

RUBINSTEIN, Ira S.; HARTZOG, Woodrow. Anonymization and Risk. *Nellco Legal Scholarship Repository*, New York, v. 1, n. 1, p. 703-760, out. 2015. Disponível em: https://pdfs.semanticscholar.org/b268/73f675985e5721aee08e5f471338c43b1a30.pdf. Acesso em: 01 jun. 2020.

SÃO PAULO. Decreto 64963, de 05 de maio de 2020. Institui o Sistema de Informações e Monitoramento Inteligente - Simi, destinado ao enfrentamento da pandemia da Covid-19, e dá providências correlatas. 2020d. São Paulo, SP. Disponível em: https://www.saopaulo.sp.gov.br/wp-content/uploads/2020/05/Decreto-64963-de-05-de-maio-de-2020-SIMI.pdf. Acesso em: 1º jun. 2020.

SÃO PAULO. Tribunal de Justiça do Estado de São Paulo. Parecer Processo 2073723-23.2020.8.26.0000. Parecer Procuradoria Geral de Justiça. 2020c. 9 p. São Paulo. Disponível em: http://www.mpsp.mp.br/portal/pls/portal/!PORTAL.wwpob_page.show?_docname=2660531.PDF. Acesso em: 28 maio 2020.

SÃO PAULO. *Governo de SP apresenta Sistema de Monitoramento Inteligente contra coronavírus.* 09 abr. 2020b. Disponível em: https://www.saopaulo.sp.gov.br/noticias-coronavirus/governo-de-sp-apresenta-sistema-de-monitoramento-inteligente-contra-coronavirus/. Acesso em: 27 jun. 2020.

SÃO PAULO. *Sistema de Monitoramento Inteligente* (SIMI-SP). 25 maio 2020a. Disponível em: http://www.desenvolvimentoeconomico.sp.gov.br/sistema-de-monitoramento-inteligente-simi-sp/. Acesso em: 25 maio 2020.

SARLET, Ingo Wolfgang; MARINONI, Luiz Guilherme; MITIDIERO, Daniel. *Curso de Direito Constitucional.* 7. ed. São Paulo: Saraiva Jur, 2018.

SCHREIBER, Mariana. *Coronavírus:* uso de dados de geolocalização contra a pandemia põe em risco sua privacidade? BBC News Brasil. 21 abr. 2020. Disponível em: https://www.bbc.com/portuguese/brasil-52357879. Acesso em: 03 jun. 2020.

STF, Notícias. *STF suspende compartilhamento de dados de usuários de telefônicas com IBGE.* 2020. Disponível em: http://www.stf.jus.br/portal/cms/verNoticiaDetalhe.asp?idConteudo=442902. Acesso em: 25 maio 2020.

VALENTE, Fernanda. MP 954 não define como e para que serão usados dados coletados, diz Rosa Weber. *Consultor Jurídico.* 06 maio 2020. Disponível em: https://www.conjur.com.br/2020-mai-06/mp-954-nao-define-finalidade-dados-coletados-rosa-weber. Acesso em: 25 maio 2020.

VITAL, Danilo. Rosa Weber atende OAB e suspende MP do compartilhamento de dados. *Consultor Jurídico.* 24 abr. 2020. Disponível em: https://www.conjur.com.br/2020-abr-24/rosa-atende-oab-suspende-mp-compartilhamento-dados. Acesso em: 25 maio 2020.

ZETT, Kim. *Anonymized Phone Location Data Not So Anonymous, Researchers Find.* 2013. Wired. 27 mar. 2013. Disponível em: https://www.wired.com/2013/03/anonymous-phone-location-data/. Acesso em: 28 maio 2020.

DIREITOS FUNDAMENTAIS E O BLOQUEIO DE PERFIS: ENTRE O DEVER DE PROTEÇÃO DO CONSUMIDOR E A LIBERDADE DE EXPRESSÃO DIANTE DA PROPAGAÇÃO DE *FAKE NEWS*

Fernando Rodrigues Martins

Doutor e Mestre em Direito das Relações Sociais pela Pontifícia Universidade Católica de São Paulo. Professor de pós-graduação na Universidade Federal de Uberlândia. Presidente do Brasil-COM. 3º Promotor de Defesa do Consumidor. Orientador-coautor. frodmartins@gmail.com.

Samuel Nunes Furtado

Graduando em Direito pela Universidade Federal de Uberlândia. Membro discente do Laboratório de Direitos Humanos, Tecnologia e Inovação. Coautor de artigos e livros coletivos. Estagiário na Promotoria de Defesa do Consumidor. samuel.nnunes@outlook.com.

SUMÁRIO: Introdução – 1. Relações de consumo e internet – 2. Tipos de provedores e termos de uso – 3. Os direitos fundamentais contemporaneamente; 3.1 Perspectiva historicista dos direitos fundamentais; 3.2 O direito-dever de proteção do consumidor – 4. Novos paradigmas da teoria geral do contrato e da responsabilidade civil – 5. Liberdade de expressão e remoção de conteúdo – 6. *Fake news*, bloqueio e exclusão de perfis – 7. Conclusão – Referências.

RESUMO: Trata-se de pesquisa com intuito de estudar a legalidade de convecção contratual entre provedor e consumidor constando, o bloqueio e a exclusão de perfis como forma de evitar a produção e disseminação de *Fake News*. Inicialmente foram feitas algumas ponderações sobre a constituição da relação de consumo na internet em detrimento da privacidade. Após o que se buscou estudar mais incisivamente as gerações dos direitos fundamentais, suas perspectivas e instrumentalização pelos contratos, bem como as novas nuances paradigmáticas das relações jurídicas considerando as características da sociedade informacional. Conclui-se que, desde que contratualmente previsto, é legal o bloqueio ou mesmo exclusão de perfis à vista da necessidade de se harmonizar interesses individuais e coletivos.

INTRODUÇÃO

Ante a expansão e facilidade em escala mundial das Tecnologias da Informação e Comunicação (TICs), a execução de atos da vida em meio eletrônico, sobretudo os relacionamentos entre os indivíduos, aumentou exponencialmente impulsionada pela velocidade interoperacional da internet. Atuando como ponte entre pessoas e capitais, a *World Wide Web* se tornou a principal ferramenta de comunicação utilizada pelos terminais eletrônicos, cuja intermediação é feita por empresas provedoras que, através da programação lógica de bytes, oferecem um ambiente disruptivo ao consumidor, no qual, para além da existência física, passa a contar com um corpo eletrônico ilimitado geográfica e temporalmente.[1]

Nesta casuística ao Direito, como ciência, cabe a difícil tarefa de se alinhar ao desenvolvimento dos aspectos tecnológicos e seus efeitos na esfera de proteção dos bens jurídicos construídos nas garantias fundamentais, sob pena de perder sua compatibilidade com a realidade, sucumbindo em seu objetivo finalístico de tutela da pessoa. Esta premissa permite inferir a necessidade do reconhecimento incipiente de um novo modelo de estruturação social não mais pautado em átomos, tal como no emergir da revolução industrial no século XVIII, antes em um conjunto lógico de algoritmos cuja ordenação trouxe ressignificação em uma gama de campos, dimensões e conceitos variados; razão pela qual alterou fundamentalmente os "supostos" construídos pelas normas à luz da observância dos fatos.[2]

Novos atores assumem espaço na interação entre particulares, cuja dinâmica induz ao surgimento de novos riscos aos direitos fundamentais, especialmente considerando seu caráter econômico diante surgimento em maior medida do capitalismo de vigilância, no qual o usuário é levado a falsa crença de liberdade e aparente "gratuidade" dos serviços oferecidos na internet em fomento a sua debilidade jurídica[3]. Atente que esta dialética favorece a sistematização, vale dizer, institucionalização das violações aos direitos fundamentais, por meio de cláusulas contratuais estruturadas em um complexo jurídico limitativo e condicionante, porquanto restringe direitos fundamentais, os instrumentaliza para lucros e subordina seu exercício a regras predeterminadas, das quais ao consumidor cabe apenas 'aceitar' como requisito para utilização dos serviços.

Patente, no seio das controvérsias trazias entre correntes instrumentalistas e ontológicas[4], a carência de regulamentação robusta para a manutenção da tutela jurídica dos direitos fundamentais. Importante mencionar, a título introdutório, a marca normativa da lei 12.965/14, regulamentando o uso da internet e instituindo alguns deveres às empresas provedoras de conteúdo.

No entanto, lacunas subsistem, especialmente em torno da relação jurídica que se desenvolve entre as empresas provedoras de redes sociais e seus usuários,

---

1. FURTADO, Samuel Nunes. MIRANDA, Frederico Cardoso, RASSI, Bruno Facuri Silva. Controles da Internet: o ciber-utopismo do marco civil da internet no art. 19. In: LONGUI, João Victor Rozatti et, all. *Fundamentos do direito digital*. Uberlândia: LAECC, 2020.
2. MARTINS, Fernando Rodrigues. Da vulnerabilidade digital à curiosa 'vulnerabilidade empresarial': polarização da vida e responsabilidade civil do impulsionador de conteúdos falsos e odiosos na 'idade' da liberdade econômica. Artigo Científico. *Revista de Direito do Consumidor*. 2020. p. 8.
3. Assim exposto por Lorenzetti, a internet de fato aumenta a capacidade de comunicação em escala mundial, entretanto, essa dedução não leva a conclusão de que haja, por parte daquele, uma efetiva liberdade na internet, porquanto restam falhas estruturais que limitam a racionalização das escolhas do consumidor "em rede". LORENZETTI, Ricardo Luís Trad. Fabiano Menke; Claudia Lima Marques. *Comércio Eletrônico*. São Paulo: Ed. RT, 2004. p. 362.
4. LORENZETTI, Ricardo Luis Trad: MENKE, Fabiano. *Comércio Eletrônico*. São Paulo: Ed. RT, 2004. p. 49.

relativamente à exclusão de perfis unilateralmente por parte daquele, em razão da publicação de conteúdos inverídicos. De fato, a dinamização da produção de conteúdo por qualquer usuário, considerando que 82% dos cibernautas consomem notícias advindas da internet, dos quais 52% têm as redes sociais como principal fonte de informação[5]; assimila outra preocupação alarmante proveniente do fenômeno de popularização dos ambientes *on-line*, o controle de conteúdo como forma de mitigar danos e evitar a propagação de *fake news*.

Desta forma, o presente trabalho buscará estudar a (i)legalidade da exclusão de perfis em redes sociais de usuários que produzem conteúdos falsos, contextualmente aplicada ao papel desempenhado pelas tecnologias na intermediação de atos da vida eletrônica, à luz das disposições infraconstitucionais, direitos e garantias constitucionais.

1. RELAÇÕES DE CONSUMO E INTERNET

Desponta, ao lado da revolução tecnológica, um novo modelo de economia baseado essencialmente na produção de bens e serviços desprovidos de matéria física, fruto de uma complexa interligação organizada em escala aterritorial de fornecedores com vistas ao aumento de lucros empresariais. Aos poucos, também a figura do consumidor, presumidamente vulnerável, se reveste de novas e funções na economia da informação, a saber, a de produtor denominado "*prosumer*"[6].

É necessário ter em mente, no *locus* legal de objetificação do "ser" individualizado em cada "padrão" de web, a supressão da vontade quanto ao teor das limitações impostas nos termos de uso das plataformas "*on-line*" como condição de acesso. Não se trata, evidentemente, de compreender o consumidor apenas como "alvo" a ser alcançado pelo processo produtivo, antes passa a integrar a atividade de criação do bem ou serviço, se transformando no próprio mercado. Nesta casuística é que importante menção se faz ao "valor do tempo de vida"[7] do consumidor para as empresas, como contraprestação aos serviços disponibilizados.

---

5. ZYDigital. Midia online é a principal fonte de notícias no mundo e os brasileiros os mais preocupados com *fake news. Revista SERTSC (online)* 2019. Disponível em: https://www.sertsc.org.br/site/midia-online-e-principal-fonte-de-noticias-no-mundo-e-os-brasileiros-os-mais-preocupados-com-fake-news/#:~:text=No%20mundo%2C%20a%20m%C3%A9dia%20%C3%A9,M%C3%A9dia%20mundial%3A%2082%25. Acesso em: 21 jan. 2021.
6. Os *prosumers*, segundo Marcelo Jacques "*são consumidores engajados no processo de coprodução de produtos, significados e identidades. São consumidores proativos e dinâmicos em compartilhar seus pontos de vista. Eles estão na vanguarda em relação à adoção de tecnologias, mas sabem identificar os produtos escolhidos. Distinguem-se dos 'early adopters' pelas suas atitudes interventoras relativas a marcas, informação e meios de comunicação*", sendo, portanto, de grande importância no processo de processo de capitalização de tendências pelos setores de *marketing* como forma de adaptar produtos e serviços, bem como personalizar propagandas. FONSECA, Marcelo Jacques et al. Tendências sobre as comunidades virtuais da perspectiva dos *prosumers*. *ERA.-eletrônica*. v. 7, n. 2, jul./dez. 2008. p. 4.
7. Pode ser definida como "uma medida teórica de quanto vale um ser humano se cada momento de sua vida for transformado em mercadoria de uma ou outra maneira". SANTOS, Laymert Garcia dos. Limites e rupturas na esfera da informação. *São Paulo em Perspectiva*, v. 14, n. 3, p. 32-39, 2000.

Rifkin usa o termo a "Era do Acesso" para descrever as características e peculiaridades das relações sociais econômicas que se desenvolvem no ciberespaço[8]. Nela há uma complexa e intensa junção de esforços entre empresas diversas em torno da transformação, e não seria exagero afirmar, redução das relações humanas em mercadoria. Ao usuário é disponibilizado o acesso 'gratuito' as plataformas (*zero price*), ao passo que lhe é exigido o consentimento para a cessão de dados pessoais (*advertisement business model*) em uma troca (*trade-off*) dos dados pelo serviço ou produto[9].

Desta forma, a cessão recíproca de direitos disponíveis (bem ou serviço do provedor) e indisponíveis (dados pessoais) entre os atores da internet, permite a personalização de um padrão individual de rede para cada usuário, no qual são exibidas uma série de propagandas direcionadas, com base no processamento e sistematização de histórico de navegação (*data mining*) do cliente. Do ponto de vista qualitativo, este modelo de negócios subsidiado pelas revoluções das TICs possibilitou a diminuição dos custos de transação, entendidos como àqueles despendidos pelas partes a fim de acordarem prestações recíprocas, v.g., os gastos com localização de clientes em potencial, tratativas e execução do contrato[10]. Alinhado a isso, a interconexão de pessoas e capitais pela internet viabilizou o crescimento do fenômeno da coligação dos contratos à medida em que através da comunicação *"on-line"*, são criadas relações de interdependência entre contratos distintos, por diversos atores empresariais a nível mundial, em evidente colaboração, unidos a uma causa objetiva, isto é, uma razão econômica superior à soma das individualidades de cada negócio jurídico[11], *in casu* a mercantilização da vida.

Aliás, este panorama fático-lógico associado aos contratos adesivos como ferramentas de controle do consumidor, constitui em essência a vulnerabilidade eletrônica enquanto instituto incipiente da legislação protecionista infraconstitucional e supraconstitucional.

2. TIPOS DE PROVEDORES E TERMOS DE USO

Tradicionalmente, as empresas provedoras de aplicação foram classificadas pela doutrina em cinco espécies como forma de normatizar sua responsabilidade civil diante de conteúdo ilícito produzido por terceiros[12]. A relevância temática é demonstrada a partir do estudo dos requisitos para retirada de conteúdo, bem como da relação com o consumidor, de modo que se torna imprescindível abordar a natu-

---

8. RIFKIN, J. *The age of access – The new culture of hypercapitalism, where all of life is a paid-for experience*. Nova York, Jeremy P. Tarcher/Putnam, 2000. p. 97.
9. BIONI, Bruno Ricardo. *Proteção de dados pessoais*: a função e os limites do consentimento. Rio de Janeiro: Forense, 2019. p. 47.
10. LORENZETTI, Ricardo Luis. Op. cit., p. 49.
11. LORENZETTI, Ricardo Luis Trad: MIRAGEM, Bruno. *Teoria da decisão judicial*. 2. ed. São Paulo: Ed. RT, 2011. p. 290.
12. Provedores de conexão, backbone, , LEONARDI, Marcel. *Responsabilidade civil dos provedores de serviços de internet*. São Paulo: Editora Juarez de Oliveira. 2005, p. 22.

reza jurídica desses agentes com base no papel que desempenham no fornecimento do serviço de internet.

De maneira geral, é possível abstrair a existência de dois gêneros de provedores. O provedor de conexão é o responsável por habilitar o acesso dos terminais eletrônicos à internet, limitando-se a oferta de serviços de natureza técnica. Assim, sua atividade é compor uma estrutura que permita o envio e recebimento de pacotes de dados pelos equipamentos eletrônicos, atribuindo a cada qual uma identificação única na rede (*internet protocol*), não tendo controle sobre o conteúdo que é oferecido e acessado.[13]

Por sua vez, o provedor de serviço é pessoa física ou jurídica que disponibiliza um conjunto de funcionalidades acessíveis por terminais eletrônicos, vale dizer, são os responsáveis por produzir, armazenar, compartilhar e excluir o conteúdo inserido na rede mundial, detendo controle sobre as informações inseridas em seus domínios.

Assim, do ponto de vista da responsabilidade civil, os provedores de conexão são eximidos de responsabilidade quanto a conteúdo postado por terceiros, mesmo porque sua natureza é eminentemente técnica, de modo que a relação de consumo em relação aos limites de tratamento de conteúdo é estabelecida apenas entre provedor de serviço e usuários, por meio do que se convencionou denominar "termos de uso".

Este vínculo jurídico, majoritariamente de natureza 'adesiva', em que ao usuário só lhe é dado autonomia sobre a liberdade de contratar, atua de maneira bifásica como instrumento de intermediação dos atos em rede. No fomento à segurança e coexistência dos diversos usuários em *on-line*, os termos possuem função pacificadora, estabelecendo limites e garantias legais aos usuários, bem como legitimando o poder de polícia dos provedores através de cláusulas contratuais[14].

Lado outro, é na opacidade dos termos que se revela o atuar em transparência dos provedores, apresentando ao indivíduo os processos de armazenamento, compartilhamento e coleta de dados pessoais durante a navegação[15], os quais, na hipótese de não consentimento, inabilitam o usuário à plataforma, e consequentemente à interação com os demais integrantes daquele provedor.

No enfrentamento do combate a *fake news*, alicerçado nos deveres de mitigação de danos, solidariedade e cooperação como pressuposto à manutenção da harmonia

---

13. Conexão à internet: habilitação de um terminal para envio e recebimento de pacotes de dados pela internet, mediante atribuição ou autenticação de endereços IP geograficamente referentes ao País. BRASIL, Lei 12.965, de 23 de abril de 2014. Estabelece princípios, garantias, direitos e deveres para o uso da internet no Brasil. *Diário Oficial da República Federativa do Brasil*, Brasília, DF. Disponível em: http://www.planalto.gov.br/ccivil_03/_ato2011-2014/2014/lei/l12965.htm. Acesso em: 10 fev. 2021.
14. MARTINS, Guilherme Magalhães. LONGUI, João Victor Rozatti. Liberdade de expressão e redes sociais: a que ponto chegaremos? Artigo de opinião. *Revista Conjur Jurídico (Online)*. 2021. Disponível em: https://www.conjur.com.br/2021-jan-13/martins-longhi-liberdade-expressao-redes-sociais. Acesso em: 13 fev. 2021.
15. DE ASSIS RODRIGUES, Fernando; GONÇALVES, Paulo Cesar. Uso de taxonomia sobre privacidade para identificaçao de atividades encontradas em termos de uso de redes sociais. *II Congreso ISKO España-Portugal. Organización del conocimiento: sistemas de información abiertos*. Universidad de Murcia, 2015. p. 244-256.

nas relações de consumo, haja vista o potencial de dano em massa fruto da propagação interoperabilidade da internet, é que se questiona a legalidade da exclusão de perfil como medida preventiva à produção de notícias falsas. Evidente, todavia, a colisão entre os direitos estatuídos e regulamentados pelos termos de uso, mormente a liberdade de expressão e a proteção do consumidor como dever fundamental do Estado diante da disparidade de forças entre provedor e usuário.

A este respeito é que se perfaz o estudo da proteção de bens individuais e supraindividuais, se não, coletivos, aos quais serão tecidas algumas observações a fim de sopesá-los.

3. OS DIREITOS FUNDAMENTAIS CONTEMPORANEAMENTE

3.1 Perspectiva historicista dos direitos fundamentais

Certamente a construção e sistematização dos direitos fundamentais em gerações tem conotação essencialmente histórica, posto que dificilmente servirá de aparato técnico para resolução de um caso prático[16]. Entretanto, sua análise como pressuposto ao entendimento da transformação dos escopos da Constituição, sobretudo a criação de ficções jurídicas em prol da proteção de bens e interesses coletivos, permite a condução lógica da ponderação em vista da cultivação da concepção individualizada dos direitos negativos, incompatível com o atual momento jurídico.

Preliminarmente, vale ressaltar, o conceito de direitos fundamentais, *per si*, traz alguns questionamentos relevantes do ponto de vista hermenêutico, especialmente sua distinção com os direitos humanos[17]. Assim, do ponto de vista formal, são direitos fundamentais todos aqueles que, uma vez positivados na Constituição de maneira expressa, sejam integrados ao rol de disposições consagradas no capítulo atinente aos direitos fundamentais[18].

De outro modo, uma noção material destes direitos viabiliza uma leitura expansiva para além dos ditames da lei fundamental, incluindo-se pretensões que, em determinado momento histórico socialmente aplicado, se demonstrem essenciais ao livre desenvolvimento da dignidade da pessoa humana[19]. As duas variáveis, tempo e espaço, são determinantes na abstração do conteúdo das normas, entendido como os sentidos extraídos *a posteriori* resultado de atividade interpretativa contextual.

Considerando esta definição, é possível abstrair basicamente duas propriedades inerentes aos direitos fundamentais: a primeira diz respeito ao reconhecimento e

---

16. Lorenzetti, Ricardo Luís. Op. cit., p. 104.
17. Tradicionalmente, a diferença entre direitos fundamentais e humanos vem assinalada no fato de sua positivação em relação àquele. Entretanto, mesmo antes do apogeu da constitucionalização dos direitos, já era possível o reconhecimento de enunciados gerais com conteúdo de direitos fundamentais. SARLET, Ingo Wolfang et al. *Curso de direito constitucional*. 8. ed. São Paulo: Saraiva. 2019. p. 400.
18. ALEXY, Robert. *Teoria dos direitos fundamentais*. Trad. Virgílio Afonso da Silva. São Paulo: Malheiros, 2015. p. 31-76.
19. MENDES, Gilmar Ferreira. *Curso de direito constitucional*. 13. ed. São Paulo: Saraiva, 2018. p. 204.

conteúdo do direito, que está adstrito à um período histórico e à uma sociedade, o que implica dizer que é variável local e temporalmente, devendo sua extensão ser reavaliada conforme as mudanças dessas características; o segundo se refere ao aspecto de formal de sua positivação resguardada na Constituição, direta ou indiretamente.

Gize-se, portanto, menção às gerações dos direitos fundamentais[20], cuja construção doutrinária remonta a perspectiva protetiva do direito enquanto ciência social crítica deduzida sinteticamente da dialética entre os diversos ramos dos 'saber'[21]. A primeira dessas gerações estava ligada ao fomento à autonomia individual, dotada de características eminentemente negativas, no sentido de impor um dever de não interferência do Estado Liberal no âmbito de proteção dos aspectos da vida pessoal e liberdade do indivíduo[22].

Dada a incompletude da garantia apenas formal destes direitos, à vista dos impactos negativos da industrialização nas relações sociais e econômicas alinhado à explosão demográfica, que culminava por sujeitar os indivíduos a condições degradantes de existência, é que se desenvolveu movimentos reivindicatórios com fulcro na atribuição de responsabilidade do Estado na busca da justiça social[23]. Aqui, cite-se, houve o início da transformação do paradigma supraindividual customizado na segunda geração; impondo ao Estado um dever de atuar direcionado à garantia do 'bem-estar social'[24].

Decorre daí a incipiente construção e reconhecimento de bens difusos e coletivos passíveis de proteção jurídica, tendo por titular a universalidade de indivíduos em consagração ao princípio da solidariedade e fraternidade (terceira geração)[25]. Essa cadeia lógica de sequenciamento dos direitos aferível em dimensões, viabiliza a constatação da transcendência individualista da proteção da liberdade ao reconhecimento do indivíduo situado em uma coletividade, na qual os interesses de ambos devem conviver simultaneamente em harmonia relativamente aos cidadãos (eficácia horizontal) e ao Estado (eficácia vertical) como pressuposto à coesão social.

3.2 O direito-dever de proteção do consumidor

A percepção transindividual dos direitos fundamentais, vista anteriormente, restou consignada como elemento imprescindível a decadência da visão isolada do

---

20. Sobre a terminologia gerações, pondera Ingo "[...] o reconhecimento progressivo de novos direitos fundamentais tem o caráter de um processo cumulativo, de complementariedade, e não de alternância, de tal sorte que o uso da expressão "gerações" pode ensejar a falsa impressão da substituição gradativa de uma geração por outra" SARLET, Ingo Wolfang et al. *Curso de direito constitucional*. 8. ed. São Paulo: Saraiva. 2019. p. 401.
21. MASCARO, Alysson Leandro. *Introdução ao estudo do direito*. São Paulo: Atlas. 2019. p. 59.
22. MENDES, Gilmar Ferreira. Op. cit., p. 200.
23. SARLET, Ingo Wolfang, op. cit., p. 404.
24. Cf. LAFER, Celso. *A reconstrução dos direitos humanos*: um diálogo com o pensamento de Hannah Arendt. Companhia das Letras. 2020. p. 127.
25. MORAIS, Alexandre de. *Direito Constitucional*. 33. ed. São Paulo: Atlas. 2017. p. 44.

consumidor, contemporaneamente elevada a patamares metaindividuais. Não se trata, obviamente, de negar a individualidade de cada ato jurídico, a questão é que o fato consumado nas relações consumeristas quanto aos efeitos interessa diretamente às partes, e indiretamente a coletividade, porquanto a todos os indivíduos identificáveis (coletivo) ou não (difuso), em algum momento da vida, é dado o *status* de consumidor, seja pela constituição originária de vínculo jurídico ou por equiparação na figura do *bystander*.[26]

Atento a essa casuística é que o poder constituinte tratou, em abordagem constitucional, a defesa do consumidor por parte do Estado. Importante verificar, a este respeito, que o mandamento disposto no art. 5º, inciso XXXII da carta magna, –terminologicamente expresso em "O estado promoverá a defesa do consumidor" – mais do que um dever imperativo direcionado ao Estado, é também uma garantia fundamental[27]. Partindo desta proposição, ao menos dois pontos são pertinentes sob o viés hermenêutico.

Inicialmente, há que se fazer o questionamento sobre a diferenciação existente entre direito e proteção. Assim, conforme tratado anteriormente, os direitos fundamentais em um primeiro momento foram concebidos como direitos de liberdade, através de normas tipicamente defensivas, posteriormente complementadas materialmente através de uma série de pretensões em prol do "agir" estatal (direitos sociais) em detrimento da visão apenas formal dos direitos negativos.

Dogmaticamente falando, a Constituição não nega as intervenções de particulares nos bens protegidos pelos direitos fundamentais, o que a título conclusivo induz a asserção de que ela as permite (*tertium non datur*)[28], entretanto, associada a certos 'deveres e tolerância'[29].

Especialmente no que diz respeito à abordagem temática, o bem passível de intervenção de terceiros se refere à liberdade de expressão[30] enquanto direito subordinado aos termos de uso à luz da autonomia privada, havendo ainda que se falar em disponibilidade dos direitos fundamentais, se levado em conta que qualquer intervenção tolerada é, em última instância, também uma limitação deste direito[31].

26. BENJAMIN, Antonio Herman Vasconcellos; MARQUES, Claudia Lima; BESSA, Leonardo Roscoe. *Manual de direito do consumidor*. 5. ed. São Paulo: Ed. RT, 2013. p. 32.
27. CAVALIERI FILHO, Sérgio. *Programa de direito do consumidor*. São Paulo: Atlas. 2008. p. 11.
28. Neste sentido, Silva explica: "O que sucede é que quando se trata de permissões elas apresentam-se, na ordem jurídica, umas vezes de forma expressa, outras de modo silente. Daí que a não proibição expressa de uma certa conduta signifique que a mesma deva ter-se por implicitamente autorizada pelo Estado e, por essa via, se vincule a generalidade dos indivíduos a um dever de tolerância (Duldungspflicht) em relação a todas e quaisquer actuações, ainda que lesivas dos seus direitos ou interesses, levadas a cabo por terceiros, ao abrigo de tal norma permissiva tácita". SILVA, Jorge Manuel Pereira da. *Deveres do Estado de protecção de direitos fundamentais*. 2014. p. 55.
29. ALEXY, Robert; trad. SILVA, Virgílio Afonso. *Teoria dos direitos fundamentais*. 2. ed. São Paulo: Malheiros. 2015. p. 458.
30. De igual modo se daria a proposição caso o objeto do trabalho fosse a monetarização de dados pessoais em detrimento do direito fundamental a privacidade.
31. Neste viés, explica Virgílio que a relação entre direitos fundamentais e direito privado pode ser problemática e por vezes conflituosa, pois "com a expansão dos direitos fundamentais e com o, não seria exagero

De outro modo encontra-se situado o dever de proteção, que alinhado às disposições do Código de Defesa do Consumidor (CDC), cria um arcabouço jurídico ao qual o vulnerável pode recorrer, seja cobrando o respeito a estas disposições pelos particulares (dirigismo contratual), ou mesmo exigindo do Estado a intervenção nestas relações de forma a garantir certos limites às interferências[32]. Proteção esta, diga-se, que abrange de igual modo o dever de evitar riscos (*risikopflicht*), especialmente diante das peculiaridades que circundam a era da sociedade da informação[33].

Analisando a problemática à luz do discorrido é que se deduz o paradoxo existente entre a proteção do consumidor a nível transindividual e seus direitos individualmente considerados, porquanto de um lado tem-se a potencialidade de danos pela propagação de *fake news* à diversos indivíduos identificados ou não, enquanto que do ponto de vista constitucional, há de igual modo o direito do cibernauta de gozar da liberdade de expressão sem qualquer tipo de censura, razão pela qual, observando, contudo, os direitos de outrem.

4. NOVOS PARADIGMAS DA TEORIA GERAL DO CONTRATO E DA RESPONSABILIDADE CIVIL

O contrato como ato jurídico bilateral tradicionalmente alinhado às características de obrigatoriedade e relatividade dos efeitos, sofreu diversas transformações com a promulgação da Constituição Federal de 1988. No campo da autonomia da vontade, a massificação dos contratos impôs limites a efetiva liberdade contratual, e não seria exagero dizer que, se quer há, na era da informação, faculdade de contratar[34], pois ao usuário da internet é ofertada uma multiplicidade de serviços cujo uso é condicionado à outra série de serviços[35].

Já que diz respeito ao conteúdo dos contratos, às partes é dada a faculdade contratual não apenas e tão somente nos limites alcançados pelo consensualismo, mas também na supremacia da ordem pública como princípio, em razão do desequilíbrio

---

dizer assim dizer, 'inchaço' das declarações de direitos, em quase toda relação contratual existe uma grande possibilidade de que algum direito fundamental seja 'tocado'", razão pela qual, admitir a inegociabilidade e irrenunciabilidade importaria na nulidade de quase todo tipo de relação contratual. SILVA, Virgílio Afonso. *A constitucionalização do direito*: os direitos fundamentais nas relações entre particulares. São Paulo: Malheiros. 2011. p. 51.

32. Gehlen explica que no dever de proteção, o "Estado abandona a antiga e única –ademais de constrangedora – figura de 'adversário' (Gegner) dos direitos fundamentais, para assumir, ao seu lado, atribuição de 'amigo' ou 'garantidor' desses direitos". GEHLEN, Gabriel Menna Barreto von. *A eficácia contra particulares dos direitos (drittwirkung) sob enfoque de seus deveres de proteção (schutzflichten)*. Dissertação de Mestrado: UFRGS. 2006. p. 49.
33. MENDES, Gilmar Ferreira. Direitos fundamentais: significados limites, princípio da proporcionalidade, colisão e concorrência. *Direitos fundamentais e controle de constitucionalidade*: estudos de direito constitucional. 3. ed. São Paulo: Saraiva. 2004. p. 12.
34. Veja-se que para acessar algum site, por exemplo, é necessário contratar uma provedora de acesso, aceitar os termos de uso do smartphone ou computador e concordar com as disposições do navegador.
35. GONÇALVES, Carlos Roberto. *Direito Civil Brasileiro: contratos e atos unilaterais*. 14. ed. São Paulo: Saraiva, 2017. p. 48.

e exploração do mais fraco provocado pela ampla liberdade[36]. E as mutações dogmáticas centralizadas na promoção da dignidade da pessoa humana reverberaram de igual modo os pressupostos de responsabilidade civil.

Neste ponto, ressalte-se, a guinada trazida pelo CDC reside essencialmente na mudança de foco desse instituto jurídico, que deixa de ser a conduta do autor do dano, para figurar no fato causador do dano[37], no sentido de buscar identificar não a culpabilidade do fornecedor como pressuposto da responsabilidade, mas sim os danos causados pelo fato do produto ou serviço, havendo que se falar em socialização da responsabilidade civil[38].

Essas premissas servem ao direito como um "divisor de águas" caracterizado pela hipercomplexidade da vida em sociedade diante da infinitude de riscos à que os indivíduos são expostos, notadamente em tempos de '*pós-modernidade*', o que impõe um novo dimensionamento das antigas categorias jurídicas[39]. Apontando esta casuística é que Tartuce remonta as circunstâncias dessa nova era à três vertentes de reflexão: a primeira se deve a globalização, a comunicação simultânea a nível mundial de pessoas e capitais; seguida da perca do poder do Estado e de sua prerrogativa de proteção da pessoa humana, assumida pelos mercados[40]; e por fim, à abundância de sujeitos e direitos em um emaranhado excessivo de leis[41].

Sob essa perspectiva, é de se notar no campo interno do corporativismo, a cultivação de matérias respeitantes a *compliance*, integridade e governança, as quais servem a empresa como ferramentas de prevenção, viabilizando o atuar "*ex ante*" na prevenção de danos[42]. Com efeito, mais do que prevenir, essas práticas negociais possuem ainda um viés empresarial e social, ligados respectivamente à transparência e fidelização do cliente através da preservação de boas experiências no oferecimento dos produtos e serviços, zelando pela sua reputação no mercado informacional[43].

---

36. Ibidem.
37. CAVALIERI FILHO, Sérgio. *Programa de responsabilidade civil*. 11. ed. São Paulo: Atlas, 2014. p. 543.
38. Sobre a suposição, relembra Tartuce alguns aspectos que corroboram com essa afirmação, sobretudo o fato de se considerar o acidente de consumo como fato social; a substituição da responsabilidade fundada na conduta culpável, para basear-se nos riscos; a dedução de que as indenizações pagas pelas empresas, de maneira indireta, afetam todos os outros consumidores, pois os custos dessas sanções serão acrescidos aos produtos e serviços do fornecedor. TARTUCE, Flavio. *Manual de responsabilidade civil*. Forense: São Paulo, 2018. p. 27.
39. Ibidem.
40. Cite-se como exemplo o papel dos centros privados de conciliação em litígios envolvendo fornecedores e consumidores, bem como a quebra do monopólio da emissão da moeda por meio do uso em larga escala de criptomoedas como reserva de valor e meio de troca em marketplaces.
41. TARTUCE, Flávio. Op. cit., 2018. p. 29.
42. CUEVA, Ricardo Villas Bôas. Funções e finalidades dos programas de *compliance*. In: CUEVAS, Ricardo Villas Bôas; FRAZÃO, Ana (Coord.). *Compliance*: perspectivas e desafios dos programas de conformidade. Belo Horizonte: Fórum, 2018, p. 54.
43. DE SIQUEIRA, Felipe de Poli; MICHELETTO, Francieli. Compliance consumerista: uma relação de credibilidade entre a entidade corporativa e o consumidor. *Revista de Direito, Globalização e Responsabilidade nas Relações de Consumo*, v. 4, n. 2, p. 71-87, 2018.

Atento a isso é que se percebe forte atuação das empresas provedoras de aplicações no combate à disseminação de *fake news*, seja retirando conteúdos ilícitos, ou mesmo bloqueando perfis de usuários, sob a guarda de cláusulas contratuais nos termos de uso. Desta forma, antes de apreciar mais incisivamente os objetos deste trabalho, se perfaz uma análise do dever de vigilância dos provedores e sua abordagem infraconstitucional.

5. LIBERDADE DE EXPRESSÃO E REMOÇÃO DE CONTEÚDO

A liberdade de expressão hodiernamente é a principal ferramenta de engajamento político e democrático, e seu âmbito de proteção é talvez o ponto mais emblemático, vez que sua violação é gravíssima do ponto de vista jusfundamental. A par da discussão sobre a imprescindibilidade da garantia deste direito como essência do regime democrático, impulsionado pela virtualização das relações sociais, o maior obstáculo a ser superado nos liames deste debate é a hermenêutica por trás do que deve ou não ser abrangido como liberdade de expressão.

Segundo a Declaração Universal dos Direitos Humanos, precisamente em seu artigo XIX, "todo ser humano tem direito à liberdade de opinião e expressão; este direito inclui a liberdade de, sem interferência, ter opiniões e de procurar, receber e transmitir informações e ideias por quaisquer meios e independentemente de fronteiras". Neste ínterim é que a Constituição dispõe sobre a liberdade de pensamento, salvo anonimato, pois a identificação é medida que se impõe à busca da responsabilidade pelos excessos[44].

No entanto, é justamente na extensão deste direito que se extrai o tão caro dilema existente na delimitação da linha tênue entre lícito e ilícito na internet. A propósito, assevera Marcacini:

> [...] os contornos que definem as fronteiras entre um direito à liberdade de expressão e a prática de comportamento ilícito resultam essencialmente de um posicionamento político, em que se atribua àquela maior ou menor abrangência, sempre em detrimento de interesses de outros sujeitos que possam ser atingidos pela mais liberdade de divulgação da mensagem.[45]

---

44. Sobre o tema Gilmar Mendes explica: "a Constituição cogita da liberdade de expressão de modo direto no art. 5º, IV, ao dizer 'livre a manifestação do pensamento, sendo vedado o anonimato', bem como no inciso XIV do mesmo artigo, em que 'é assegurado a todos o acesso à informação e resguardado o sigilo da fonte, quando necessário ao exercício profissional', e também no art. 220, quando dispõe que 'a manifestação do pensamento, a criação, a expressão e a informação, sob qualquer forma, processo ou veículo não sofrerão qualquer restrição, observado o disposto nesta Constituição'. Acrescenta, nos §§ 1º e 2º do mesmo artigo, que 'nenhuma lei conterá dispositivo que possa constituir embaraço à plena liberdade de informação jornalística em qualquer veículo de comunicação social, observado o disposto no art. 5o, IV, V, X, XIII e XIV', e que 'é vedada toda e qualquer censura de natureza política, ideológica e artística'. Incluem-se na liberdade de expressão faculdades diversas, como a de comunicação de pensamentos, de ideias, de informações, de críticas, que podem assumir modalidade não verbal (comportamental, musical, por imagem etc.). O grau de proteção que cada uma dessas formas de se exprimir recebe costuma variar, não obstante todas terem amparo na Lei Maior". MENDES, Gilmar Ferreira. *Curso de direito constitucional*. 13. ed. São Paulo: Saraiva, 2018. p. 388-289.
45. MARCACINI, Augusto. *Aspectos fundamentais do marco civil da internet*. São Paulo: Le livros, 2016. p. 82.

Neste contexto, discursando sobre a técnica da ponderação, utilizada por magistrado em casos difíceis[46] envolvendo a liberdade de expressão, explica Dimitri que essa ideia se consubstancia na "ponderação de valores ou bens jurídicos, estudando o respectivo peso e devendo prevalecer aquela que, na situação concreta, apresenta maior relevância e importância"[47]. Em outras palavras, a técnica do balanceamento consiste na atribuição de pesos aos interesses, valores e argumentos que envolvem o *hard case*.

Ocorre que, mesmo a constatação das características que envolvem casos fáceis e difíceis, em essência, não está imune a críticas do ponto de vista hermenêutico, havendo sérias controvérsias sobre esta cisão[48]. A par das discussões sobre existência desta separação, o que se quer demonstrar é a complexidade que envolve a atividade do intérprete à luz do caso concreto, sendo em essência um raciocínio por concreção[49].

Elogiável, portanto, à vista de alguns autores, a opção adotada pelo legislador ao eximir os provedores do dever de vigilância[50], quando decidiu optar por excepcionalizar a responsabilidade objetiva por conteúdo produzido por terceiros, desde que não fizessem o controle prévio, eis que atribui ao judiciário a difícil tarefa de decidir a licitude do conteúdo[51]. Importante menção, neste ponto, às observações de Marcacini, que ao comentar a regra do artigo 19 do Marco Civil da Internet, explicou:

---

46. Evidente, todavia, que em casos fáceis a dedução da regra jurídica dispensa maiores digressões, como é o caso de conteúdos em que se encontram patentes os interesses de disseminar ódio, notícias falsas e de repercussão pública. Entretanto, a própria definição de casos fáceis e difíceis já é, em síntese, também uma interpretação deduzida subjetivamente da convicção do intérprete do direito ao caso concreto, de modo que, mesmo casos fáceis para determinado Juiz, pode transparecer difícil a outros, razão pela qual, ainda que seja uma cisão difundida na doutrina brasileira, segundo Lênio, esta separação é eminentemente metafísica. STRECK, Lenio Luiz. Hermenêutica e Constituição. *Revista Brasileira de Direitos Fundamentais & Justiça*, v. 2, n. 2, p. 192-213, 2008.
47. DIMOULIUS, Dimitri. Direito Constitucional apud; AGRA, Walber de Moura. *Curso de direito constitucional*. 9. ed. Belo Horizonte: Fórum, 2018. p. 186.
48. Há, pois, um equívoco em pensar que exista uma espécie de "institucionalização de casos fáceis e casos difíceis, como se fosse possível colocar um divisor entre ambos. É como se existissem casos simples e casos difíceis em si, já de antemão demarcados. O problema é saber em que momento a "suficiência ôntica", que possibilita a resolução de casos simples, "exige" o algo a mais, isto é, em que momento essa "falta de sentido" permite que se esteja diante de um caso difícil. STRECK, Lenio Luiz. Op. cit., 2008. p. 7.
49. Kirchner, citando Humberto Ávila, explica que "os dispositivos normativos são resultados de generalizações feitas pelo legislador, razão pela qual mesmo a formulação mais precisa é potencialmente equívoca, na medida em que podem seguir situações de fato inicialmente não previstas, cuja solução hermenêutica demanda a análise da finalidade da norma e a ponderação de todas as circunstâncias do caso (concreção). KIRCHNER, Felipe. *Interpretação contratual: hermenêutica e concreção*. Curitiba: Juruá. 2016. p. 59.
50. Art. 19 "Com o intuito de assegurar a liberdade de expressão e impedir a censura, o provedor de aplicações de internet somente poderá ser responsabilizado civilmente por danos decorrentes de conteúdo gerado por terceiros se, após ordem judicial específica, não tomar as providências para, no âmbito e nos limites técnicos do seu serviço e dentro do prazo assinalado, tornar indisponível o conteúdo apontado como infringente, ressalvadas as disposições legais em contrário". Lei 12.965, de 23 de abril de 2014. Estabelece princípios, garantias, direitos e deveres para o uso da internet no Brasil. *Diário Oficial da República Federativa do Brasil*, Brasília, DF. Disponível em: http://www.planalto.gov.br/ccivil_03/_ato2011-2014/2014/lei/l12965.htm. Acesso em: 10 fev. 2021.
51. Neste sentido, veja-se Gabriela Roth.

Não quer o legislador que o provedor de aplicações seja colocado numa posição híbrida de arbitrador e ao mesmo tempo corresponsável pela infração eventualmente cometida por terceiros. Não é desejável que o provedor tenha um dever de decidir o que é ou o que não é ilícito, para o que muitas vezes seria necessário realizar uma investigação profunda acerca de fatos diversos e externos aos que foram praticados online, ou decidir sobre questões de direito, e menos ainda isso é desejável se esse "árbitro" puder ser considerado corresponsável pelo ilícito, caso decida equivocadamente[52].

Dando seguimento, outro grande interesse na consagração desta regra reside na promoção da ampla liberdade de expressão, no sentido de que primeiro é franqueado a comunicação sem limites, ficando o indivíduo responsável por eventuais excessos[53]. No entanto, a regra consubstanciada no artigo 19 do Marco Civil da Internet não impede que o provedor, por meio de cláusulas negociais, se utilize do contrato não paritário a fim de predeterminar alguns limites ao exercício da liberdade de expressão nas aplicações, trazendo para si o ônus delegado ao judiciário[54].

E neste ponto, considerando a importância da internet para a promoção da livre manifestação, sobretudo o engajamento do público às redes sociais, cautelas devem ser tomadas, nomeadamente se considerado o papel da internet na promoção da livre manifestação em fomento à dimensão material da dignidade da pessoa humana como pressuposto à autodeterminação pessoal[55]. À vista disso, é de se reconhecer inclusive a possibilidade de relativização da autonomia contratual, e consequentemente da força obrigatória do negócio, a fim de alcançar as disposições da relação jurídica entre provedor e usuário e eliminar eventuais abusos, em atenção ao dever de proteção do consumidor e à função social dos contratos[56].

6. *FAKE NEWS*, BLOQUEIO E EXCLUSÃO DE PERFIS

Historicamente, a produção de notícias esteve por bastante tempo monopolizada pelos veículos de mídias tradicionais, elevando a posição do indivíduo a mero espectador, isto é, receptor de informação. Entretanto, o advento da internet, alinhado à popularização de smartphones, possibilitou a qualquer indivíduo produzir notícias e conteúdos diversos, assumindo a função de ator no compartilhamento de informação.

As *fake news*, muito disseminadas contemporaneamente, prescinde a simples tradução 'notícias falsas', porquanto além do objetivo de enganar e propagar a de-

---

52. MARCACINI, Augusto. *Aspectos fundamentais do marco civil da internet*. São Paulo: Le livros, 2016. p. 71.
53. SANTOS, Maria Celeste Cordeiro Leite dos; ARAUJO, Marllene. O tempo e o espaço: fragmentos do marco civil da internet: paradigmas de proteção da dignidade humana. *UNICEB. Direito e mundo digital*. v. 7, n. 3, p. 160, 2017.
54. LONGUI, João Victor Rozatti. *Responsabilidade civil e redes sociais*: retirada de conteúdo, perfis falsos, discurso de ódio e *fake news*. Indaiatuba: Foco Jurídico. 2020. Ebook, posição 1516.
55. FREITAS, Riva Sobrado de; CASTRO, Matheus Felipe de. Liberdade de Expressão e Discurso do Ódio: um exame sobre as possíveis limitações à liberdade de expressão. *Sequência (Florianópolis)*, n. 66, 2013. p. 332.
56. LÔBO, Paulo Luiz Netto. Princípios sociais dos contratos no CDC e no novo Código Civil. *Revista jurídica da UNIRONDON*, 2002. p. 15.

sinformação, elas mobilizam um grande número de público[57], motivo pela qual a compreensão desse fenômeno social pode ser entendida como inerente à circulação online[58]. A propósito, sobre a relevância da internet na produção e disseminação de *fake news*, veja-se:

> "A internet e as redes sociais se converteram em campo importantíssimo, crescente, e dinâmico do debate público e da disputa de narrativas, que levam à busca de hegemonias na política. Essa realidade abre espaço para discussões legítimas e factuais, mas também para discursos corsários, não legítimos e não factuais (*fake news*). Somado a este ambiente fértil para a disseminação opiniões, a automatização de ferramentas de publicação possibilitou o surgimento e a propagação de robôs – contas controladas por softwares se fazendo passar por seres humanos que já dominam parte da vida nas redes sociais e participam ativamente das discussões em momentos políticos de grande repercussão"[59].

Ao lado dessa realidade factual, envolvendo pessoas e máquinas em um complexo relacional de fluxo informacional, se encontram os impactos dessas notícias na vida cotidiana dos usuários da internet. Segundo dados de uma pesquisa realizada em 2018[60], cerca de 49,2% das pessoas vítimas de *fake news*, tomaram alguma decisão baseada em notícias que posteriormente souberam inverídicas. No mesmo referente, 33% dos entrevistados consideram as redes sociais como principal fonte de consumo de notícias online.

Assim, ao menos duas proposições podem ser retiradas dessas informações, a primeira é a de que existe uma alta demanda e oferta de notícias nas redes sociais intermediadas por provedores de aplicação, ao passo que segundamente, o consumo dessas notícias influencia diretamente o comportamento humano. Os reflexos daí decorrentes transpassam a mera política, fazendo surgir uma carência de proteção também no campo econômico e social, pois além do consumidor propriamente dito (usuário da rede social), aqueles que são vítimas do acidente de consumo e que não participam diretamente da relação provedor-usuário, de igual modo estão sujeitos a sofrer danos das mais diversas naturezas em detrimento de direitos individuais homogêneos, coletivos e difusos[61].

Veja-se que o efeito *inter-pars* nas relações consumeristas acaba cedendo espaço à harmonização aos interesses metaindividuais, o que impõe aos provedores, alinhado

---

57. Em que pese haja diversas definições do termo, a que conjuga intenção e a relevância parece a mais pertinente ao objeto de pesquisa, porquanto induz a ponderação de duas variáveis em jogo, a liberdade de manifestação sem censura individualmente considerada, e o potencial lesivo desses conteúdos à coletividade de consumidores, tendo as notícias assumido papel determinante no comportamento humano.
58. DELMAZO, Caroline; VALENTE, Jonas CL. Fake news nas redes sociais online: propagação e reações à desinformação em busca de cliques. *Media & Jornalismo*, v. 18, n. 32, p. 157. 2018.
59. RUEDIGER, Marco Aurélio. Robôs, redes sociais e política no Brasil. Apud DOMINGUES, Juliana Oliveira et al. Fake News: Um Desafio ao Antitruste? *Revista de Defesa da Concorrência*, v. 6, n. 2, 2018. p. 40.
60. SPAGNUOLO, S. Aos fatos. *"Pesquisa sobre consumo de informação online"*. p. 1-18. Disponível em:https://static.aosfatos.org/media/cke_uploads/2018/03/01/relatorio-de-resultados-pesquisa-aos-fatos.pdf. Acesso em: 03 mar. 2021.
61. CARVALHO, Rodrigo Cesar Picon. *Direitos difusos e coletivos*. 2. ed. Rio de Janeiro: edição do autor. 2019. p. 89.

aos aspectos mencionados da *pós-modernidade*, uma atuação ativa na proteção da segurança dos consumidores, em alusão ao princípio da prevenção como fundamento do *compliance*[62]. Neste ponto, é perceptível a necessidade de medidas de precaução imprescindíveis também aos pilares que sustentam o regulamento do uso da internet, nomeadamente a diversidade, pluralidade, livre iniciativa e os direitos humanos.

Ocorre que, ao bloquear um perfil, amparado contratualmente, o provedor impede o usuário não apenas de externalizar sua opinião às pessoas que participam da rede, como também veda o acesso e a interação dele com os demais participantes. A retirada de conteúdo da internet é a regra para conteúdos ilícitos (*ex post*), sendo a exclusão e o bloqueio medidas excepcionalíssimas com alto grau de interferência no âmbito de proteção da liberdade de expressão, vez que impede por completo seu exercício (*ex ante*) cuja execução deve estar sustentada não com viés sancionatório, antes protetivo, no sentido de obstar a continuação da disseminação.

Sob a perspectiva consequencialista, a sustentação da aplicação ilimitada dos direitos individuais em detrimento da coletividade, possui o condão tornar impossível a vida em comum, sendo inviável pensar juridicamente o indivíduo isolado, à deriva da sociedade, mas antes em um indivíduo contextualmente situado[63]. Lado outro, o excesso de supressão das liberdades negativas em prol de interesses metaindividuais, pode culminar no esvaziamento do conteúdo mínimo da autodeterminação pessoal e, portanto, de uma vida essencialmente digna.

Acrescente-se, pois, que o cerne da questão gira também no fato de que a velocidade do processo judicial em contraposição a velocidade de propagação dos bytes, dificulta respostas imediatas do poder judiciário à instantaneidade das informações e à mitigação de danos. Mesmo o controle de conteúdo, se não realizado em tempo hábil, pode tornar sua desindexação praticamente impossível, com a multiplicidade de plataformas criptografadas ponta-a-ponta[64].

A questão é complexa, e qualquer conclusão em abstrato poderia levar ao erro de se criar estruturas rígidas em abstrato aplicáveis a todo e qualquer caso concreto, o que seria incongruente com a própria visão de que as normas e, portanto, seu âmbito de proteção, são abstraídas caso a caso, observadas as condições fáticas e jurídicas.

De um lado tem-se a prerrogativa do provedor de moderar conteúdo, considerando o disposto em contrato, bem como o dever de mitigar danos em preservação à coletividade de consumidores, ao passo que subsiste de igual modo o ônus de garantir ao usuário a mais ampla liberdade de expressão. Evidente que, em casos envolvendo

---

62. FERREIRA, Bráulio Cavalcanti; DE QUEIROZ, Bruna Pamplona; DAS NEVES GONÇALVES, Everton. Análise Econômica do Direito e o *Compliance* Empresarial: Apreciação Jurídico-Econômica dos Programas de Conformidade e Custos de Prevenção. *Economic Analysis of Law Review*, v. 9, n. 1, p. 261. 2018.
63. LORENZETTI, Ricardo Luís. Op. cit., p. 104.
64. Veja-se o caso do popular Whatsapp. POHLENZ, Marilu; MARCONDES, Edinei Alex. Conflito entre direitos e deveres individuais e coletivos diante do aplicativo de mensagens instantâneas whatsapp. *Seminário de Iniciação Científica e Seminário Integrado de Ensino, Pesquisa e Extensão*, p. e25874-e25874, 2020.

exclusão de perfis, esta sanção importa, em maior medida, na própria resilição do vínculo contratual, o que, sob o amparo contratual e protecionista é legítimo quando em primazia aos bens coletivos.

Entretanto, isso não impede que o usuário faça a adesão a outros provedores, pelo que não há que se falar em censura, embora os efeitos repercutam diretamente na limitação da propagação de seu conteúdo à comunidade de usuários da qual foi excluído. Os princípios de cooperação e boa-fé que servem à atividade do fornecedor, igualmente se aplicam às ações do consumidor[65], de forma que sua vulnerabilidade não pode servir de escudo a práticas desleais e potencialmente lesivas, como é a propagação de *fake news*.

7. CONCLUSÃO

A complexidade jurídica elaborada à luz do desenvolvimento das tecnologias da informação e comunicação demanda das ciências jurídicas uma constante revisitação de suas instituições, sob pena de perder seu escopo protecionista à pessoa. Daí a relevância de se buscar entender o fato como suposto da norma, de forma geral e abstrata, mas também específica, porquanto a banalização ou mesmo a sobreposição de direitos sem uma análise minuciosa do caso concreto pode culminar em violações graves aos direitos fundamentais, sobretudo se considerado o papel da liberdade de expressão na promoção do debate crítico apreciativo.

Observando esses pressupostos, o estudo aqui deduzido foi direcionado ao desenvolvimento do sistema jurídico em prol da coletividade, perpassando a construção histórica e suas nuances. Sob o viés contratualista, evidenciou-se profundas transformações paradigmáticas no campo das relações cíveis, em especial às disposições do CDC.

Ao adentrar no fenômeno das *fake news*, restou constatada a dicotomia entre a proteção dos direitos individualmente considerados e os coletivamente protegidos na sociedade da informação, problemática suscitada graças à eficácia dos direitos fundamentais nas relações privadas. Passível, neste caso, a primazia à autonomia da vontade e respeito à boa-fé e lealdade, conferindo ao provedor a legitimidade de limitar a liberdade do usuário, precisamente aos usos permitidos nas aplicações oferecidas como serviços à luz das características da "pós-modernidade".

Nessa mesma linha, se insere a limitação da prerrogativa de bloquear e excluir perfis de consumidores, em respeito à dimensão material da dignidade da pessoa humana, havendo que se impor como última medida para evitar a continuação de propagação de *fake news*, sendo certo que a liberdade de expressão não pode se

---

65. Assim, "é inconcebível, no plano ético, que uma tutela legal criada para evitar a inferioridade de uma das partes em face da outra se transforme em indenidade do contratante tutelado aos compromissos de ordem moral. O que é imoral para o fornecedor não pode deixar de ser imoral também para o consumidor, de sorte que ambos têm, na esfera contratual, o mesmo compromisso com a boa-fé". THEDORO JÚNIOR, Humberto. *Direitos do consumidor*. 9. ed. Rio de Janeiro: Forense, 2017. p. 217.

sobrepor de maneira esquizofrênica e irrestrita sobre outros direitos e interesses de terceiros individual e coletivamente considerados e vice-versa.

REFERÊNCIAS

ALEXY, Robert. *Teoria dos direitos fundamentais*. Trad. Virgílio Afonso da Silva. São Paulo: Malheiros, 2015.

ALEXY, Robert; trad. SILVA, Virgílio Afonso. *Teoria dos direitos fundamentais*. 2. ed. São Paulo: Malheiros. 2015.

BENJAMIN, Antonio Herman Vasconcellos; MARQUES, Cláudia Lima; BESSA, Leonardo Roscoe. *Manual de direito do consumidor*. 5. ed. São Paulo: Ed. RT, 2013.

BIONI, Bruno Ricardo. *Proteção de dados pessoais: a função e os limites do consentimento*. Rio de Janeiro: Forense, 2019.

BRASIL, Lei 12.965, de 23 de abril de 2014. Estabelece princípios, garantias, direitos e deveres para o uso da internet no Brasil. In: *Diário Oficial da República Federativa do Brasil*, Brasília, DF. Disponível em: http://www.planalto.gov.br/ccivil_03/_ato2011-2014/2014/lei/l12965.htm. Acesso em: 10 jan. 2021.

BRASIL, Lei 12.965, de 23 de abril de 2014. Estabelece princípios, garantias, direitos e deveres para o uso da internet no Brasil. *Diário Oficial da República Federativa do Brasil*, Brasília, DF. Disponível em: http://www.planalto.gov.br/ccivil_03/_ato2011-2014/2014/lei/l12965.htm. Acesso em: 10/02/2021.

CARVALHO, Rodrigo Cesar Picon. *Direitos difusos e coletivos*. 2. ed. Rio de Janeiro: edição do autor. 2019.

CAVALIERI FILHO, Sérgio. *Programa de direito do consumidor*. São Paulo: Atlas. 2008.

CAVALIERI FILHO, Sérgio. *Programa de responsabilidade civil*. 11. ed. São Paulo: Atlas, 2014.

CUEVAS, Ricardo Villas Bôas. *Compliance*: perspectivas e desafios dos programas de conformidade. In: CUEVAS, Ricardo Villas Bôas; FRAZÃO, Ana (Coord.). Belo Horizonte: Fórum, 2018.

CUEVAS, Ricardo Villas Bôas. Funções e finalidades dos programas de *compliance*. In: DE ASSIS RODRIGUES, Fernando; GONÇALVES, Paulo Cesar. Uso de taxonomia sobre privacidade para identificação de atividades encontradas em termos de uso de redes sociais. *II Congreso ISKO España-Portugal. Organización del conocimiento*: sistemas de información abiertos. Universidad de Murcia, 2015.

DE SIQUEIRA, Felipe de Poli; MICHELETTO, Francieli. Compliance consumerista: uma relação de credibilidade entre a entidade corporativa e o consumidor. *Revista de Direito, Globalização e Responsabilidade nas Relações de Consumo*, v. 4, n. 2, p. 71-87, 2018.

DELMAZO, Caroline; VALENTE, Jonas CL. *Fake news* nas redes sociais online: propagação e reações à desinformação em busca de cliques. *Media & Jornalismo*, v. 18, n. 32, p. 157. 2018.

DIMOULIUS, Dimitri. Direito Constitucional apud AGRA, Walber de Moura. *Curso de direito constitucional*. 9. ed. Belo Horizonte: Fórum, 2018.

FERREIRA, Bráulio Cavalcanti; DE QUEIROZ, Bruna Pamplona; DAS NEVES GONÇALVES, Everton. Análise Econômica do Direito e o Compliance Empresarial: Apreciação Jurídico-Econômica dos Programas de Conformidade e Custos de Prevenção. *Economic Analysis of Law Review*, v. 9, n. 1, 2018.

FONSECA, Marcelo Jacques et al. Tendências sobre as comunidades virtuais da perspectiva dos prosumers. *ERA.-eletrônica*. v. 7, n. 2, jul./dez. 2008.

FREITAS, Riva Sobrado de; CASTRO, Matheus Felipe de. Liberdade de Expressão e Discurso do Ódio: um exame sobre as possíveis limitações à liberdade de expressão. *Sequência* n. 66. Florianópolis, 2013.

FURTADO, Samuel Nunes. MIRANDA, Frederico Cardoso, RASSI, Bruno Facuri Silva. Controles da Internet: o ciber-utopismo do marco civil da internet no art. 19. In: LONGUI, João Victor Rozatti et all. *Fundamentos do direito digital*. Uberlândia: LAECC, 2020.

GEHLEN, Gabriel Menna Barreto von. *A eficácia contra particulares dos direitos (drittwirkung) sob enfoque de seus deveres de proteção (schutzflichten)*. Dissertação de Mestrado: UFRGS. 2006.

GONÇALVES, Carlos Roberto. *Direito Civil Brasileiro: contratos e atos unilaterais*. 14ª ed. São Paulo: Saraiva, 2017. Gehlen explica que no dever de proteção, o "Estado abandona a antiga e única -ademais de constrangedora- figura de 'adversário' (Gegner) dos direitos fundamentais, para assumir, ao seu lado, atribuição de 'amigo' ou 'garantidor' desses direitos".

KIRCHNER, Felipe. *Interpretação contratual: hermenêutica e concreção*. Curitiba: Juruá. 2016.

LAFER, Celso. *A reconstrução dos direitos humanos: um diálogo com o pensamento de Hannah Arendt*. Companhia das Letras. 2020.

LEONARDI, Marcel. *Responsabilidade civil dos provedores de serviços de internet*. São Paulo: Editora Juarez de Oliveira. 2005.

LÔBO, Paulo Luiz Netto. Princípios sociais dos contratos no CDC e no novo Código Civil. *Revista jurídica da UNIRONDON*, 2002.

LONGUI, João Victor Rozatti. *Responsabilidade civil e redes sociais*: retirada de conteúdo, perfis falsos, discurso de ódio e *fake news*. Indaiatuba: Foco Jurídico. 2020. Ebook.

LORENZETTI, Ricardo Luis Trad: MENKE, Fabiano. *Comércio Eletrônico*. São Paulo: Ed. RT, 2004.

LORENZETTI, Ricardo Luís Trad. Fabiano Menke; Claudia Lima Marques. *Comércio Eletrônico*. São Paulo: Ed. RT, 2004.

LORENZETTI, Ricardo Luis Trad. MIRAGEM, Bruno. *Teoria da decisão judicial*. 2. ed. São Paulo: Ed. RT, 2011.

MARCACINI, Augusto. *Aspectos fundamentais do marco civil da internet*. São Paulo: Le livros, 2016.

MARTINS, Fernando Rodrigues. Da vulnerabilidade digital à curiosa 'vulnerabilidade empresarial': polarização da vida e responsabilidade civil do impulsionador de conteúdos falsos e odiosos na 'idade' da liberdade econômica. Artigo Científico. *Revista de Direito do Consumidor*, 2020.

MARTINS, Guilherme Magalhães. LONGUI, João Victor Rozatti. Liberdade de expressão e redes sociais: a que ponto chegaremos? Artigo de opinião. Revista Conjur Jurídico (Online). 2021. Disponível em: https://www.conjur.com.br/2021-jan-13/martins-longhi-liberdade-expressao-redes-sociais. Acesso em: 13 fev. 2021.

MASCARO, Alysson Leandro. *Introdução ao estudo do direito*. São Paulo: Atlas. 2019.

MENDES, Gilmar Ferreira. *Curso de direito constitucional*. 13. ed. São Paulo: Saraiva, 2018.

MENDES, Gilmar Ferreira. *Curso de direito constitucional*. 13. ed. São Paulo: Saraiva, 2018.

MENDES, Gilmar Ferreira. Direitos fundamentais: significados limites, princípio da proporcionalidade, colisão e concorrência. *Direitos fundamentais e controle de constitucionalidade: estudos de direito constitucional*. 3. ed. São Paulo: Saraiva. 2004.

MORAIS, Alexandre de. *Direito Constitucional*. 33. ed. São Paulo: Atlas. 2017.

POHLENZ, Marilu; MARCONDES, Edinei Alex. Conflito entre direitos e deveres individuais e coletivos diante do aplicativo de mensagens instantâneas whatsapp. *Seminário de Iniciação Científica e Seminário Integrado de Ensino, Pesquisa e Extensão*, 2020.

RIFKIN, J. *The age of access* – The new culture of hypercapitalism, where all of life is a paid-for experience. Nova York, Jeremy P. Tarcher/Putnam, 2000.

RUEDIGER, Marco Aurélio. Robôs, redes sociais e política no Brasil. Apud: DOMINGUES, Juliana Oliveira et al. *Fake News*: Um Desafio ao Antitruste? *Revista de Defesa da Concorrência*, v. 6, n. 2, 2018.

SANTOS, Laymert Garcia dos. Limites e rupturas na esfera da informação. *São Paulo em Perspectiva*, v. 14, n. 3, p. 32-39, 2000.

SANTOS, Maria Celeste Cordeiro Leite dos; ARAUJO, Marllene. O tempo e o espaço: fragmentos do marco civil da internet: paradigmas de proteção da dignidade humana. *UNICEB. Direito e mundo digital*. v. 7, n. 3, 2017.

SARLET, Ingo Wolfang et al. *Curso de direito constitucional*. 8. ed. São Paulo: Saraiva. 2019.

SILVA, Jorge Manuel Pereira da. *Deveres do Estado de protecção de direitos fundamentais*. 2014.

SILVA, Virgílio Afonso. *A constitucionalização do direito*: os direitos fundamentais nas relações entre particulares. São Paulo: Malheiros. 2011.

SPAGNUOLO, S. Aos fatos. *"Pesquisa sobre consumo de informação online"*. Disponível em: https://static.aosfatos.org/media/cke_uploads/2018/03/01/relatorio-de-resultados-pesquisa-aos-fatos.pdf. Acesso em: 03 mar. 2021.

STRECK, Lenio Luiz. Hermenêutica e Constituição. *Revista Brasileira de Direitos Fundamentais & Justiça*, v. 2, n. 2, p. 192-213, 2008.

TARTUCE, Flavio. *Manual de responsabilidade civil*. Forense: São Paulo, 2018.

THEDORO JÚNIOR, Humberto. *Direitos do consumidor*. 9. ed. Rio de Janeiro: Forense, 2017.

ZYDigital. Midia online é a principal fonte de notícias no mundo e os brasileiros os mais preocupados com *fake news*. *Revista SERTSC (online)* 2019. Disponível em: https://www.sertsc.org.br/site/midia-online-e-principal-fonte-de-noticias-no-mundo-e-os-brasileiros-os-mais-preocupados=-com-fake-news/#:~:text-No%20mundo%2C%20a%20m%C3%A9dia%20%C3%A9,M%C3%A9dia%20mundial%3A%2082%25. Acesso em: 21 jan. 2021.